Paula Zwernemann

**Pflegekinderhilfe/Adoption
in Theorie und Praxis**

Paula Zwernemann, geb. 1937, studierte Soziale Arbeit an der Katholischen Fachhochschule in Freiburg. Danach war sie als Sozialarbeiterin im Allgemeinen Sozialdienst des Jugendamtes Waldshut tätig. In der Familienphase übernahm sie die Erziehung von drei Kindern und zwei Pflegekindern.
Die Autorin hat maßgeblich den Aufbau eines Sonderdienstes für Pflege- und Adoptivkinder im Jugendamt in Waldshut initiiert. Gleichzeitig hat sie das Programm ‚Mutter und Kind' als frühe Hilfen für alleinerziehende Mütter in diesen Sonderdienst integriert. Damit konnten sowohl pädagogische als auch wirtschaftliche Hilfen zur Unterstützung geleistet werden mit dem Ziel, alles zu tun, um Mutter und Kind nicht zu trennen. Von 1982 bis 2001 war sie dort als Sachgebietsleiterin tätig.
Ab 2001 folgten Referententätigkeit und Beistandsarbeit in der Pflegeelternschule Baden-Württemberg e.V., Akademie für Pflege-/Adoptivfamilien und Fachkräfte. Seitdem arbeitet sie landes- und bundesweit im Vorstand von verschiedenen Pflegekinderorganisationen.
2006 wurde ihr der Förderpreis für herausragende Arbeiten im Dienste von Pflegekindern von der Stiftung zum Wohl des Pflegekindes verliehen.

Paula Zwernemann

Pflegekinderhilfe/Adoption in Theorie und Praxis

Bibliografische Information der Deutschen Nationalbibliothek
Die Deutsche Nationalbibliothek verzeichnet diese Publikation in der Deutschen Nationalbibliografie; detaillierte bibliografische Daten sind im Internet über http://dnb.d-nb.de abrufbar.

Besuchen Sie uns im Internet: www.schulz-kirchner.de

1. Auflage 2014
ISBN 978-3-8248-1008-6
eISBN 978-3-8248-0944-8
Alle Rechte vorbehalten
© Schulz-Kirchner Verlag GmbH, 2014
Mollweg 2, D-65510 Idstein
Vertretungsberechtigte Geschäftsführer:
Dr. Ullrich Schulz-Kirchner und Nicole Haberkamm
Lektorat: Petra Schmidtmann
Layout: Susanne Koch
Umschlagfoto: Anatoliy Samara/123rf.com
Druck und Bindung: medienHaus Plump, Rolandsecker Weg 33,
53619 Rheinbreitbach
Printed in Germany

Die Informationen in diesem Buch sind von der Autorin und dem Verlag sorgfältig erwogen und geprüft, dennoch kann eine Garantie nicht übernommen werden. Eine Haftung der Autorin bzw. des Verlages und seiner Beauftragten für Personen-, Sach- und Vermögensschäden ist ausgeschlossen.

Inhalt

Vorwort 11

Vorwort der Autorin 15

Einleitung 17

1	**Wie wird eine Familie zur Pflege-/Adoptivfamilie?**	19
1.1	Eltern brauchen Vorbereitung	19
1.2	Hilfreiche Fragen für eine realistische Selbsteinschätzung	20
1.3	Die Erziehungswirklichkeit und der pädagogische Bezug in der Familie	23
1.4	Die professionelle Familie?	25
1.5	Die Rolle des Jugendamtes bei der Beheimatung eines Kindes	26
1.5.1	Fachliche Ausrichtung des Jugendamtes	27
1.6	Die Vermittlungsphase: wie man einen Realitätsschock vermeiden kann	28
1.7	Darf man Geschwister bei der Vermittlung trennen?	34
1.8	Die psychosoziale Diagnose bei der Unterbringung ist immer nur vorläufig	37
1.9	Wenn Kind und Pflegeeltern doch einmal nicht zusammenpassen . . .	38
2	**Die Grundbedürfnisse des Kindes**	39
2.1	Das Grundbedürfnis des Kindes nach Versorgung und Bindung	39
2.2	Die Grundbedürfnisse des Kindes nach Erikson	44
2.3	Die Qualität der Bindung	45
2.3.1	Die sichere Bindung	45
2.3.2	Bindungsstörungen	46
2.3.3	Die unsicher-vermeidende Bindung	46
2.3.4	Die unsicher-ambivalente Bindung	47
2.3.5	Die desorganisierte Bindungsstruktur	48
2.4	Mut zu Elternschaft	50
3	**Die Deprivation von Säuglingen und Kleinkindern**	52
3.1	Nichtgebundene, distanzlose Kinder	55
3.2	Familienfähig?	57
3.3	Die wärmende Sonne von Liebe und Hoffnung	58
3.4	Das Annehmen von Stärken und Schwächen	59

4	**Wie wird ein Kind zum Pflegekind?**	61
4.1	Misshandlung, Vernachlässigung, emotionale Mangelversorgung, Ablehnung	61
4.2	Vorgeburtliche Misshandlung	63
4.3	Die Trennung eines Kindes bei desorganisierter, ambivalenter, krankmachender Bindung	69
4.4	Was kann der Berater ertragen?	72
4.5	Schutz und Sicherheit	75
4.6	Entwicklungsrückstand	75
4.7	Die Phasen der Integration des Pflegekindes in die Pflegefamilie	76
4.8	Das sicher gebundene Pflegekind	81
5	**Die Identitätsentwicklung des Kindes und Jugendlichen**	84
5.1	Biologische und soziale Elternschaft	84
5.2	Wie entwickelt sich die persönliche Identität, das Selbstwertgefühl?	87
5.3	Die Phasen der Identitätsbildung	90
5.3.1	Die oral-sensorische Phase	91
5.3.2	Die anal-muskuläre Phase	92
5.3.3	Die infantil-genital-lokomotorische Phase	93
5.3.4	Werksinn gegen Minderwertigkeit – Latenzphase	95
5.3.5	Pubertät und Adoleszenz	96
5.4	Die besondere Situation der Pflege- und Adoptivkinder bei der Identitätsentwicklung	98
5.5	Biografiearbeit	101
6	**Die Trennung eines sicher gebundenen Kindes**	108
6.1	Umgangskontakte mit dem Ziel der Rückführung – Herausgabeverlangen	112
6.2	Die Legende der „sanften Umgewöhnung"	113
6.3	Der kindliche Zeitbegriff und der Antrag auf Verbleib des Pflegekindes gemäß § 1632 Abs. 4 BGB	115
6.3.1	Der kindliche Zeitbegriff	115
6.3.2	Der Antrag auf Verbleib gemäß § 1632 Abs. 4 BGB	119
6.3.3	Das Antragsrecht der Pflegeperson auf Erlass einer Verbleibensanordnung gemäß § 1632 Abs. 4 BGB	124
6.3.4	Das Tätigwerden von Amts wegen	125
6.4	Die Trennung eines Kindes im nicht erinnerungsfähigen Alter	125
6.5	Ist Trennungsleid Wirklichkeit, obwohl es nicht genau messbar ist?	133

7	**Das Jugendamt**	136
7.1	Die beste Werbung für neue Pflegefamilien sind zufriedene Pflegeeltern	136
7.2	Geschichtlicher Rückblick	136
7.2.1	Eine Konzeption, die sich in der Praxis bewährt hat	136
7.3	Hilfreiche Erfahrungen aus unserer Arbeit	141
7.4	„Zehn Gebote" für die Gewinnung von Pflegeeltern	143
7.5	Fachliche Ausrichtungen	144
7.5.1	Handlungsmuster der Jugendämter – eine Studie	144
7.5.2	Der Sozialraum des Pflegekindes	150
7.5.3	Wie wird das Wächteramt des Jugendamtes ausgeübt?	153
7.5.4	Fachliche und sachliche Ausstattung des Pflegekinderdienstes	158
7.6	Das Jugendamt als zweigliedrige Behörde – Aufbau und Aufgaben des Jugendamtes	159
7.7	Zusammenarbeit mit den Trägern der freien Jugendhilfe und in der Jugendhilfe ehrenamtlich tätiger Vereine	161
8	**Der Hilfeplanungsprozess**	164
8.1	Was ist Hilfeplanung?	164
8.1.1	Bereitschaftspflege als Klärungsphase	164
8.2	Die Doppeleignung als Pflege- und Adoptiveltern	172
8.3	Die psychosoziale Diagnose	175
8.4	Die Beteiligung der Betroffenen	181
8.5	Vollzeitpflege als geeignete Hilfeform	182
8.6	Adoption – ein verantwortungsbewusster Weg in einer Notsituation zur Sicherung des Kindeswohls	186
8.7	Voraussetzungen für das Gelingen des Hilfeplanprozesses	191
8.8	Die Aufnahme des Kindes in der Pflegefamilie	193
8.9	Das Hilfeplangespräch	195
8.10	Der Inhalt des Hilfeplans	197
8.11	Die Fortschreibung des Hilfeplans	198
8.12	Datenschutz in Pflegefamilien	202
8.12.1	Kinderschutz – Datenschutz	203
8.12.2	Die Übermittlung der Sozialdaten	205
8.12.3	Der Grundsatz der Zweckbindung und Nutzung bei der Datenübermittlung	205
8.12.4	Datenschutz und Biografiearbeit	206

9	**Die Bestellung von Pflegeeltern zu ehrenamtlichen Einzelvormündern als Regelfall**	**208**
9.1	Die rechtliche Situation von Pflegekindern bei der Unterbringung in Vollzeitpflege	208
9.1.1	Die Unterbringung des Kindes aufgrund eines Antrags der Eltern gemäß § 27 SGB VIII	208
9.1.2	Die Unterbringung des Kindes aufgrund eines Sorgerechtsentzugs gemäß § 1666 BGB	210
9.1.3	Die Unterbringung des Kindes aufgrund einer Inobhutnahme gemäß § 42 SGB VIII durch das Jugendamt	211
9.2	Die elterliche Sorge bei der Unterbringung des Kindes in Familienpflege	213
9.2.1	Die Alltagssorge gemäß § 1688 BGB	214
9.2.2	Die Grenzen der Alltagssorge	215
9.3	Die Vollmacht für die Wahrnehmung von Angelegenheiten der elterlichen Sorge	217
9.4	Die Übertragung von Teilen der elterlichen Sorge auf die Pflegeeltern nach § 1630 Abs. 3 BGB	218
9.4.1	Grundsätzliche Überlegungen und gesetzliche Grundlagen nach § 1630 Abs. 3 BGB	218
9.4.2	Welche Teile der elterlichen Sorge benötigen Pflegeeltern bei einer Übertragung?	220
9.5	Grundsätzliches zur Vormundschaft und Pflegschaft	220
9.5.1	Rechtliche Voraussetzungen zur Einrichtung einer Vormundschaft	220
9.5.2	Gemeinsame Vormundschaft eines Ehepaares	221
9.5.3	Die Mitvormundschaft gemäß § 1797 Abs. 1 BGB	222
9.5.4	Die Bestellung eines Gegenvormundes gemäß § 1799 BGB	222
9.5.5	Die Entziehung der Vormundschaft gemäß § 1796 BGB	222
9.5.6	Die Auswahl eines Vormundes oder Pflegers gemäß § 1779 BGB	223
9.6	Gesetzliche Bestimmungen zu Pflichten und Rechten des Vormundes	226
9.7	Pflegeeltern als Einzelvormünder/Pfleger	229
9.7.1	Vormundschaft als Nachbildung der elterlichen Sorge	229
9.7.2	Vorläufige Gründe für ein Jugendamt, die Pflegeeltern nicht als Vormünder vorzuschlagen	230
9.7.3	Stärkung der Erziehungskompetenz und Verantwortlichkeit der Pflegeeltern	231
9.7.4	Beratung und Kontrollfunktion des Jugendamtes gegenüber den Pflegeeltern als Vormünder	232
9.8	Rückblick über berufliche Erfahrungen im Hinblick von Pflegeeltern als Vormünder	233

9.9	Interessenkonflikt: Vertretung des Kindes und Leistungserbringer? .	235
9.10	Einzelvormundschaft/Pflegschaft versus Amtsvormundschaft/ Amtspflegschaft in der aktuellen Rechtsprechung.	236
10	**Umgangskontakte bei Pflege- und Adoptivkindern.**	**239**
10.1	Einleitung	239
10.2	Die Resilienzforschung – Risiko- und Schutzfaktoren bei Umgangskontakten	247
10.3	Risikofaktoren, die zum Misslingen der Umgangskontakte beitragen	249
10.4	Schutzfaktoren, die zum Gelingen der Umgangskontakte beitragen .	251
10.5	Bedingungen, die zum Gelingen oder zum Misslingen der Umgangskontakte führen	255
10.6	Günstige Voraussetzungen für langfristig gut verlaufende Umgangskontakte.	257
10.7	Fazit.	259
10.8	Kinder zwischen zwei Familien – ein Erlebnisbericht eines Kindes, das zwischen zwei Familien leben musste	262
11	**Bürgerschaftliches Engagement**	**265**
11.1	Rahmenbedingungen in der Pflegekinderhilfe.	265
11.1.1	Historischer Rückblick auf die „rechtlosen Jugendamtskinder".	267
11.1.2	Gibt es einheitliche Standards in der Pflegekinderhilfe?	269
11.1.3	Beispiel einer Leistungsbeschreibung für Hilfen zur Erziehung in Familien nach §§ 33 und 34 SGB VIII.	270
11.1.4	Ein Blick über die deutsche Grenze	272
11.1.5	Die Notwendigkeit der Weiterentwicklung von Qualitätsstandards .	273
11.1.6	Fakten, die eine Qualitätsentwicklung verhindern	274
11.1.7	Forderungen an die Veränderungen der gesetzlichen Rahmenbedingungen.	275
11.2	Wie können wir in der Pflegekinderhilfe Verbesserungen bewirken?.	276
11.2.1	Die Bedeutung von Pflegeelterngruppen als stärkendes Netzwerk . .	276
11.2.2	Beistände als Begleiter der Pflegefamilien	283
11.2.3	Ehrenamtliche Einzelvormünder/Pfleger.	288
12	**Rechtliche Wege in der Pflegekinderhilfe**	**289**
12.1	Verwaltung.	289
12.1.1	Verwaltungsakt.	289
12.1.2	Namensänderung bei Pflegekindern – die Bedeutung des Namens . .	290
12.2	Verfahren vor dem Familiengericht.	296
12.2.1	Gutachten bei strittigen Verfahren	298

| 13 | **Resümee** | 305 |

| 14 | **Für Pflegekinder bedeutsame Gesetze und Rechtsprechungen** | 313 |

- Auszug aus dem Grundgesetz für die Bundesrepublik Deutschland (GG) 313
- Das Übereinkommen über die Rechte des Kindes (UN-Kinderrechts-Konvention). 313
- Auszug aus dem Bürgerlichen Gesetzbuch (BGB). 315
- Auszug aus dem Sozialgesetzbuch (SGB) Achtes Buch (VIII) Kinder- und Jugendhilfegesetz 320
- Auszug aus dem Gesetz über das Verfahren in Familiensachen und in den Angelegenheiten der freiwilligen Gerichtsbarkeit (FamFG) 332
- Auszug aus dem Gesetz über die religiöse Kindererziehung vom 15.07.1921 336
- Auszug aus dem Namensänderungsgesetz (NamÄndG) 337
- Die Rechtsprechung des Verfassungsgerichtes zum Pflegekind ... 337
- Die Rechtsprechung des Bundesverfassungsgerichts und des Europäischen Gerichtshof für Menschenrechte 339

| 15 | **Musteranträge** | 340 |

Literaturverzeichnis 356

Stichwortverzeichnis 362

Vorwort

Als ich das Buch zur Hand nahm, hatte ich einen Ratgeber erwartet, der oft gestellte Fragen von Pflege- und Adoptiveltern beantwortet und dadurch Orientierungshilfe bei der Entscheidung für die Adoption oder die Pflegschaft und bei Anliegen gegenüber dem Jugendamt oder anderen Behörden ermöglicht. Dieses Buch versteht sich sicher auch in diesem Sinne, denn es erläutert in übersichtlicher und verständlicher Weise die zentralen Aspekte von Pflege- und Adoptivelternschaft, von denen Menschen, die den Wunsch haben, fremder Leute Kind zu sich zu nehmen, Kenntnis haben sollten.

Zugleich ist es aber ein aufklärendes und dabei parteiliches Buch. Wer immer sich fachlich zu den Rahmenbedingungen, Voraussetzungen und Entwicklungen von sozialer Elternschaft äußern will, muss Schwerpunkte setzen. Das tut die Autorin, indem sie die Entwicklungsbedingungen und die Entwicklungsbedürfnisse von Kindern, die auf soziale Eltern angewiesen sind, in den Mittelpunkt ihrer Betrachtungen stellt und ihr Wohl zum Maßstab ihrer Empfehlungen macht. Diese Entscheidung ist gut begründet.

Selbstverständlich ist sie indessen nicht. Das Jugendhilferecht räumt Eltern – und nicht Kindern – einen Rechtsanspruch auf Hilfe zur Erziehung ein, und die fachlichen Perspektiven der Jugendhilfe sehen das Kind oft aus einer Perspektive, in der es Mitglied der Familie ist, in die es hineingeboren wurde – als Teil des Herkunftssystems also, so ein Terminus technicus unter Fachleuten. Obwohl die systemische Sichtweise auf Kinder und Familien z. B. durch Mara Selvini-Palazzoli – die große alte Dame der systemischen Familientherapie – im Mailänder Zentrum für misshandelte Kinder und ihre Eltern entwickelt und erprobt wurde, um kindliches Leid zu beenden, rückt die heutige Jugendhilfe bei ihrer systemischen Betrachtungsweise gerade dieses Leid von Kindern nicht immer zuverlässig in den Mittelpunkt ihrer Reflexionen und Interventionen.

Die Autorin hat viele Berufsjahre als Sozialarbeiterin in einem Pflegekinderdienst gearbeitet und dabei viele leidvolle Kinderschicksale kennengelernt. Sie macht deren Geschichten, die immer wieder exemplarisch dargestellt werden, zum Ausgangspunkt ihrer Überlegungen und erläutert an ihnen die Bedeutung dauerhafter Bindungen von Pflegekindern an fürsorgliche soziale Eltern, erklärt die problematischen Seiten herbeigezwungener Umgangskontakte und die extremen Belastungen, die schwer beeinträchtigten und zutiefst verstörten Kindern mit Rückführungsversuchen in erziehungsungeeignete Herkunftsfamilien zugemutet werden.

Sie schildert eine Praxis, in der kindliche Zukunftsperspektiven allzu lange offen gehalten werden und Rückführungen auch dann als grundsätzlich möglich gelten, wenn sie von den Kindern sogar selbst verweigert werden. Diese Praxis ist nicht allein den Behörden zuzurechnen, sondern zuerst den rechtlichen Rahmenbedingungen: Fachleute müssen im Auge behalten, dass der Gesetzgeber bis heute Pflegekindern auch in den Fällen langjährigen Aufwachsens bei Pflegeeltern keinen Rechtsanspruch auf einen dauerhaften Verbleib im sozialen Elternhaus eingeräumt hat. In Einzelfällen führt dies immer wieder zu gerichtlichen Entscheidungen, die Kindern mit Herausgabeforderungen der leiblichen Eltern und sogar mit tatsächlichen Trennungen von der Pflegefamilie konfrontieren, deren Auswirkungen seitens der Behörden, der Sachverständigen und schließlich auch seitens der Familiengerichte unterschätzt werden.

Darüber hinaus benennt das Buch Irrtümer und sogar Mythen, die Fehlentscheidungen im Pflegekinderbereich begründen können und von denen gelegentlich selbst Fachleute in sozialen Diensten überzeugt sind. Zu ihnen gehört die pauschale Annahme, dass jede Belastung eines Kindes vor oder nach Umgangskontakten Ausdruck eines Loyalitätskonflikts sei, den die Pflegeeltern mildern könnten. Ebenso zählt dazu die undifferenzierte Behauptung, ein Kind müsse Umgang mit den leiblichen Eltern haben, um seine Wurzeln nicht zu verlieren – ein durchaus biologistisches Bild, in dem Identität auf Herkunft reduziert wird, anstatt – mit Axel Honneth – als Ergebnis von emotionaler, sozialer und rechtlicher Anerkennung verstanden zu werden.

Neben den Irrtümern sind es fehlende anerkannte Standards im Pflegekinderwesen, auf die die Sprache in diesem Buch kommt: So kann es geschehen, dass Pflegeeltern über die Belastungen, die das Kind erlebt hat, kaum informiert sind und in der Folge zu wenig auf seine besonderen Bedürfnisse vorbereitet sind. Auch wird die Möglichkeit der Adoption nicht geprüft, obwohl der Gesetzgeber diese Prüfung vorsieht. Behördlicherseits wird ausschließlich eine Hilfe zur Erziehung geleistet und keine weitere Hilfe angeboten (z. B. als aufsuchende Familienhilfe für die leiblichen Eltern zur tatsächlichen Ermöglichung einer gelingenden Rückkehr des Kindes), obwohl der Gesetzgeber diese Möglichkeit keineswegs ausschließt.

Wenn die Autorin feststellt, dass nicht Sachverständige, wohl aber Sozialarbeiterinnen allzu oft noch den problematischen Verlauf nach von ihnen befürworteten Entscheidungen zu sehen bekommen, wird mir als Leserin einmal mehr deutlich, wie wenig selbstverständlich hierzulande empirische Forschung im Handlungsfeld der Pflegekinderarbeit wie überhaupt der Jugendhilfe ist, und wie wenig systematisches Wissen über die langzeitige Entwicklungsverläufe von Kindern in belastenden Lebenssituationen für die Soziale Arbeit zur Verfügung steht. Das jüngst veröffentlichte Handbuch des Deutschen Jugendinstituts (Kindler 2011), das sich stark auf internationale Forschung bezieht und auch Daten aus der BRD publiziert, markiert hier hoffentlich eine Wende.

Als Hochschullehrerin sehe ich mich vor die Frage gestellt, wie das Bachelor-Studium Soziale Arbeit auf die sachgerechte Arbeit in einem komplexen und konflikthaften Feld, wie es die Pflegekinderhilfe ist, vorbereiten kann. Ein generalistisches Studium soll die Wege in viele Arbeitsfelder öffnen und bietet unterschiedliche Schwerpunkte, in denen exemplarisch gelernt werden soll. Kann man alles Wissen, das für eine gelingende Pflegekinderhilfe benötigt wird, exemplarisch auch an der Befassung mit einem ganz anderen Arbeitsfeld lernen? Wohl kaum. Ohne weitergehende, vertiefende Fortbildung kann ein funktionierender Pflegekinderdienst nicht entwickelt und angemessene Fallarbeit nicht geleistet werden. Und so zeigt sich, dass eben nicht ausschließlich werdende soziale Eltern dieses Buch sehr gut brauchen können, sondern auch werdende Spezialisten im Pflegekinderwesen es lesen sollten, um neben Einsichten aus neusten Forschungsergebnissen und aktueller Rechtsprechung hier die Anschauung zu gewinnen, die eine angemessene Beratung überhaupt erst möglich macht.

Prof. Dr. Christine Köckeritz
Hochschule Esslingen, Fakultät Soziale Arbeit, Gesundheit und Pflege

Vorwort der Autorin

Die Begegnung mit Pflegekindern reicht in meine frühe Kindheit zurück. In unserem kleinen Dorf im Schwarzwald waren bei Bauern die „Jugendamtskinder" untergebracht.

Ich sah, wie diese Kinder von frühester Kindheit an als Arbeitskräfte missbraucht wurden, keine Zeit für die Hausaufgaben bekamen und dafür in der Schule wegen ihrer „Faulheit" mit Schlägen bestraft wurden. Sie mussten, bevor sie sich auf den weiten Schulweg machten, im Stall arbeiten und stanken entsprechend, wofür sie von den Schulkameraden gemieden wurden. Diese Kinder gehörten nicht zur Familie. Sie waren „Niemandskinder", recht- und schutzlos.

Schon als Kind war mir klar, dass diesen Kindern großes Unrecht geschah und dass ihr Schicksal verändert werden muss. Der Satz von einem Nachbarjungen begleitete mich, der weinend sagte: „Wenn die (er meinte die Sozialarbeiterin) nur einmal mit mir reden würde und nicht nur mit dem Lehrer, dem Pfarrer und den Pflegeeltern." Ja, ich wollte den Beruf dieser Sozialarbeiterin ergreifen und nahm mir fest vor, mit jedem Kind zu reden und auf es zu achten.

Nicht die Ersatzfamilie ist das älteste Pflegekindermodell, wie immer wieder zu hören ist, sondern das recht- und schutzlose „Jugendamtskind", das nicht zur Pflegefamilie gehörte. Auch zu Beginn meiner Berufstätigkeit als Sozialarbeiterin Anfang der 1960er-Jahre war diese Situation noch vielfach anzutreffen.

Dieses Buch spiegelt meine berufliche Erfahrung und auch das Wechselspiel der Theorien in der Pflegekinderhilfe wider.

Das Buch soll Mut machen, einem Kind, das nicht in der Herkunftsfamilie aufwachsen kann, einen liebevollen Platz in der eigenen Familie einzuräumen, mit der Bereitschaft, elterngleiche Bindungen eingehen zu wollen. Es wendet sich auch an Fachkräfte, um sie für die besondere Situation von Pflegekindern zu sensibilisieren, und somit eine partnerschaftliche und verständnisvolle Begleitung und Unterstützung zu ermöglichen.

Das Buch konnte nur entstehen, weil ich von vielen Menschen tatkräftig unterstützt und begleitet wurde. Das kritische Hinterfragen gab Anregung zur Weiterentwicklung von Gedanken.

Mein besonderer Dank gilt Claudia Kobus. Sie hat in unzähligen Stunden meine Entwürfe korrigiert und mit ihrer konstruktiven Kritik mitgestaltet. Mein Dank gilt auch Irm Wills, die mit der Untersuchung über die Bereitschaftspflege im Zusammenhang mit dem kindlichen Zeitbegriff, differenziert nach Altersstufen, einen wesentlichen Beitrag geleistet hat. Auch bei dem Kapitel über FASD und bei der Aufarbeitung des Literaturverzeichnisses hat sie einen wesentlichen Beitrag geleistet.

Diesen und vielen anderen Menschen gilt mein Dank.

Paula Zwernemann
November 2013

Einleitung

In diesem Buch wird die Problematik von Pflege- und Adoptivkindern gemeinsam behandelt, auch wenn die rechtliche Stellung nicht die gleiche ist. Entscheidend ist die Gemeinsamkeit der psychosozialen Situation: Pflege- und Adoptivkinder, Stiefelternadoption ausgenommen, wachsen nicht bei ihren biologischen Eltern auf, sondern leben mit ihren sozialen Eltern zusammen. Eine weitere Gemeinsamkeit: Beide sind von belastenden Vorerfahrungen bis zurück in die vorgeburtliche Zeit geprägt. Auch hier ist der Hinweis wichtig: Ausschlaggebend für den guten Weg, im Sinne des Kindes, ist nicht allein die rechtliche Situation, sondern zuerst das Gelingen einer tragfähigen Eltern-Kind-Bindung.

Das Bedürfnis, dieses Buch zu schreiben, ist in der Aus- und Fortbildung von Pflegeeltern und Fachkräften entstanden, wo deutlich wurde, welch erheblicher Informationsmangel in diesem Bereich besteht. Pflegeeltern haben immer wieder nachgefragt, ob es nicht ein Buch gibt, das umfassend informiert. Das erste Buch, unter einem anderen Titel, ist 2007 erschienen. Es war innerhalb weniger Monate vergriffen. Die 2. Auflage ist ebenfalls nicht mehr erhältlich und mit diesem Buch ist ein neues, überarbeitetes und erweitertes Buch entstanden. Es führt die rechtlichen, sozialpädagogischen und psychologischen Aspekte für eine Pflegekinderpädagogik zusammen, um den Pflegefamilien und den mit Pflegefamilien beschäftigten Fachkräften konkrete Hilfestellung im Alltag zu geben. Es ist ein Buch von der Praxis für die Praxis. Es zeigt auf, wie sich wissenschaftlicher Erkenntnisstand und tägliche Praxis gegenseitig ergänzen.

Vor diesem Hintergrund liegen mir folgende Ziele besonders am Herzen:
- Prüfung des Einzelfalles, das Betrachten der so oder so gestalteten Realität sowie die Beachtung der Vielfalt des menschlichen Schicksals
- Verstehen von Kindern mit belastenden Vorerfahrungen
- Anregungen für die Gestaltung des pädagogischen Alltags geben
- Informationen über die rechtliche Situation des Pflegekindes
- Rechte von Kindern, Pflegeeltern, Herkunftseltern und Jugendämtern
- Zusammenarbeit zwischen Jugendamt und Pflegeeltern auf der Basis einer Partnerschaft mit Transparenz, Rollenklarheit, Wertschätzung und Vertrauen

Ausgehend von den Zielen wendet sich dieses Buch:
- an Menschen, die sich mit dem Gedanken tragen, einem zunächst fremden Kind einen Platz in ihrer Familie einzuräumen
- an Pflegeeltern, die bereits ein Kind aufgenommen haben und dabei sind, den Alltag einer Pflegefamilie mit allen Höhen und Tiefen zu bestehen

- an Fachkräfte, die Pflegefamilien und Herkunftsfamilien auf ihrem nicht immer leichten Weg begleiten.

Mit Fachkräften sind nicht nur Sozialpädagogen der Pflegekinderdienste gemeint, sondern auch Pflegeeltern und Fachkräfte, die beruflich Pflegekindern begegnen wie Lehrer, Erzieher, Psychologen, Ärzte und Therapeuten.

Auch Fachkräfte, die eher am Rande mit Pflege- und Adoptivkindern zu tun haben, erhalten eine praxisnahe Zusammenfassung wesentlicher Aspekte der Arbeit mit Pflegekindern.

Pflegeeltern und Fachkräfte haben das gemeinsame Anliegen, dem Kind eine dauerhafte Beheimatung zu sichern und die unvermeidlichen Stolpersteine zu betrachten, die ihnen auf diesem Weg begegnen. Ich möchte ihnen Hilfe zum Finden eines guten Weges anzubieten.

Bis heute führt die Pflegekinderpädagogik ein stiefmütterliches Dasein im Schatten anderer Themen. Immer wieder werden Pflegekinder mit Scheidungskindern gleichgesetzt. Dabei wird völlig übersehen, dass die Vorerfahrungen dieser Kinder auf dramatische Weise anders sind. Für Pflegekinder war oder ist in der Herkunftsfamilie eine dem Wohle des Kindes oder Jugendlichen entsprechende Erziehung nicht gewährleistet. Bei Scheidungskindern liegen in der Regel andere Voraussetzungen vor. Das Kind bleibt bei einem Elternteil, zu dem es eine sichere Beziehung hat. Es wurde in der Regel trotz der Paarkonflikte weder vernachlässigt noch misshandelt. In der Regel liebt es auch beide Elternteile.

Pflegekinder, die vernachlässigt, abgelehnt, missbraucht oder misshandelt wurden, haben einen Anspruch auf erhöhte Sorgfalt.

1 Wie wird eine Familie zur Pflege-/Adoptivfamilie?

> Wenn ein Kind nicht ohne Gefährdung seiner Entwicklung in seiner biologischen Familie aufwachsen kann, ist es für den weiteren Weg entscheidend, dass im Gemeinwesen genügend Pflege-/Adoptivfamilien zur Verfügung stehen.
> Pflege- und Adoptivkinder haben meistens den gleichen schwierigen sozialen Hintergrund und stellen besondere pädagogische Anforderungen an die Pflege- und Adoptiveltern.
> Wenn den biologischen Eltern unrealistische und auf Dauer nicht realisierbare Versprechungen vom Jugendamt gemacht werden, ist es für Pflegeeltern im Vorfeld ratsam, auf diese nicht einzugehen und unter diesen Umständen die Aufnahme des Kindes abzulehnen.
> Erziehung geht über Beziehung. Die Gegenwart, die gelebt wird, entscheidet über eine glückliche oder eine unglückliche Kindheit.

1.1 Eltern brauchen Vorbereitung

Von entscheidender Bedeutung für das Gelingen der Integration eines Kindes in die neue Familie ist eine gute Vorbereitung.

Früher galt die Regel: Wer eigene Kinder erzogen hat, der kann auch ein Pflegekind erziehen. Heute weiß man, dass das nicht genügt. Im Rückblick fühlen sich Betreuungseltern nicht genügend auf ihre Aufgabe vorbereitet, wie u. a. eine Studie der Universität Bamberg[1] ergab.

Grundsätzlich ist es ein großer Unterschied, ob Bewerber kinderlos sind oder ob bereits Kinder – leibliche, Adoptiv- oder Pflegekinder – zur Familie gehören.

Kinderlose Ehepaare haben die Möglichkeit, einem traumatisierten Kind ihre ganze Liebe zu geben. Der Mangel an Erfahrung mit Kindern kann im Einzelfall ein Problem sein. Die Vorzüge eines kinderlosen Elternpaares bestehen in der Reduktion von Konfliktpotenzial wie z. B. keine Rivalität unter Geschwistern.

Demgegenüber haben Eltern, die bereits mit Kindern in einer Familie zusammenleben, ganz andere Probleme. Die leiblichen Kinder können manchmal schwer nachvollziehen, warum manche Verhaltensweisen beim Pflegekind anders bewertet werden als bei ihnen.

Pflegeeltern, die sich vorgenommen haben, immer gerecht zu sein, werden bald erfahren, dass Gerechtigkeit relativ ist. Das Pflegekind ist in seiner Vergangenheit immer zu kurz gekommen und wird daher auch weiterhin von dem Gefühl beglei-

---

1 Kasten, Kunze, Mühlfeld 2001

tet, zu wenig zu bekommen. Es wird zum Beispiel genau beobachten, ob der leibliche Sohn nicht doch etwas mehr zu Weihnachten geschenkt bekommt.
Die Betreuung eines Pflegekindes stellt immer eine Zusatzbelastung für die Familie dar. Vor allem die Situation unmittelbar nach Aufnahme eines Kindes birgt besondere Gefahren, die fachkompetenter Hilfe bedürfen. Das muss sowohl dem Sozialarbeiter des Jugendamtes als auch dem Bewerber bereits im Vorfeld klar sein.

1.2 Hilfreiche Fragen für eine realistische Selbsteinschätzung

Es ist wichtig, dass sich die Bewerber vor der Aufnahme eines Pflege- oder Adoptivkindes über ihre tatsächliche Familiensituation und Paarbeziehung klar werden. Auf viele Fragen sind realistische Antworten zu finden:

- Macht es in unseren Augen wirklich Freude, mit einem Kind zusammenzuleben, auch wenn es eigene Schwierigkeiten mitbringt? Haben wir genug Offenheit, uns mit ganz neuen Fragen auseinanderzusetzen?
- Wie gut können wir mit Menschen umgehen, die eine andere Lebensweise haben?
- Ist unsere Partnerschaft so stabil, dass wir gegenseitig füreinander einspringen, wenn der andere eine Pause braucht? Sind wir wirklich sicher, dass die Aufnahme eines Kindes nicht vielleicht unbewusst als „Kitt" für einen Mangel an Sinn in der Partnerschaft dienen soll?
- Haben wir ein tragfähiges soziales Netz, auf das wir in Krisen zurückgreifen können?
- Sind wir bereit, uns auf einen Weg einzulassen, dessen Ende wir nicht kennen? Wie belastbar sind wir? Haben wir einen langen Atem? Sehen wir hoffnungsvoll in die Zukunft? Besitzen wir neben der Zuversicht auch eine Prise Humor, oder nehmen wir alles sehr ernst?
- Sind wir wirklich bereit, Eltern zu bleiben, auch wenn das Kind alte Verhaltensweisen in unserer Familie auslebt? Wo sind unsere Grenzen? Was wollen wir nicht? Können wir zum Beispiel mit einem Kind leben, das sexuell missbraucht wurde und vielleicht ein sexualisiertes Verhalten zeigt?
- Welche Erfahrungen haben wir im Umgang mit Kindern aus dem Verwandten- und Bekanntenkreis? Wie gut können wir uns in Kinder einfühlen? Wie gut können wir zuhören? Sind wir in der Lage anzunehmen, was ein Kind erzählt, ohne es gleich zu bewerten? Haben wir in unserem Leben die Erfahrung gemacht, dass wir von Kindern lernen können?
- Welche Erziehungsvorstellungen haben wir? Ist uns klar, dass Erziehung weitgehend über Beziehung läuft? Wie stehen wir zur gewaltfreien Erziehung? Haben wir uns Gedanken darüber gemacht, dass bei einem Kind, das Gewalt erfahren hat, schon jedes Drohen eine schwere Krise auslösen kann?

1 Wie wird eine Familie zur Pflege-/Adoptivfamilie?

- Sind wir bereit, offen auf neue Lerninhalte zuzugehen? Was macht uns besondere Freude, was bereitet uns Schwierigkeiten? Können wir uns von dem Kind an die Hand nehmen lassen und sind wir bereit, gemeinsam mit ihm einen guten Weg zu suchen?
- Durch die Aufnahme eines Kindes wird sich unsere Familienkonstellation verändern. Sind alle Familienmitglieder bereit und in der Lage, diese Veränderungen mitzutragen? Welche Bedingungen braucht es, dass sich jedes Familienmitglied wohlfühlen kann? Und was können wir nicht leisten?
- Wären wir als Pflegefamilie auch bereit, dieses Kind zu adoptieren, sofern die rechtlichen Voraussetzungen gegeben sind? Die Doppeleignung als Adoptiv- und Pflegeeltern ist besonders in der Prüfungspflicht des Jugendhilfeträgers in § 36 SGB VIII verankert, wo bestimmt wird, dass vor und während einer langfristig zu gewährenden Hilfe zur Erziehung außerhalb der Herkunftsfamilie zu prüfen ist, ob eventuell auch eine Adoption möglich ist. Dies gilt insbesondere für die Aufnahme von Säuglingen und Kleinkindern.
- Trauen wir uns zu, mit den Mitarbeitern des Jugendamtes ein Vertrauensverhältnis aufzubauen? Glauben wir, dass wir bei ihnen auch dann Gehör finden, wenn wir erkennen müssen, dass wir bestimmte Grenzen haben und manche Eigenschaften des aufgenommenen Kindes nicht akzeptieren können? Wer ist unser Ansprechpartner nach der Aufnahme des Kindes und welche Kompetenzen hat er in der Hilfeplanung? Welche Beratungs- und Unterstützungsangebote können wir in der Anfangsphase und bei Krisen erwarten? Gibt es einen spezialisierten Pflegekinderdienst im Amt? Gerade in der Anfangszeit ist es wichtig, dass ein kompetenter Berater für die Pflegefamilie zur Verfügung steht, damit die Weichen von Beginn an richtiggestellt werden können.

Wenn im Vorbereitungskurs etwa über die verschiedenen Phasen der Integration gesprochen wird, heißt das noch lange nicht, dass dies in der konkreten Belastungssituation dann auch richtig eingeordnet wird. Wenn ein Vertrauensverhältnis zwischen dem Berater im Jugendamt und den Pflegeeltern besteht, kann auch eine Fehlplatzierung rechtzeitig erkannt werden. Es kann sich auch unter Umständen einmal herausstellen, dass das Kind trotz sorgfältiger Vorbereitung und Vermittlung nicht in die Familie passt.

Eine schöngeistige Familie kann mit einem aggressiven und temperamentvollen Kind überfordert sein – und das Kind ebenfalls. Dann muss möglichst schon in der Anfangsphase eine Berichtigung erfolgen. Die Pflegefamilie übernimmt dann vorübergehend die Aufgabe einer Bereitschaftspflege. Hier brauchen die Pflegeeltern die Hilfe einer erfahrenen Fachkraft, auf die sie sich verlassen können. Die Struktur eines Jugendamtes ist hierbei von entscheidender Bedeutung. Es ist ein großer Unterschied, ob die Zuständigkeit für ein Kind mit dem Wohnort der leib-

lichen Eltern wechselt (was sehr oft so ist) oder ob die Zuständigkeit am Wohnort der Pflegeeltern liegt.
- Ehepaare mit Kindern werden, obwohl sie im Vorfeld das Einverständnis ihrer Kinder hatten, vor ganz neuen Schwierigkeiten stehen. Wie kann man zum Beispiel den Geschwistern erklären, dass Maria liebenswert ist, obwohl sie das von allen geliebte Meerschweinchen an die Decke geworfen hat? Wie können wir unseren bereits in der Familie lebenden Kindern Wege zeigen, sodass sie mit dem neuen Familienmitglied gut leben können?
- Sind wir bereit, zum Wohl des Kindes mit der Herkunftsfamilie zusammenzuarbeiten, ohne das Leid des Kindes zu verleugnen, auch wenn ihr Lebensstil mit unserem nicht übereinstimmt? Sind wir grundsätzlich um eine Haltung der Akzeptanz auch Menschen gegenüber bemüht, die völlig anders leben? Der Schutz des Kindes ist uns das Wichtigste; auch wenn wir nicht billigen können, was diese Herkunftseltern dem Kind angetan haben. Respektieren wir sie als Person, weil sie oft selbst einen schwierigen Lebensweg hatten – oder denken wir eher: Mit Leuten, die dem Kind so etwas angetan haben, setzen wir uns nicht an einen Tisch? Sind wir trotz allem bereit, Gespräche mit den Herkunftseltern zu führen, Fotos mitzubringen und über die aktuelle Situation zu berichten?

Ich denke dabei an die Situation einer alleinerziehenden jungen Mutter, die ihr Baby von einer Bekannten zur anderen gereicht hatte, weil sie sich überfordert fühlte. Das Jugendamt stellte daraufhin eine Kindeswohlgefährdung fest. Sie selbst war beziehungslos aufgewachsen und konnte nicht verstehen, warum das Kind eine feste Bezugsperson brauchte. Als ihr das Sorgerecht entzogen wurde, geriet sie in eine tiefe Krise. Da sie obdachlos war, konnte sie vom Jugendamt aus nicht erreicht werden. Das Jugendamt hatte ihr jedoch angeboten, dass sie jeden Vormittag von der Vermittlungsstelle aus mit der Pflegemutter telefonieren kann.

Die Pflegemutter signalisierte der jungen Frau, wie sehr sie ihre Not verstand. Im Laufe der Gespräche ist langsam ein Vertrauensverhältnis gewachsen. Da das soziale Umfeld der Mutter recht problematisch war, wurde gemeinsam beschlossen, dass der Wohnort der Pflegefamilie zum gegenwärtigen Zeitpunkt geheim bleibt, dass jedoch regelmäßige gemeinsame Spaziergänge mit dem Kind, den Pflegeeltern und der Mutter erfolgen werden. Ein „Mitgeben" des Kindes aus Mitgefühl mit der Mutter wäre allerdings auf keinen Fall infrage gekommen. Der Schutz des Kindes stand für die Pflegeeltern immer an erster Stelle. In der Zwischenzeit kam es zu einer offenen Adoption. Auch nach Jahren sind die gemeinsamen Unternehmungen nach wie vor für alle eine Selbstverständlichkeit.

1.3 Die Erziehungswirklichkeit und der pädagogische Bezug in der Familie

Ein kurzer Rückblick: Herman Nohl hat in der ersten Hälfte des 20. Jahrhunderts versucht zu beschreiben, was Erziehung ist und hat die Lehre von der „Kunde" entwickelt. Unter dieser Erziehungskunde versteht er keinen Gegenbegriff zur Wissenschaft. Er schreibt: „Der erfahrene Zusammenhang des Seelenlebens muss die feste, erlebte und unmittelbar sichere Grundlage der Psychologie bleiben."[2] Das Ausgehen „vom Lebensganzen" war ihm ein zentrales Anliegen. Er warnt davor, dass bei Beobachtungen von Kindern fachwissenschaftliche Begriffe zu schnell benutzt werden und damit die Gefahr der Verfälschung gegeben ist.[3] Nohl hat den „gesunden Menschenverstand" aufgewertet. Die erste unerlässliche Bedingung für das Entstehen einer pädagogischen Menschenkunde ist nach Nohl der persönliche erzieherische Umgang mit dem Einzelnen. „Man wird immer wieder von neuem damit beginnen müssen, sich unmittelbar vor das einzelne Kind zu stellen – Auge in Auge –."[4]

Im Mittelpunkt der Pädagogik sieht Nohl:
1. die Erziehungswirklichkeit und
2. den pädagogischen Bezug.

Die Erziehungswirklichkeit ist Bedingung, Ausgangspunkt und Fundament der pädagogischen Theorie. Es geht nicht darum, was gelesen wurde, sondern darum, was das Kind mit seinen engsten Bezugspersonen erlebt hat. Da stehen Menschen wie Pestalozzi, Mehringer, Korzak und viele andere Pädagogen, die mit den Kindern gelebt haben, mit ihrer erlebten Erziehungswirklichkeit und den daraus gewonnen Erkenntnissen im Mittelpunkt. Es zeigt sich, dass es diesen Pädagogen schwerfällt, alles klar zu ordnen. Ihnen fallen bei jedem Versuch einer systematischen wissenschaftlichen „Qualitätsbeschreibung" von Erziehung die Kinder ein, die sie begleitet haben und die nicht in aufgestellte Hypothesen hineinpassen.

Nohl sagt, dass die Erkenntnis von dem Wert jeder einzelnen Kinderseele und ihrem Recht zur Entfaltung zu den ewigen Wahrheiten der Erziehung gehört. Diese Erkenntnis droht immer wieder aus dem Blick zu geraten. Darum hat der Erzieher (und der Pädagoge als Wissenschaftler) in der Arbeitsteilung unserer Gesellschaft den besonderen Auftrag, „vor allem das Recht des Kindes zu wahren", den ansonsten niemand wahrnehmen würde.[5]

Nohl weist darauf hin, dass sein zweites zentrales Thema, der pädagogische Bezug, zwar von ihm geprägt wurde, aber die Sache selbst „alt (ist, die Verf.), weil sie

---

2 Bartels 1968, S. 40, 41
3 Bartels 1968, S. 126ff
4 Nohl 1938, S. 10
5 Bartels 1968, S. 145

ein ewiges Lebensverhältnis ausdrückt".[6] Das Grundmodell des Eltern-Kind-Verhältnisses ist bei Nohl der pädagogische Bezug. Heinrich Pestalozzi hatte wesentlichen Einfluss auf seine Haltung. Pestalozzis Umgang mit seinen Kindern in Stans/Schweiz, der sowohl väterliche wie mütterliche Züge trug, war für Nohl ein Vorbild. Die entscheidende Leistung von Pestalozzi sieht Nohl in der inneren Verbundenheit des Kindes mit dem Erzieher, die Grundlage jeder pädagogischen Arbeit ist.

Die „Wohnstube", in der das Kind gedeihen kann, ist für Pestalozzi[7] das mütterliche und väterliche Element in der Erziehung. Die Mutter pflegt und bewahrt das Eigenleben des Kindes. Sie bewahrt ihr Kind vor zu hohen Anforderungen, aber auch vor zu niedrigen, aus Liebe zum Kind in seiner Wirklichkeit. Das Ernstnehmen des Kindes und die Berücksichtigung seiner Kräfte und Bedürfnisse leben aus der Gegenwart und dürfen keiner Zukunft geopfert werden. Die Mutter vertritt nach Pestalozzi und Nohl eher das Prinzip des „Wachsenlassens", der Vater mehr des „Führens". Pestalozzi und Nohl sehen das väterliche und mütterliche Prinzip nicht als an das Geschlecht gebundene Eigenschaft. Sie sehen in jedem Erzieher väterliche und mütterliche Elemente.

Nohl sagt, dass die Familienerziehung die besten Bedingungen für einen geglückten pädagogischen Bezug bietet, weil sie gleichzeitig Bildungsgemeinschaft und Lebensgemeinschaft ist. Der Geist, die Atmosphäre in der Familie sind die prägenden Kräfte, die wichtiger sind als jede pädagogische Einzelmaßnahme und wichtiger als alle Methodik.[8] Die Familie wird nach Nohl von zwei Mächten getragen: Liebe und Autorität. Nohl fordert vom Erzieher die Liebesgemeinschaft mit dem Kinde, aus der gegenseitiges Vertrauen erwachsen kann.

Manche Worte von Herman Nohl und Heinrich Pestalozzi mögen vielleicht nicht „zeitgemäß" erscheinen. Was sie jedoch aussagen, macht die Erziehung, das Leben in der Familie aus. Die „Wohnstube" und die Atmosphäre in ihr sind entscheidend, ob das Kind Freude am Leben haben kann oder eben nicht, und ob es daneben die Förderung erhält, die seinen Kräften entsprechen.

Die Gegenwart, die gelebt wird, entscheidet über eine glückliche oder eine unglückliche Kindheit.

Es fällt schwer, einen Übergang von dem, was Nohl und Pestalozzi über die Erziehung in der Familie gesagt haben, zu einer Qualitätsdiskussion über die Erziehung in der Pflegefamilie zu finden. Das, was Erziehung in der Familie bedeutet, kann nicht gemessen werden. Es gibt jedoch Rahmenbedingungen, die diese Atmosphäre der Sicherheit, Geborgenheit und Liebe erst ermöglichen, und diese können

---

6   Nohl 1926
7   Vgl. Pestalozzi 2006
8   Vgl. Bartels 1968, S. 177

sehr wohl beschrieben werden und als Standard in der Pflegekinderhilfe eingefordert werden.

1.4 Die professionelle Familie?

Ich möchte nicht, wie immer wieder zu lesen ist, zwischen der „normalen" und der „professionellen" Familie unterscheiden. Ich wage zu behaupten, dass es keine professionelle Familie geben kann, da dies ein Widerspruch in sich selbst ist. Familie ist Intimität, Nähe, bedingungsloses Einstehen füreinander.

Pflegefamilien haben eine „besondere Professionalität" zu bieten. Sie nehmen Kinder mit Entwicklungsrisiken auf. Sie öffnen ihre Familien für dieses Kind mit allem, was dazugehört. Sie müssen darauf vorbereitet sein, dass das anders ist als bei ihren leiblichen Kindern. Deshalb ist die Vorbereitung auf diese Aufgabe wichtig, um eine besondere Professionalität als Pflegeeltern zu erwerben. Mit einer beruflichen Ausbildung hat dies wenig zu tun.

Im Übrigen gibt es für keine Berufsgruppe, die mit Pflegekindern in Berührung kommt, eine auf die Pflegekinderhilfe ausgerichtete Qualifikation.

Die Rahmenbedingungen, die sogenannten „professionellen Familien" (gemeint sind bspw. Erziehungsstellen, sonderpädagogische Pflegestellen) geboten werden, stehen allen Pflegefamilien zu. Es sind die gleichen Kinder, die in sogenannten „normalen Pflegefamilien" oder in den „professionellen Erziehungsstellen" untergebracht werden. Die Rahmenbedingungen sind jedoch unterschiedlich.

Bei den „normalen" Pflegefamilien gibt es von Ort zu Ort völlig unterschiedliche Rahmenbedingungen. Dort, wo kein qualifizierter Fachdienst für die Pflegekinderhilfe eingerichtet ist, ist es eher dem Schicksal überlassen, ob sich ein engagierter Sozialarbeiter neben all seinen anderen Aufgaben das notwendige Wissen in der Pflegekinderhilfe aneignet oder nicht. Bei Erziehungsstellen ist die fachliche Begleitung der Pflegefamilie sichergestellt. Der Nachteil ist, dass finanzielle Abhängigkeiten vom Träger der Einrichtung die Vorteile dieser Hilfsmaßnahme ins Gegenteil umdrehen können.

Eine Pflegefamilie braucht eine spezielle Vorbereitung auf diese Aufgabe und eine intensive Begleitung nach der Aufnahme des Kindes. Das Gleiche gilt für die Fachkräfte im Pflegekinderdienst. Auch sie brauchen neben dem Studium eine spezifische Weiterbildung und eine berufsbegleitende Fortbildung oder ein auf die Pflegekinderhilfe spezialisiertes Aufbaustudium.

1.5 Die Rolle des Jugendamtes bei der Beheimatung eines Kindes

Für das einzelne Kind und die einzelne Pflegefamilie ist es eine wichtige Frage, ob das Kind sich in der Pflegefamilie zu Hause fühlen darf oder ob jederzeit die Gefahr droht, die Menschen, mit denen es sich existenziell verbunden fühlt, wieder zu verlieren, und mit ihnen das gesamte Umfeld. Über diese Fragen entscheidet die **fachliche Ausrichtung** des örtlichen Jugendamtes: Steht das Kindesinteresse im Mittelpunkt seines Handelns oder versteht sich das Jugendamt als Dienstleister für die Herkunftseltern, die diesen die Verantwortung in möglichst großem Umfang belässt. Der eine Sozialarbeiter legt das Hauptgewicht auf die Bindungen des Kindes und auf die Klärung der Lebensperspektive des Kindes, der andere versteht sich als Moderator zwischen den Interessen der Erwachsenen.

Auch die **Organisationsstruktur** des Jugendamtes ist in vielerlei Hinsicht für das Gelingen eines Pflegeverhältnisses mitverantwortlich. Die günstigsten Bedingungen für das Gelingen einer Beheimatung sind dort geschaffen, wo das Amt die Fachkenntnisse in der Pflegekinderhilfe zu einem eigenen Spezialdienst bündelt.

Von hoher Bedeutung ist dabei die Qualifizierung der Mitarbeiter des Pflegekinderdienstes und ihre Spezialisierung auf die besonderen Bedürfnisse der Pflegekinder. Für den Adoptionsbereich ist gesetzlich gefordert, dass der Adoptionsvermittler neben den theoretischen Voraussetzungen ausreichend Erfahrungen in der

Adoptionsvermittlung mitbringt. Ebenso müssen immer zwei hauptamtliche Kräfte eingesetzt werden, damit sie zum einen über ausreichende Erfahrung verfügen und zum anderen die Möglichkeit zum fachlichen Austausch haben. Die gleiche Notwendigkeit gilt auch für den Pflegekinderbereich. Zusätzlich zu den umfangreichen Aufgaben des Allgemeinen Sozialen Dienstes kann dieses Wissen kaum erworben werden.

Eine partnerschaftliche Zusammenarbeit setzt beides voraus, die Qualifizierung von Sozialpädagogen im Pflegekinderdienst und die qualifizierte Vorbereitung und Begleitung von Pflegeeltern. Die Einbeziehung der Pflegeeltern in die Entscheidungsfindung der Jugendhilfe ist eine fachliche Notwendigkeit. Wenn Pflegeeltern Entscheidungen, etwa über Umgangsregelungen, aufgebürdet werden mit dem Hinweis „das Team hat beraten und kam zu dem Ergebnis", kann von einem partnerschaftlichen und fachlichen Umgang miteinander nicht mehr gesprochen werden. Die Verantwortlichkeit des fallführenden Sozialarbeiters kann nicht durch Teamentscheidungen ausgehöhlt werden.

Welche fachlichen und persönlichen Qualifikationen benötigt eine Fachkraft im Pflegekinderbereich? Aufbauend auf das Studium als Sozialarbeiter oder Sozialpädagoge braucht er eine spezielle Aus- und Weiterbildung im Pflegekinderbereich. Neben den theoretischen Grundlagen muss er über die empathischen Fähigkeiten verfügen, sich in die Lage der Kinder hineinzuversetzen. Besonders wichtig sind Kenntnisse über die Bedürfnisse von Kindern in verschiedenen Entwicklungsstufen im Allgemeinen, aber auch im Besonderen bei traumatisierten und vorgeschädigten Kindern. Unerlässlich sind nicht zuletzt methodische Kenntnisse und eine persönliche Eignung im Umgang mit Kindern.

1.5.1 Fachliche Ausrichtung des Jugendamtes

Verhältnis Jugendamt – Pflegefamilie

Der Aufbau eines Vertrauensverhältnisses zur Pflegefamilie beginnt bereits lange vor der Vermittlung eines Kindes in der Vorbereitungsphase. Eine wichtige Frage ist, wie das Jugendamt die Pflegefamilie sieht. Sind die Pflegeeltern Partner des Jugendamtes in der Sorge um das Kind oder fühlt sich das Jugendamt den Pflegeeltern gegenüber als Dienstherr? Erkennt das Jugendamt den Schutz der Intimsphäre der Pflegefamilie aufgrund Art. 6 GG an, wie es das Bundesverfassungsgericht[9] festgestellt hat, und zwar dann, wenn als Folge eines länger andauernden Pflegeverhältnisses gewachsene Bindungen zwischen Pflegekind und Pflegeeltern entstanden sind? Werden Pflegeeltern in Entscheidungen einbezogen und erhalten sie bereits vor der Aufnahme des Kindes die für sie erforderlichen Informa-

---

9 Salgo 1996, BVerfGE 68

tionen oder nicht? Sieht das Jugendamt die gesetzliche Vorgabe, dass es das Kind entweder auf Zeit oder auf Dauer in einer Pflegefamilie unterbringt? Wie wird die kindliche Zeitperspektive gesehen? Sind die Voraussetzungen vorhanden, dass das Jugendamt seiner Beratungs- und Unterstützungspflicht nach § 37 SGB VIII nachkommen kann?

Der § 37 Abs. 1 SGB VIII besagt:

> Bei Hilfen nach §§ 32 bis 34 und § 35a Abs. 2 Nr. 3 und 4 soll darauf hingewirkt werden, dass die Pflegeperson oder die in der Einrichtung für die Erziehung verantwortlichen Personen und die Eltern zum Wohl des Kindes oder des Jugendlichen zusammenarbeiten. Durch Beratung und Unterstützung sollen die Erziehungsbedingungen in der Herkunftsfamilie innerhalb eines im Hinblick auf die Entwicklung des Kindes oder Jugendlichen vertretbaren Zeitraums so weit verbessert werden, dass sie das Kind oder den Jugendlichen wieder selbst erziehen kann. Während dieser Zeit soll durch begleitende Beratung und Unterstützung der Familien darauf hingewirkt werden, dass die Beziehung des Kindes oder Jugendlichen zur Herkunftsfamilie gefördert wird. Ist eine nachhaltige Verbesserung der Erziehungsbedingungen in der Herkunftsfamilie innerhalb dieses Zeitraums nicht erreichbar, so soll mit den beteiligten Personen eine andere, dem Wohl des Kindes oder des Jugendlichen förderliche und auf Dauer angelegte Lebensperspektive erarbeitet werden. (…)

Für das Gelingen des Pflegeverhältnisses ist es wichtig, dass die Fallzuständigkeit bei derjenigen Fachkraft liegt, die das Kind am besten kennt. In der Regel wird dies ein Mitarbeiter des Pflegekinderdienstes sein. Dieser kann am besten beurteilen, wie sich Besuche auf das Kind auswirken, welche Gefühle es hat und mit welchen Ängsten es belastet ist. Eine Fachkraft, die diesen persönlichen Kontakt mit dem Kind nicht hat, ist nicht in der Lage, eine kindzentrierte Hilfeplanung zu gestalten. Hier stellt sich die Frage, ob das Jugendamt das Kind dem Sozialraum der Herkunftseltern oder dem der Pflegefamilie zuordnet.

1.6 Die Vermittlungsphase: wie man einen Realitätsschock vermeiden kann

Eines Tages ist es dann für die Pflegefamilie in Wartestellung soweit. Die Vorbereitungsphase ist erfolgreich und im gegenseitigen Einvernehmen beendet. Im Abschlussgespräch mit dem Sozialarbeiter sind nochmals die gegenseitigen Erwartungen geklärt worden. Dann „platzt" der Anruf des Sozialarbeiters in den Alltag, dass ein Kind einen Platz in einer Familie braucht – und dass das Team im Jugendamt sich vorstellen kann, „dass dieses Kind in Ihre Familie passt". Unvermittelt wird das, was bisher nur in der Theorie klar war, mit allen Konsequenzen Realität. Erst in diesem Augenblick wird endgültig bewusst, welche praktischen Konsequenzen die Aufnahme eines Kindes für alle Familienmitglieder hat.

1 Wie wird eine Familie zur Pflege-/Adoptivfamilie?

Um eine realistische Entscheidung treffen zu können, brauchen die Pflegeeltern bereits im Vorfeld – zunächst ohne Offenlegung der Namen der Herkunftseltern – umfangreiche Informationen über das Kind und die Herkunftsfamilie, was vor allem die bisherige Geschichte des Kindes betrifft:

- die Gründe, die zur Trennung von der Herkunftsfamilie geführt haben,
- die Vorerfahrungen des Kindes in der Herkunftsfamilie,
- die Frage, ob das Kind davor bereits Trennungen erlebt hat und wenn ja, wie lange diese Trennungen waren und in welchem Alter diese erfolgt sind,
- die Einstellung der Herkunftseltern zur Unterbringung in einer Pflegefamilie,
- die Gesundheitssituation des Kindes,
- das Benennen von Informationslücken,
- die Darstellung der Rechtssituation,
- eine Angabe/vorsichtige Prognose zum Lebensmittelpunkt des Kindes.

Pflegeeltern beklagen häufig, vorher nicht umfassend informiert worden zu sein. Mangelnde Information hat zur Folge, dass die Pflegeeltern später auftretende Probleme nicht richtig einordnen können. Hieraus können schwerwiegende Folgeprobleme entstehen.

Zum Zeitpunkt der Inpflegegabe ist oft die Schädigung des Kindes nicht in ihrem ganzen Ausmaß bekannt. Gerade bei sexuellem Missbrauch sind die Unterbringungsgründe oft andere, und erst mit wachsendem Vertrauen zu den Pflegeeltern spricht das Kind seine Erlebnisse offen aus. Wenn Informationen fehlen oder offensichtlich mangelhaft sind, muss das thematisiert werden. Auch das Jugendamt kennt bei der Unterbringung oft nur einen Teil der Vorschädigung des Kindes. Die Spitze des Eisberges, die zeigt, dass eine angemessene Erziehung in der Herkunftsfamilie nicht mehr gewährleistet ist, ist oft schon schlimm genug. Wenn im Nachhinein noch andere gravierende Schädigungen offenkundig werden, bedarf es einer engen und vertrauensvollen Zusammenarbeit zwischen Jugendamt und Pflegefamilie.

Als Beispiel möchte ich die Problematik aufzeigen, die dadurch entsteht, wenn eine Pflegefamilie nicht weiß, welche Folgen im Familienalltag mit einem Kind entstehen können, das sexuellen Übergriffen ausgesetzt war oder das Gewalterfahrungen erleben musste, sei es, dass es selbst betroffen oder dass es Zeuge war. Hierbei ist es unwesentlich, ob ein Strafverfahren eingeleitet und der Täter verurteilt wurde oder nicht. Es gibt viele Gründe, die im Interesse des Kindes von einer Strafverfolgung absehen lassen, da die Beweislast schwer ist und oft auf Kosten des Kindes geht und im Zweifelsfall das Gericht zugunsten des Angeklagten entscheiden muss.

Es ist ein Irrtum, dass bei begründetem Verdacht das Kind keine Schädigung erlitten hat, vielmehr brauchen sowohl das Kind als auch die Pflegefamilie von Anfang an die erforderliche fachliche Hilfe.

Wenn die Pflegefamilie gewohnt ist, manchmal gemeinsam zu baden oder sich unbekleidet im Haus zu bewegen, sind Gefahren für das Kind und die Pflegefamilie unvermeidbar. Das Kind kann diese Gewohnheiten als Aufforderung zu sexuellen Handlungen erleben oder eine heftige Handbewegung kann die Angst auslösen, dass es jetzt zu einer existenziellen Bedrohung kommt. Auch kann ein Glas Wein, das zum Abendessen getrunken wird, beim Kind heftige Ängste auslösen und die Befürchtung hervorrufen, dass es jetzt zu den Szenen kommt, wie sie in der Herkunftsfamilie üblich waren.

Es gibt Fachkräfte, die den Pflegeeltern Informationen über die Vorgeschichte des Kindes mit dem Hinweis auf den Datenschutz verweigern. Diese Diskussion ist alt. Bereits 1978 gab es heftige Auseinandersetzungen um diese Frage. Die eine Seite betonte die Notwendigkeit, über das Kind, seine Persönlichkeit, die Geschichte der Herkunftsfamilie und die Unterbringungsgründe sowie die vorhandene Diagnostik umfassend informiert zu sein, um dem Kind angemessen helfen zu können. Die andere Seite meinte, das sei ein Eingriff in die Intimsphäre und Grundrechte der leiblichen Eltern.

Da Pflegeeltern die Informationen über die Vorgeschichte des Kindes und die Einstellung der leiblichen Eltern zur Unterbringung in der Pflegefamilie für die Erfüllung der Erziehungsaufgabe brauchen, kann hier der Verweis auf den Datenschutz nicht herangezogen werden. Selbstverständlich stehen die Pflegeeltern ihrerseits unter den Bestimmungen des Datenschutzes und sie dürfen diese Daten nicht unbefugt weitergeben.

Die Pflegeeltern sollten vor der Aufnahme eines Kindes unbedingt darauf bestehen, umfassend informiert zu werden, um die richtige Entscheidung treffen und dem Kind auf die richtige Weise helfen zu können.

Pflegeeltern gehören zu dem Personenkreis, der in § 78 SGB X genannt ist. Auf den Datenschutz wird an anderer Stelle dieses Buches eingegangen. An dieser Stelle möchte ich darauf hinweisen, dass der Zweck der übermittelten Daten die Sicherstellung des Kindeswohls in der Pflegefamilie ist. Die Pflegeeltern dürfen diese Daten ausschließlich zum Zwecke der Erziehung und der Gesundheitsfürsorge an Dritte weitergeben. Das Sozialgeheimnis behält seine Verbindlichkeit auch für die Zeit nach der Inpflegegabe.

Wenn die Pflegeeltern einen Beistand nach § 13 SGB X in Anspruch nehmen, unterliegt dieser der gleichen Schweigepflicht wie die Pflegeeltern. Um seine Aufgabe als Beistand wahrnehmen zu können, braucht er jedoch die notwendigen Informationen über Vergangenheit und Gegenwart des Kindes. Das Argument, der Beistand könne die zur Erfüllung seiner Aufgabe erforderlichen Informationen aus Datenschutzgründen nicht bekommen, greift nicht.

Kriterien für den Entscheidungsprozess

Zusammenfassend möchte ich nachfolgend Kriterien ausführen, die beim Entscheidungsprozess ein Pflegekind aufzunehmen, hilfreich sein können.

1. Die fachliche Ausrichtung des örtlichen Jugendamtes ist den Pflegeeltern bekannt. Steht das Kindesinteresse im Mittelpunkt seines Handelns oder versteht sich das Jugendamt als Dienstleister für die Herkunftseltern?

   Im Vorfeld der Aufnahme eines Pflegekindes ist im offenen Dialog zwischen Jugendamt und Pflegeeltern ein Vertrauensverhältnis entstanden, das es ermöglicht, Gefühle und eigene Grenzen aufzuzeigen.

2. In der Vorbereitungsphase wird klar aufgezeigt, wie die Organisationsstruktur des Amtes ist und wer nach Aufnahme eines Pflegekindes die Fallverantwortung hat.

3. Die Unterbringungsgründe werden klar benannt. Hierzu gehört die Beantwortung der Frage, warum die angebotenen Hilfeleistungen für die Herkunftsfamilie die Situation des Kindes nicht positiv verändern konnten.

   Ist an dieser Stelle bereits abzusehen, dass der bisherige Entwicklungsverlauf des Kindes und die defizitäre Familiensituation gezeigt haben, dass eine Rückkehr des Kindes zu seinen leiblichen Eltern nicht möglich sein wird, ist von vornherein auf eine auf Dauer angelegte Lebensperspektive hinzuarbeiten?[10]

4. Bevor eine Entscheidung über die Aufnahme eines Kindes getroffen wird, werden die Pflegeeltern umfassend über die Vorgeschichte des Kindes informiert. Die psychosoziale Diagnose über das Kind und die Herkunftsfamilie wird den Pflegeeltern zugänglich gemacht. Die medizinischen und psychologischen Stellungnahmen und Gutachten über das Kind und die Herkunftsfamilie sind offengelegt, damit die Risiken abgeschätzt werden können. Bis zur konkreten Vermittlung ist dies aus datenschutzrechtlichen Gründen anonymisiert vorzunehmen.

5. Die Pflegeeltern lernen das Kind vor der Aufnahme kennen. Dies muss in einem entspannten Feld in der normalen Umgebung geschehen, ohne dass das Kind das besondere Interesse an ihm spürt. Die früher oft anzutreffende Praxis, dass das Kind in das Sprechzimmer des Heimes gerufen wurde, sollte der Vergangenheit angehören. In einer Bereitschaftspflegefamilie lässt es sich ohne Schwierigkeiten bewerkstelligen, dass bei dem Kind keine Hoffnungen oder Befürchtungen den Besuchern gegenüber geweckt werden. Dies ist ein wichtiges Element der Vermittlung, damit spontane gegenseitige Abwehr oder Sympathie erkundet werden können.

6. Bereitschaftspflegefamilien sind über den kindlichen Zeitbegriff informiert, der besonders bei Säuglingen und Kleinkindern von großer Bedeutung für das Kind ist. Den Bereitschaftspflegefamilien ist bekannt, dass dies je nach Alter bei

---

10 Vgl. Münder et al. 2006, S. 517

jedem Kind anders sein kann. Ein bis dahin vernachlässigtes und depriviertes Kind kann innerhalb weniger Wochen ein intensives Bindungsbedürfnis zeigen. Wenn der Wechsel nicht rechtzeitig erfolgen kann, stellt sich die Frage, ob ein Wechsel noch zu verantworten ist und ob aus der Bereitschaftspflege eine Vollzeitpflege wird.

Die Bestimmungen über das Antragsrecht der Pflegeeltern auf Verbleib gemäß § 1632 Abs. 4 BGB greifen immer dort, wo Bindungen nicht ohne Schaden für das Kind gelöst werden können. Wenn ein Säugling in einer Bereitschaftspflege sichere Bindungen gefunden hat, ist ein Pflegestellenwechsel – und der Wechsel aus einer solchen Bereitschaftspflege in eine andere Vollzeitpflege ist ein Pflegestellenwechsel – nur im Ausnahmefall möglich, wie das Bundesverfassungsgericht festgestellt hat. Der Schutz des Kindes und die Bestimmungen des BGB stehen über dem Vertragsrecht.

7. Wenn möglich, sollten sich Eltern und Pflegeeltern unter der Regie des Jugendamtes kennenlernen und ihre Erwartungen und Befürchtungen zum Ausdruck bringen können. Dabei ist von den Pflegeeltern und dem Jugendamtsmitarbeiter viel Einfühlungsvermögen erforderlich. Die Eltern sind in der Regel verletzt, wenn sie erkennen müssen, dass sie der Erziehung des Kindes im Alltag nicht gerecht werden können. Wenn sie als Person Wertschätzung erfahren und ihnen signalisiert wird, dass ihre Entscheidung, das Kind in die Pflegefamilie zu geben, Ausdruck ihrer Elternverantwortung ist, hilft dies für den weiteren gemeinsamen Weg.

Diese Empathie für die Eltern beinhaltet, dass die kindlichen Bedürfnisse nach Kontinuität und Bindung in den Mittelpunkt der Gespräche gerückt werden. Versprechungen, dass der Säugling bis zum Kindergartenalter oder dem Schulalter in der Pflegefamilie bleibt und dann zu den Eltern zurück kann, haben zur Folge, dass verantwortungsbewusste Pflegeeltern die Aufnahme des Kindes ablehnen müssen.

Alle Beteiligten sind über die Möglichkeit der Beantragung der Verbleibensanordnung gemäß § 1632 Abs. 4 BGB zu informieren. Diese Klarheit ist auch zum Schutze der leiblichen Eltern nötig. Sie müssen zum Beispiel wissen, dass sie unverzüglich auf einen Platz in einer Sucht- oder Drogenklinik mit dem Kind drängen und der Zeitfaktor eine immer größere Rolle spielt, je jünger das Kind ist.

Wenn die Herkunftseltern nicht gesprächsbereit sind, fällt es den Sozialpädagogen des Jugendamtes zu, sich mit diesen auseinanderzusetzen und die Pflegeeltern aus dem Konfliktfeld herauszuhalten. Pflegeeltern dürfen nicht zu Therapeuten der Eltern werden. Diese Rolle müssen Pflegeeltern im Interesse einer langfristigen Zusammenarbeit entschieden ablehnen. Auch haben sie nicht die Verantwortung für die Herausnahme des Kindes aus der Herkunftsfamilie. Sie dürfen nicht den Aggressionen der Eltern ausgesetzt werden.

1 Wie wird eine Familie zur Pflege-/Adoptivfamilie?

8. Die Hilfeplanung hat vor der Unterbringung des Kindes zu erfolgen. Die in Kapitel 8 beschriebenen Kriterien sind zu beachten. Die Umgangsregelung ist für Kind und Pflegefamilie gut zu gestalten. Das Kindeswohl hat dabei im Mittelpunkt zu stehen.
Das Recht auf ein stabiles Erziehungsumfeld und auf Kontinuität ist Leitlinie der Hilfeplanung.
Die Anerkennung dessen, was dem Kind bisher geschehen ist und was nötig ist, um die Zukunft des Kindes sicherzustellen, ist die Voraussetzung für die Besuchsregelung.
Wenn den Eltern in dieser Hinsicht unrealistische und auf Dauer nicht realisierbare Versprechungen gemacht werden, ist es für Pflegeeltern im Vorfeld ratsam, auf diese nicht einzugehen und unter diesen Umständen die Aufnahme des Kindes abzulehnen.
Die Pflegefamilie muss immer die Möglichkeit haben, die Interessen aller Familienmitglieder berücksichtigen zu können.
Der Schutz als Familie gemäß Art. 6 GG ist vom Bundesverfassungsgericht der Pflegefamilie grundsätzlich zuerkannt worden, wenn das Kind Bindungen zu seiner Pflegefamilie eingegangen ist und es sich als Mitglied der Pflegefamilie versteht.
Aus diesem Grund verbietet es sich, die Pflegeeltern als Dienstleister zu behandeln und die familienrechtlichen Grundlagen nicht zu beachten. Pflegeverträge mit Kündigungsfristen sind schon im Hinblick auf das Recht einer Beantragung auf Verbleib gem. § 1632 Abs. 4 nicht gesetzeskonform. Die Hilfeplanung gem. § 36 SGB VIII ist Grundlage des Pflegeverhältnisses und dieser wird nach dem erzieherischen Bedarf des Kindes fortgeschrieben.
Notwendige therapeutische Hilfen für das Kind und die Hilfen für die Pflegeeltern bis hin zum erhöhten Erziehungszuschlag bei besonderem erzieherischem Aufwand, sind im Hilfeplan festzuschreiben.
9. Wenn aus der zeitlich befristeten Vollzeitpflege eine auf Dauer angelegte Lebensperspektive für das Kind wird, ist die Rechtssituation zu klären und wenn die Vormundschaft beim Amt liegt, in der Regel auf die Pflegeeltern zu übertragen. Wenn die Eltern das Sorgerecht innehaben, ist es Aufgabe des Sozialpädagogen des Jugendamtes, dass die Eltern dahin geführt werden, gemäß § 1630 Abs. 3 BGB Teile des Sorgerechtes an die Pflegeeltern übertragen zu lassen. Dies wird in Kapitel 9 näher beschrieben.
10. Wenn in den wichtigen Punkten, wie beispielsweise bei der Klärung der Lebensperspektive, mit dem örtlichen Jugendamt keine Übereinkunft zu erzielen ist, sollte im Interesse der Kinder der Konflikt bis hin zu der Entscheidung, dass das Kind nicht aufgenommen werden kann, gewagt werden. Jedoch sollte im Zusammenschluss mit anderen Pflegeeltern Lobbyarbeit für die Pflegekinder geleistet werden. Die politischen Vertreter der Kommunen und im Be-

sonderen die Mitglieder des Jugendhilfeausschusses sind auf die Problematik aufmerksam zu machen und für eine Mitarbeit zu motivieren. Als Pflegeelterngruppe lässt sich so Veränderung herbeiführen. Dass dies möglich ist, zeigt die Praxis. Das Jugendamt ist darauf angewiesen, dass genügend geeignete und zufriedene Pflegefamilien zur Verfügung stehen.

1.7 Darf man Geschwister bei der Vermittlung trennen?

Früher galt die eiserne Regel, dass Geschwister nicht getrennt werden dürfen. Geschwisterbindung hat für Kinder eine große Bedeutung, sie darf jedoch nicht undifferenziert idealisiert werden.

Die Familienstruktur, in der Geschwister bisher gelebt haben, ist ausschlaggebend. Geschwister mit traumatischen Vorerfahrungen sind anders zu bewerten als Geschwister, deren Eltern bei einem Unfall ums Leben kamen und die Geschwister bisher in einer intakten Familie befriedigende Beziehungen entwickelt haben. Konnten vor dem Verlust der Eltern liebevolle geschwisterliche Bande entwickelt werden, entspricht in der Regel die Geschwistertrennung nicht dem Wohl der Kinder, zumal sie gemeinsam die Trauer erleben und sich hier in einem tiefen Verständnis begegnen können. Die Geschwister können sich in diesem Fall gegenseitig helfen und der Geschwisterbindung kann ein hoher Stellenwert im Leben dieser Kinder zukommen.

John Bowlby[11] spricht bei Geschwistern von einer „Nebenbindung". Er weist auf die hierarchische Ordnung der kindlichen Bindungsstruktur hin. Geschwister haben eine nebengeordnete, wenn auch wichtige Bedeutung für die Entwicklung des Kindes.

Rudolf Klußmann[12] sagt, dass die Hauptbezugspersonen die vitalen Lebensbedürfnisse des Kindes befriedigen und die Geschwister die darüber hinausgehenden Entwicklungsbedürfnisse. Das Kind kann im Hinblick auf seine seelische Unversehrtheit auf die Hauptbezugsperson nicht verzichten, wohl aber auf Geschwister, da deren Funktionen von anderen „Nebenfiguren" übernommen werden können.

Monika Nienstedt und Arnim Westermann[13] weisen darauf hin, dass der Geschwisterbindung ein prägender Einfluss auf die Persönlichkeitsentwicklung eines Kindes zukommt. Sie ist jedoch nicht die Grundlage für eine gesunde Persönlichkeitsentwicklung eines Kindes, sondern sie wird durch die Eltern-Kind-Beziehung gelegt, die der Geschwisterbeziehung vorgeordnet ist.

---

11 Bowlby (1973)
12 Klußmann, Stötzel 1995, S. 40
13 Nienstedt, Westermann 1998, S. 259

1 Wie wird eine Familie zur Pflege-/Adoptivfamilie?

Geschwistersolidarität kann über Krisen hinweghelfen. Im Märchen „Hänsel und Gretel" stehen die Geschwister einander in der Not bei, bis sie nach der Überwindung dieser Notsituation zum liebenden Vater zurückkehren und „in lauter Freude zusammenleben". Diese Notsituation kann nach der Trennung und der Aufnahme in einer Bereitschaftspflegefamilie in der Klärungsphase den Kindern helfen, mit weniger Angst in der neuen Situation zu leben.

Wenn Kinder, innerhalb des für den kindlichen Zeitbegriff tolerierbaren Rahmens, nicht in die Herkunftsfamilie zurück können, sind die zuvor erlebten familiendynamischen Beziehungen ausschlaggebend für die Beurteilung, ob Geschwister getrennt werden müssen, um jedem Kind gerecht werden zu können. Es ist auch zu beachten, dass die Geschwister, von Zwillingen abgesehen, aufgrund des unterschiedlichen Alters einen unterschiedlichen Zeitbegriff haben, in dem eine Rückkehr in die Herkunftsfamilie möglich erscheint. Was für das sechs Jahre alte Geschwisterkind ein noch tolerierbarer Zeitrahmen sein kann, ist für das als Baby vermittelte Kind keiner mehr.

Kinder mit chaotischen Familienerfahrungen können zum einen wegen des unterschiedlichen Zeitempfindens, aber auch wegen der unterschiedlichen Verarbeitungsmöglichkeiten der bisherigen Familienerfahrungen, nicht aneinander gekettet werden.

Bei Kindern, die vernachlässigt wurden, ist dem ältesten Geschwister oft die Rolle des Versorgers zugekommen. Es musste in der Notgemeinschaft für die jüngeren Geschwister die Elternrolle übernehmen und war damit in eine extreme Überforderungssituation geraten.

Ein schwer vorgeschädigtes Kind braucht seine neuen Eltern oft allein für sich. Für solche Fälle haben sich vor allem kinderlose Ehepaare bewährt. Hier ist es manchmal möglich, auch Geschwister unterzubringen. Trotzdem kann es leicht zu einer Überforderung sowohl der Pflegeeltern wie auch der einzelnen Kinder kommen. Wenn Geschwister aus ideologischen Gründen nicht getrennt untergebracht werden, kommt es häufig vor, dass sie am Ende in ein Heim gegeben werden. Im Nachhinein habe ich oft hören müssen, dass die Geschwister nicht in der gleichen Heimgruppe betreut werden konnten. Es ist also die Frage nach der weniger schädlichen Alternative zu stellen.

In meiner beruflichen Praxis wurden in zwei Fällen jeweils fünf Geschwister in ein Kinderdorf gegeben, um dort zusammenzuleben. Beide Male ist die Integration gescheitert, weil die Kinder die alten krankmachenden Strukturen und Verhaltensweisen in die neue Gruppe hineingetragen haben. Die Voraussetzungen waren zumindest in einem Fall hervorragend. Eine erfahrene Kinderdorfmutter bekam zusammen mit einem Erzieher ein schönes Häuschen für die Kinder und sich. Heilpädagogische Hilfen waren alle vorhanden. Trotz Erfahrung, Hilfen und gutem Willen brach die Kinderdorfmutter bald unter der Last der Erziehung dieser fünf traumatisierten

Kinder zusammen. Die Kinder lebten ihr eigenes Leben und die Einflussmöglichkeiten der Erzieher waren so gering, dass eine Beziehung zu der Kinderdorfmutter nicht entstehen konnte.

Ich erinnere mich auch an zwei Geschwister, die gemeinsam eine gute Entwicklung in einer kinderlosen Familie hatten, bis später das dritte Geschwisterkind in die gleiche Familie gegeben wurde. Diese Geschwister kannten sich vorher nicht. Ein Jugendamt hatte aus ideologischen Gründen trotzdem von „Geschwistertrennung" gesprochen und konnte das getrennte Aufwachsen nicht akzeptieren. Das brachte das ganze Familiensystem zum Kippen.

Hier ist wichtig, dass das Jugendamt über eine Fachkraft verfügt, die spezialisierte Kenntnisse im Pflegekinderwesen hat. Allein die biologische Abstammung kann bei fehlender Geschwisterbindung kein Kriterium für eine gemeinsame Vermittlung sein. Die Wahrscheinlichkeit, dass sich bei der Aufnahme von Geschwisterkindern die Geschwister gegenseitig in der Aufarbeitung der Vorerfahrungen und der Entwicklung neuer Eltern-Kind-Beziehungen behindern, ist so hoch, dass in der Regel Geschwister, die auf Dauer in eine Pflegefamilie integriert werden sollen, getrennt zu vermitteln sind.[14]

Diese von Nienstedt/Westermann vorgeschlagene Geschwistertrennung kann aufgrund meiner Erfahrung nur dort umgangen werden, wo besonders gute Voraussetzungen aufseiten der Kinder und der Pflegefamilie vorliegen, also bei Kindern, die sehr gute Verarbeitungsmöglichkeiten haben und die in der neuen Familie nicht mit Rivalitätskonflikten mit Kindern in der Pflegefamilie konfrontiert werden.

Wenn Geschwisterkinder in eine Familie mit bereits in der Familie lebenden Kindern gegeben werden und die in der Familie lebenden Kinder nicht wesentlich älter sind, ist es die Regel, dass sich zwei Geschwistergruppen bilden, die sich gegeneinander abschotten. Die neu hinzugekommenen Pflegekinder haben kaum eine Chance, befriedigende Eltern-Kind-Beziehungen aufzubauen. Die Pflegekinder erleben, dass die in der Familie lebenden Kinder eine enge Beziehung zu den Eltern haben, die sie selbst noch nicht einmal ansatzweise entwickeln konnten, und sie kommen sofort in eine Konkurrenzsituation, in der sie nur Verlierer sein können. Geschwister, die aus chaotischen Familiensituationen herauskommen, setzen ihre alten Verhaltensmuster in der Regel in der neuen Familie fort.

Ich denke an zwei Mädchen, sechs und acht Jahre alt, die zu einem pädagogischen Fachehepaar vermittelt wurden. Sie suchten zunächst Zuwendung bei den neuen Eltern, setzten jedoch ihre alten Verhaltensmuster bis hin zu einem für die Pflegeeltern nicht zu akzeptierenden Sprachgebrauch fort. Als die Kinder die Erfahrung machen mussten, dass sie mit ihrem bisherigen Verhalten auf Kritik stießen, zogen sich die Mädchen in ihr Zimmer zurück und versuchten ein Eigenleben innerhalb der Familie

---

14 Nienstedt, Westermann 1998, S. 260

zu führen, was zum Scheitern des Pflegeverhältnisses führte. Die Kinder konnten sich nicht integrieren und sie konnten keine neuen Verhaltensmuster lernen.

Ein anderes Beispiel:
Fünf Geschwisterkinder verloren ihre Eltern durch einen Unfall. Die Familie galt bereits vorher als Problemfamilie. Die Kinder waren vernachlässigt, es fand schon vor dem Unfall eine Rollenumkehr statt. Das älteste Mädchen übernahm die Versorger-Rolle. Das jüngste Kind war ein Baby, das älteste Mädchen 12 Jahre alt. Die beiden jüngsten Geschwister kamen zu einer Tante, die drei älteren Kinder zu einer erfahrenen Pflegefamilie. Das 12-jährige Mädchen übernahm sofort die Führung der Geschwister, verbot ihnen, auch als sie dies wünschten, zu den Pflegeeltern Mama und Papa zu sagen. Als sie es doch einmal taten, machte sie ihnen heftige Vorwürfe und förderte Schuldgefühle den verstorbenen Eltern gegenüber. Das Gleiche versuchte das Mädchen bei den zwei jüngsten Geschwistern, die bei der Tante lebten. Die Familie der Tante wusste sich schließlich nicht anders zu helfen, als den Kontakt mit den großen Geschwistern zu unterbinden. Diese beiden Kinder nahmen eine gute Entwicklung, wurden die Kinder dieser Familie, während die drei großen Geschwister, unter der Anleitung der Ältesten, trotz guter Voraussetzungen in der Pflegefamilie Fremde blieben.

Dass auch Heime mit Geschwistern überfordert sein können, wurde oben beschrieben. Immer wieder kommt es vor, dass nachgeborene Kinder aus grundsätzlichen Erwägungen heraus in die Pflegefamilie vermittelt werden, in der das ältere Geschwister lebt. Hier kann nicht von Geschwisterzusammenführung gesprochen werden. Diese Kinder sind sich genauso fremd wie andere Kinder, was nicht heißt, dass im Einzelfall eine Vermittlung in diese Familie sinnvoll sein kann.[15]

1.8 Die psychosoziale Diagnose bei der Unterbringung ist immer nur vorläufig

Zum Zeitpunkt der Unterbringung befindet sich das Kind in der Regel in einem völlig chaotischen Seelenzustand. In diesem Zustand ist die psychosoziale Diagnose oft äußerst negativ. Sie ist jedoch nur begrenzt gültig.

Ich habe Kinder erlebt, die mit drei Jahren als geistig behindert eingestuft wurden und inzwischen ein wissenschaftliches Staatsexamen abgelegt haben, aber auf der anderen Seite auch misshandelte Kinder, deren Schicksal nicht schlimmer hätte ausgehen können. Pflegeeltern sollten sich darüber im Klaren sein, dass immer auch der schlimmste Fall eintreten kann. Ich habe Kinder erlebt, die als Jugendliche keine Lehre machen konnten. Dadurch, dass sie jedoch bis in das Erwachse-

---

15 Vgl. Kap. 6.1.4.: Gutachten von Lemp, S. 111

nenalter hinein bei den Pflegeeltern lebten, können sie ein glückliches und erfülltes Leben führen.

Jeder Weg kann ein guter Weg sein, wenn man ihn innerlich akzeptieren kann. Wenn ich dagegen von mir weiß, dass ich niemals ein Kind akzeptieren könnte, das geistige Mängel hat, sollte ich kein Kind mit entsprechenden Risiken in die Familie aufnehmen. Die Pflegeeltern haben ein Recht darauf, medizinische Diagnosen in vollem Umfang vor der Aufnahme des Kindes zu kennen. Es greift in ihr Familienleben existenziell ein, wenn die leiblichen Eltern des Kindes beispielsweise Hepatitis haben oder wenn sie HIV-positiv sind. Wenn das Wissen um die Risiken da ist, können sich die Pflegeeltern entscheiden, ob sie dem Kind zuliebe diese Risiken eingehen und wie sie im Vorfeld entsprechende Vorsichtsmaßnahmen einbauen können.

1.9 Wenn Kind und Pflegeeltern doch einmal nicht zusammenpassen

Natürlich ist es von entscheidender Bedeutung, ob Kind und Pflegeeltern zusammenpassen, auch wenn das eher eine Sache der Intuition als des Verstandes ist. Pflegeeltern und Pflegekind müssen sich gegenseitig „riechen" können.

Auch bei noch so sorgfältiger Vorbereitung auf die Unterbringung des Kindes kann sich in der Anfangsphase herausstellen, dass das Kind mit dem Alltag der Pflegefamilie überfordert ist, oder dass die Pflegeeltern mit den Verhaltensweisen und dem Wesen des Kindes im Alltag erhebliche Schwierigkeiten haben, sodass es ihnen nicht gelingt, dem Kind von innen heraus die erforderliche Liebe und Zuwendung entgegenzubringen.

Es fällt sehr viel leichter, die Entscheidung zu korrigieren (konkret: die Vollzeitpflege in eine Bereitschaftspflege bis zur Schaffung einer neuen Perspektive umzuwandeln), wenn die Pflegeeltern von einem Sozialarbeiter des Pflegekinderdienstes begleitet werden, der schon in der Vorbereitungsphase für sie zuständig war und zu dem sie bereits Vertrauen entwickeln konnten.

In der Regel kennt die Pflegefamilie bereits aus den Vorbereitungskursen mehrere Mitglieder des Teams, und die Pflegeeltern sind ihrerseits nicht nur für einen einzelnen Sozialarbeiter im Team gegenwärtig. Das Vertrauen in ein Team, von dem man weiß, dass es nach einer gemeinsam erarbeiteten Konzeption arbeitet, dass Schwierigkeiten im Team beraten werden, dass dort Personen sind, die die Gesamtsituation kennen und deshalb auch gewissenhaft mitberaten können, ermöglicht es, auch schmerzhafte Wege leichter zu gehen.

Wenn die Vorbereitungskurse nicht von dem Pflegekinderteam begleitet werden, entsteht ein hohes Risiko, aus Nichtwissen der besonderen Befindlichkeiten der Pflegefamilien, Fehlvermittlungen verantworten zu müssen.

2 Die Grundbedürfnisse des Kindes

> Der Säugling kommt mit dem angeborenen Grundbedürfnis nach dauerhafter Zugehörigkeit zu betreuenden Menschen auf die Welt. Er prägt sich ein, wer ihn betreut und bindet sich an diesen Betreuer. Bindung entwickelt sich und kommt nicht durch biologische, genetische Verwandtschaft zustande.
>
> Die Qualität der frühen Bindung ist die Grundlage für das Selbstwertgefühl des Kindes und beeinflusst die Beziehung zu Gleichaltrigen und anderen Personen lebenslang.
>
> Grundlegend bei allen Bindungsstörungen ist, dass frühe Bedürfnisse nach Nähe und Schutz in Bedrohungssituationen nicht adäquat, unzureichend oder widersprüchlich beantwortet wurden. So entsteht das Urmisstrauen.
>
> Die Fürsorge, die Menschen erhalten haben und die Fürsorge, die sie ihren Babys geben, sind sich sehr ähnlich. Ein Kind, das ohne Liebe aufwachsen muss, wird es als Erwachsener schwer haben, sein Kind lieben zu können.

2.1 Das Grundbedürfnis des Kindes nach Versorgung und Bindung

Das neugeborene Kind ist lange Zeit auf Hilfe und Versorgung durch andere Personen angewiesen. Der Säugling ist ein Bündel von Bedürfnissen, angewiesen auf eine verlässliche Bezugsperson, die seine Grundbedürfnisse nach Nahrung, Pflege, Zuneigung, Förderung und Schutz befriedigt.

Der Säugling kommt mit dem angeborenen Bedürfnis nach dauerhafter Zugehörigkeit zu betreuenden Menschen auf die Welt. Er prägt sich ein, wer ihn betreut, und bindet sich an diesen Betreuer.

Der Säugling kann seine Bedürfnisse nur durch Schreien, Lächeln, Blicke, Mimik, Anspannung bis hin zur Verkrampfung und Abwehr äußern. Er ist darauf angewiesen, dass sein Schreien gehört, sein Blick beantwortet und seine Angst beruhigt wird. Er braucht die Sicherheit, dass sein Hunger gestillt, sein Durst gelöscht, sein Körper und seine Seele liebevoll gepflegt und seine Not wahrgenommen wird. Für ihn ist es eine Katastrophe, wenn die Umwelt sein Schreien als einen Angriff auf die Autorität und auf die Bedürfnisse der Elternpersönlichkeit missversteht.

In dem sensiblen Wechselspiel zwischen Säugling und Bezugsperson bildet sich eine sichere Bindung heraus. Eine solche sichere Bindung ist die Grundlage und Grundvoraussetzung für eine gesunde Entwicklung.

Karl Heinz Brisch[1] beschreibt die Hirarchie von einigen wenigen Bindungspersonen. Die Hauptbindungspersonen müssen allerdings nicht die biologischen Eltern sein, denn die Entwicklung einer Bindungsbeziehung zwischen dem Säugling und einer Pflegeperson kommt nicht durch genetische Verwandtschaft, sondern durch spezifische feinfühlige Interaktionserfahrungen mit einer Pflegeperson zustande. Für den Säugling ist die Schutzfunktion durch eine Bindungsperson von lebenserhaltender Bedeutung.

Der Säugling braucht das Gefühl, dass er Einfluss auf die Welt nehmen kann. Er muss wissen, dass seine Bezugsperson für ihn da ist, gern mit ihm spielt und mit allem versorgt, was er zu seinem Wohlfühlen braucht. In der frühen Kindheit entscheidet sich, ob das Urvertrauen oder das Urmisstrauen als Grundgefühl im Leben dominiert.

Bernhard Hassenstein[2] geht davon aus, dass der Säugling die Eigenschaften seiner Betreuer zunächst vielleicht mit dem Geruchssinn, bestimmt aber mit dem Berührungs- und Gehörsinn verinnerlicht. Je mehr sich in den ersten Lebensmonaten das Sehen und Formen des Erkennens ausbilden, richtet sich die Aufmerksamkeit des Säuglings auf das Gesicht des Betreuers. Im heiteren Kontakt zwischen der Bezugsperson und dem Säugling lernt das Kind sein Gegenüber immer besser kennen und es entsteht ein Wechselspiel des Aufeinander-Eingehens. Im Verlauf des zweiten Lebensvierteljahres beginnt das Kind auf bekannte und unbekannte Menschen verschieden zu reagieren. Hassenstein[3] beschreibt das Wechselspiel zwischen Mutter und Kind zu Beginn des Fremdelns wie folgt:

> „Das Fremdeln des kleinen Kindes bestätigt der Mutter: Das Kind kann sie nun von anderen Menschen unterscheiden, und es will bei ihr bleiben. Es zeigt dadurch seine Zugehörigkeit und verpflichtet zugleich die Mutter, auch ihrerseits dem Kind die Treue zu halten.
>
> Der Bindungsvorgang beginnt in den ersten Lebensmonaten. Zwischen dem sechsten und zwölften Lebensmonat ist er in seiner eigentlichen kritischen Phase. Unter der Voraussetzung einer ungestörten Beziehung zwischen dem Kind und seiner Hauptbezugsperson ist der Bindungsvorgang in der Regel etwa mit dem 24. Lebensmonat soweit abgeschlossen, dass – beim weiteren Erhaltenbleiben des entstandenen Eltern-Kind-Verhältnisses – eine zuverlässige Basis für die künftige seelisch-geistige Entwicklung des Kindes geschaffen ist".

Die Funktion des Bindungsverhaltens, welche die Nähe der Bindungsperson herstellt, sieht John Bowlby[4], der Begründer der Bindungslehre, erstens in der Gewährleistung des Schutzes des Kindes vor Gefahren, die das Kind noch nicht kennt, und in der Begegnung der Angst des Kindes vor Fremden. Zweitens hat das Kind

---

1 Brisch, Brühler Schriften 2007, S. 90
2 Hassenstein 2001
3 Hassenstein 2001, S. 38ff
4 Bowlby 1991

darüber hinaus in der Gesellschaft seiner Familie die Möglichkeit, Tätigkeiten und Dinge zu erfahren, die es für sein Überleben und seine Rolle in der Gemeinschaft vorbereitet. Das menschliche Streben nach Nähe zu vertrauten Personen bei Angst und Trauer, um Schutz und Beistand zu finden, beruht auf einer lebensnotwendigen Verhaltensdisposition besonders während der Zeit der Unreife. Von der sicheren Basis dieser engen und vertrauten Bezugsperson aus kann Neues, sogar Ängstigendes vertraut gemacht werden.[5]

Bowlby[6] entwickelte fünf Postulate für die Bindungstheorie:

1. Für die seelische Gesundheit des sich entwickelnden Kindes ist kontinuierliche und feinfühlige Fürsorge von herausragender Bedeutung.
2. Es besteht die biologische Notwendigkeit mindestens eine Bindung aufzubauen, deren Funktion es ist, Sicherheit zu geben und gegen Stress zu schützen. Eine Bindung wird zu einer erwachsenen Person aufgebaut, die als stärker und weiser empfunden wird, sodass sie Schutz und Versorgung gewährleisten kann. Das Verhaltenssystem, das der Bindung dient, existiert gleichrangig und nicht etwa nachgeordnet mit den Verhaltenssystemen, die der Ernährung, der Sexualität und der Aggression dienen.
3. Eine Bindungsbeziehung unterscheidet sich von anderen Beziehungen besonders darin, dass bei Angst das Bindungssystemverhalten aktiviert und die Nähe zur Bindungsperson aufgesucht wird, wobei Erkundungsverhalten aufhört. Andererseits hört bei Wohlbefinden die Aktivität des Bindungsverhaltenssystems auf und die Erkundigungen und das Spiel setzen wieder ein.
4. Individuelle Unterschiede in Qualität von Bindungen kann man an dem Ausmaß unterscheiden, in dem sie Sicherheit vermitteln.
5. Mithilfe der kognitiven Psychologie erklärt die Bindungstheorie, wie früh erlebte Bindungserfahrungen geistig verarbeitet und zu inneren Modellvorstellungen von sich und anderen werden.

Bindungsverhalten wird nur unter Belastung gezeigt, aber eine Bindung besteht kontinuierlich über Raum und Zeit hinweg. Karin Grossmann und Klaus Grossmann[7] beschreiben, was in der täglichen Praxis im Umgang mit Kindern immer wieder beobachtet werden kann, nämlich, dass Bindungsverhalten um so häufiger und deutlicher beobachtbar ist, je mehr das Kind die Nähe seiner Bindungsperson braucht. Dies ist dort zu beobachten, wo das Kind müde, ängstlich, traurig, erschöpft ist oder besonders ausgeprägt dort, wo es spürt, dass es von seiner Bindungsperson getrennt werden soll.

Die Bindung entwickelt sich im Laufe des ersten Lebensjahres. Die Bindungsperson bietet Schutz, Trost und Wohlbehagen. Sie ist das Zentrum der Welt des Kin-

---

5   Harlow 1958
6   Bowlby 1979
7   Grossmann, Grossmann 2004, S. 70

des geworden. Die Bindungsperson ist die Quelle der Sicherheit und des Vertrauens. Das Kind braucht die Rückversicherung, dass diese Lebensgrundlage durch nichts infrage gestellt wird. Es weiß, wohin es fliehen kann, wenn es Angst hat. Wenn es diese Sicherheit verliert, fühlt es sich verloren.

Ohne diese Sicherheitsbasis kann es keine gesunde Entwicklung eines Kindes geben.

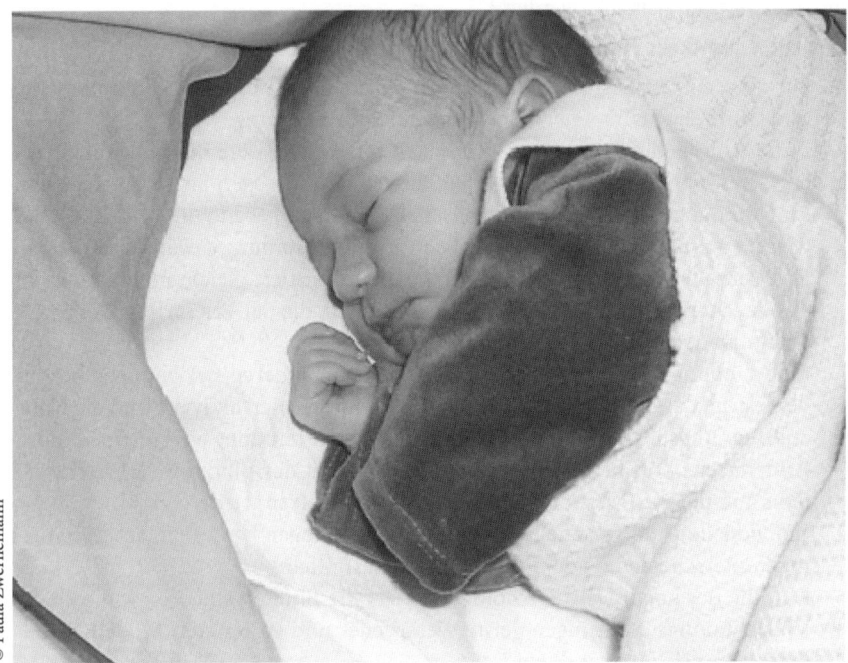

© Paula Zwernemann

Die Feinfühligkeit der Betreuungsperson

Die Feinfühligkeit der Betreuungspersonen ist ausschlaggebend, ob das Kind eine sichere Bindung entwickeln kann und von dieser Sicherheitsbasis aus positiv auf die Welt zugehen kann.[8]

Grossmann und Grossmann sprechen von der mütterlichen Feinfühligkeit in der Beantwortung der Signale des Kindes. Sie nennen liebevolle Nähe zu einer schützenden Bindungsperson „Sicherheit durch Nähe" und den sicheren Rückhalt durch die Bindungsperson „Sicherheit beim Explorieren". Beides zusammen gehört zum gesamten Spektrum der psychischen Sicherheit, die aus der Bindungssicherheit erwächst.[9]

---

8 Grossmann, Grossmann 2004
9 Grossmann, Grossmann 2004, S. 55ff

Bindung ist die besondere Beziehung eines Kindes zu der Person, die es beständig betreut. Sie ist in den Emotionen verankert und verbindet das Individuum mit anderen, besonderen Personen über Raum und Zeit hinweg. Mary Ainsworth hat in den 1950er-Jahren und danach die individuelle Qualität der Bindung zwischen Mutter und Kind untersucht und auf bestimmte qualitative Verhaltensweisen der Mütter und auf kindliche Ausdrucksweisen zurückgeführt. In vielen nachfolgenden Untersuchungen wurden diese Ergebnisse bestätigt.

Die Entwicklung einer sicheren Organisation von Emotionen führt sie auf dasjenige Verhalten von Müttern zurück, das sie als mütterliche Feinfühligkeit gegenüber den Signalen des Säuglings beschreibt. Innerhalb feinfühliger Interaktion berücksichtigt eine Mutter die Gefühle des Kindes, bezieht sie auf sein Erleben und bemüht sich, die Bedingungen nachhaltig zu verbessern und dem Kind wirkungsvoll Trost zu spenden.

Ainsworth[10] definiert mütterliche Feinfühligkeit wie folgt:
1. Die Wahrnehmung des Befindens des Säuglings, d. h., die Mutter hat das Kind aufmerksam „im Blick", ist geistig präsent und hat keine zu hohe Wahrnehmungsschwelle.
2. Die „richtige" Interpretation der Äußerungen des Säuglings aus seiner Sicht und gemäß seinem Befinden ist nicht gefärbt durch ihre eigenen Bedürfnisse.
3. Eine „prompte" Reaktion, damit der Säugling den Zusammenhang zwischen seinem Verhalten und der mütterlichen Handlung, eine Assoziation bilden kann. Eine prompte Reaktion vermittelt ihm ein Gefühl der Wirksamkeit seines Verhaltens und seiner Signale im Gegensatz zur Hilflosigkeit, die sich einstellt, wenn das Verhalten „nutzlos" ist.
4. Die „Angemessenheit" der Reaktion, die dem Säugling gibt, was er braucht. Diese „Angemessenheit" der mütterlichen Reaktion verändert sich mit der Entwicklung des Kindes.

Feinfühligkeit unterscheidet sich von der Überbehütung. Die Selbstbestimmung – auch schon des Säuglings – ist zu achten. Das Kind darf nicht überwältigt werden. Es kann nicht beliebig über den Körper des Kindes verfügt werden. Wenn das Kind Nähe sucht, wird die feinfühlige Bindungsperson dies wahrnehmen, wenn es nicht „geküsst" werden will, ebenfalls.

---

10 Ainsworth 1973

2.2 Die Grundbedürfnisse des Kindes nach Erikson

Das Entstehen von Urvertrauen – Urmisstrauen beim Säugling und Kleinkind

In Anlehnung an Sigmund Freud teilt Erik Erikson den Lebenslauf des Menschen in verschiedene Phasen ein. Für die gesunde Entwicklung muss jede Phase in positivem Sinn bewältigt werden. Besondere Bedeutung für die gesunde Persönlichkeitsentwicklung misst er der frühen Kindheit und den ersten Bezugspersonen bei, die für die gesunde Persönlichkeitsentwicklung als Eckstein das Urvertrauen grundlegen.

Die Phasen der Kindheit charakterisiert Erikson[11] wie folgt:

- „Ich bin, was man mir gibt;
- ich bin, was ich will;
- ich bin, was ich mir zu werden vorstellen kann;
- ich bin, was ich lerne."

Erikson geht davon aus, dass der Sozialisationsprozess lebenslang dauert. Er stellt jeweils zwei Pole dar: die erfolgreiche und die erfolglose Bewältigung der Lebensaufgabe.

Im ersten Lebensjahr entwickelt sich bei dem Gelingen der Lebensaufgabe das Urvertrauen, beim Misslingen das grundlegende Misstrauen in das Leben. Dies entspricht etwa der Entwicklung von sicheren und unsicheren Bindungsqualitäten.[12]

Im zweiten Lebensjahr steht das Streben nach Selbstständigkeit im Vordergrund, das nur gelingen kann, wenn das Kind den sicheren Rückhalt bei seinen Bindungspersonen hat. Wenn das Ziel nicht erreicht werden kann, gewinnen Angst und Zweifel die Oberhand.

Die dritte Phase der kindlichen Entwicklung setzt Erikson etwa im vierten und fünften Lebensjahr an. Das Kind identifiziert sich mit seinen Bindungspersonen – in der Regel den Eltern – und entwickelt in den Erfahrungen mit diesen sein eigenes Weltbild, das eng mit den Bindungspersonen verbunden ist. Wenn die Beziehung gestört ist, treten Gefühle von Apathie, Interessenlosigkeit, Ziellosigkeit und Schuldgefühle auf. Er beschreibt diese Gefühle im Gegensatz zu dem Gelingen, welches eine autonome Persönlichkeitsentwicklung entstehen lässt, als ängstliches, rigides, fremdbestimmtes Gewissen und als unrealistisches Ich-Ideal.

Wenn das Kind das Vertrauen hat, dass es den Anforderungen gewachsen ist und eine positive Grundstimmung und damit Hoffnung auf Erfolg hat, kann es eine hohe Lernmotivation entwickeln. Wenn jedoch das Vertrauen in die eigene Person in der frühen Kindheit nicht entwickelt werden konnte, so ist die Misserfolgsorientierung leistungshemmend. Das Gefühl von Tüchtigkeit und Selbstwirksam-

---

11 Erikson 1973
12 Grossmann, Grossmann 2004, S. 360

keit oder Versagen und Selbstzweifel wird in der ersten Phase der Kindheit gelegt. In der mittleren Kindheit entwickelt sich Freude am Tun, Fleiß, Betriebsamkeit mit guten Zielen. Die Schule spielt dabei eine wichtige Rolle.

2.3 Die Qualität der Bindung

Die Qualität der frühen Bindung ist die Grundlage für das Selbstwertgefühl des Kindes und beeinflusst die Beziehung zu Gleichaltrigen und anderen Personen lebenslang.[13]

In einer Untersuchung junger Erwachsener zeigte sich, dass die Fürsorge, die sie einst erhalten hatten, und die Fürsorge, die sie jetzt ihren Babys gaben, einander sehr ähnlich waren.[14]

Die Feinfühligkeit, mit der dem Kind begegnet wird, ist ausschlaggebend für die weitere kindliche Entwicklung.

2.3.1 Die sichere Bindung

Die sichere Bindung ist erkennbar an der offenen Kommunikation insbesondere der negativen Gefühle und daran, dass sich das Kind erfolgreich trösten lässt und in Anwesenheit der Bindungsperson unbekümmert spielt.[15]

Eine gelungene sichere Bindung wird auch bei Abwesenheit der Bindungsperson aufrechterhalten. Wenn eine solche Bindung an die leiblichen Eltern besteht, hat die Jugendhilfe die Pflicht, diese Trennung so kurz wie möglich zu halten.

Ich erinnere mich an einen sechsjährigen Jungen, der nach dem Tod der alkoholkranken Mutter von dem ebenfalls alkoholkranken Vater getrennt werden musste, weil dieser nicht in der Lage war, den Alltag für sich zu meistern. Auch während der stationären Therapie war er längere Zeit so mit sich beschäftigt, dass er keinen Kontakt zu seinem Sohn wollte. Als der Vater nach circa zwei Jahren ohne Umgangskontakte den Kontakt wieder aufnahm, war es auch für die Pflegeeltern klar, dass der Junge eine enge Bindung an den Vater hatte. Das war darauf zurückzuführen, dass der Vater seinen Jungen längere Zeit in einer entscheidenden Entwicklungsphase zuverlässig versorgt hat. Der Vater war positiv in der Erinnerung des Jungen vorhanden: „Er hat eine tolle Suppe gekocht". Die Heimkehr zum Vater bedurfte keiner „Umgewöhnung".

Diese Entwicklung konnte ich außer in diesem Fall nur dann beobachten, wenn die Hauptbezugsperson wegen einer Krankheit kurzfristig ausfiel.

---

13 Grossmann, Grossmann 2004, S. 114ff
14 Grossmann, Grossmann 2004, S. 87
15 Grossmann, Grossmann 2004, S. 145

Eine sichere Bindung an die Herkunftseltern konnte ich, von diesen wenigen Ausnahmen abgesehen, bei keinem Pflegekind beobachten. Wenn eine sichere Bindung vorhanden ist, wird dieses Kind nicht zum Pflegekind. In diesem Fall muss von der Jugendhilfe mit ambulanten Hilfen die Trennung und damit das Trennungsleid verhindert werden.

Aus Längsschnittuntersuchungen ist bekannt, dass ein sicheres Bindungsmuster ein Schutzfaktor für die weitere Entwicklung auch in Belastungssituation, wie z. B. Scheidung der Eltern für das Kind ist.[16]

Ein sicher gebundenes Kind hat die Zuversicht, dass es Hilfe, Unterstützung, Beruhigung und Trost zuverlässig erhält. Wenn es das elterliche Mitgefühl erlebt, ist schon das kleine Kind fähig, Mitgefühl mit anderen zu entwickeln.

2.3.2 Bindungsstörungen

Grundlegend bei allen Bindungsstörungen ist, dass frühe Bedürfnisse nach Nähe und Schutz in Bedrohungssituationen nicht adäquat, unzureichend oder widersprüchlich beantwortet wurden.

Karl Heinz Brisch führt am 17. Deutschen Familiengerichtstag[17] aus, dass wenn ein Kind nicht ausreichend, emotional durch zwischenmenschliche sehr spezifische Interaktion, versorgt wird, das Gehirnwachstum nicht voranschreitet. Bei emotionaler Vernachlässigung werden keine ausreichenden Wachstumshormone gebildet und es kann dadurch zum psychogenen Minderwuchs kommen.[18]

Eine unsichere Bindungsentwicklung ist ein Risikofaktor für die weitere Entwicklung des Kindes. Diese Kinder können mit Belastungen nicht umgehen und zeigen Störungen im Sozialverhalten.

2.3.3 Die unsicher-vermeidende Bindung

Kinder mit einer unsicher-vermeidenden Bindung verfolgen, ebenfalls wie das sicher gebundene Kind, das Ziel, in der Fremde nicht verlassen zu werden. Diese Kinder lassen kaum Trennungsleid erkennen. Sie vermeiden es, der Bindungsperson gegenüber Bindungsgefühle zu zeigen, wenn diese zurückkommt. Sie wenden sich vermehrt dem Spielzeug zu, spielen aber nur halbherzig.[19] Kinder, die unsicher-vermeidend gebunden sind, erleben den Erwachsenen als stark verunsichernd oder sogar als bedrohlich. Die Herzschlagfrequenz der Kinder mit unsicher-vermeidender Bindung steigt, wenn sie nach der ersten Trennung „spielen",

---

16 Werner, Smith 2001, Werner 2000 und Grossmann 2003
17 Brisch, Brühler, S. 89-135
18 Johnson & Internationales Adoptionsprojekt Team, 2006
19 Grossmann/Grossmann 1990

während diese bei sicher gebunden Kindern beim Spiel fällt, was ein Zeichen von Konzentration ist.[20]

Bei Belastungssituationen versucht das Kind, die Gefühle der Trost- und Schutzbedürftigkeit so lange wie möglich herunterzuspielen und unter Kontrolle zu halten, sodass der Ausdruck von Bindungsbedürfnissen vermieden wird. Das beobachtbare Verhalten dieser unsicher gebundenen Kinder zeigt schon im Alter von zwölf Monaten, dass die Kinder bei emotionaler Belastung ihr Leid der Bindungsperson gegenüber nicht zeigen, und dies sie mit größer werdender emotionaler Belastung noch weniger zeigen.[21] Mit der fremden Person hingegen gehen sie unbekümmert um und scheinen sich zu freuen, dass jemand bei ihnen ist.

Das Kind mit diesem Bindungsmuster verhält sich der Bezugsperson gegenüber eher angepasst und fordert wenig für sich. Ihm scheint es zu genügen, dass es „dazugehört". Diese Kinder sind deutlich weniger beziehungsfähig und es fehlt ihnen die sichere Geborgenheit. Im Jugendalter sind sie leicht verführbar, weil sie zur Gleichaltrigengruppe oftmals einfach dazugehören wollen und von dieser Schutz erwarten.

2.3.4 Die unsicher-ambivalente Bindung

Kennzeichnend für dieses Bindungsmuster ist das ausgeprägte, widersprüchliche, übertriebene und dramatisch wirkende Bindungsverhalten, das mit Ärger vermischt ist. Die Mischung aus Angst und Ärger in der fremden Situation konnte Grossmann nur aufgrund der Mutter-Kind-Interaktion zu Hause erklären, weil die Mütter im Labor sehr liebevoll und tröstend auf ihr Kind eingingen. Kleinkinder mit diesem Muster suchen die Nähe der Mutter, weisen sie aber gleichzeitig mit dem Ausdruck von Ärger zurück. Sie finden nur sehr langsam Beruhigung durch den Kontakt mit der Bindungsperson. Diese Kinder scheinen in einer neuen Umgebung ständig Angst zu haben, die Bindungsperson zu verlieren. Sie haben eine niedrige Schwelle für ein Auslösen ihres Bindungsverhaltens. Ihr lautstarkes Bindungsverhalten ist aber nicht ein Zeichen von einer starken Bindung, sondern es zeugt von Angst. Von daher wird auch von einer Angstbindung gesprochen. Das Kind klammert sich an die Mutter, wenn es das Gefühl hat, dass diese fortgehen möchte, und ist dabei ängstlich und erregt. Wenn es alleine gelassen ist, ist es hilflos, ohne sich beruhigen zu können. Das Kind nimmt sofort Körperkontakt zu der zurückkehrenden Mutter auf, ohne dass es jedoch zu einer baldigen Beruhigung führt. Oft zeigt das Kind gleichzeitig Widerstand gegen den Kontakt.

Ambivalent gebundene Kinder erleben den Erwachsenen als nicht durchgängig zuverlässig, zumindest phasenweise oder auch ständig wird die Beziehung als un-

---

20 Spangler et al. 2002
21 Grossmann/Grossmann 2004, S. 150

befriedigend erlebt. Der Erwachsene ist teilweise nicht verfügbar oder er missversteht das Kind.

Wenn Kinder mit solchen Bindungserfahrungen keine korrigierenden Erfahrungen machen können, werden sie die Beziehungsmuster in ihr Erwachsenenleben übernehmen. Sie schwanken zwischen dem starken Wunsch nach einer sicheren Beziehung und werten diese gleichzeitig ab oder sie vermeiden Beziehungen.

2.3.5 Die desorganisierte Bindungsstruktur

Desorganisierte Bindungsverhaltensweisen oder Desorientierungen in der fremden Situation umfassen widersprüchliche Verhaltensweisen wie ängstliches Schwanken zwischen Erkunden und Nähe suchen oder vermeidendes Abwenden des Kopfes bei gleichzeitiger Annäherung, sodass dem Kind weder Vermeiden noch Trostsuchen gelingt.[22] Es wendet sich von der Bindungsperson ab und protestiert gleichzeitig gegen die Trennung oder es zeigt Angst vor der Bindungsperson. Dem Kind fehlen die existenzielle Sicherheitsbasis und die Orientierung, die eine sichere Bindung auszeichnen.

Dies zeigt sich besonders bei Umgangskontakten. Auch wenn Besuche äußerlich gut laufen, können traumatische Erlebnisse aus der Vergangenheit übermächtig werden und zu Retraumatisierungen führen. Besuchsbegleiter betonen oft, wie gut doch der Besuch gelaufen sei und sie können nicht verstehen, warum die Pflegeeltern im Nachhinein solche dramatischen Geschichten von Alpträumen in der Nacht, von Einnässen, Anklammern, Angst vor dem Alleinsein, Aggression und vielen anderen Störungen des Kindes, die auf eine tiefe Angst hindeuten, berichten.

Traumatisierte Kinder:

Die Kinder erstarren buchstäblich, zeigen bizarres Verhalten oder wirken wie gelähmt.

Ein dreijähriger Junge, der im Alter von zwei Jahren in die Pflegefamilie kam, hörte nach dem Besuch der Mutter nichts mehr. Er saß versunken in einer Ecke und reagierte auf nichts mehr. Weder lautes noch leises Zureden schien zu ihm vorzudringen. Die Pflegeeltern, die zunächst keinen Bezug zu dem Besuch der leiblichen Mutter herstellten, gingen in großer Sorge zum Ohrenarzt. Das Gehör war in Ordnung. Der Junge hat in der Zwischenzeit schon lange keine Umgangskontakte mehr zur Mutter und hat sich zu einem lebensfrohen Jungen entwickelt. Er wurde, bis zur Unterbringung in der Pflegefamilie, von seiner großen Schwester versorgt, die mit dieser Aufgabe völlig überfordert war. Die Kinder waren oft tagelang allein und sich selbst

---

22 Grossmann, Grossmann 2004, S. 154

überlassen. *Er hatte offensichtlich Angst, dass dieser Zustand für ihn wieder Realität werden könnte.*

Hermann Scheuerer-Englisch[23] beschreibt als wesentliches Charakteristikum in traumatischen Beziehungen, wenn die Bindungsperson nicht die Quelle von Sicherheit und Vertrauen, sondern entweder selbst Auslöser von Furcht, Horror, Hilflosigkeit, Bedrohung oder Überforderung ist oder für das Kind nicht als Bezugsperson verfügbar und erreichbar ist, z. B. wenn die Bindungsperson selbst Opfer eines Traumas ist (z. B. vom Vater/Mann geschlagen wird) oder die Bindungsperson das Kind allein lässt.

Die Kinder sind gezwungen, sich der bedrohlichen Beziehungswelt anzupassen. Gerade kleine Kinder unter drei Jahren sind auf diese Anpassung existenziell angewiesen, um überleben zu können.

Verleugnung der bedrohlichen Gefühle, Idealisierung der angstauslösenden Person, zwanghafte Anpassung und Unterwerfung in der Beziehung, fehlende emotionale Kommunikation und Unterdrückung von Eigeninitiative, Selbstbestrafung und Autoaggression sowie tiefes Misstrauen gegenüber Beziehungen sind die Langzeitfolgen für diese Menschen.

Scheuerer-Englisch führt aus, dass die bisherigen Studien nicht kontrollieren konnten, ob für die Kinder in der verletzenden Situation tatsächlich keine anderen Bezugspersonen zu finden waren, zu der sie flüchten konnten oder mit der sie solche Erfahrungen verarbeiten konnten. Die tatsächlich erlebte Todesangst ist ein weiteres schwer zu erfassendes Kriterium, das neben dem Fehlen einer Schutzperson dazu führen kann, dass aus einer traumatischen Erfahrung eine schwere Belastungsstörung wird und die Bindung tiefgreifend desorganisiert wird.[24]

Wenn Bezugspersonen selbst schutzlos der Gewalt ausgeliefert sind, löst dies beim Kind ebenfalls existenzielle Angst aus.

Ein Beispiel:
Die Mutter wird von ihrem Partner geschlagen und flüchtet aus Angst in das Kinderzimmer und nimmt sogar ihr Kind als Schutzschild auf den Arm. Das Kind weiß, dass es von der Mutter keinen Schutz erwarten kann und dass die Mutter bei dem Kind Schutz sucht.

Dies ist eine unlösbare Situation. Es kommt nicht selten zur Rollenumkehr. Das Kind übernimmt die Verantwortung für den Erwachsenen. Das Kind ist nicht mehr Kind, sondern auf ihm liegt die Verantwortung für das Wohlergehen der Beziehungsperson, vielleicht zusätzlich noch die Verantwortung für das Wohlergehen der jüngeren Geschwister. Es entstehen unlösbare Verkettungen, die nur durch Trennung gelöst werden können.

---

23 Scheuerer-Englisch 1998, S. 73ff
24 Scheuerer-Englisch 1998, S. 74 ff

In einer Untersuchung[25] zeigte sich an misshandelten Vorschulkindern im Vergleich mit nicht misshandelten Kindern, dass sich die misshandelten Kinder eher feindselig verhielten und andere Kinder scheinbar ohne Grund angriffen. Wer mit misshandelten Kindern umgeht, kann immer wieder die Beobachtung machen, dass eigene erlebte Gewalt weitergegeben wird. Eine weitere Beobachtung: Dort, wo die Gewalterfahrung nicht bald unterbrochen wird und keine Schutzperson zur Verfügung steht, können diese Bindungsmuster zu schweren, lebenslangen psychischen Schädigungen führen.

Bei Müttern mit Kindern dieses Bindungsmusters wurden Geisteskrankheit, Depressionen und Drogenabhängigkeit sowie Misshandlungen und Vernachlässigungen der Kinder beobachtet.

Bei Pflegekindern, die in ihrer frühen Kindheit dieses desorganisierte Bindungsverhalten verinnerlichen mussten, ist es besonders problematisch, wenn sie ohne die sichere Rückzugsbasis – ohne die Pflegeeltern – Umgangskontakten ausgesetzt werden.

2.4 Mut zu Elternschaft

Die einzige Hilfe besteht darin, dass das Kind ein verlässliches und eindeutiges Bindungsangebot von den Pflegeeltern bekommt. Dazu gehört beispielsweise, dass es Mama und Papa sagen darf, wenn es das möchte. Wichtig ist hierbei, dass die Elternschaft durch das Jugendamt anerkannt und bestätigt wird.

Der Mangel an Einfühlung in die Erlebniswelt des Kindes und die Parteinahme für die biologischen Eltern sind auch heute noch – vielleicht heute wieder vermehrt – festzustellen. Das Kind, das bei den Pflegeeltern ein sicheres Zuhause hat und das die Pflegeeltern und Geschwister als seine Familie erlebt, wird schon bei der Andeutung einer Trennung von diesen mit schweren Ängsten reagieren. Es drückt seine Not in Verhaltensproblemen aus und in der Regel in der Verweigerung von Umgangskontakten ohne die Begleitung der Pflegeeltern oder einer sonst eng vertrauten Person. Wenn das Kind auf unbegleitete Besuche oder die Ausdehnung der Besuche heftig reagiert, wird den Pflegeeltern oftmals Mangel an Mitwirkungsbereitschaft unterstellt. Pflegeeltern fühlen sich oft unter dem Druck der Erwartungen von außen gegen ihre eigene Überzeugung gezwungen, trotz heftigem Protest des Kindes dieses zu Umgangskontakten und Übernachtungen zu zwingen.

Noch schwieriger ist es, wenn das Kind noch keine sicheren Bindungen an die Pflegeeltern entwickeln konnte. Solange es sich noch verantwortlich für die drogenabhängige Mutter fühlt, es auch äußert, dass es Sorgen hat, ob es der Mutter gut geht, auf der anderen Seite mitten im Spiel erstarrt, weil ihm die traumatischen Ereig-

---
25 George, Main 1979

nisse gegenwärtig werden, wird dies leider auch von Fachkräften nicht selten falsch interpretiert.

Der Erziehungswissenschaftler Alois Leber[26] schreibt:

> „Während sich das Mädchen (Kind) nach Eltern sehnt, die wirklich zu ihm stehen, es aber andererseits seine Trennungstraumata agieren muss, trifft es (oft) auf Pflegeeltern, denen ausgeredet wurde, elterngleiche Bindungen einzugehen und die nur mit Vorbehalt zu ihrer Verantwortung stehen.
>
> Die innere Annahme des Kindes, mit all den Risiken und den unwägbaren Entwicklungen des Lebensweges ist die Voraussetzung dafür. Sichere Bindungen kann ein Kind nur entwickeln, wenn die Pflegeeltern die Elternrolle vorbehaltlos übernehmen."

---

26 Leber 1978, S. 113

3 Die Deprivation von Säuglingen und Kleinkindern

> Bindungslose Kinder wurden der Möglichkeit beraubt, eine verlässliche Bindung einzugehen.
> Urmisstrauen in die Welt wurde grundgelegt.
> Es ist ein langwieriger Weg, bis das deprivierte Kind lernt, ein Zugehörigkeitsgefühl zu einem bestimmten Menschen zu entwickeln, von dem es weiß, dass es bei ihm Schutz und Geborgenheit erwarten kann.
> Erst wenn die emotionalen Grundbedürfnisse des Kindes erfüllt werden können und es Vertrauen zu seinen neuen Bezugspersonen gefasst hat, können Fördermaßnahmen wirksam werden.

Das Wort Deprivation (lat. deprivare) bedeutet wörtlich übersetzt das „Beraubtsein". Diesen Kindern wurde buchstäblich jede Möglichkeit „geraubt", eine verlässliche Bindung einzugehen. Die verlässliche Lebensgrundlage des Vertrauens konnte nicht entstehen, und ein Urgefühl des Misstrauens gegen die Welt wurde grundgelegt.

Die ersten Untersuchungen über die Deprivation von Kindern wurden bei Heimkindern vorgenommen. Diese Kinder konnten durch die Strukturen der Heime, in denen die Kinder in Altersklassen zusammengefasst waren, keine feste Bin-

© Corel Photo Stock Library Nr. 4

3 Die Deprivation von Säuglingen und Kleinkindern

dung eingehen. Dort, wo Ordensfrauen tätig waren, konnte der Wechsel der Betreuungspersonen in Grenzen gehalten werden. Aber gerade wenn sich ein Säugling einer Pflegerin angeschlossen hatte, kam er in die Krabbelgruppe und danach je nach Altersstufe in eine andere Gruppe. Heute sind es der Schichtdienst und der Wechsel der Betreuungspersonen, die verhindern, dass ein kleines Kind eine sichere Bindung eingehen kann. Auch heute noch krabbeln die kleinen Kinder in Heimen auf den Schoß von Besuchern und suchen wahllos Zuwendung. Allerdings ist es bei einer verantwortungsvollen Jugendhilfe heute nicht mehr nötig, kleine Kinder in Heimen unterzubringen.

Kinder, die „durchgewickelt" wurden, denen ein Fläschchen gesteckt wurde, wie ich es bei der ersten Unterbringung eines Säuglings in einem „gut geführten", das heißt sauberen und mit der notwendigen Pflege ausgestattetem Haus, erlebt habe, konnten keine personale Bindung eingehen. Mit circa acht Monaten waren bei den Kindern greisenhaftes Aussehen, bitterernste Gesichter und stereotype Verhaltensweisen zu beobachten. Das monotone, rhythmische Hin- und Herwälzen des Körpers oder des Kopfes, das Schaukeln, Wiegen und Wippen mit dem Oberkörper, führte zu einer Art Trance, die der Spannungsabfuhr und zur Beruhigung der Kinder diente. Diese Jaktationen sind Zeichen einer krankhaften inneren Unruhe und Vereinsamung.

Durch das Anschlagen des Kopfes an die Wand oder das Bett versuchten sich die Kinder selbst zu spüren und zu beruhigen. Um dieses Verhalten zu unterbinden, war es nicht selten, dass die Kinder mit einem Gurt an das Bett festgebunden wurden. Damit wurde ihnen sogar diese Möglichkeit der Stressabfuhr verweigert.

Da das Schreien des Kindes bei der damaligen Massenpflege keine feinfühlige mütterliche Reaktion herbeiführen konnte, wurden die Kinder immer ruhiger, passiv, teilnahmslos und traurig. Diesen Zustand beschrieb der Psychoanalytiker René Spitz (1985) als anaklitische Depression und Hospitalismus.

Seine Forschungsergebnisse über die frühe Mutterentbehrung haben auch heute ihre Bedeutung behalten. Kinder in Familien, die vernachlässigt, abgelehnt oder gar misshandelt werden, weisen die gleichen Symptome von Hospitalismus auf. Sie zeigen eine passive Grundhaltung, sind teilnahmslos und weinerlich bis hin zur Apathie. Bindungsstörungen, Anpassungsstörungen oder Borderline-Persönlichkeitsstörungen können Folgen der emotionalen Mangelversorgung sein.

Hier stellt sich die Frage nach den ambulanten Hilfen für Familien, die ein Kind ablehnen, vernachlässigen und einer emotionalen Unterversorgung aussetzen. Wenn die Familienhelferin den Ehrgeiz hat, die Fremdunterbringung möglichst lange hinauszuzögern, kann das Kind lebenslange Folgeschäden davontragen.

Es lohnt, die Situation der bindungslos in Heimen aufgewachsenen Kinder anzuschauen, auch wenn heute die Massenpflege von Kleinkindern der Vergangenheit angehören sollte. Allerdings kommt es immer wieder vor, dass Kleinkinder in Heimen „geparkt" werden und darauf gewartet wird, dass sich die Eltern irgendwann ihrer Erziehungsverantwortung stellen werden. Die Regel ist es nicht mehr, weil der kindliche Zeitbegriff Eingang in das Gesetz und in das Bewusstsein der Menschen gefunden hat. Jedoch ist bei manchen Jugendhilfeträgern hier wieder eine Trendwende zu beobachten. Immer wieder werden Kleinkinder, sogar Säuglinge, in Heime gegeben, damit sie jederzeit zu der Herkunftsfamilie zurückgeführt werden können. In diesen Überlegungen wird übersehen, dass das für die gesunde Entwicklung des Kindes biologisch vorgegebene Bindungsbedürfnis nicht befriedigt wird. Es wird verhindert, dass eine sichere Bindung an eine zuverlässige Bindungsperson entstehen kann.

Auch wenn die Situation in den Heimen nicht mehr dem oben beschriebenen Standard entspricht, ist sie durch Schichtwechsel und wechselnde Bezugspersonen geprägt. Bindungsbedürfnisse von Kleinkindern und Säuglingen können auch in einer Bereitschaftspflegefamilie nicht ausreichend befriedigt werden, wenn diese der Vorgabe Glauben schenkt, dass sie zu dem Kind keine Bindungen eingehen darf und dass dies eine „professionelle" Haltung sei.

Dazu ein Zitat von Bernhard Hassenstein:[1]

> „Die Bindungslosigkeit und das oben beschriebene Vermeiden des Blickkontaktes ziehen im weiteren Verlauf ganze Ketten von weiteren Behinderungen nach sich: Weil bei fehlender individueller Bindung Unsicherheit und Verlassenheitsangst nie ganz gestillt werden können, dämpfen oder unterdrücken sie beim zweijährigen und älteren Kind die Bereitschaft zum Erkunden und Spielen: denn diese Verhaltensweisen verlangen zu ihrer Verwirklichung ein von anderen Verhaltenstendenzen freies „entspanntes Feld". Dabei ändert es nichts, dass keine realen Gründe für die Angst des Kindes bestehen.
>
> Das gesamte Lebensgefühl eines kleinen Kindes erhält die Tönung ängstlich – beunruhigter Erregtheit, wenn frühe Eindrücke überwiegend Angst, Unruhe und Mangelerlebnisse mit sich brachten. Dadurch nistet sich dauernde Unsicherheit in die Struktur der Persönlichkeit ein und verhindert später tiefere, auf Vertrauen gegründete Gefühlsbeziehungen zu anderen Menschen. Dies wiederum unterbindet die auf menschliche Bindungen basierende Gefühlsentwicklung. Man spricht von „Gefühlsarmut". Appelle ans Mitgefühl finden keine Resonanz. Stattdessen dominieren Misstrauen und Aggressivität. Die emotionale Unausgeglichenheit, Bindungslosigkeit und mangelnde Willenssteuerung erhöhen das Risiko für ein Misslingen der Sozialisation und für dissoziale oder kriminelle Entwicklungen."

Andreas Mehringer[2] stellt fest, dass Säuglinge und Kleinkinder im Denken der Pädagogen lange Zeit überhaupt nicht vorkamen. Bis in das 20. Jahrhundert hinein sei die Geschichte der Pädagogik ausschließlich eine Geschichte der Schulpädago-

---

1 Hassenstein 2001, S. 141 ff.
2 Mehringer 1985, S. 10 ff

3 Die Deprivation von Säuglingen und Kleinkindern

gik gewesen. Die Aufwertung der intellektuellen Förderung und die Vernachlässigung der emotionalen Bedürfnisse des Säuglings und Kleinkindes führt Mehringer als einen wichtigen Grund an, dass etwas so Einfaches und Natürliches wie die Mutterliebe als selbstverständlich angenommen wird, als allen Müttern gegeben, was jedoch in der Realität keinesfalls selbstverständlich ist.

Mehringer[3] führt aus:

> „Der härteste Grund für das mögliche Verdrängen und Bewerten der frühesten Kindheit ist die extreme Wehrlosigkeit sehr kleiner Kinder. Sie selbst haben keine „Stimme". Sie müssen hinnehmen, wie mit ihnen umgegangen, was ihnen gegeben oder nicht gegeben wird, dies auch schon im Gegensatz zu größeren Kindern und noch mehr zu Jugendlichen, welche ihre Umgebung durch aufregende Reaktionen auf schlechte Behandlung durchaus in Bewegung bringen können. Kleine Kinder kann man liegen lassen, bis sie stumm, leer werden, bis sie nicht einmal mehr traurig sein können."

3.1 Nichtgebundene, distanzlose Kinder

Säuglinge und Kleinkinder, deren natürliches Bindungsbedürfnis unerfüllt blieb, klammern sich wahllos an jede Person, die dem Kind freundlich zugewandt ist.

In meiner beruflichen Praxis sind mir viele Kinder begegnet, die auf mein freundliches Zugehen mit Anklammern reagiert haben, die mir die Ärmchen entgegenstreckten und beim Abschied nach einem Hausbesuch geweint haben und am liebsten mit mir mitgegangen wären. Ihre tieftraurigen Augen, ihr greisenhaftes Aussehen und ihren apathischen Gesamtzustand werde ich nie vergessen.

Die von Hassenstein beschriebenen Kinder lernte ich zu Beginn meiner beruflichen Tätigkeit als Sozialarbeiterin, Anfang der 1960er-Jahre, kennen. Leider ist das nicht Vergangenheit. Auch heute erleben Kinder, die in einer Familie leben, in der die Kinder vernachlässigt oder abgelehnt werden, ein ähnliches Schicksal.

Kinder, die in solch einer Mangelsituation leben, wirken nicht selten wie geistig behindert. Sie zeigen die beschriebenen Symptome der bindungslosen Heimkinder und bekommen fälschlicherweise die Diagnose einer geistigen Behinderung.

Als eindrucksvolles Beispiel möchte ich die Geschichte von Andreas[4] erzählen.

Andreas, ein dreijähriger Junge, war in der Nähe der leiblichen Mutter bei seiner Urgroßmutter untergebracht. Er pendelte zwischen diesen beiden Welten. Die Urgroßmutter war verwöhnend, keine Grenzen setzend, der Stiefvater und die Mutter hart und ablehnend bis hin zu Schlägen. Die jüngere Schwester wurde dagegen vom Stiefvater und der Mutter verwöhnt. Andreas machte die Erfahrung, dass nicht einmal

---

3 Mehringer 1985, S. 11
4 Alle in den Beispielen aufgeführte Namen wurden geändert.

das Spielzeug, das er zu Weihnachten geschenkt bekam, für ihn bestimmt war – er musste es seiner Schwester geben. Die Urgroßmutter griff immer wieder schützend ein und holte das Kind zu sich. Ihre Kraft reichte jedoch nicht zu einer Form der Betreuung, die man noch Erziehung nennen konnte.

Andreas konnte nur wenige Worte sprechen. Die sprach er auch noch so undeutlich, dass man nur ahnen konnte, was er meinte. Er deutete einfach auf die Gegenstände, und wenn er etwas wollte, schrie er dazu.

Ein engagierter Arzt setzte sich für die Unterbringung des Jungen in einer Pflegefamilie ein. Er wies darauf hin, dass er unverzüglich Hilfe braucht. Da die Urgroßmutter Andreas bei sich behalten wollte und die Mutter sie dabei unterstützte, kam es zu einer gerichtlichen Auseinandersetzung. Es gab Fachkräfte, die im Gegensatz zur Einschätzung des Arztes die Auffassung vertraten, Andreas sei bei der Urgroßmutter zuhause, und man könne ihm die Trennung nicht zumuten, zumal sein enormer Entwicklungsrückstand im Bereich der geistigen Behinderung zu sehen sei.

Trotzdem konnte rasch eine gerichtliche Entscheidung herbeigeführt werden. Über eine therapeutische Zwischenstation mit enger Anbindung an die neuen Pflegeeltern kam der Junge innerhalb weniger Monate zu den Pflegeeltern. Diese Pflegeeltern konnten akzeptieren, dass Andreas vielleicht tatsächlich geistig behindert ist. Die Pflegemutter widmete ihre ganze Zeit dem Jungen und nahm die Hilfe der Frühförderstelle in Anspruch. Die Anregungen, die sie von dort bekam, setzte sie spielerisch um. Es war geplant, dass er den Kindergarten für geistig behinderte Kinder besucht. Die Entwicklung des Jungen zeigte jedoch bald, dass er den normalen Kindergarten besuchen konnte – auch wenn er dort nur wenige Stunden bleiben konnte, weil er sonst überfordert gewesen wäre.

Auch die ursprünglich angestrebte Förderschule brauchte er nicht zu besuchen, weil er von den kognitiven Fähigkeiten her gut in der Lage war, den Anforderungen der Grundschule zu genügen. Das Gleiche hat sich später im Gymnasium wiederholt. Allerdings hatte er – und hat dies bis heute – Probleme im Umgang mit Gleichaltrigen. Zwischenzeitlich hat der jetzt 25-jährige Mann sein Hochschulstudium abgeschlossen.

Nicht nur die schulische Entwicklung verlief positiv, sondern auch die Eltern-Kind-Beziehung ist geglückt. Die positive Entwicklung des Jungen ist vor allem dadurch gelungen, weil die Pflegeeltern dem Jungen Raum zur Entwicklung gaben, ihm ihre Zeit zur Verfügung stellten, ihm klare Grenzen setzten und ihn liebevoll begleiteten.

Andreas besuchte die Urgroßmutter gelegentlich bis zu ihrem Tod. Immer wieder wollte sich Andreas vergewissern, dass sie gut versorgt ist. Er hatte jedoch nie den Wunsch, länger bei ihr zu bleiben und er versicherte sich immer wieder, dass die Pflegeeltern bei dem Besuch anwesend waren und ihn auch wieder mit nach Hause nahmen.

Die leibliche Mutter lehnt er bis heute ab, weil ihn die Bilder aus seiner frühen Kindheit immer noch quälen. Dass nicht alle Schäden aus der frühen Kindheit behoben sind, zeigt sich auch darin, dass er trotz Hochschulabschluss sehr wenig Selbstwertgefühl hat und seinen Beruf als Gymnasiallehrer nicht ausüben kann.

3.2 Familienfähig?

Immer wieder werden Kinder von Fachkräften als nicht familienfähig eingestuft.

Nichtgebundene, distanzlose Kinder sind neben den Kindern mit desorganisierten Bindungsmustern bei der Unterbringung in einer Pflegefamilie am häufigsten zu beobachten. Ihnen wurde durch ständig wechselnde Bezugspersonen oder Vernachlässigung die Entwicklung einer stabilen Bindung verweigert.

Auch Jugendhilfeträger haben nicht selten für zusätzliche belastende Erfahrungen gesorgt, indem das Kind entweder zu lange in einer Jugendhilfeeinrichtung betreut wurde oder in einem nicht vertretbaren Zeitrahmen in einer oder gar mehreren Bereitschaftspflegefamilien untergebracht worden war. Für den Säugling oder das Kleinkind kann bereits ein Zeitraum von wenigen Wochen ein zu langer Zeitraum sein.

Wenn ein nicht gebundenes, distanzloses Kind erfahren kann, dass es von erwachsenen, verlässlichen Menschen verstanden wird, dass seine Bedürfnisse zuverlässig befriedigt werden, kann beobachtet werden, dass das Kind eine sprunghafte Entwicklung nimmt und diese betreuenden Personen zu seinen Eltern macht. Wenn das Kind dann erleben muss, das die „Maßnahme" der Bereitschaftspflege zu Ende ist und es in eine andere Pflegefamilie wechseln muss, kann dies eine weitere schwere Entwicklungsbeeinträchtigung bedeuten.

Bei dem Kleinkind, das in der Notsituation aus der Familie herausgenommen wird und sich willenlos an jeden Menschen hängt, der ihm freundlich begegnet, keine Neugierde im Spiel zeigt, traurig und teilnahmslos auf die Umwelt reagiert, in jedem Leistungstest hoffnungslos unterlegen ist, kommt es oft zu dem Fehlschluss, dass das Kind nicht familienfähig ist. Es stellt sich hier nicht die Frage, ob die Schäden irreparabel sind oder nicht, sondern: Finden wir Menschen, die bereit sind, das Wagnis einzugehen, mit diesem Kind zu leben. Darüber hinaus stellt sich die Frage, ob diese Pflegeeltern auf Fachkräfte treffen, die wissen, welch schweres Risiko dieses Kind mit sich bringt und darauf bedacht sind, die Schutzfaktoren für die Entwicklung zu stärken. Es entsteht oft das Missverständnis, dass sich das Kind problemlos in die Pflegefamilie integrieren lässt, weil es so angepasst und so dankbar ist. Dass dies eine schwere Bindungsstörung ist, wird oft zu wenig beachtet. Es ist ein langwieriger Weg, bis das Kind verinnerlicht, dass es vertraute und weniger vertraute Menschen gibt, bis es lernt, ein Zugehörigkeitsgefühl zu einem bestimmten Menschen zu entwickeln, von dem es weiß, dass es bei ihm Schutz und Geborgenheit erwarten kann.

3.3 Die wärmende Sonne von Liebe und Hoffnung

Die wärmende Sonne von Liebe und Hoffnung

Keine Katze mit sieben Leben,
keine Eidechse und kein Seestern
denen das verlorene Glied
nachwächst,

kein zerschnittener Wurm
ist so zäh wie der Mensch,
den man in die Sonne
von Liebe und Hoffnung legt.

Mit den Brandmalen auf seinem Körper
und den Narben der Wunden
verblasst ihm die Angst.

Sein entlaubter Freudenbaum
treibt neue Knospen,
selbst die Rinde des Vertrauens
wächst wieder nach.

Hilde Domin 1953: Wen es trifft (Auszug)

Es wird immer wieder ein wichtiges Thema dieses Buches sein, darauf hinzuweisen, dass mit der Unterbringung des Kindes in einer Pflegefamilie noch längst nicht alle Schäden ausgeglichen sind, die eine Vernachlässigung der leiblichen und seelischen Bedürfnisse des Kindes hinterlassen haben. Therapeutische Hilfen und Fördermaßnahmen sollen keinesfalls infrage gestellt werden. Diese können nach erfolgreicher Integration in der Pflegefamilie greifen. Die wichtigste Grundlage dafür ist die Erfahrung des Kindes, dass es für die Pflegeeltern etwas wert ist, von ihnen geliebt und versorgt wird und sich beschützt fühlen darf. Es entwickelt das Vertrauen, dass es wahrgenommen wird und es Einfluss auf die Betreuungsperson hat.

Erst wenn die emotionalen Grundbedürfnisse des Kindes erfüllt werden können und es Vertrauen zu seinen neuen Bezugspersonen gefasst hat, können Fördermaßnahmen wirksam werden.

3.4 Das Annehmen von Stärken und Schwächen

Das Beispiel von Andreas (S. 55) zeigt, dass er trotz der frühen Schäden und der immer bleibenden Lücken durch die stetige Liebe und Fürsorge der Pflegeeltern auf einen guten Weg gebracht werden konnte.

Diese Beispiele lassen sich fortsetzen. Kinder, denen eine düstere klinische Prognose gegeben wurde, haben sich zu lebensbejahenden und lebenstüchtigen Menschen entwickelt. Allerdings war für eine positive Entwicklung immer erforderlich, dass die Kinder ein sicheres Zugehörigkeitsgefühl zur Pflegefamilie entwickeln konnten und die Pflegeeltern ihre Elternrolle angenommen haben. Sie konnten die Kinder mit all ihren Stärken und Schwächen annehmen und lieben lernen.

Dabei darf jedoch nicht verschwiegen werden, dass es wichtig ist, bei Kindern mit hohen Risiken Pflegeeltern zu finden, die nicht den Ehrgeiz darin sehen, mit allen Mitteln dem Kind einen guten Schulabschluss zu ermöglichen oder das Ziel darin sehen, dass der Jugendliche unter allen Umständen eine hochqualifizierte Berufsausbildung abschließt. Es gilt hier bescheiden zu sein. Es muss alles getan werden, was dem Kind hilft und was es fördert. Es ist allerdings auch wichtig, dass die Pflegeeltern die Behinderung des Kindes annehmen und diesem selbst helfen, mit einer Behinderung zu leben. Im schlimmsten Fall können durch frühe Misshandlungen und Vernachlässigungen Schäden entstanden sein, die zu schweren Behinderungen geführt haben. Hier ist es wichtig, dass Pflegeeltern die Hilfen annehmen lernen, die die Gesellschaft allen Kindern mit Behinderungen zur Verfügung stellt. Die Fachkräfte des Jugendamtes sollten darüber hinaus für Entlastung der Pflegeeltern bis hin zu einer stundenweise eingesetzten Haushaltshilfe oder Familienhelferin sorgen.

Für die Fachkräfte ist es immer wieder wichtig, die Risiken dieser Kinder zu erkennen. Es kann ihnen vieles nicht zugemutet werden, was einem gesunden Kind mit einem sicheren Vertrauen in die Welt weniger schaden würde. Die Schutzfaktoren müssen gestärkt werden: einerseits durch die Entwicklung eines sicheren Zugehörigkeitsgefühls zur Pflegefamilie und andererseits, indem man dafür sorgt, dass von außen keine Verunsicherungen kommen, wie diese z. B. bei unbegleiteten Besuchssituationen mit der Herkunftsfamilie entstehen können.

Eltern, die selbst in der Kindheit keine Liebe erfahren haben, die stattdessen auf Kälte, Stumpfheit, Gleichgültigkeit und Ablehnung gestoßen sind, können in der Regel ihren Kindern ebenfalls keine Liebe weitergeben. Wie sollen sie auch, wenn sie gar nicht wissen, was Liebe ist!

In meiner beruflichen Praxis konnte ich oft beobachten, dass Eltern, die ihre Kinder misshandelten, vernachlässigten oder ablehnten, in ihrer Kindheit die gleichen Erfahrungen erlebt hatten. Ein Vater sagte mir einmal: „Ich habe den Jungen mit dem Gürtel grün und blau geschlagen. Ihm ist damit nichts Schlimmeres passiert als mir selbst als Kind – und auch mir hat es nicht geschadet. Was wollt ihr überhaupt?" Tröstlich ist immerhin, dass nicht jeder Mensch, der in der Kindheit diese verletzenden Erfahrungen gemacht hat, seinen Kindern das Gleiche antut.

Wenn ein Kind nicht ohne Gefährdung seiner Entwicklung in seiner biologischen Familie aufwachsen kann, ist es für den weiteren Weg entscheidend, dass im Gemeinwesen genügend Pflegefamilien zur Verfügung stehen.

4 Wie wird ein Kind zum Pflegekind?

> Die Trennung der Kinder von den Eltern ist bei Kindeswohlgefährdung erforderlich und es ist wichtig, diese nicht durch immer neue ambulante Maßnahmen aufzuschieben. Dadurch kann für das einzelne Kind ein nicht wieder gut zu machender Schaden entstehen.
> Entscheidend ist, dass der Berater die Signale des Kindes hören will und nicht übergeht. Es ist anscheinend sehr schwer, sich vorzustellen, welches Leid Kindern von den eigenen Eltern zugefügt werden kann.
> Kinder können auch nach leidvollen Erfahrungen unter der „wärmenden Sonne der Liebe" in der Pflegefamilie neue und sichere Bindungen eingehen.

Ein hoher Prozentsatz der Pflegekinder wurde misshandelt, vernachlässigt und abgelehnt oder die Pflegekinder wurden zwischen verschiedenen Personen herumgereicht und konnten keine sicheren Bindungen entwickeln. Je länger die Kinder diesen schweren Belastungen ausgesetzt waren, umso deutlicher sind krankmachende Bindungsmuster zu beobachten. Die Kinder sind zutiefst einsam und misstrauisch. Die Bindungsperson ist häufig die Ursache ihrer Furcht und Angst. Es kann zu einer Rollenumkehr kommen. Das Kind übernimmt die Verantwortung für den Erwachsenen, der ihm Schutz und Fürsorge bieten sollte.

Das Kind hat ein geringes Selbstwertgefühl. Es fühlt sich abgelehnt und nicht liebenswert. Gefühle werden kaum zugelassen. Verhaltensauffälligkeiten sind die Folge erlebter Gewalt, Vernachlässigung oder Ablehnung. Aggressive Impulse und Wiederholung der Gewaltmuster machen das Leben mit Gleichaltrigen schwer.

4.1 Misshandlung, Vernachlässigung, emotionale Mangelversorgung, Ablehnung

Nicht zu verschweigen sind tragische Entwicklungsverläufe von Kindern, die misshandelt wurden. Gerd Jacobi[1] berichtet von 234 misshandelten Kindern, die er im Laufe seiner beruflichen Praxis in der Kinderklinik behandelt hat. Er stellt fest, dass Kinder unter einem Jahr in allen offiziellen Statistiken unterrepräsentiert sind. Er vertritt die Meinung, die ich aus meiner Praxis bestätigen kann, dass in den meisten deutschen Kinderkliniken die Diagnose Kindesmisshandlung aus Rücksicht auf die Eltern nicht gestellt wird.

---

1 Vgl. Jacobi Kindesmisshandlung und Vernachlässigung, 2008

Das Schütteltrauma-Syndrom bei Säuglingen und Kleinkindern ist eine besonders schwere Kindesmisshandlung mit nicht selten lebenslangen Folgeerscheinungen bis hin zu einer schweren geistigen Behinderung. Das Schütteltrauma-Syndrom ist eine häufige Form des Schädel-Hirn-Traumas im Säuglings- und Kleinkindalter. Jacobi (2008) zitiert eine Äußerung des Bundesministeriums für Familie, Senioren und Frauen, in der ausgesagt wird, dass Eltern (beim Schütteln des Kindes) meist im Affekt handeln und sich der Gefahr für das Kind nicht bewusst sind. Er kann diese Einschätzung nicht bestätigen. Er schreibt (S. 156): „Im Übrigen sprechen alle Umstände dafür, dass Erwachsene sehr wohl realisieren, dass sie dem Kind durch das Schütteln Leid zufügen und es in Lebensgefahr bringen. Sie handeln völlig unkontrolliert, befinden sich in großer Wut und können ihre motorischen Aggressionen dem Kind gegenüber nicht steuern."

Im Rahmen meiner Beistandstätigkeit habe ich einmal eine Pflegefamilie begleitet. Der Junge wurde als Säugling mit lebensgefährlichen Hirnverletzungen in das Krankenhaus eingeliefert. Es wurde ein schweres Schütteltrauma diagnostiziert. Nach der Behandlung wurde der Junge mit der Auflage, dass die Eltern ihn wöchentlich einem Kinderarzt vorstellen, entlassen. Die Eltern verzogen aus dem Jugendamtsbereich und hatten die Auflage nie erfüllt. Eine Kontrolle fand nicht statt. Als der Junge drei Jahre alt war, musste er wegen weiterer Misshandlung und Vernachlässigung in Obhut genommen werden und kam in die Pflegefamilie, in der er bis heute lebt. Er ist jetzt 9 Jahre alt. Das Sozialverhalten bringt die Pflegefamilie oft an die Grenzen der Belastbarkeit. Es war ein schwieriger Weg, dem Jugendamt gegenüber klar zu machen, dass die Familie Eingliederungshilfe nach § 35a SGB VIII braucht und der Junge eine Einstufung in eine Pflegestufe als Behinderter braucht, weil er permanente Aufsicht und Zuwendung benötigt. Die Pflegefamilie kann es nur schaffen, dem Jungen gerecht zu werden, weil die Gesamtfamilie einschließlich Großeltern das Kind trotz aller Schwierigkeiten versteht und liebt, das soziale Netzwerk stimmig ist und sie auch finanzielle Entlastung hat, sodass sie eine Haushaltshilfe bezahlen kann. Der junge Mensch wird nie selbstständig leben können und es ist sicher, dass er in einer Einrichtung für Behinderte leben und arbeiten wird. Er wird jedoch immer seine Familie als Rückhalt behalten. Die Frage ist zu stellen, was geschehen wäre, wenn das Kind als Säugling in die Pflegefamilie gekommen wäre und das zusätzliche Leiden für den Jungen vermieden worden wäre. Dies gilt auch neben dem leidvollen Weg für Kind und Pflegefamilie als Schaden für die Gesellschaft.

Jacobi hat wie ich die Erfahrung gemacht, dass stabile Pflegeverhältnisse und entsprechende Hilfen Voraussetzung für die Begrenzung des Schadens sind.

Vernachlässigung, Misshandlung und Mangel an Empathie bedeuten, dass dem Kind kein Schutz von seinen Betreuungspersonen gewährt wird. Emotionale Vernachlässigung wird oft unterschätzt. Diese hat jedoch nicht weniger psychische Schädigungen zur Folge wie das Erleiden von körperlicher Gewalt. Durch die Person, von der das Kind Fürsorge erwartet, verletzt zu werden, wirkt traumatisch. Es gibt keinen Ort, an dem Trost zu finden ist[2].

Eine Gefahr für Pflegeeltern kann darin bestehen, dass das misshandelte Kind oft nicht unterscheiden kann, ob es nicht doch die Pflegeeltern waren, die ihm Leid zugefügt haben.

Ein Beispiel:

Benjamin kam mit zwei Jahren in die Pflegefamilie. Er schrie panisch, wenn die Pflegeeltern ihn in das schöne, neue Bettchen legen wollten. Er schlief schließlich einige Monate auf dem Sofa im Wohnzimmer. Als er gut in die Familie integriert war, hat er die Pflegemutter gefragt, warum sie früher so böse zu ihm war und ihn in das Bett geschmissen hätte.

Eine Geste, ein Geruch, eine Handbewegung, eine Farbe und vieles mehr kann das traumatische Erlebnis reaktivieren. Das Kind kann dann Vergangenheit und Gegenwart nicht mehr unterscheiden. Es erlebt das Vergangene jetzt in der Gegenwart noch einmal. Wichtig ist, dass die Pflegeeltern genau über die Vorgeschichte informiert sind, damit sie bestimmte Situationen vermeiden oder verstehen können. Die Fachkräfte, die mit Pflegefamilien zu tun haben, müssen Kenntnisse über diese Wiederholungsgefahr im Erleben des Kindes haben. Diese Kenntnisse fehlen nicht selten und damit kann es zu Schuldzuweisungen den Pflegeeltern gegenüber kommen.

4.2 Vorgeburtliche Misshandlung

Fetales Alkoholsyndrom/Fetale Alkoholspektrumstörung (FASD)

Kenntnisse über das Fetale Alkoholsyndrom sind bei der Häufigkeit dieses Syndroms bei Pflegekindern ein absolutes Muss für alle, die Pflegekinder begleiten. Es sollte erreicht werden, dass Betroffene und ihre Bezugspersonen nicht mehr eine Odyssee hinter sich bringen oder viel Leid erfahren müssen, bis die Diagnose gestellt wird. Unter Pflegekindern oder Kindern, die im Heim aufwachsen, wird eine Häufigkeit von 25 % beschrieben[3].

Viele Fachleute, seien es Kinderärzte, Psychologen, Sozialarbeiter oder Lehrer, die sich mit diesem Problem nicht beschäftigt haben, haben große Probleme, diese vorgeburtlichen Schädigungen eines Kindes anzuerkennen. Daraus resultiert, dass sie weder dem Kind noch den Pflegeeltern die notwendige Hilfe zubilligen können. Schwere Ess- und Schlafstörungen des Kindes, Wahrnehmungsstörungen, gestör-

---

2 Vgl. Helfer et al. (Hrsg.) 2000
3 Nähere Informationen: FASD Deutschland e.V., Hügelweg 4, 49809 Lingen, Tel: 0591-7106700, E-Mail: info@fasd-deutschland.de, Internet: www.fasd-deutschland.de

tes Sozialverhalten, rasche Reizüberflutung und Schwierigkeiten im Lernen sowie extreme Unruhezustände werden oft nicht verstanden und weder dem Kind noch der gesamten Pflegefamilie kommt die Hilfe zu, die sie braucht, um selbst überleben zu können und dem Kind die nötige Hilfe zu gewähren.

Die Prognose des Kindes hängt nicht nur vom Ausmaß der Behinderung ab, sondern ganz entscheidend von den Möglichkeiten seiner Bezugsperson, ihre Erwartungen an das Kind anzupassen und damit dem Kind vorzuleben, dass auch mit seiner Problematik das Leben zu bewältigen ist und immer wieder neue Wege gefunden werden können.

Welche Hilfen brauchen Pflegefamilien?

Die erste wichtigste Hilfe ist, dass Pflegeeltern umfassend über die Risikofaktoren des Kindes informiert werden und dabei die Gewissheit erhalten, dass das Jugendamt die Grunderkrankung und die Folgen für dieses Kind kennt und alles daran setzen wird, die nötigen Schutzfaktoren einzusetzen. Wenn das Problem verleugnet wird, kann es trotz großer Anstrengungen der Pflegeeltern zu einem unguten Entwicklungsverlauf des Kindes kommen.

Ich denke da an Peter. Die Mutter war seit frühester Jugend Alkoholikerin. Zwei ältere Geschwister konnten nicht bei ihr aufwachsen. Peter wurde nach der Geburt bei der Mutter belassen, bis er schließlich mit sechs Monaten um Mitternacht von der Polizei aus einer Gaststätte geholt werden musste, wo die Mutter betrunken saß. Der Junge wurde in eine Pflegefamilie gebracht und das Jugendamt machte der Mutter die Auflage, sich um eine Mutter-und-Kind-Klinik für Alkoholkrankheiten zu kümmern. Ein Zeitpunkt für den Kurantritt wurde nicht genannt. Der Mutter wurde jedoch vom Sozialarbeiter zugesichert, dass sie Peter in die Kur mitnehmen kann. Von dem rasch einsetzenden Bindungsverhalten bei einem Säugling wurde nichts gesagt. Der Junge war schließlich eineinhalb Jahre alt, als die Mutter das Krankenhaus aufsuchte.

Peter war von Anfang an ein sehr unruhiges Kind, hatte große Essensprobleme, Schlafstörungen, war sehr klein und hatte einen auffallend kleinen Kopf. Die Pflegemutter suchte deshalb Hilfe in der Ambulanz in der nahen Kinderklinik. Als sie von ihrem Verdacht sprach, dass die Probleme des Kindes mit der Alkoholkrankheit der Mutter in Zusammenhang stehen können, stieß sie auf kein Verständnis. Die leibliche Mutter wurde in die Therapie einbezogen und von der Alkoholproblematik wurde nicht gesprochen.

Ungeachtet der ungünstigen Ausgangslage hat sich Peter besonders eng an die Pflegemutter, aber auch an den Pflegevater und den großen Bruder gebunden. Als die Mitteilung des Jugendamtes kam, dass der Junge wie vereinbart mit der Mutter in die Klinik soll, war den Pflegeeltern klar, dass Peter dies nicht verkraften kann. Sie holten bei einem Pflegeelternverband Hilfe und ich begleitete die Familie als Beistand gemäß

§ 13 SGB X. Wir hatten auf der Leitungsebene des Amtes große Konferenzen und stellten schließlich einen Antrag auf Verbleib gemäß §1632 Abs. 4 BGB. Der Mangel an Verständnis bei dem Jugendamt und auch bei Ärzten brachte die Pflegeeltern nicht selten an die Grenzen ihrer Belastbarkeit.

In diesem Fall waren neben der vorgeburtlichen Schädigung des Kindes zusätzliche Risikofaktoren für die Entwicklung des Kindes gegeben. Die ersten sechs Monate seines Lebens verbrachte das Kind in einer Mangelversorgung. Die von den Pflegeeltern geschilderten Verhaltensweisen wurden weder von den leiblichen Eltern noch vom Jugendamt wahrgenommen. Auch wurde dem Wunsch der Eltern auf unbegleiteten Besuchskontakt stattgegeben, obwohl sich Peters Zustand nach jedem Besuch sehr verschlechtert hat. Erst als geklärt war, dass der Junge in der Pflegefamilie bleiben kann und unbegleitete Besuche nicht mehr erfolgen, entspannte sich die Situation. Auch fand sich ein Kinderarzt, der die Problematik des Kindes erkannte und den Antrag auf Eingliederungshilfe nach § 35 a SGB VIII unterstützte. Außerdem wurde ein Schwerbehindertenausweis beantragt und genehmigt. Auch die Einstufung in eine Pflegestufe wurde möglich. So konnten die notwendigen Hilfen gewährt werden und es stellte sich sowohl bei den Pflegeeltern wie auch bei Peter langsam eine Beruhigung und Entlastung ein.

Vor sechs Monaten habe ich zehn Pflege-/Adoptivfamilien über die Entwicklungsverläufe ihrer jetzt erwachsenen Kinder mit dem eindeutigen FASD-Syndrom befragt. Das Ergebnis der Befragung war, dass alle Eltern mit unterschiedlichen großen Schwierigkeiten konfrontiert waren. Alle Befragten würden das Kind trotz dieser Belastungen wieder aufnehmen.

Eine dieser befragten Familien berichtete, dass ihre Tochter gerade das Studium des Lehramtes erfolgreich abgeschlossen hat. Dieses Mädchen hatte alle Merkmale von FASD. Die Mutter hatte das Kind mit 3,5 Promille Alkohol geboren. Die schwere Essstörung und die extremen Unruhezustände waren eine große Belastung für die Familie. Die Pflegemutter musste mehrere Mutter-Kind-Kuren annehmen, um Kraft zu schöpfen für die Bewältigung des Alltages. Die Pflegemutter berichtete, dass ihre Tochter schon im Kindergarten und später in der Schule gespürt hat, wenn es einem anderen Kind nicht gut geht und sich dann um dieses gekümmert hat. Lernprobleme hatte sie nicht. Was bis heute geblieben ist, ist das Bedürfnis nach einem festen Rhythmus. Wenn etwas auf die junge Frau zukommt, mit dem sie nicht gerechnet hat, ist sie auf die Hilfe und das Verständnis der Eltern angewiesen.

Eine junge Frau, die jetzt 25 Jahre alt ist und eine besonders schwere Form von FASD hat, hat mir geschrieben, dass sie trotz aller Lernschwierigkeiten die Altenpflegeschule mithilfe ihrer Eltern mit der Note 2 abgeschlossen hat, als Altenpflegerin arbeitet, seit acht Jahren einen Freund hat, mit dem sie seit einem Jahr zusammenlebt. Besonders berührt hat mich ihre Äußerung: „Naja, aber ich habe dank Ihnen eine tolle Familie, die immer, egal was ist, hinter mir steht und dafür bin ich Ihnen ein Leben lang dankbar." In der Begleitung dieser Familie über Jahre weiß ich, dass es schwere Krisen gab und nicht alles in der Entwicklung geradlinig verlaufen ist. Aber das Verständnis und die Liebe zum Kind waren und sind unerschütterlich.

Dass die Vorbelastung mit FASD besondere Rahmenbedingungen braucht, konnte ich bei allen befragten Familien erfahren. Es gilt hier wie bei traumatisierten Kindern, die Risikofaktoren zu vermindern und die Schutzfaktoren zu erhöhen. Eine Erklärung für die positiven Entwicklungsverläufe sehe ich in folgenden Faktoren:

1. Die Kontinuität in der Erziehung war gegeben. Es gab bei keinem dieser jetzt erwachsenen Kinder eine Rückführung oder einen Pflegestellenwechsel.
2. Die Pflegeeltern waren über die vorgeburtliche Beeinträchtigung des Kindes und die Risikofaktoren informiert. Die Pflegefamilien bekamen die Entlastungen, auch finanzieller Art, die nötig waren, um den Alltag zu meistern.

    Die Pflegeeltern waren im Vorfeld über die möglichen Risiken in der Entwicklung des Kindes informiert, soweit dies bei der Aufnahme als Säugling möglich war.
3. Die Pflegefamilien fanden bei den fallzuständigen Sozialarbeitern des Amtes Gehör und es bestand ein Vertrauensverhältnis zwischen Berater und Pflegefamilie. Diese Pflegefamilien fanden auch in Krisensituationen die erforderliche Begleitung. Wenn zum Beispiel in der Pubertät die Suche nach den leiblichen Eltern begann, wurde diese vom Jugendamt und den Pflegeeltern positiv begleitet.
4. Besuchskontakte fanden in der Hälfte der Fälle nicht statt. In der anderen Hälfte waren die Besuche selten und nur in Begleitung der Pflegeeltern.
5. Die Pflege-/Adoptiveltern liebten ihr Kind und hatten Verständnis für die besonderen Bedürfnisse des jungen Menschen.

Ein Grund, warum Pflegeverhältnisse scheitern ist, dass die Vorschädigungen bei den Fachleuten geleugnet werden und die Pflegefamilien nicht das nötige Verständnis und die nötigen Hilfen bekommen. Entlastende Maßnahmen wie Haushaltshilfen, Therapien bis hin zu stationären Aufenthalten können nicht als Scheitern des Pflegeverhältnisses gewertet werden. Bei der Notwendigkeit eines stationären Aufenthaltes wird die Problematik für die Pflegefamilie in der Regel dadurch deutlich, dass diese nur dann, wenn sie die Vormundschaft oder Teile des Sorgerechtes innehaben, an der Hilfeplanung beteiligt werden. Ansonsten werden sie juristisch wie fremde Personen behandelt.

Zeigt das folgende Beispiel das Scheitern einer Pflegefamilie?

Sonja wurde vom Vater in das Jugendamt gebracht. Er lebte seit der Schwangerschaft mit der Mutter des Kindes in einer Großstadt. Er bat, das Mädchen in eine Pflegefamilie zu bringen, weil die Mutter Alkoholikerin war und das Kind nicht versorgen konnte. Dass er selbst ebenfalls Alkoholiker ist, verschwieg er. Er hatte keine Wohnung, sodass das Mädchen sofort untergebracht werden musste. Bei der Unterbringung in einer Sonderpflegestelle wirkte er bereitwillig mit, um dem Kind den Übergang leichter zu machen. Bei meinem ersten Hausbesuch ca. zwei Wochen nach der Unterbringung erlebte ich folgende Situation: Die Pflegemutter hatte zum Termin den Kaffeetisch mit Kuchen hergerichtet und bot mir von dem Kuchen an. Sonja saß schüchtern in einer Ecke. Ich fragte sie, ob sie nicht auch von dem Kuchen etwas haben möchte, worauf mir die Pflegemutter antwortete: „Nein, sie bekommt nichts. Aus diesem Fettkloß muss man zuerst einmal einen Menschen machen". Nach diesem Besuch war mir klar, dass das Mädchen in dieser Familie nicht bleiben kann. Da es sich um eine angesehene Familie handelte, war die Herausnahme aus dieser Familie sehr schwierig. Trotzdem brachte ich das Mädchen in ein Kleinstheim, um eine Vermittlung in eine geeignete Pflegefamilie vorzubereiten. Dies gelang nach kurzer Zeit. Die Pflegeeltern wurden auch von der Leiterin des Heimes in die besondere Problematik des Kindes eingeführt. Nach einer Zeit des Kennenlernens kam Sonja zu diesen Pflegeeltern. Sie lebten in einem kleinen Häuschen neben dem großen Bauernhof der Großeltern außerhalb des Dorfes. Es war für die Pflegeeltern keine leichte Zeit. Sie gewannen das Mädchen jedoch lieb und auch die Großeltern fanden Zugang zu dem Kind. Es kam mit ca. vier Jahren in einen Sonderkindergarten, danach in die Schule für Lernbehinderte, wo sie an der untersten Leistungsgrenze blieb. Es waren aggressive Ausbrüche sowohl in der Schule wie zu Hause zu verzeichnen. Dies war oft nur zu ertragen, weil sich die einzelnen Erwachsenen in der Großfamilie die Aufgaben teilten. Nach der Schule, deren Abschluss sie nicht schaffte, kam sie stationär in eine Einrichtung für Behinderte in der Nähe des Elternhauses. Sie blieb dort von Montag bis Freitag. Die Wochenenden und Teile der Ferien verbrachte sie bei den Pflegeeltern. So ist es bis heute geblieben. Sonjas hat ihr Zuhause, obwohl sie einen großen Teil ihrer Zeit im Wohnheim und in der Behindertenwerkstatt verbringt. Die Pflegeeltern haben die rechtliche Betreuung für die mittlerweile erwachsene Tochter und arbeiten mit dem Heim eng zusammen.

Ein weiteres Beispiel über zwei Geschwisterkinder, die jetzt 24 und 28 Jahre alt sind:

Eine Nachbarin der Familie rief im Jugendamt an, dass die Mutter der Kinder ihr beide Kinder mit gepackten Taschen gebracht hat. Die Mutter sei zurück nach Hamburg gefahren und habe sie gebeten, die Kinder dem Jugendamt zu übergeben. Der Vater sei betrunken zu Hause und könne für die Kinder nicht sorgen. Allerdings hat die Nachbarin mitbekommen, dass die Mutter ebenfalls Alkoholikerin ist und der große

Junge bisher für den kleinen Bruder gesorgt hat. Die Situation war völlig unklar. Als ich mit einem Mitarbeiter die Kinder aufsuchte, war ich erstaunt, dass der große Bruder Semi die Situation vollkommen überschaute und mich äußerlich teilnahmslos und mit leerem Blick fragte, wohin ich ihn jetzt bringe. Ich sagte ihm, dass er sich eine Familie anschauen kann und mir sagen kann, ob er im Augenblick dort bleiben möchte oder nicht. Er nahm seine Tasche und war für den Aufbruch bereit. Die Bereitschaftspflegefamilie begrüßte er teilnahmslos. Er verstaute seine Tasche unter seinem Bett und sagte, dass er dableiben werde.

Ich sagte ihm, dass wir für den kleinen Bruder ebenfalls vorläufig eine Familie gefunden haben und er mit uns gehen kann, um zu sehen, wohin Markus kommt. Das wollte er nicht. Ich versprach ihm, dass wir ihn in den kommenden Tagen mit der Familie von Markus bekannt machen werden.

Markus ging widerwillig mit uns mit. Er war innerlich sichtlich aufgewühlt. Sobald wir in der Pflegefamilie ankamen, ging er mit seiner Tasche in das Kinderzimmer. Als er die Stofftiere und einen Karton sah, nahm er die Tiere und schmiss sie immer wieder mit wütenden Worten in die Schachtel.

Die Pflegemutter war lange Jahre Kindergartenleiterin und hatte großes Verständnis für die Situation des Kindes. Er konnte seine Aggressionen ausleben, jedoch wurden ihm auch klare Grenzen gesetzt. Da das Ehepaar zum damaligen Zeitpunkt kinderlos war, konnte Markus die ungeteilte Aufmerksamkeit der Eltern langsam genießen, blieb aber dennoch nicht von den Wutausbrüchen verschont. Er konnte schließlich die normale Grundschule und danach die Realschule erfolgreich abschließen, ist jetzt Polizeibeamter und seit diesem Jahr verheiratet. Zu den Pflegeeltern hat er ein normales Eltern-Sohn-Verhältnis.

Bei dem großen Bruder verlief die Entwicklung völlig anders. Er konnte sich nicht öffnen. Therapeutische Hilfen waren erfolglos. In der Schule war er Außenseiter mit sehr schlechten Leistungen. Zur Pflegemutter, die viel Verständnis für ihn hatte, wurde er langsam aufgeschlossener. Dann verstarb diese an einem Krebsleiden. Der Pflegevater war mit dem Jungen völlig überfordert, sodass er in eine Einrichtung für Behinderte gebracht werden musste, wo er bis heute lebt. Er hat gelegentliche Kontakte zur Familie seines kleinen Bruders und diese kümmern sich auch in bescheidenem Rahmen um ihn.

Bei Sonja und Semi war und ist stationäre Hilfe erforderlich. Eine Diagnose von FASD wurde nicht gestellt. Es ist aus der Vorgeschichte der Mütter jedoch zu schließen, dass alle Kinder, auch Markus, unter dem Alkoholeinfluss der Mutter gelitten haben. Bei dem großen Bruder von Markus kommt hinzu, dass er in seinen ersten acht Lebensjahren einer Mangelversorgung ausgesetzt war und mit der Versorgung von Markus überfordert war. Da der Tod der Pflegemutter ebenfalls einen Einschnitt in sein Leben brachte, konnte ihm keine Familie gegeben werden.

Sonja jedoch hat ein festes Zuhause, obwohl sie in einer Einrichtung lebt. Markus hat einen positiven Entwicklungsverlauf genommen.

Was sicher ist: Auch der Sozialarbeiter weiß bei der Unterbringung eines Kindes meist nur bruchstückhaft, welcher Schaden dem Kind vorgeburtlich zugefügt wurde. Diese Bruchstücke hat er jedoch den zukünftigen Pflegeeltern mitzuteilen.

4.3 Die Trennung eines Kindes bei desorganisierter, ambivalenter, krankmachender Bindung

Soll eine Trennung von der Herkunftsfamilie um jeden Preis vermieden werden? Stimmt dieser Leitsatz mancher Jugendhilfeträger? Der Vorrang ambulanter Hilfen ist solange richtig, wie das Kindeswohl nicht gefährdet ist. Wenn das körperliche, geistige und seelische Wohl eines Kindes nicht gewährleistet ist, kann man sich nicht auf den Bindungsschutz berufen. Hier ist es gerade die Trennung, die für das Kind Hilfe bringt.

Eine Trennung der Kinder von den Eltern ist bei Kindeswohlgefährdung erforderlich und sollte nicht durch immer neue ambulante Maßnahmen aufgeschoben werden. Dadurch kann für das einzelne Kind ein nicht wieder gut zu machender Schaden entstehen.

Josef Goldstein, Anna Freud und Albert Solnit sagen hierzu Folgendes:[4]

„Gute professionelle Arbeit erfordert in gleicher Weise Menschlichkeit und Fachlichkeit.
Mit anderen Worten:
Der gute Professionelle muss im Kindesunterbringungsverfahren sowohl einfühlsam als auch realistisch sein. Diese Eigenschaften widersprechen sich nicht, sondern ergänzen einander:
Ein Professioneller, dessen flinke Sympathie die Durchführung unangenehmer, aber notwendiger Entscheidungen behindert, ist weder realistisch noch einfühlsam. Ein Experte, der harte Entscheidungen trifft und sie mit Güte und Verständnis dem betroffenen Erwachsenen und Kind gegenüber durchsetzt, ist beides. Das einfühlende Element beruht auf der Fähigkeit professionell Handelnder, Emotionen zuzulassen, ohne sich selbst oder jene, denen sie dienen, auszubeuten – und sie versprechen nicht mehr, als sie einhalten können oder wollen".

Es ist sicher nicht leicht, krankmachende Bindungen zu erkennen. Wenn ein Kind die Verantwortung für die Mutter übernommen hat, kann dies leicht mit einer engen Bindung zwischen Mutter und Kind verwechselt werden.

Ich denke da an ein Mädchen einer drogenabhängigen Mutter. Als die Mutter in das Krankenhaus musste, wollte das fünfjährige Kind das angebotene Essen nicht anneh-

---
4 Goldstein, Freud, Solnit 1988, S. 107

men. *Erst als ich ihr versichert hatte, dass die Mutter im Krankenhaus genug zu essen bekommt, war es bereit, das Würstchen zu essen. Als das Kind schon längere Zeit in der Pflegefamilie war, beschäftigte es sich sehr intensiv mit der Frage, warum die Mama manchmal so lieb war und dann plötzlich sagte, „sie solle aus dem Fenster springen".*

Von dieser engen Bindung an ihre Kinder erzählte mir kürzlich eine Sozialarbeiterin von einer Mutter, die sich das Leben nahm. Ich kannte diese junge Frau als Kind und Jugendliche. Sie war heftigen Stimmungsschwankungen ausgesetzt. Einmal schlug sie in meiner Gegenwart plötzlich heftig auf ihren Vater ein. Sie hatte Grund dazu. Sie wurde von ihren Eltern nicht geliebt und sie war verzweifelt. Die Sozialarbeiterin berichtete davon, dass sie immer wieder auf ihre Partner einschlug, laut schrie und um sich schlug, ihre Kinder hätte sie jedoch geliebt. Die vier Kinder hatte sie von vier unterschiedlichen Vätern, weil die Partnerschaften immer wieder zerbrachen.

Hier kann ich nur spekulieren, weil ich die Kinder nicht kenne. Die Szene, wie die junge Frau in meiner Anwesenheit auf ihren Vater einschlug und welche Gefühle dies bei mir auslöste, sind mir gegenwärtig. Wie mag es den Kindern ergangen sein, wenn die Mutter außer sich war und auf den im Augenblick als Vater anwesenden Mann einschlug?

Kann hier von einer guten Bindung gesprochen werden? Das Kind speichert nach jeder dieser Szenen, wie bedrohlich das Leben ist und dass es letztlich nicht geschützt ist.

Immer wieder wird behauptet, dass es keine Traumatisierung wäre, wenn das Kind zwar bei Gewaltszenen anwesend war, es jedoch nicht unmittelbar betroffen war. Ein Mädchen, das von der Mutter als Schutzschild gegen den Vater verwendet wurde und das mit Schrecken an diese Gewaltszenen zurückdenkt, ist in den Augen des Sozialarbeiters nicht traumatisiert, obwohl das Mädchen buchstäblich erstarrt, wenn es mitten im Spiel plötzlich von Gedanken an die Gewaltszenen überwältigen wird.

Ein weiteres Beispiel ist in der Zeitung zu lesen:

„Eltern in X. misshandeln ihre Kinder – die Nachbarn bemerken nichts; Vater bricht seinem Sohn den Kiefer".

Man mag geneigt sein, das hinter körperlicher und psychischer Gewalt, Vernachlässigung, sexuellem Missbrauch und Ablehnung des Kindes steckende Leid nicht wahrhaben zu wollen. Die Meinung, dass Eltern ihre Kinder immer lieben, ist ein weitverbreiteter Irrtum.

Dies gilt auch für Fachkräfte. Es ist auch ein Irrtum zu glauben, dass mit der Unterbringung in der Pflegefamilie das Leid der Kinder zu Ende ist. Die Erlebnisse wirken lange, manchmal lebenslang, nach.

4 Wie wird ein Kind zum Pflegekind?

Ich lernte als Beistand für die Pflegefamilie zwei Geschwisterkinder kennen, die über einen langen Zeitraum von einem Jugendamt ambulant betreut wurden. Während dieser Zeit wurden die Kinder schwer und regelmäßig misshandelt. Als die Kinder in die Pflegefamilie kamen, war das Jugendamt der Meinung, dass damit alle Probleme gelöst sind und die Pflegeeltern ohne weitere Hilfen die Entwicklungsschäden der Kinder aufarbeiten können. Die Kinder sind zwar in der Pflegefamilie „aufgeblüht", die schwere Traumatisierung war damit jedoch nicht behoben. Immer noch liegen sie still im Bett, wenn sie nachts aufwachen, und trauen sich kaum, sich zu bewegen. Sie wirken immer noch so, als ob sie geistig behindert wären. Sie stopfen das Essen in Unmengen in sich hinein und brauchen immer die Gewissheit, dass etwas Essbares vorhanden ist. Es ist wichtig, dass die Pflegeeltern wissen, dass überwunden geglaubte Verhaltensprobleme bei jeder Beunruhigung wieder auftreten können.

Es ist auch wichtig, dass die Fachkräfte in den Ämtern und Beratungsstellen sowie die Lehrer und Ärzte wissen, dass allein die Dauer, die das Kind in der Pflegefamilie lebt, noch nicht ausreicht, um die tiefen Ängste des Kindes zu überwinden und dass Verhaltensprobleme Ausdruck von Angst sein können. Hoffnung macht für diese Kinder Folgendes:

1. Die Kinder kamen in Zusammenarbeit mit dem Jugendamt in eine Familie, die davon ausgeht, dass die Kinder auf Dauer bei ihr bleiben. Sie drängen sich den Kindern nicht auf, wissen um die Schwierigkeiten der Kinder bezüglich Nähe und Distanz, sind jedoch fest entschlossen, die Elternrolle für die Kinder zu übernehmen. Das Jugendamt hat dies im Hilfeplan festgeschrieben.
2. Die Familie hat praktische Entlastung durch eine Haushaltshilfe, die vom Jugendamt bezahlt wird.
3. Die Pflegefamilie nimmt Beratung an. Dies ist bei so vielen unverständlich erscheinenden Verhaltensweisen der Kinder erforderlich, z.B., wenn eines der Kinder unentwegt alles Essbare in sich hineinstopft. Den Pflegeeltern muss geholfen werden, die Beweggründe für dieses Verhalten zu verstehen, damit sie angemessen reagieren können.
4. Kinder und Pflegefamilie bekommen Zeit zugestanden. Der Pflegefamilie wird von den Beratern vermittelt, dass zwar Therapien erforderlich sind, jedoch zunächst den Kindern die Gelegenheit gegeben werden muss, Vertrauen zu entwickeln.
5. Die Kinder haben so lange, bis sie sich stabilisiert haben, keine Umgangskontakte mit der Herkunftsfamilie.

Das späte Handeln des Jugendamtes zum Schaden der Kinder möchte ich noch an einem weiteren Beispiel deutlich machen. Wenn die Herkunftseltern „mitarbeiten", sind viele Jugendämter zu der Annahme verführt, dass damit auch die Kindeswohlgefährdung behoben wäre. Ich kenne viele Herkunftseltern, die aus der eigenen Geschichte im Umgang mit Sozialarbeitern und Psychologen ein gutes Gespür entwickelt haben, was diese gerne hören. Ein junger Vater sagte vor kurzer Zeit: „Jetzt ist ‚Arschkriechen' angesagt" – und er hatte Erfolg damit.

Eine Ursache, warum Kindeswohlgefährdungen so lange nicht erkannt werden, ist die Konzentration der Berater auf die Erwachsenen. Dies liegt zum Teil daran, dass viele Berater im Umgang mit kleinen Kindern keine fachliche Sicherheit erwerben konnten, während sie in der Gesprächsführung mit Erwachsenen geübt sind. So kann es vorkommen, dass Gewalt gegen Kinder nicht erkannt wird, obwohl Beratungsgespräche mit den erwachsenen Tätern regelmäßig stattfinden.

In einem Prozess an einem Landgericht wurde von Verteidigern der Täter scharfe Kritik an einem Jugendamt geübt. Die Familie sei den Behörden als Problemfamilie bekannt gewesen. Der Hauptangeklagte und die mitbeschuldigten Brüder des Mannes stammten aus einem Elternhaus, in dem Inzest zwischen Eltern und Kindern und unter den Geschwistern zur Normalität gehörte. Dazu käme eine erziehungsunfähige Mutter, die den Kindern keinerlei Schutz bieten könne. Wenn das Jugendamt rechtzeitig eingegriffen hätte, wären nach Meinung der Verteidiger die Straftaten verhindert worden. Durch dieses Nichteingreifen der Behörde sei das Jugendamt mitverantwortlich für die Straftaten geworden.

Dem Haupttäter wurden 67 Straftaten gegen die Kinder nachgewiesen. Insgesamt standen 111 Straftaten gegen die Kinder der Familie fest. Welches langjährige Leid sich hinter diesen Zahlen verbirgt, kann kaum ermessen werden. Wenn im Laufe des Prozesses als strafmildernd angeführt wird, dass der Hauptangeklagte selbst misshandelt und missbraucht wurde in seiner Kindheit, so ist die Frage zu stellen, welche Schäden diese missbrauchten Kinder in der nächsten Generation an ihre Kinder weitergeben. Auch ist die Frage zu stellen, warum die Risiken, die in dieser Familie den Behörden bekannt sein mussten, nicht genauer abgeschätzt wurden. Sexueller Missbrauch birgt immer die Gefahr der Wiederholung in sich, trotz guter Absicht nicht rückfällig zu werden. Wenn nicht nur mit den Erwachsenen gearbeitet würde und die Kinder besser im Blickfeld wären, würde die Not der Kinder deutlich werden.

4.4 Was kann der Berater ertragen?

Wie sehr es darauf ankommt, was der Berater selbst ertragen kann, und wie sehr es darauf ankommt, dass er die Signale von Kindern wahrnimmt und richtig einordnet, zeigt folgendes Beispiel:

Ein fünf Jahre altes Pflegekind hat, als es bereits ein Jahr in der Pflegefamilie lebte, dreimal mit den gleichen Worten weinend von schweren sexuellen Übergriffen durch den Vater berichtet. Die Pflegeeltern gaben dies mündlich an den Mitarbeiter des Jugendamtes weiter. Er äußerte sich nicht dazu und schien es zur Kenntnis zu nehmen.

4 Wie wird ein Kind zum Pflegekind?

Er ging weiter davon aus, dass das Kind nicht traumatisiert ist, obwohl es bei gewalttätigen Übergriffen des Vaters gegen die Mutter von dieser als Schutzschild benutzt wurde. Der Zusammenhang zwischen Gewalt und sexuellem Missbrauch schien ihm nicht bekannt zu sein. Auch das Miterleben von Gewalt deutete er falsch, indem er glaubte, dies sei ja ausschließlich gegen die Mutter gerichtet gewesen, und wenn es das Kind zufällig einmal getroffen hat, sei diese Handlung ja nicht gegen das Kind gerichtet gewesen. Das Jugendamt betrieb weiterhin die Rückführung des Kindes, sodass die Pflegeeltern mithilfe eines Beistandes einen Verbleibensantrag beim Familiengericht stellten. In diesem Antrag wurde beschrieben, was das Kind berichtet hat. Die Pflegeeltern nahmen zur mündlichen Anhörung die Hilfe eines Rechtsanwaltes in Anspruch. Die Pflegeeltern erlebten ungläubig, was in dieser Anhörung besprochen wurde. Weder der Richter noch der Jugendamtsmitarbeiter verloren ein Wort über den sexuellen Missbrauch. Die Pflegeeltern wollten von ihrem Rechtsanwalt nach der Anhörung jedoch wissen, warum er nichts über den sexuellen Missbrauch gesagt hat. Er sagte wörtlich: „Die Richter hören dies nicht gerne. Sie denken: nicht schon wieder".

Als vom Jugendamt unbegleitete Besuche mit Übernachtung angeordnet wurden, begleitete ich die Pflegeeltern als Beistand zum Gespräch mit der Jugendamtsleitung und dem zuständigen Sozialarbeiter. Die erste Frage der Amtsleitung war, warum die Pflegeeltern erst jetzt, wo die Rückführung im Raume stehe, von den Vorfällen berichtet haben. Die Pflegeeltern konnten belegen, dass sie dem Sozialarbeiter in Anwesenheit der Familienhelferin bei einem Hilfeplangespräch, zu dem die Herkunftseltern nicht erschienen waren, von den Erzählungen des Kindes berichtet haben. Beide wollten sich nicht daran erinnern. Sie hätten das nicht so ernst genommen. Kinder würden ja manches erzählen und hätten eine lebhafte Fantasie. Den Hinweis, dass es auch im Antrag auf den Verbleib des Kindes aufgeführt war, beantwortete der Sozialarbeiter damit, dass der Rechtsanwalt der Pflegeeltern diese Dinge auch nicht angesprochen hätte. Die Amtsleitung begriff, dass hier die Garantenpflicht des Jugendamtes nicht wahrgenommen wurde. Da die Verdeutlichung in § 8a SGB VIII der Garantenpflicht des Jugendamtes zum Schutze der Kinder erst wenige Wochen vor diesem Gespräch verabschiedet wurde, nahm das Gespräch eine positive Wende. Übernachtungen und unbegleitete Besuche wurden sofort gestoppt.

Es ist anscheinend sehr schwer, sich vorzustellen, welches Leid Kindern von den eigenen Eltern zugefügt werden kann. Wer dieses Leid beschreibt, kommt in die Gefahr, selbst abgewertet zu werden, weil man sich mit den Eltern identifiziert. Es scheint der Gedanke aufzukommen, dass man selbst in der Erziehung auch nicht alles richtig machen kann – und wo kämen wir hin, wenn sich da der Staat einmischen würde. Der Unterschied zwischen einem Kind, das nicht immer auf Rosen gebettet ist, und dem abgelehnten, vernachlässigten und misshandelten Kind wird geleugnet.

Goldstein, Freud und Solnit sagen:

„Ein weiterer Grund für die Schwierigkeiten könnte darin bestehen, daß alle Fachleute einmal Kinder gewesen sind, daß alle Eltern hatten und daß viele selbst Eltern sind. Folglich haben sie eine Vielzahl von persönlichen Ansichten und Alltagsvorstellungen darüber, was für Kinder am besten oder schädlich ist, und darüber, was gute oder ungenügende Eltern kennzeichnet. Deshalb ist das Risiko groß, daß Maßnahmen und Entscheidungen bei der Kindesunterbringung auf persönliche Werturteile gestützt, aber als fachliches Wissen ausgegeben werden; um so wichtiger ist es, diese Gefahr zu erkennen".

Dass bei Gerichtsverhandlungen der anwesenden weinenden jungen Mutter Mitleid entgegengebracht wird und das nicht anwesende Kind dabei aus dem Blickfeld gerät, ist eine schwer zu erklärende Tatsache. Die Welt des Kindes und die Welt der Erwachsenen liegen meist weit auseinander. Wer sich nicht mehr in die eigene Kindheit mit all den Ängsten und Gefühlen zurück versetzen kann, tut sich schwer damit, ein Kind wirklich in seiner Not zu verstehen. Die Solidarisierung mit dem Erwachsenen liegt nahe und es wird in der Regel von einer Normalität ausgegangen. Das Offenlegen des Leids des Kindes wird nicht selten als „unfachliche Emotion" eingeordnet. Außerdem ist in „normalen" Gerichtsverfahren das Ziel, Einvernehmen im Sinne einer ausgleichenden Gerechtigkeit zu erzielen. In diesen familiengerichtlichen Verfahren, in denen das Kindeswohl gefährdet war und ist, geht es jedoch nicht um ausgleichende Gerechtigkeit. Das entspricht nicht der gesetzlichen Vorgabe, weil das Kindeswohl in Familiengerichtsverfahren eindeutigen Vorrang vor einer einvernehmlichen Regelung von Erwachsenen auf Kosten der Kinder hat.

Ich erinnere mich an eine junge Mutter, bei der bereits zwei Kinder in einer bedrohlichen Situation in Obhut genommen werden mussten und dauerhaft in Pflegefamilien lebten. Sie wurde schwanger, es wurde ihr ein Mutter-Kind-Heim angeboten. Dies lehnte sie ab. Eine Mitarbeiterin eines Verbandes setzte sich vehement für die junge Mutter ein und dafür, dass das Kind in der alleinigen Obhut der Mutter verbleibt. Sie erklärte, dass sie die Betreuung und die Verantwortung übernehme. Als das Kind circa vier Wochen alt war, meldete sich eine Nachbarin, dass sie das Kind vor einigen Tagen völlig abgemagert und beinahe ausgetrocknet zu sich in die Wohnung geholt hätte. Es ginge ihm jetzt wieder gut, aber die junge Mutter versorge das Kind nicht. Daraufhin wurde die Sozialarbeiterin aktiv und ging zusammen mit der Mutter zu einem Arzt, der einen guten Allgemeinzustand des Kindes bescheinigte. Das Kind blieb bei der Mutter. Einige Tage danach rief die betreuende Sozialarbeiterin weinend an, dass sie das Kind tot im Bettchen gefunden hätte. Es war dehydriert. Die Mutter meinte, dass es nicht geschrieen hätte und sie es deshalb nicht geweckt hätte. Es stellte sich heraus, dass die Mutter am Vorabend gegen zehn Uhr ein Fläschchen gegeben hatte und bis am Nachmittag des folgenden Tages nicht nach dem Kind geschaut hatte.

4.5 Schutz und Sicherheit

Das desorientierte Kind braucht nach der Unterbringung in einer Pflegefamilie zunächst Sicherheit. An dieser Sicherheit mangelt es häufig, weil die Lebensperspektive ungeklärt bleibt.

Falls sich die Kinder auf neue Bindungen einlassen können, erwarten sie Schutz und Sicherheit in dieser Beziehung. Erlebt das Kind, dass die Pflegeeltern ihm keinen Schutz geben können, wird eine beginnende Heilung und Vertrauensbildung wiederum zerstört, und das alte Bindungsmuster kann wieder beherrschend werden.

Pflegeeltern, die sich darauf einstellen, dass Pflegekinder jederzeit wieder zu den Herkunftseltern zurückgehen können und deshalb „auf Distanz lieben" verweigern dadurch dem Kind eine elterngleiche Bindung. Sie mögen vielleicht im Sinne der Philosophie des Jugendhilfeträgers handeln, für das Kind ist dies jedoch eine verhängnisvolle Lebenssituation. Es hat kein Zuhause und die für eine gesunde Entwicklung erforderliche Sicherheitsbasis fehlt ihm.

Wenn wir das Schicksal von Pflegekindern anschauen, können wir erahnen, was diesen Kindern als Grundlage fehlt und daraus die Aufgabe erkennen, diesen Kindern mit noch größerer Achtsamkeit und Feinfühligkeit zu begegnen, um Heilung zu ermöglichen. Diese Feinfühligkeit ist besonders erforderlich, wenn es darum geht, dem Kind einen festen Lebensmittelpunkt zu geben. Falls das Kind nicht weiß, ob es dauerhaft in der Pflegefamilie bleiben kann, werden die alten Verlassenheitsängste übermächtig. Vor dem Hintergrund der Erkenntnisse der Bindungsforschung verbieten sich oberflächliche Aussagen wie z. B.: *„Pflegekinder sind Kinder auf Zeit",* oder *„das ist das Schicksal des Pflegekindes, dass es zwischen zwei Familien lebt"* oder *„da muss ein Pflegekind einfach durch".*

Auch können Besuchssituationen mit Herkunftseltern zu einer großen Belastung werden, wenn es nicht gelingt, diese für die Bedürfnisse des Kindes nach Nähe und Distanz zu sensibilisieren. Als Besuchsbegleiterin habe ich mehrfach gehört: *„Auch wenn Du nicht willst, küsse ich Dich."*

Hier ist es wichtig, sich schützend vor das Kind zu stellen und gleichzeitig dem Erwachsenen zu helfen, die Selbstbestimmung des Kindes wahrzunehmen und zu achten.

4.6 Entwicklungsrückstand

Am Anfang eines Heilungsgeschehens bei einem Kind steht das Verstehen des Kindes als Gesamtpersönlichkeit durch seine neuen Betreuer. Hier gibt die Individualpsychologie, im besonderen Alfred Adler (1927), wichtige Hinweise. Adler wies auf die Gefahren der Experimentalpsychologie hin, die den Menschen in unzusammenhängende Einzelteile zerstückelt und er sieht in diesen Erkenntnissen wenig Hilfe, den Menschen besser verstehen zu lernen.

Die klinischen Diagnosen kommen oft zu einem ganzen Katalog von Defiziten des Kindes und daraus folgernd wird der Förderbedarf aufgelistet. Die emotionalen Bedürfnisse finden dabei selten den notwendigen Raum, obwohl bei vernachlässigten, abgelehnten oder gar misshandelten Kindern gerade dort der Grund für den Entwicklungsrückstand zu suchen ist.

Wenn das Kind von der Logotherapie zur Ergotherapie, von der Spieltherapie zur Frühförderung gehetzt wird, bleibt ihm keine Zeit zur Entwicklung einer Beziehung zu den Pflegeeltern. Ein Weniger an Terminen bedeutet ein Mehr an Weiterentwicklung des Kindes.

Das Selbstwertgefühl des Kindes kann sich nur entwickeln, wenn es erfährt, dass seine Umwelt es in Ordnung findet und es erlebt, dass es so angenommen wird, wie es nun einmal ist.

Damit die Pflegeeltern die Zeit für das Kind haben, ist eine Entlastung im Alltag geboten, z. B. durch die Einsetzung einer stundenweise tätigen Haushaltshilfe. Erst wenn ein Grundvertrauen vorhanden ist, können Therapien und Fördermaßnahmen greifen.

Dabei ist zu beachten, dass jedes Kind die Welt anders wahrnimmt und daher gerade in dieser Verunsicherungsphase standardisierte Tests sehr kritisch zu hinterfragen sind.

Der Grundsatz, dass Erziehung über Beziehung läuft, hat hier eine besondere Bedeutung.

4.7 Die Phasen der Integration des Pflegekindes in die Pflegefamilie

Die wichtigste Voraussetzung für die Integration des Pflegekindes in die Pflegefamilie ist, dass das Kind die Fähigkeit besitzt, sich nochmals auf eine Eltern-Kind-Beziehung einzulassen. Die Integration verläuft regelhaft in drei Phasen:[5]

Die erste Phase ist die Anpassungsphase:

Das Kind kommt in eine völlig fremde Welt. Je kleiner es ist und je weniger über verstandesmäßige Erklärungen laufen kann, umso verwirrender ist das Neue. Bei älteren Kindern ist es trotz aller Erklärungen schwierig, Vertrauen herzustellen.

---

5   Goldstein, Freud, Solnit 1988, S. 36f

Viele Kinder können nicht glauben, dass es in der neuen Familie besser ist, dass sie nicht geschlagen werden, dass sie versorgt werden und dass ihre Bedürfnisse geachtet werden. Neben dem Alter und den Vorerfahrungen des Kindes ist für das Gelingen einer Eltern-Kind-Beziehung entscheidend, ob die Pflegefamilie sensibel die Situation des Kindes erkennt und mit Verständnis reagiert.

Es ist wichtig, dass die Pflegeeltern die notwendigen Informationen über die Vorerfahrungen bekommen, um entsprechend reagieren zu können. Folgende Fragen sind elementar: Was war vor der Trennung? Wurde das Kind mehrfach getrennt? War es in der Notaufnahme in einem oder gar mehreren Heimen? War es in einer oder mehreren Bereitschaftspflegefamilien? Hat es selbst Gewalt erlebt oder war es Zeuge von Gewalt? Befindet sich das Kind in einer besonders trennungsempfindlichen Phase? Von dieser ist auszugehen, wenn das Kind zwischen sechs Monaten und sieben Jahren alt ist. Eine hochempfindliche Phase liegt zwischen sechs Monaten und drei Jahren. Welche Qualität hatten die bisherigen Beziehungen? Konnte es überhaupt Bindungen eingehen und welche Qualität hatten diese.

Das Kind steht allen neuen Eindrücken mit gemischten Gefühlen gegenüber. Es hat Ängste, Befürchtungen und Hoffnungen. Es orientiert sich daran, was es bisher erleben musste und erwartet in der Regel das Gleiche. Aufgrund der Unsicherheit und Ängste vor dem Neuen versucht sich das Kind fraglos anzupassen. Kinder, die bisher bindungslos aufwachsen mussten und distanzlos sind, erscheinen in der Anpassungsphase für die Pflegeeltern besonders gut erziehbar. Sie zeigen keine Trennungsreaktionen, „sind lieb und folgsam", und die Pflegeeltern können nichts von den Schwierigkeiten erkennen, von denen der Sozialarbeiter im Vorfeld der Aufnahme des Kindes erzählt hat. Es gibt scheinbar keine Schwierigkeiten. Pflegeeltern missverstehen diese Überanpassung vielfach und glauben, dass das Kind sie bereits als Eltern akzeptiert. Es ist gut, dass in der Anfangsphase die Konflikte nicht in voller Härte zum Tragen kommen und beide Teile, Pflegeeltern wie das Kind, Gelegenheit bekommen, sich näher zu beschnuppern.

Traumatisierte Kinder geben den Pflegeeltern und Fachkräften oft besondere Rätsel auf. Sie sind in der Anfangsphase des Pflegeverhältnisses oft überangepasst und erscheinen daher besonders unproblematisch, während sie in Wirklichkeit große Probleme haben, Vertrauen zu entwickeln. Traumatisierte Kinder sind resignativ, entwickeln keine gesunde Neugierde und leisten oft kaum Widerstand. Viele Kinder fragen immer, ob sie lieb sind, und klammern sich wahllos an jeden Erwachsenen, – also auch an die Pflegeeltern. Dies überdeckt eine tiefe Bindungsstörung. Wenn Pflegeeltern nicht darauf vorbereitet sind, dass dieses Verhalten kein Zeichen einer entstandenen Bindung zu den Pflegeeltern ist, kann dies zu einer Enttäuschung führen, wenn diese Kinder plötzlich zu kleinen Rebellen werden. Hier braucht es eine fachkundige Begleitung, die dieses Verhalten des Kindes als einen Anfang eines Vertrauensverhältnisses deutlich machen kann.

Besonders Kinder aus Suchtfamilien haben oft die Verantwortung für jüngere Geschwister in der Herkunftsfamilie übernehmen müssen. Diese Kinder wirken wie Erwachsene und zeigen sich sehr vernünftig. Erst langsam lernen sie, wieder „Kind" zu sein und sich von ihrer Verantwortung für die Geschwister zu distanzieren. Wichtig ist, dass die Geschwister, wenn sie in unterschiedlichen Pflegefamilien untergebracht sind, voneinander wissen, dass es dem anderen gut geht.

Wenn Kinder aus Familien stammen, in denen Gewalt das Erziehungsprinzip war und sie erlebt haben, dass nur der Starke gewinnt, kann es in der Anfangsphase zu starken Aggressionen kommen. Sie versuchen, ihre Angst durch den Angriff zu beseitigen.

Traumatisierte Kinder versuchen ihre Angst durch verschiedene Verhaltensweisen zu bewältigen. Wenn die vermeintliche Gefahr nicht durch Angriff oder Flucht zu umgehen ist und sich das Kind ohnmächtig ausgeliefert fühlt, kommt es zu folgenden Verhaltensweisen:

Es versucht sich unsichtbar zu machen, geht z. B. trotz großer Angst willenlos bei Umgangskontakten mit und ist bemüht, jede Erwartung des Gegenübers zu erfüllen.

Es erstarrt. Der leere Blick und das Entsetzen in den Augen, das in einer Situation vom Kind erlebt wird, in der es sich ohnmächtig ausgeliefert fühlt, ist mit Worten kaum wiederzugeben. Deshalb ist es schwer, dass Pflegeltern Glauben finden, wenn sie diese Beobachtung beschreiben.

Sowohl die Lähmung als auch das Erstarren zeigen die existenzielle Not des Kindes und seine Ohnmachtsgefühle. Die Hoffnung, dass es selbst Einfluss auf sein Leben nehmen kann, ist verschwunden. Es kann sich nur helfen, in dem es seine Persönlichkeit – sinnbildlich gesprochen – verlässt und sich den jeweiligen Erwartungen der Außenwelt völlig anpasst.

In den Integrationsphasen ist es besonders wichtig, dass die Pflegefamilie von dem Sozialpädagogen des Fachdienstes begleitet wird, damit die „Stolpersteine" rechtzeitig erkannt werden. Unbegleitete Pflegefamilien werden regelmäßig davon überrascht, wenn das Kind sein Anpassungsverhalten aufgibt, beginnt sich innerlich zu öffnen und „im neuen Zuhause angekommen ist". Es traut sich, seine Gefühle zu äußern und auszuleben. Dies geht manchmal bis an die Belastungsgrenze der Pflegefamilie, gleichzeitig ist das Verhalten ein entscheidender Vertrauensbeweis des Pflegekindes, weil das Kind sich mit seiner ganzen konfliktbeladenen Persönlichkeit seinen Pflegeeltern zumutet und anvertraut.

Wichtig ist, dass in der Vorbereitungszeit vor der Aufnahme des Kindes bereits auf diese Entwicklung hingewiesen wurde und das Harmonisierungsmodell als Durchgangsstadium verständlich gemacht wurde. Wenn dann die ersten Konflikte kommen, das Kind austestet, wie die neuen Eltern tatsächlich sind, ist es bei einer kontinuierlichen fachlichen Begleitung möglich, den Pflegeeltern, die es oftmals wieder vergessen haben, in der konkreten Situation den Sinn des Konfliktes zu verdeutlichen. Die Pflegeeltern müssen daran erinnert werden, dass diese beginnenden Konflikte Vertrauensbeweise sind. Jetzt wird versucht, ob Konflikte gewagt werden können, ob die Pflegeeltern auch dann noch zu dem Kind stehen, wenn es nicht „lieb" ist.

Das Kind will Einfluss auf die Lebenssituation nehmen. Pflegeeltern sollten sich in Erinnerung rufen, dass auch das Baby, das in die Familie hineingeboren wird, seine Familie umgestaltet. Das Pflegekind verändert ebenfalls seine Familie, wenn es dort beginnt, Fuß zu fassen. Wenn es Einfluss auf die soziale Umwelt nehmen kann, verhilft es ihm zu dem Gefühl der Sicherheit und Zugehörigkeit. Jetzt ist es wichtig, das Gleichgewicht zwischen Freiheit und Regeln in der Familie herzustellen. Es gibt für die Weiterentwicklung des Kindes zwei Gefahren. Die eine Gefahr ist, dass es in der Anpassungsphase verharrt und den Konflikt nicht wagt, die andere Gefahr ist, dass es ihm bei fehlenden klaren Regeln in der Pflegefamilie gelingt, das ganze Familiensystem zu sprengen. Ein schmaler Weg, der in die nächste Phase der Integration führt. Es muss immer wieder gesagt werden, dass dazu eine enge Begleitung durch einen Fachdienst für Pflegekinder erforderlich ist. Hier ist auch der Erfahrungsaustausch von Pflegeeltern untereinander eine wesentliche Hilfe.

Die zweite Phase ist die Phase der Übertragung:

In der Beziehung zu den Pflegeeltern werden die Erfahrungen des Kindes mit den bisherigen Bezugspersonen wieder belebt. Die aus der Vergangenheit herrührenden Erwartungen, Hoffnungen, Ängste und Gefühle werden auf die Pflegeeltern übertragen.

Diese Wiederbelebung der früheren Erlebnisse ist für Pflegeeltern ein mühsamer Weg, er birgt jedoch die Chance, dass frühere Erfahrungen korrigiert werden können. Eine Wiederbelebung und Korrektur ist nur dort möglich, wo dem Kind ein Schutzraum geboten wird, in dem es sicher sein kann, dass seine Fantasien und Gefühle ernst genommen werden und ohne negative Konsequenzen zugelassen werden. Schläge, Strafe und vernichtende Kritik dürfen keinen Raum haben.

Das Kind überträgt seine früheren Erlebnisse auf die neue Situation. Es „verwechselt" die neuen Eltern mit den Herkunftseltern und benimmt sich so, als ob es auch in der Pflegefamilie bedroht, misshandelt, missbraucht oder vernachlässigt wird. Ich denke da an einen Jungen, der in Ausnahmesituationen äußerst bedrohlich auf die Pflegemutter, die er grundsätzlich sehr liebte, zuging und plötzlich erschrocken die Augen aufriss und sagte: *„Ich habe Dich nicht erkannt, ich meinte Du wärest die Irma."*

Viele Pflegekinder mit traumatischen Vorerfahrungen haben große Mühe, das Beziehungsangebot der Pflegeeltern anzunehmen. Aus Selbstschutz greifen sie auf ihre leidvollen Erfahrungen zurück, dass den Erwachsenen nicht zu trauen ist und es weniger wehtut, wenn man sich innerlich abschirmt, damit man nicht erneut verletzt wird.

Zu beachten ist auch, dass Pflegekinder vielleicht zum Pflegevater oder zur Pflegemutter eine Beziehung zulassen können, jedoch gegenüber dem anderen Elternteil lange Zeit mit Ablehnung reagieren. Dies beruht in der Regel auf unterschiedlichen Erfahrungen mit dem jeweiligen Elternteil in der Herkunftsfamilie. Diese Phase kann von den Pflegeeltern viel Geduld erfordern.

Hilfreich ist, wenn nach Gemeinsamkeiten gesucht wird, die beiden Teilen Befriedigung bringen, sei es im Spiel, in Naturerlebnissen, in Handarbeiten, im Sport, im Werkeln und in vielen anderen Dingen. Vom Erwachsenen sind sehr viele Vorleistungen erforderlich, um dem Kind die Möglichkeit zu geben, korrigierende Erfahrungen zu sammeln und damit eine Gefühlsbeziehung zu wagen.

Kinder fordern die Pflegeeltern nicht selten regelrecht dazu auf, sie doch zu schlagen. Sie versuchen auch, die Pflegeeltern so zu provozieren, dass diese an die Grenzen ihrer Beherrschung kommen. Schlimm wäre, wenn Pflegeeltern tatsächlich schlagen – das kann auch nur ein angedeuteter Schlag sein – weil dies das beginnende Vertrauensverhältnis vernichten kann. Wichtig ist, dass Pflegeeltern konsequent führen und Grenzen setzen.

Wenn diese Phase gelingt, erlebt das Kind, dass die Pflegeeltern sich anders verhalten als die früheren Bezugspersonen, und dass sie Vertrauen verdienen. Es lernt, zu seiner eigenen Geschichte eine kritische Distanz aufzubauen und Fantasie und Realität zu unterscheiden.

Die dritte Phase ist die „regressive" Phase:

Diese Phase äußert sich oft in der Weise, dass das Kind in eine frühere Entwicklungsstufe zurückfällt, z. B. Baby sein will, aus der Babyflasche trinken will, gewiegt werden möchte wie ein Baby und auch als Schulkind in eine kleinkindhafte Sprache zurückfällt.

Auch hier ist es wichtig, dass die Pflegeeltern auf diese Entwicklung vorbereitet sind und in der konkreten Situation fachliche Hilfe bekommen. Der positive Aspekt ist, dass das Kind mithilfe der Regression an den Punkt zurückkehren kann, an dem es Mangelerfahrungen erleben musste. Heilsam ist das geduldige Rollenspiel zwischen Pflegeeltern und dem Kind. Ermahnungen dagegen, dass es doch schon ein großes Kind ist und sich nicht mehr so benehmen könne, helfen dem Kind nicht.

Im Rollenspiel erlebt das Kind, dass es Dinge tun kann, die im echten Leben nicht möglich sind. Hier kann es negative Gefühle zeigen, allerdings nur dann, wenn die Pflegeeltern auf diese Gefühle einfühlsam und ohne moralische Bewertung eingehen. Es ist oft ein langer Weg, bis z. B. aus „der bösen Puppe", die geschlagen oder gar getötet werden muss, eine Puppe wird, die gefüttert, gewickelt und verarztet wird.

Viele Pflegeeltern haben große Schwierigkeiten, die unterschiedlichen Verhaltensweisen des Kindes einzuordnen. Einmal ist es altersgemäß entwickelt und dann zeigt es wieder ein unangemessenes Verhalten. Der Sinn des regressiven Verhaltens muss immer wieder bewusst gemacht werden. Es ist der Beginn einer neuen, vertrauensvollen Beziehung zu den Pflegeeltern, wenn diese Phase positiv gestaltet und als Durchgangsstadium verstanden wird. Das Kind kann nachholen und auch die Pflegeeltern haben hier eine Chance, im Rollenspiel Eltern in einer viel früheren Phase „durchspielen" zu können. Das nächtliche In-das-Bett-der-Pflegeeltern-kriechen gehört auch zu diesem Erleben des Neubeginns einer sicheren Bindung und Beziehung.

Die beschriebenen Phasen treten in der Realität nicht so sortiert und deutlich abgegrenzt auf. Es gibt es viele Übergänge, Fortschritte und Rückfälle. Die individuellen Unterschiede der Kinder kommen dabei ebenfalls zum Tragen.

4.8 Das sicher gebundene Pflegekind

Gibt es bei all der beschriebenen Belastung der Kinder das sicher gebundene Pflegekind?

Ich habe bereits viele Beispiele von gelungener Integration und Zugehörigkeit zur Pflegefamilie beschrieben. Es mag sein, dass in den Beispielen die vorhandenen „Stolpersteine" auf diesem nicht einfachen Weg zu sehr in den Vordergrund geraten sind. Ich möchte deshalb noch einige Lebenswege von Kindern beschreiben, die ich von der Aufnahme bis in das Erwachsenenalter begleiten durfte.

Beispiel 1:
Die Pflegefamilie Bauer hat zunächst einen körperlich behinderten Jungen mit schweren Entwicklungsrückständen aufgenommen. Es war von Anfang an klar, dass es ungewiss ist, ob auch eine geistige Behinderung vorliegt. Es waren viele Operationen nötig, weil die Beine verkrüppelt waren und es lag auch Minderwuchs vor. Sven kam nach einem kurzen Heimaufenthalt noch als Säugling in die Familie. Die Pflegemutter gab ihren Beruf auf und begleitete den Jungen bei allen belastenden operativen Eingriffen. Es stellte sich heraus, dass er an der oberen Grenze zur geistigen Behinderung bleibt, und er besuchte die Förderschule. Die Pflegefamilie war in einer Selbsthilfegruppe organisiert (Jahrgang 1984), die ich über 18 Jahre begleitet habe. Der Junge ist zu einem fröhlichen und auch selbstbewussten jungen Mann herangereift, der jetzt in einer Gemeinde als Gemeindehelfer arbeitet. Bei einer zufälligen Begegnung mit ihm erlebte ich an der Bushaltestelle, wie er für die Sauberkeit in seiner Gemein-

de die volle Verantwortung übernimmt. Jemand hatte einen Müllsack einfach in einer Anlage ausgekippt. Er sah das und war voll Empörung sofort mit seinem Fahrrad zur Stelle, um Abhilfe zu schaffen. Er wird zwar nie alleine leben können, hat jedoch immer noch in der Pflegefamilie seine Heimat. Die Pflegeeltern sorgen jetzt als rechtliche Betreuer für ihn, weil er seine finanziellen Angelegenheiten nicht selbst regeln kann. Ich habe noch nie von den Pflegeeltern gehört, dass ihre Erwartungen nicht erfüllt wurden. Sie sind für Sven da und er wird sein Zuhause nicht verlieren, solange die Pflegeeltern leben.

Beispiel 2:
Corinna wohnte zunächst mit ihrer Mutter in der Pflegefamilie, weil man davon ausging, dass die junge Mutter unter Anleitung vielleicht doch die Erziehung des Kindes übernehmen kann. Dies ging circa ein Jahr einigermaßen gut, dann wurde der Mutter klar, dass sie die Verantwortung für das Kind nicht übernehmen kann. Sie zog sich zurück und das Kind blieb bei den Pflegeeltern. Die Pflegefamilie musste wegen beruflicher Veränderungen an einen weiter entfernten Ort ziehen. Die Pflegefamilie lud die Mutter einige Male zu einem Ferienaufenthalt ein, was die Mutter genoss. Als das Kind jedoch ins Vorschulalter kam und nicht mehr das süße Baby war, wurden die Kontakte zwischen Mutter und Kind schwierig. In Gesprächen mit der Mutter wurde versucht, ihr dabei zu helfen, Abschied zu nehmen, und nicht auf ihrer Mutterrolle zu beharren. Dies gelang auch. Das Kind wurde zum anerkannten Mitglied der Pflegefamilie, machte eine gute Schulausbildung und ist jetzt als Bankkauffrau tätig. Sie lebt als Erwachsene in einer eigenen Wohnung wie jedes andere erwachsene Kind einer Familie, und ist weiterhin ein Mitglied der Pflegefamilie.

Beispiel 3:
Anna vermittelte ich als Kleinkind. Die Mutter war geistig behindert, das Kind war zunächst mit der Mutter in einem Mutter-Kind-Heim, es war aber klar, dass die Mutter nicht in der Lage ist, das Kind zu erziehen. Anna kam in eine Familie mit zwei älteren Kindern, und die Mutter des Kindes hatte in der Pflegefamilie einen guten Platz gefunden. Sie kam regelmäßig zu Besuch. Für das Mädchen war sie ein Besuch wie alle anderen aus der Verwandtschaft.
Das Mädchen besuchte das Gymnasium, machte Abitur und hat das Studium der Sozialpädagogik an einer Fachhochschule abgeschlossen. Sie ist schon längere Zeit in ihrem Beruf tätig. Anna hat die Pflegschaft für ihre geistig behinderte Mutter übernommen und ist nach wie vor das Kind der Pflegefamilie.

Beispiel 4:
Julia kam mit zehn Monaten in die Pflegefamilie. Die Mutter war und ist immer noch alkoholkrank. Es gab deutliche Anzeichen einer Alkoholembryopathie. Im weiteren Entwicklungsverlauf des Kindes hat sich dies bestätigt. Die Pflegeeltern taten alles,

was der Förderung des Kindes diente, vermieden aber auch alles, was zu einer Überforderung führen konnte. Obwohl beide Elternteile Akademiker sind, konnten sie mit der Lernbehinderung gut umgehen und Julia war immer ihre geliebte Tochter. Julia hatte eine Zeit, in der sie sich sehr für ihre Mutter interessierte, insbesondere hatte sie Interesse an ihren zwei Geschwistern, die im Heim für die Mutter aufbewahrt bleiben. Die Pflegeeltern unterstützten sie, gingen gemeinsam zu Besuchen in die circa 150 km entfernte Stadt und halfen Julia, als sie erkennen musste, dass ihre leibliche Mutter Versprechungen nicht einhalten kann. In der Zwischenzeit hat Julia ein realistisches Bild von ihrer Mutter. Sie war immer von den Pflegeeltern getragen und diese haben geholfen, dass sie einen normalen Schulabschluss machen konnte und jetzt Altenpflegerin wird. Was sie belastet ist, dass ihre zwei leiblichen Geschwister im Heim leben müssen, während sie den Unterschied zwischen Familie und Heim erlebt. Julia ist in der Zwischenzeit 25 Jahre alt. Die Schädigung in der Schwangerschaft ist leider irreversibel und sie hat immer wieder Schwierigkeiten in Beziehungen und auch in dem Arbeitsumfeld. Sie ist nach wie vor fest in die Pflegefamilie eingebunden, auch wenn es manchmal schwer für diese ist, ihr Verhalten zu akzeptieren.

Diese Beispiele von geglückter Integration in die Pflegefamilie könnte ich noch weiter fortführen.

Somit möchte ich Familien Mut machen, sich für Kinder zu öffnen, die schon einen schwierigen Weg hinter sich haben.

Ich möchte Familien darin bestärken, das Kind dort abzuholen, wo es steht und ihm Heimat in ihrer Familie anzubieten.

5 Die Identitätsentwicklung des Kindes und Jugendlichen

> Es steht außer Frage, dass die Sozialisation eines Kindes in der Familie erfolgt, in der es lebt, und dass es von dieser Familie die dort geltenden Werte und Normen übernimmt. Es steht auch außer Frage, dass sich das Kind mit derjenigen Person identifiziert, die es täglich versorgt und dadurch die prägende Bindung zu dieser Person festgelegt wird.
>
> Die Frage, wer bin ich, wie sehe ich mich selbst, wie werde ich von anderen gesehen, ist eine Frage und Entwicklung, die die ganze Lebensspanne umfasst. Das Selbstwertgefühl ist für unsere Lebensgestaltung von zentraler Bedeutung.
>
> Zu welchem Zeitpunkt der junge Mensch sich mit welchen Fragen auseinandersetzt, kann nicht verordnet werden.
>
> Pflege- und Adoptiveltern sind aktiv aufgerufen, alles zu sammeln und zu beschaffen, was zugänglich zur frühen Kindheit ihres Pflege-Adoptivkindes (Babyfotos, Lieblingsspielsachen, Schmusetücher, Familienfotos der Herkunftsfamilie usw.) ist. Es ist wichtig, dass Pflegeeltern diese Daten kennen und entsprechende Gegenstände aufbewahren, weil sie in der Regel die Einzigen sind, denen der junge Mensch diese Fragen nach seiner eigenen Identität/Geschichte stellen wird.

5.1 Biologische und soziale Elternschaft

Heute besteht weitgehend Einigkeit darüber, dass Anlage und Umwelt in Wechselwirkung zueinander stehen. Allerbeste Anlagen können sich in einer ungünstigen Umwelt nicht entfalten und bescheidene Anlagen können bei einer günstigen Umwelt zu ungeahnten Entwicklungen führen.

In einem gerichtspsychologischen Gutachten vom Mai 2004 ist über ein vierjähriges Kind zu lesen:

> Die Sachverständige würde sich für J. wünschen, dass ihm dauerhaft beide Familiensysteme erhalten bleiben, egal, wo er seinen Lebensmittelpunkt hat.

Weiter schreibt sie:

> Es ist auch darauf hinzuweisen, dass neuere Forschungsergebnisse wieder vermehrt die leibliche Elternschaft und deren Bedeutung für die Kinder in den Vordergrund rücken.

Quellen nennt die Verfasserin des Gutachtens nicht. Sie beschreibt weiter:

> Er erlebt die Familie und den Haushalt der Pflegeeltern als seine sichere und geborgene Heimat. Der Ausdruck Rückführung erscheint insofern nicht korrekt, als das Kind noch nie beim Vater gelebt hat.

Sie kommt zu dem Ergebnis, dass Pflegeelternschaft eine professionelle Haltung dem Kind gegenüber voraussetzt und das Kindeswohl es erfordert, dass die Pflege-

5 Die Identitätsentwicklung des Kindes und Jugendlichen

eltern das Kind innerlich „loslassen". Sie müssen die Bereitschaft mitbringen, trotz all der Widerstände des Kindes gegen die Besuche ohne Begleitung der Pflegeeltern und den danach auftretenden Verhaltensproblemen des Kindes (wie Bettnässen, Schlafstörung, Essensprobleme, Angstträume in der Nacht, Unruhe und auch aggressivem Verhalten), das Kind so zu beeinflussen, dass die Besuche ausgedehnt werden. Die Rückführung sei deshalb trotz unbestreitbarer enger Bindung zwischen der Pflegefamilie und Kind erforderlich, weil die Pflegeeltern zwar beteuern, dass sie das Kind auf Dauer behalten, jedoch rechtlich das Pflegeverhältnis jederzeit aufkündigen könnten. Sie stellt in Aussicht, dass das Kind bei einer Übersiedlung zum Vater in eine depressive Phase verfallen kann, die aber therapeutisch aufgearbeitet werden könnte. Der Vater biete die Gewähr, dass er entsprechende Hilfen in Anspruch nehme.

Tatsache war, dass der Vater mit dem Kind bei dem unbegleiteten Besuch mit Übernachtung zu der psychisch kranken und alkoholabhängigen Mutter nach Amerika geflogen ist und das Kind dort zurückgelassen hat, obwohl dem Vater immer bewusst wart, dass das Kind vor der Mutter Angst hat und von ihr nicht versorgt werden kann.

In einem weiteren Beispiel stellt ein anderer Gutachter in einem gerichtspsychologischen Gutachten fest, dass das neunjährige Mädchen, das im Alter von eineinhalb Jahren zu der Pflegefamilie kam, sich voll mit der Pflegefamilie identifiziert und seine persönliche Identität in der Pflegefamilie gefunden hat. Er sprach von einem authentischen, intensiven und eindeutigen Identitätserleben des Kindes in der Pflegefamilie. Er unterstützte den Wunsch des Mädchens, dass es nur zu begleiteten Besuchen und nicht zu Übernachtungen gegen den Willen des Kindes kommen kann. Besuche mit dem Ziel der Rückführung, wie dies die Verfahrenspflegerin mit großer Entschiedenheit einforderte, mit der Begründung, dass das Mädchen im Falle des Verbleibs in der Pflegefamilie von einer „Identitätskrise" bedroht sei, lehnte er ab. Die Verfahrenspflegerin begründete ihre Haltung damit, dass das Mädchen an die Pflegemutter „in einem Zustand von Angst, emotionaler Abhängigkeit und weiterer massiver Beeinflussung bis hin zur Hörigkeit gebunden" sei. Die Pflegemutter zeige sich gegenüber der Problematik der Rückführung des Mädchens bzw. Annäherung an die leibliche Familie anhaltend unerreichbar und unbelehrbar.

Die Verfahrenspflegerin beachtete nicht, dass das Kind unter Trennungsangst litt, seit es von der leiblichen Familie erfahren hatte, dass es von ihrer Pflegefamilie, in der es ihr ganzes bewusstes Leben gelebt hat, weg soll und dass es damit alles, was ihm wichtig ist, verlassen soll.

Ein drittes Beispiel: Im Gutachten – es handelt sich um einen vietnamesischen Jungen, der seit seiner Geburt wegen Erkrankung und den familiären Problemen der Herkunftsfamilie in einer deutschen Pflegefamilie lebt – schreibt die Gutachterin:

„Manche der etwa seit 1984 bestehenden Anliegen sind auf Kritik bei den deutschen Ansprechpartnern gestoßen. Ein Teil als nicht kindgemäß empfundenen Verhaltensweisen der Kindeseltern ist auf die kulturell bedingte unterschiedliche Wahrnehmungsweise der Bedürfnisse des Kindes zurückzuführen. Neben diesen kulturellen Besonderheiten prägt auch ihre aktuelle gesundheitliche und psychische Verfassung das Verhalten der Kindeseltern. Die Kindesmutter kann sich aufgrund der gesundheitlichen Schädigung nur in begrenztem Umfang um ihre Kinder engagieren. Der Kindesvater leidet unter gelegentlichen Kopfschmerzen und Wetterfühligkeit. Er berichtet von Stimmungsschwankungen; zeitweilig kann er sich mit seiner Lebenssituation abfinden, zeitweilig überkommen ihn Ungeduld sowie aggressive Gefühle und Gereiztheit. Die Auseinandersetzungen mit der Pflegefamilie von Tom verunsichern den Kindesvater und steigern aggressive Gespanntheit. Aus ihrer eigenen Beziehung zu dem Sohn und ihren Vorstellungen von dem Zusammenhalt der Familienmitglieder in einer vietnamesischen Großfamilie heraus fällt es den Kindeseltern schwer, sich der erheblichen Unterschiede der kulturellen Verbundenheit innerhalb ihrer Familie, nämlich zwischen ihnen und dem jüngsten, nur deutsch sprechenden und von Geburt an in westdeutscher Familien- und Lebenskultur lebenden Sohn bewusst zu werden.

Die Gefühle der Machtlosigkeit und Abhängigkeit, zusammen mit der jeweiligen Angst, mit welchen Problemen das jeweils anstehende Besuchstreffen verknüpft sein werde, bringen den Kindesvater zeitweilig an den Rand seines Vermögens, seine Gefühle und Verhaltensweisen adäquat zu kontrollieren. So kommt es gelegentlich zu heftigen Auseinandersetzungen.

Insgesamt gesehen ist festzustellen, dass die Pflegeeltern in einer engen emotionalen Beziehung zu Tom stehen und engagiert für ihn sorgen; die Enge der Bindung und die Empfindung, aufgrund der von ihnen gespürten besonderen Zartheit Toms in besonderer Weise für sein Wohl Sorge tragen zu müssen und zu wollen, erschwert es ihnen, sich den Wechsel Toms in die Nähe der leiblichen Eltern vorzustellen.

Berücksichtigt man die Gesamtumstände der Lebenssituation von Tom, so ist eine allmähliche Hinführung des vietnamesischen Kindes zu seinen Eltern mit dessen Wohl vereinbar, sofern zunächst bindungsmäßig Voraussetzungen geschaffen werden, und das Kind nicht mit einer abrupten Veränderung konfrontiert wird.

Für ein Kind wie Tom, das von kleinauf auch im Kontakt mit den leiblichen Eltern, wie es selbst aussehenden Eltern stand, besteht jedoch im sechsten Lebensjahr (so alt war Tom in der Zwischenzeit) durchaus bereits eine diffuse Sensibilität für Aspekte der Zusammengehörigkeit durch Herkunft. Tom hat zudem ein Alter erreicht, in dem durch kindgemäße Erklärungen – vermittelt auch über die Beziehung zu seiner Herkunftsfamilie – eine Basis für die Integration der beiden Kulturverbundenheiten gelegt werden kann, sodass Tom in der Pubertät ein plötzliches, eventuell erschreckendes Erleben seiner asiatischen Herkunft erspart werden könnte. Derzeit bestehen vom Alter und den Umständen her noch gute Voraussetzungen, dem Jungen von kleinauf zu der Herausbildung einer stabilen Identität auf der Grundlage seiner wirklichen Herkunft und seiner voraussichtlichen Zukunft als Vietnamese in Westeuropa zu verhelfen."

Danach folgen technisch genau formulierte Anweisungen zur Umgewöhnung des Kindes und zuletzt als Folgerung, dass ein nicht gewünschter, aber plötzlicher Wechsel erforderlich ist, wenn die Pflegeeltern nicht mitmachen.

Und die Pflegeeltern haben nicht mitgemacht.

Kurze Zeit später ist die Herkunftsfamilie auseinandergebrochen und die anderen Kinder mussten fremduntergebracht werden.

Tom hat eine glückliche Kindheit in der Pflegefamilie erlebt. Er hat in der Zwischenzeit seinen Hochschulabschluss. Ein Geschwister wollte Kontakt mit ihm. Er sagte, dass er das sicher irgendwann einmal möchte, aber im Augenblick andere Interessen hätte.

Gerade dieses Beispiel zeigt, dass es schlichtweg Ideologie und nicht kindzentrierte Begutachtung war, was die Sachverständige zu Papier brachte. Die Lebenswirklichkeit hat die Ideologie widerlegt. Der junge Mann ist ein zufriedener, sozial anerkannter und sich der Pflegefamilie zugehörig fühlender junger Erwachsener. Die Vorhersage, dass er in der Pubertät in eine außergewöhnliche Identitätskrise gerät, hat sich nicht erfüllt. Die Sozialisation in der Pflegefamilie hat seine Identität geprägt, ebenso wie die sichere, von niemandem in seinem sozialen Umfeld hinterfragte Zugehörigkeit zu der Pflegefamilie.

Die Beispiele zeigen eine unterschiedliche Gewichtung der biologischen und sozialen Elternschaft. Was ist für die Identitätsentwicklung des Kindes wichtig: die Anlage oder die Umwelt?

Dies war lange Zeit eine heftig diskutierte Frage in der Wissenschaft und Forschung und ist es auch heute noch, wie das erstgenannte Gutachten und die Haltung der Verfahrenspflegerin im zweiten Beispiel zeigen.

Das hat er von seinen Eltern geerbt, sagt der eine, das hat er bei seinen Eltern gelernt, der andere.

Es steht außer Frage, dass die Sozialisation eines Kindes in der Familie erfolgt, in der es lebt, und dass es von dieser Familie die dort geltenden Werte und Normen übernimmt. Es steht auch außer Frage, dass sich das Kind mit derjenigen Person identifiziert, die es täglich versorgt und dadurch die prägende Bindung zu dieser Person festgelegt wird.

5.2 Wie entwickelt sich die persönliche Identität, das Selbstwertgefühl?

Die Fragen, wer bin ich, wie sehe ich mich selbst, wie werde ich von anderen gesehen, sind Fragen und Entwicklungen, die die ganze Lebensspanne umfassen. Wir entwickeln nicht nur eine Vorstellung darüber, wer wir sind; wir entwickeln darüber hinaus eine Vorstellung darüber, wer wir sein wollen. Das Selbstwertgefühl, der Selbstwert ist für unsere Lebensgestaltung von zentraler Bedeutung. Selbstkonzept und Selbstwert sind wichtige Merkmale der personalen Identität. Mit der Wertschätzung der eigenen Person ist in jedem Alter Wohlbefinden verbunden.

Die emotionalen Fähigkeiten eines Kindes können sich nur dann entwickeln, wenn seine Grundbedürfnisse befriedigt werden und eine konstante Bezugsperson zur Verfügung steht. Bei fehlenden Lernmöglichkeiten oder sozialer Isolierung können die Entwicklungsdefizite zwar bei günstigen nachfolgenden Bedingungen wie zum Beispiel bei der Unterbringung des Kindes in einer liebevollen und fördernden Umgebung einer Pflegefamilie, in gewissem Umfang aufgeholt werden, bestimmte Grundmuster sind jedoch nur schwer veränderbar.

Wer als Kind gelernt hat, seinen Mitmenschen zu misstrauen, wird seine späteren Beziehungen mit großer Wahrscheinlichkeit nach diesem Muster gestalten. Durch dieses Misstrauen den Mitmenschen gegenüber wird er immer wieder auf Ablehnung stoßen und in einen Teufelskreis geraten, der sein Selbstwertgefühl erheblich herabsetzt. Misstrauen, was heißt das in diesem Zusammenhang eigentlich? Es ist das Gefühl, ich bin nichts wert, mich kann niemand lieb haben, ich bin selbst schuld an allem. Das Kind hat das Vertrauen zu sich und der Umwelt verloren. Es resigniert oder wendet sich aggressiv abwehrend gegen die Umwelt. Das Grundgefühl der Angst ist ein weiterer lebenslanger Begleiter.

Angst und Angstträume sind in der Kindheit viel zu wenig beachtete Themen. Der Erwachsene sollte versuchen, sich zu erinnern, welche Angst er als Kind in einzelnen Situationen hatte, wenn er sich alleingelassen fühlte, oder wenn er als Kind einen schlimmen Traum hatte und dann erstarrt im Bettchen lag. Wenn diese Erinnerung und der Zugang zu dieser Erinnerung möglich sind, fällt es dem Betreuer des Kindes leichter, Empathie für das Kind zu empfinden und es in seiner Not zu verstehen.

Kinder, die reale Trennungsängste haben, die Erinnerung an Gewalt, Vernachlässigung und Misshandlung haben, erleben dies als kleine Kinder, aber auch später, vielfach als unzusammenhängende Bilder sowohl im Wachzustand wie auch in den Träumen, erneut. Langandauernde und beängstigende Kindheitserfahrungen wirken als Bilder bis in das Erwachsenenalter hinein.

Ich erinnere mich an eine circa 30-jährige Frau, die zur Beratung kam und in Erfahrung bringen wollte, warum sie verschiedene Bilder aus der frühen Kindheit quälen. Sie sagte, sie wüsste nicht, ob es Traum oder Realität ist. Ich fand ihre Akte – diese Akte wurde nicht vernichtet, weil sie später von den Pflegeeltern adoptiert wurde und Adoptionsakten nicht vernichtet werden dürfen. Wir fanden einen Bericht, der dem Bild, das sie mir schilderte, genau entsprach. Sie war gerade 20 Monate alt, als dieses – als Bild in Erinnerung gebliebene traumatische Ereignis – geschah.

5 Die Identitätsentwicklung des Kindes und Jugendlichen 89

Eine andere erwachsene Frau sagte, sie habe ein Bild vor sich, dass sie auf dem Boden krabbelte und durch die Ritze auf einen sehr langen und dunklen Flur schaute. Sie habe ein sehr dunkles und bedrückendes Gefühl dabei. Auch dies entsprach genau der Realität des Kinderheimes, in dem sie bis zu ihrem zweiten Lebensjahr untergebracht war.

Die Bestätigung, dass dies Realität und nicht Fantasie war, hat diese erwachsenen Menschen sehr entlastet.

Die geistig etwas zurückgebliebene Isabella saß als Jugendliche tagelang in ihrem Zimmer und schloss sich ein. Die Pflegeeltern baten verzweifelt um Hilfe. Es gelang mir, dass Isabella die Zimmertüre öffnete. Sie saß vor einem Blatt Papier und zeichnete eine Wohnung in immer wieder anderen Formen. Sie war dabei emotional in einem Ausnahmezustand, sprang immer wieder auf, setzte sich wieder hin, zeichnete weiter und sprach kein Wort dabei. Nach langer Zeit, in der ich still bei ihr sitzenblieb, sagte sie, dass sie ihrer Therapeutin gesagt habe, sie erinnert sich, vom Stiefvater geschlagen worden zu sein und dass er noch viel Schlimmeres mit ihr gemacht hatte. Sie weinte dabei und sprach von dem sexuellen Missbrauch durch den Stiefvater. Die Therapeutin habe ihr gesagt, dass das nicht stimme, weil sie ja mit zwei Jahren in die Pflegefamilie kam und danach dort nie mehr alleine war. Sie könne sich unmöglich an so etwas erinnern. Sie sagte verzweifelt, dass das Bild aber da sei.

Wenn ein Kind mit solchen Bildern Besuchssituationen allein ausgeliefert wird, mag man ermessen, welche dramatischen Folgen dies haben kann. Es kommt nicht auf das an, was es während der Besuchssituation erlebt, sondern auf die Bilder, die dabei in ihm aufsteigen.

Das Selbstbild verändert sich immer wieder im Laufe der Entwicklung. Erik Erikson[1] versteht die Identitätsentwicklung als ständige Wechselwirkung zwischen Individuum und Gesellschaft. Die Identifizierung mit Modellen und Vorbildern ist Voraussetzung für Identitätsbildung und Identitätsänderung. In der frühen und mittleren Kindheit findet das Kind in der Familie die Vorbilder, in der Pubertät werden in Abgrenzung zu den familiären Vorbildern, Werten und Normen neue Vorbilder gesucht. Es kommt zu neuen Probeidentifizierungen, die für alle Eltern, im Besonderen für Pflegeeltern, schmerzlich sein können.

Das Kind übernimmt unbewusst die Normen der Familie, in der es lebt. Wenn es diese Normen verinnerlicht und diese Normen als Teil seiner eigenen Persönlichkeit empfindet, führt dies zur Bildung des Gewissens, das heißt, die Regeln werden auch in Abwesenheit der Eltern eingehalten. Wenn diese Regeln überschritten werden, kommt es bei einem Kind, dessen Gewissensbildung günstig verlaufen ist, zu Selbstvorwürfen und Scham.

---

1 Vgl. Erikson 1973

Die Ich-Identität bildet sich aus der Auseinandersetzung mit den Normen und Werten, die in der Umgebung gelten, heraus. Sie ist wesentlich von dem Vorbildverhalten der Eltern/Pflegeeltern abhängig. Regelmäßigkeit, Zuverlässigkeit, Wertschätzung in der Familie, in der das Kind lebt und in der sozialen Umgebung sind wichtige Voraussetzungen für eine positive Selbstwahrnehmung und ein positives Selbstbild. Das Gefühl: „Ich bin in Ordnung" entsteht im Spiegel der Umwelt.

Coopersmith nennt drei wesentliche Entwicklungsbedingungen des Selbstwertgefühls:[2]

1. Das vollkommene Akzeptieren des Kindes durch seine Eltern,
2. Klar bestimmte und geltend gemachte Handlungsgrenzen und
3. Achtung und Spielraum für individuelles Handeln innerhalb bestimmter Grenzen.

Konflikte sind in unserem Sprachgebrauch meist negativ besetzte Begriffe. Konflikte und Krisen dienen jedoch der Weiterentwicklung. Das Kind wie auch der Mensch generell, sieht sich Erwartungen und Anforderungen gegenüber, die bewältigt werden müssen. Die Aufgaben und Krisen können erfolgreich bewältigt werden oder auch nicht. Bewältigte Krisen stärken das Selbstwertgefühl, unbewältigte Krisen führen zu Minderwertigkeitsgefühl und krisenhaftem Beharren.

Die Bedeutung des Erziehungsstils der Eltern betont Mary Ainsworth.[3] Ein sicherer Bindungsstil fördert das kindliche Selbstwertgefühl entscheidend: Die Eltern geben verlässlichen Schutz und bieten gleichzeitig Unterstützung, lassen das Kind die Umwelt erkunden und selbstständig werden. Diana Baumrind[4] beschreibt selbstwertzuträgliches Erziehungsverhalten und meint damit einen Erziehungsstil, der sich durch klare Regeln und Anforderungen an das Kind, aber auch ein hohes Maß an Zutrauen und Unterstützung kennzeichnet. Die Anforderungen an das Kind sollten den aktuellen Fähigkeiten des Kindes immer nur einen kleinen Schritt voraus sein.

5.3 Die Phasen der Identitätsbildung

Erikson entwarf auf der Basis der psychoanalytischen Theorie ein Modell der Identitätsentwicklung, das die gesamte Lebensspanne umfasst. Er geht davon aus, dass sich der Mensch zunehmend auf einen weiteren sozialen Radius einstellen muss und dass auch die soziale Umgebung dem entgegenzukommen versucht. Die einzelnen Entwicklungsphasen bieten Aufgaben und Krisen, Risiken und Chancen. Wenn eine Phase der Entwicklung nicht gelingen konnte, birgt dies Lebensrisiken.

---

2 Vgl. Coopersmith 1967, S. 236
3 Ainsworth 1973
4 Baumrind 1996

5 Die Identitätsentwicklung des Kindes und Jugendlichen

Erikson unterscheidet zwei Möglichkeiten: die erfolgreiche Bewältigung der Lebenskrise und das Scheitern an der Aufgabe. Die Bewältigung der mit den einzelnen Entwicklungsphasen verbundenen Aufgaben/Krisen ermöglicht das Erreichen der nächsthöheren Phase. Bei einem Misslingen treten Probleme auf, die auch noch in höherem Alter das innerpsychische und soziale Leben bestimmen können. Die Phasen sind allerdings nicht so zu verstehen, dass durch nachfolgende Erfahrungen keine Veränderung möglich wäre. Gerade Kinder, die in der ersten Phase im Säuglingsalter vernachlässigt wurden und bei denen die Bedürfnisbefriedigung nicht im notwendigen Maße erfolgte, können vieles nachholen, was Pflegeeltern Mut machen kann.

Die in der Kindheit und Jugend bestimmenden Phasen teilt Erikson wie folgt ein:[5]

5.3.1 Die oral-sensorische Phase

Das Thema ist: *Ich bin, was man mir gibt.*[6]

Erikson spricht vom Einverleibungsmodell. Das Gegeben-Bekommen und das Annehmen sorgen für Wohlbefinden und Entspannung. Die Schwachheit und Bedürftigkeit des Säuglings veranlasst die Mutter zum Geben. Das Kind identifiziert sich mit der Gebenden. So entsteht Bindung. Wenn die Mutter erlebt, dass ihr Geben Wohlbefinden auslöst, ist sie ebenfalls entspannt. Diese Wechselseitigkeit der Entspannung ist für die erste Erfahrung des Säuglings von höchster Bedeutung.

Die oral-sensorische Phase ist die entscheidende Phase, in der sich das Urvertrauen oder Misstrauen herausbildet. Mit Vertrauen meint Erikson das Gefühl des Sich-Verlassen-Dürfens, und zwar in Bezug auf die Glaubwürdigkeit der anderen sowie die Zuverlässigkeit seiner selbst. Der Säugling weiß, dass er Einfluss auf seine Umwelt hat. Das Kind lernt in dieser Phase, dass es sich auf die Versorger aus der Umwelt verlassen kann und dass es sich selbst vertrauen kann. Es lernt, dass es Einfluss auf die Eltern hat und dass seine Signale verstanden werden. Dies gibt die Sicherheitsbasis für ein gesundes Selbstwertgefühl.[7]

Rogers hebt die Wichtigkeit der bedingungslosen Wertschätzung des Kindes durch seine engste Bezugsperson für den Aufbau eines positiven Selbstwertgefühls hervor.[8]

Wenn die wechselseitige Regelung versagt, kommt es zu einer grundlegenden Entwicklungsbeeinträchtigung des Säuglings. In seiner extremen Hilflosigkeit erfährt der Säugling, wenn auf seine Bedürfnisse nicht eingegangen, wenn er lieblos behandelt, vernachlässigt oder gar misshandelt wird, dass die Umwelt keine Sicher-

---

5 Vgl. Erikson 1973
6 Erikson 1973, S. 64ff
7 Vgl. Erikson 1973
8 Vgl. Rogers (1950)

heit und Verlässlichkeit bietet. Damit kann sich das Urvertrauen nicht entwickeln, und ein Gefühl des Misstrauens und der Angst bis hin zur Resignation und Depression wird zugrunde gelegt. Dieses Grundgefühl des Misstrauens, der Angst, das Gefühl der Ohnmacht legt ein lebenslang wirksames Grundgefühl fest.

Klaus Haußer beschreibt als Beispiel eine junge Bauersfrau, die ihre kleine zweijährige Tochter bei längerem Schreien regelmäßig in den dunklen Keller sperrt, damit sie mit dem Schreien aufhört, und sieht hierin ein generalisiertes Gefühl der Bedrohung und Verzerrung des Selbstkonzeptes, das zu einer Herabsetzung des Selbstwertgefühls und der massiven Erfahrungen der Unbeeinflussbarkeit und des Ausgeliefertseins bei dem kleinen Kind führen wird.[9]

Es ist eine grundlegende Erfahrung des Mangels, die bei vielen Pflegekindern in Krisensituationen immer wieder zum Tragen kommt. Das kann sich im Horten von Esswaren, Verstecken von Gegenständen, Verschimmeln lassen von Essbarem sowie kleinen Diebstählen äußern. Diese Verhaltensweisen können in Krisensituationen immer wieder hervorkommen. Es ist wichtig, dass sich Pflegeeltern bewusst machen, dass dieses Grundmuster des Mangels mit verstandesmäßigen Erklärungen nicht zu beeinflussen ist. Es ist ein Grundgefühl, das im Erleben des jungen Menschen Realität war und das bei Krisen wieder auflebt.

5.3.2 Die anal-muskuläre Phase

Das Thema ist: *Ich bin, was ich will. Festhalten und das Loslassen. Autonomie gegen Scham und Zweifel.*[10]

Das ein- bis zweijährige Kind geht in vielfältiger Weise auf Entdeckungsreise. Die Funktionslust entlädt sich im Spiel. Es erfährt, dass es Dinge festhalten und wegwerfen kann, ein Spiel, von dem es nicht genug bekommen kann. Es erprobt seine Muskeln und seinen Willen. Es erfährt sich als jemand, der die Umwelt auf Trab halten kann. Geht die Mutter auf das Spiel ein? Wann setzt sie Grenzen? Empfindet sie das Spiel selbst als lustvoll oder wird sie unwillig?

In diesem Alter erkennt sich das Kind im Spiegelbild wieder; ein weiterer Schritt im Erkennen, dass es eine eigenständige Person ist.

Die Ausscheidungsorgane bekommen eine besondere Wertigkeit für das Kind. Es kann behalten oder geben. Der Vorgang der Entleerung des Darms und der Blase ist von einem Gefühl des Wohlbefindens begleitet.

Wenn diese Erprobungsphase durch rigide Erziehungsmethoden eingeengt wird, kann es zu neurotischen Störungen kommen. In diese Zeit fallen das Aufrichten, das Stehen und schließlich das Gehen. Dieses Stadium ist für die Eltern oft anstrengend.

---

9 Vgl. Haußer 1983, S. 208
10 Erikson 1973, S. 78ff

5 Die Identitätsentwicklung des Kindes und Jugendlichen

Erikson sagt:

„Aus einer Empfindung der Selbstbeherrschung ohne Verlust des Selbstgefühls entsteht ein dauerndes Gefühl von Autonomie und Stolz; aus einer Empfindung muskulären und analen Unvermögens, aus dem Verlust der Selbstkontrolle und dem übermäßigen Eingreifen der Eltern entsteht ein dauerhaftes Gefühl von Zweifel und Scham. Die Vorbereitung für Autonomie ist ein festverwurzeltes frühes Vertrauen. Das Kleinkind muss das Gefühl haben, dass sein Urvertrauen zu sich und der Welt nicht bedroht ist. Mit Festigkeit muss man das Kind dagegen schützen, dass aus seinem noch unterentwickelten Unterscheidungsvermögen Anarchie entsteht."[11]

Die Scham, wenn das Kleinkind sich als erfolglos erlebt, es gar ausgelacht wird, weil das Höschen schon wieder nass ist, ist eine tiefe Kränkung des Kindes und ein Vertrauensbruch. Es erlebt die Welt nicht mehr als verlässlich. Wenn dies gar seine engste Bezugsperson tut, ist es eine besondere Katastrophe.

Wie ist es jedoch, wenn bei einem Hilfeplangespräch das Kind „einbezogen ist" und schonungslos über es geredet wird? Es versinkt in Scham und Zweifel.

Das empfindliche Kind, dem die allmähliche Erfahrung der autonomen und freien Wahl nicht gegönnt war, oder das durch einen frühen Vertrauensbruch geschwächt ist, kann all seinen Drang, die Dinge zu erforschen und betasten, gegen sich selber richten. Es wird übermäßig selbstkritisch und entwickelt ein frühreifes Gewissen.[12]

In dieser Phase kann das Verhalten grundgelegt werden, verbotene Dinge heimlich zu tun, was bei nicht wenigen Pflegekindern mit entsprechender Vorerfahrung der Fall ist.

Der Wille des Kindes muss gelenkt, darf jedoch nicht gebrochen werden.

5.3.3 Die infantil-genital-lokomotorische Phase

Das Thema ist: *Eindringen, einschließen. Tun als ob. Ich bin, was ich mir zu werden vorstellen kann.*[13]

Das Kind (im Vorschulalter) kommt nach der Lösung der Autonomieprobleme in die nächste Stufe und steht wieder vor der Aufgabe, die es krisenhaft zu bewältigen gilt. Es will so werden wie Vater und Mutter und dies unabhängig davon, ob es die leiblichen Eltern oder die Pflegeeltern sind.

Die Welt wird im Spiel erobert. Im Rollenspiel des Kindes wird den Eltern ein Spiegel vorgehalten. Sie können erkennen, wie sie selbst mit dem Kind und mit ihrem Partner reden. Wenn sie genau hinhören, so können sie die Wünsche und die Ängste des Kindes kennenlernen. Das Spiel ist in dieser Phase von größter Wichtigkeit. Nehmen sich die Eltern Zeit zum Spiel mit dem Kind? Setzen sie es viel-

---

11 Erikson 1973, S. 78ff
12 Vgl. Erikson 1973, S. 81
13 Erikson 1973

leicht einfach vor den Fernseher, um Ruhe zu haben? Das Spiel ist nicht nur für das Kind wichtig, sondern in der Interaktion zwischen Eltern und Kind festigt sich die Lust und die Freude am Leben und legt bei beiden positive Gefühle frei.

Bei Kindern, die beängstigende Vorerfahrungen haben, wie das bei Pflegekindern die Regel ist, ist es besonders wichtig, dass sich Pflegeeltern auf die Stufe des Kindes begeben können, um sich in „Augenhöhe" mit dem Kind zu begegnen und mit ihm spielen. Was soll's, wenn im Haushalt etwas liegen bleibt? Für dieses Kind ist es wichtig, die Welt des Spiels nachholen zu können, selbst wenn es vielleicht schon älter ist. Auch ältere Kinder können im Spiel, besonders im Rollenspiel, ihre Konflikte aufarbeiten und frühere, verpasste Entwicklungsphasen nachholen.

Der Fantasie kommt in dieser Entwicklungsstufe eine hohe Bedeutung zu. Diese Fantasiereisen beflügeln das Kind auf der einen Seite, auf der anderen Seite ängstigen sich Kinder in dieser Phase stark. Das gilt für alle Kinder, bei Pflegekindern mit entsprechender Vorerfahrung in weit größerem Maße. Das Erschrecken, das Erstarren kann man bei Pflegekindern immer wieder beobachten, wenn sie entsprechend beängstigende Vorerfahrungen haben. Angstträume haben alle Kinder in diesem Alter, Pflegekinder umso mehr.

Wenn Umgangskontakte nicht im Einvernehmen mit den Pflegeeltern verlaufen und das Kind spürt, dass es auf „dünnem Eis" lebt, oder wenn es hört, dass die leiblichen Eltern wollen, dass es von den Pflegeeltern weg soll – vorausgesetzt es ist dort sicher gebunden und das Kind hat die Pflegeeltern zu seinen Eltern gemacht wie auch die Pflegeeltern diese Elternrolle angenommen haben– werden die Fantasien und Ängste das Kind in eine tiefe Krise stürzen. Auftretende Verhaltensprobleme sind dann nur ein Signal, dass sich das Kind in tiefer Not befindet.

Das Sprachvermögen wird in dieser Phase ausdifferenziert. Es entwickelt eine große Wissbegier. Dazu ist dies ein Stadium einer geschlechtlichen Neugier, „Doktorspiele" sind angesagt. Gelegentlich kommt es zu einer übermäßigen Beschäftigung mit sexuellen Dingen, die jedoch in der Regel bald wieder ihren Reiz verlieren.

Eifersucht und Geschwisterrivalität bereiten den Eltern in dieser Entwicklungsstufe oft große Schwierigkeiten. Es ist ein Kampf um den Vorrang bei Vater und Mutter.

Wenn ein Pflegekind in eine Familie mit Geschwistern kommt, die nicht wesentlich älter sind, besteht die Gefahr, dass es in der Regel zu kaum lösbaren Schwierigkeiten unter den Geschwistern kommt. Das „neue" Kind hat kaum eine Chance, weil alle anderen Familienangehörigen miteinander vertraut sind. Es steht außerhalb und beginnt bald, die Geschwister zu provozieren.

Bei einem Hausbesuch erlebte ich einen fünfjährigen Jungen, der seit drei Monaten in der Pflegefamilie war. Die beiden Pflegegeschwister waren circa ein und zwei Jahre älter. Er sah mich zum zweiten Mal. Wir spielten miteinander, und als die Pflegemut-

ter und ich mit allen drei Kindern spielten und nicht mit ihm allein, schrie er weinend und sehr verzweifelt: *„Ihr seid alle nicht lieb, ihr seid böse, ich hasse euch."*
Die große Not, dass er stets nicht genug an Zuwendung und Liebe bekommen hatte, wurde erschütternd deutlich.

Der Gewissensbildung kommt im Vorschulalter eine große Bedeutung zu. Die Gewissensbildung beruht auf Vertrauen zu sich selbst und zur Umwelt. Dieses Vertrauen wurde in den vergangenen Entwicklungsphasen grundgelegt oder auch nicht. Das Vorbild der Eltern/Pflegeeltern und ihre Liebe zum Kind ist die Grundlage, auf der sich Gewissensbildung vollziehen kann. Kinder spüren, wenn Eltern selbst nicht leben, was sie von den Kindern einfordern. Wenn das Kind erleben muss, dass die Forderungen der Eltern, die diese an das Kind richten, von ihnen selbst nicht eingehalten werden, so kann das Kind die Vorstellung verinnerlichen, dass es eben nicht um Gut und Recht, sondern um Macht und Überwältigung geht. Ehrlichkeit, Verlässlichkeit und Zuwendung der Vorbilder sind für die Gewissensbildung des Kindes ausschlaggebend.

5.3.4 Werksinn gegen Minderwertigkeit – Latenzphase

Das Thema ist: *Ich bin, was ich lerne.*[14]

Der Schulbeginn kommt diesem Bedürfnis nach Lernen entgegen. Wenn die Schule sowohl die Welt des Wissens und der Kulturtechniken eröffnet und dem freien Spiel der Kinder Raum lässt, kann das Kind Erfolgserlebnisse im Wissensbereich und Entlastung in der freien Entfaltung im Spiel erfahren. Beides ist gleich wichtig. Wenn die Leistung überbetont wird, kommt es zur Verkümmerung der Fantasie und der freien Entfaltung der kreativen Kräfte des Kindes.

Die Erfolgserlebnisse des Kindes im Schulalter, die Anerkennung in der Gleichaltrigengruppe, die Anerkennung und Wertschätzung in der Familie stärken das Selbstwertgefühl des Kindes. Ein siebenjähriger Junge sagte einmal: *„Wenn ich daran denke, wie gut ich bin, werde ich immer besser."* Die Hoffnung auf Erfolg hängt mit dem Urvertrauen zusammen und steigert die Lebensfreude und die Leistungsbereitschaft. Dies führt zu einem Gefühl des Wohlbefindens. *„Ich bin in Ordnung, ich kann etwas leisten, ich bin bei meinen Kameraden beliebt, ich kann den Lehrer, die Eltern alles fragen, sie helfen mir."* Das gibt Sicherheit. Das Kind erlebt sich im Spiegel der Umwelt als wertvoll, was sein Selbstwertgefühl entscheidend beeinflusst. Voraussetzung ist, dass das Kind in den früheren Phasen dieses Vertrauen erworben hat.

Für das Schulkind ist Lernen von herausragender Bedeutung. Es gibt verschiedene Formen des Lernens. Lernen durch Nachahmung, Lernen, das nach einer be-

---

14 Erikson 1973, S. 98ff

stimmten Handlung eine Konsequenz folgt (operante Konditionierung) oder das Lernen, dass nach einem bestimmten Reiz ein anderer Reiz folgen wird (klassische Konditionierung). Dem latenten Lernen kommt eine hohe Bedeutung zu. Dieses wird durch Beobachtungen gewonnen. Vorurteile, Einstellungen, Werte der Eltern und Lehrer werden übernommen. Auch „heimliche Erzieher", insbesondere die Medien oder die Gleichaltrigengruppe, vermitteln Verhaltensmuster.

In einem spracharmen und anregungsarmen Milieu sind die Lernmöglichkeiten des Kindes erheblich eingeschränkt.

5.3.5 Pubertät und Adoleszenz

Das Thema ist: *Wer bin ich. Wer bin ich nicht. Das Ich und die Gemeinschaft.*[15]
Während in den vorherigen Phasen die Familie die Instanz war, die dem jungen Menschen die Richtung durch das Vorleben und das Vorbild gegeben haben, versucht der Jugendliche in Abgrenzung zu den bisherigen Autoritäten seinen eigenen Weg zu finden. Das, was die Eltern an Werten und Normen, an Verhaltensweisen und Meinungen vorgelebt haben und das bisher auch für den jungen Menschen gültig war, wird infrage gestellt. Der Jugendliche erkennt, dass es verschiedene Werthaltungen, Meinungen und Verhaltensweisen gibt und die Welt der Eltern ihre Begrenztheit hat. Die Welt der Eltern ist eben nur ein Teil der Wirklichkeit. Alles wird auf den Prüfstand gestellt und mit den eigenen Erfahrungen verglichen. Der Jugendliche wendet sich mehr oder weniger enttäuscht von den Meinungen der Eltern ab. Er beginnt sich als eigene Persönlichkeit mit eigener Urteilskraft, eigenen Moralvorstellungen und mit einer eigenen Identität zu begreifen.

Erikson schreibt über die schwirige Phase der Adoleszenz:

> Hier muss man sich darauf besinnen, dass die Adoleszenz, trotz aller Ähnlichkeit mit neurotischen und psychotischen Symptomen und Phasen, nicht eine Krankheit, sondern eine normative Krise ist, d. h. eine normale Phase vermehrter Konflikte, charakterisiert einerseits durch eine scheinbare Labilität der Ichstärke, aber auch durch ein hohes Wachstumspotential. Neurotische und psychotische Krisen zeichnen sich aus durch eine gewisse Neigung zu starrer Beharrung, durch wachsende Verschwendung und Abwehrenergien und durch vertiefte psychosoziale Vereinsamung, während normative Krisen relativ überwindbar erscheinen und durch einen Reichtum an freier Energie charakterisiert sind, der wohl schlafende Ängste aufweckt und neue Konflikte hervorruft, aber auch neue und erweiterte Ich-Funktionen im spielerischen Ergreifen neuer Möglichkeiten unterstützt. Was bei voreingenommener Betrachtung als Beginn einer Neurose erscheint, ist oft eine besonders schwere Krise, die sich selbst überwinden kann und letzten Endes einen wertvollen Beitrag zur Identitätsbildung zu leisten vermag.[16]

---

15 Erikson 1973, S. 144
16 Vgl. Erikson 1973, S. 144f

5 Die Identitätsentwicklung des Kindes und Jugendlichen

Erikson drückt das sehr treffend aus. Nur die Eltern und die Jugendlichen, die in dieser normativen Krise stecken, haben es schlicht schwer. Die jungen Menschen stellen alles infrage, suchen neue Vorbilder, und es sind nicht immer die Vorbilder, die sich die Eltern wünschen. Es kommt zur „Probeidentifikation" mit neuen Vorbildern. Erikson spricht von dem peinlichen Erlebnis der Identitätsdiffusion. Hier ist das Wohlgefühl nicht vorhanden, wenn das, was der junge Mensch von sich selbst hält und das, was die Umwelt, zumindest seine Eltern und Lehrer von ihm wahrnehmen, auseinanderklaffen.

Der Weg zu der eigenen Identität ist ein Weg, der auch Irrwege beinhalten kann. Dies ist ein typisches Merkmal für das Jugendalter. Die Abgrenzung zu den Eltern, wohlgemeint zu Eltern *oder* Pflegeeltern, ist ein normaler Vorgang.

Die Jugendlichen lehnen sich oft weit aus dem Fenster. Der junge Mensch muss sich in immer neuen Experimenten seinen eigenen Weg suchen.

Es gibt in der Pubertät schmerzliche Phasen, wo der junge Mensch das Gefühl der Verwirrung und der Zersplitterung hat und seine Mitte nicht findet. Er zieht sich zurück oder wendet sich aggressiv gegen seine Umwelt, im Besonderen gegen seine Eltern, gegen seine Familie. Es kann zum Gefühl der Vereinsamung oder dem Hang zur Uniformität und der überbetonten Gruppenabhängigkeit kommen, um die schwache Selbstsicherheit zu verstecken.

Bei einem jungen Menschen, der in der frühen Kindheit ein Urvertrauen herausbilden konnte, kommt es am Ende der Adoleszenz zu einer neuen, ganz persönlichen Identität. Er hat ein Bild von sich und erlebt sich im Spiegel der Umwelt als einen Menschen, der im Großen und Ganzen in Ordnung ist.

Hat der junge Mensch die früheren Entwicklungsphasen nicht erfolgreich durchlaufen, überwiegt das Gefühl des Misstrauens, er kann in den Zustand der Hoffnungslosigkeit und Arbeitslähmung verfallen. Zweifel und Scham können übermächtig werden. Er fühlt sich als Versager und minderwertig.

Erikson schreibt, dass sich eine dauernde Ich-Identität nicht bilden kann ohne das Vertrauen der ersten oralen Phase. Sie könne sich nicht vollenden ohne das Versprechen der Erfüllung, das von dem Bild des Erwachsenen hinabreicht in die ersten Kindheitstage.[17]

---

17 Vgl. Erikson 1973, S. 109

5.4 Die besondere Situation der Pflege- und Adoptivkinder bei der Identitätsentwicklung

Pflege- und Adoptivkinder sind eine Minderheit. Minderheiten stehen unter dem Druck, ihr Anderssein zu begründen. Das ist für ein Kind besonders schwer.

Die Untersuchung von Beate Ebertz von Adoptierten zeigt auf, dass sich Adoptierte am Normalitätsmuster von Familie orientieren.[18] Nahezu alle in dieser Untersuchung Befragten hielten es für wichtig, dass nichts Besonderes an ihnen sei im Vergleich zu Nicht-Adoptierten. Sie seien ganz normal und würden keine Eigentümlichkeiten aufweisen. Auffallend war jedoch, dass die Frage nach der Normalität gar nicht gestellt wurde und die Befragten spontan betonten, dass alles „normal" bei ihnen sei. Wenn hier für die Betroffenen kein Problem wäre und die Normalität selbstverständlich als gegeben angenommen würde, hätte dies nicht herausgestellt werden müssen.

Im Begleiten von Adoptiv- und Pflegekindern sind mir zwei Gruppen aufgefallen. Die einen betonen den Sonderstatus auffallend, die anderen haben das große Bedürfnis, nicht anders als die Anderen zu sein. Die erste Gruppe ist sehr klein, die zweite Gruppe umfasst die Mehrheit der Pflege- und Adoptivkinder. Sie leiden darunter, wenn es unter Schulkameraden thematisiert wird, dass sie im Gegensatz zu den Schulkameraden nicht bei ihren leiblichen Eltern aufwachsen. Wenn in Streitgesprächen unter Kindern gar der Satz fällt, dass sie nicht einmal richtige Eltern haben, was nicht selten vorkommt, braucht das Kind vonseiten der Pflege- und Adoptiveltern sehr viel sensibles Eingehen auf seine Not.

---

18 Ebertz 1987, S. 63ff

5 Die Identitätsentwicklung des Kindes und Jugendlichen

Fachkräfte des Jugendamtes können den Konflikt entweder entschärfen oder verschärfen. Wenn der Sozialarbeiter wie andere Besucher der Pflegefamilie in das Haus kommt und sich auch wie ein normaler Besucher verhält, kann ein Vertrauensverhältnis wachsen. Ein sechsjähriges Mädchen sagte, dass der Sozialarbeiter nicht von einem „richtigen" Jugendamt käme. Dazu sei er zu nett. Ihre leibliche Mutter hatte dem Kind mit dem Jugendamt Angst gemacht und negativ von den Sozialarbeitern gesprochen, die schließlich zum Schutz des Kindes einschreiten mussten.

Ein zehnjähriges Mädchen wurde von der Sozialarbeiterin in das Jugendamt bestellt, weil diese davon ausging, dass die Weigerung des Mädchens ohne Begleitung der Pflegeeltern mit der leiblichen Mutter zu einem Umgangskontakt zu gehen, von der Haltung der Pflegeeltern herrühre. Deshalb hielt die Sozialarbeiterin ein Gespräch im Amt auf neutralem Boden für erforderlich. Das Mädchen erzählte einer Klassenkameradin, dass sie heute Nachmittag nicht kommen kann, weil sie auf das Jugendamt müsse. Diese fragte erschrocken, was sie denn angestellt hätte, dass sie auf das Jugendamt müsse. Dieses Kind war zum einen stark beunruhigt, weil es sich alleingelassen ohne den Schutz der Pflegeeltern einem Druck ausgesetzt fühlte, und zu Umgangskontakten gezwungen werden sollte, und zum anderen sah es im Spiegel der Reaktion der Klassenkameradin, dass mit ihr etwas nicht in Ordnung ist.

Keinem zehnjährigen Kind in einer „normalen" Familie würde diese Situation zugemutet werden. Erschwerend kam hinzu, dass es sich bei diesem Mädchen um ein Kind handelt, das als Säugling lebensgefährliche Verletzungen durch die Misshandlung in der Herkunftsfamilie erlitten hatte. Das Kind wusste davon verstandesmäßig nichts, es hatte jedoch instinktiv Angst vor der Mutter, und es hatte Angst vor der Sozialarbeiterin, die das Kind nicht verstehen wollte.

Pflege- und Adoptivkinder brauchen die Gewissheit, dass die Pflegeeltern ihnen Schutz gewähren können. Für das oben beschriebene Mädchen war es eine große Hilfe, als die Pflegeeltern die Vormundschaft übertragen bekamen und somit in die Lage versetzt wurden, sich schützend vor das Mädchen zu stellen.

Erleichterung kann bringen, wenn die Kinder andere Pflege- und Adoptivkinder kennen. Wenn sich Pflege- und Adoptivfamilien in Gruppen treffen und gemeinsame Freizeitaktivitäten unternehmen, knüpfen Kinder und Jugendliche Freundschaften mit anderen Pflege- und Adoptivkindern und erleben sich nicht mehr als Außenseiter. Sie sehen, dass Max und Maria liebenswerte Freunde und ganz „normale" Kinder sind. Sie können gerade als Jugendliche über ihre besonderen Probleme miteinander sprechen. Da braucht nicht viel erklärt zu werden, weil es ähnliche Lebenssituationen sind.

Die Frage, warum der junge Mensch nicht wie andere Kinder bei den leiblichen Eltern aufwachsen kann, stellt sich in den verschiedenen Altersstufen sehr unterschiedlich. Günstig wirkt sich aus, wenn das Kind in seinem ganzen bewussten Leben weiß, dass es bei einer anderen Mutter im Bauch gewachsen ist. In der Regel kommt bei Vorschul- und Grundschulkindern der Wunsch auf, dass es im Bauch der Pflegemutter war, bis hin zum Ignorieren der Tatsachen. Die Einschulung ist auch der Zeitpunkt, bei dem der Wunsch nach Namensgleichheit mit den Pflegeeltern drängend werden kann. Im Schwarzwald wird das Kind immer wieder gefragt: „Wem gehörst Du?" Wenn das Kind als Säugling oder Kleinkind in die Pflegefamilie kam und es dort verwurzelt ist, will es ganz selbstverständlich zu seiner Familie – zur Pflegefamilie – gehören.

Die schwierigste Phase der Identitätsfindung ist das Jugendalter. Wenn die normale Krise bei einem jungen Menschen angeschaut wird, von der Erikson sagt, dass sie leicht mit einer neurotischen Störung verwechselt werden kann, so hat der junge Mensch, der in einer Pflege- oder Adoptivfamilie lebt, in der Regel eine heftigere Krise. Erschwerend kommt hinzu, dass viele Pflege- und Adoptiveltern nicht auf diesen Ablösungsprozess vorbereitet sind und eine erhöhte Verletzlichkeit aufweisen. Wenn ein leibliches Kind die üblichen Angriffe gegen die Eltern startet, ihre Vorbilder infrage stellt, vielleicht sogar mit einem Auszug aus dem Elternhaus droht, ist das für Eltern eine große Herausforderung und Belastung. Wenn aber das Pflegekind sagt, dass die Pflegeeltern ihm nichts zu sagen haben, weil sie nicht die richtigen Eltern sind, kann dies Pflege- und Adoptiveltern tief treffen. Wichtig ist hier sowohl die Annahme der Aggression sowie deren richtige Einordnung und Wertung. Hilfreich sind Kreise, in denen sich Betroffene, die in ähnlichen Situationen stehen, austauschen. Ebenso sind Pflegeeltern auf verständnisvolle Fachkräfte im Jugendamt angewiesen.

Es kann durchaus sein, dass in einer heftigen Krisensituation ein therapeutischer stationärer Aufenthalt des jungen Menschen erforderlich ist. In nicht wenigen Fällen gehen Fachkräfte dann vorschnell von einem Scheitern des Pflegeverhältnisses aus und versäumen es, die Pflegeeltern zu unterstützen, damit sie diese vorübergehende Krise erfolgreich bewältigen können. Erikson weist auf die Gefahr hin, wenn sich übereifrige oder neurotische Erwachsene einmischen und eine unnötige Schwere hineinbringen.[19]

Wenn junge Menschen ihre leiblichen Eltern idealisieren, weil sie den Alltag mit den Jugendlichen nicht bestehen müssen, so kann ein Ferienaufenthalt bei diesen im Einzelfall Realität herstellen und somit heilsam wirken.

Was jedoch nicht passieren darf, ist, dass die Pflegeeltern die Türe zumachen und den jungen Menschen, aus der eigenen Verletzung heraus, mit seiner Suche nach dem rechten Weg allein lassen.

---

19 Vgl. Erikson 1973, S. 146

5.5 Biografiearbeit

Das Wort „Biografiearbeit" ist zum Modewort geworden, es werden unterschiedliche Konzepte von Jugendamtsmitarbeitern erprobt. Dabei greifen einige auf bewährte Methoden wie Familienfreizeiten, erlebnispädagogische Maßnahmen mit Pflege- und Adoptivkindern und Beratung der Pflegeeltern zurück, damit diese in der gesicherten Beziehung ihres Familienalltags aufkommende Fragen spontan beantworten können. Die Auseinandersetzung mit der Lebensgeschichte und um den Status als Pflegekind wird hier innerhalb einer guten Beziehung und in einem guten Vertrauensverhältnis angesprochen, und die Kinder und Jugendlichen haben jederzeit die Möglichkeit, sich wieder anderen Aktivitäten zuzuwenden und somit die Möglichkeit des Rückzugs, wenn es ihnen zu viel wird.

Andere Jugendämter glauben, dies selbst in professionelle Hände nehmen zu müssen, weil sie von der Annahme ausgehen, dass Schwierigkeiten des Kindes unter anderem daran liegen, dass ihre Lebensgeschichte nicht „aufgearbeitet" wurde. Wir wollen der Frage nachgehen, was da „aufgearbeitet" werden muss und ob spontane Situationen in Freizeitaktivitäten und im Familienalltag dem Kind einen besseren Raum geben können, sich mit seiner Sondersituation auseinanderzusetzen.

Ich erinnere mich an eine junge Frau, die als Kind adoptiert wurde und die zur Beratung in die Adoptionsvermittlungsstelle kam. Sie wollte wissen, was in den ersten fünf Jahren ihres Lebens mit ihr geschehen ist. Sie hatte das Bild von einer langen Autofahrt in einem sehr großen Auto vor sich. Sie sei am Boden zwischen den Sitzen gesessen und hätte große Angst gehabt.

Was war geschehen?

Das Kind lebte zunächst bei der Großmutter, die jedoch mit dem Kind überfordert war. Die Mutter gab das Kind zur Adoption frei, weil sie es selbst nicht versorgen konnte. In den Akten stand ein Vermerk mit folgendem Inhalt: Das Kind ist immerhin schon fünf Jahre alt und wir haben leider keine Adoptionsbewerber, die weiter weg wohnen. Deshalb bin ich mit dem Kind im Landkreis herumgefahren, damit das Mädchen die Orientierung verliert.

Dieser Vorfall hat sich in den 1960er-Jahren abgespielt. Noch vor 50 Jahren hat man dem Kind seine Geschichte und seine Erinnerungen nehmen wollte, wenn es in eine Adoptivfamilie kam.

Es ist vor 40 Jahren, mancherorts sogar noch vor 30 Jahren die Regel gewesen, dass man dem Kind so lange wie möglich den Adoptionsstatus nicht offenbarte. Dies war keinesfalls nur aus Eigennutz der Adoptiveltern geschehen, vielmehr wollten diese – und auch die Adoptionsvermittlerinnen – Schmerz und Diskriminierung vom Kind fernhalten. Zu jener Zeit war es aufgrund der Überbewertung der genetischen Anlagen nicht einfach, ein nichteheliches Kind ohne Klärung der Vaterschaft in einer bürgerlichen Familie unterzubringen.

Und noch ein Beispiel:

Da sitzt Isabella in ihrem Zimmer und zeichnet immer neue Bilder von der Wohnung ihrer Mutter und ihres Stiefvaters und ist verzweifelt, weil sie den Zusammenhang nicht findet. Sie spricht unzusammenhängend von sexuellen Übergriffen des Stiefvaters und dass er sie auf einem Stuhl festgebunden hat. Sie will das Puzzle zusammensetzen. Die Pflegeeltern haben eine Therapeutin eingesetzt, die dem Kind jedoch nicht abnimmt, dass es so frühe Erinnerungen hat.

In den Akten ist vermerkt, dass Isabella am Stuhl festgebunden wurde, Essen in sie hineingestopft wurde, sie es erbrach und das Erbrochene wieder essen musste. Dies war der Grund der Herausnahme. Vom sexuellen Missbrauch war nichts bekannt.

Das junge Mädchen war von einem innerlichen Zwang beseelt, seine Lebensgeschichte zu erkennen und es war für sie existenziell wichtig zu wissen, ob die Bilder, die sie begleiten, Realität oder Wahnvorstellungen sind.

Es stellen sich für mich folgende Fragen bei der Biografiearbeit:

1. Wer übernimmt diese Aufgabe? Darf diese delegiert werden?

Ich denke an die sexuelle Aufklärung der jungen Menschen vor 50 Jahren. Das war ein feierlicher Akt. Spontane Fragen, die während des Spiels so nebenbei kamen und gingen, wurden, z. B. von meiner Mutter, mit dem Hinweis beantwortet, dass das ein großes Geheimnis ist, wie der Mensch entsteht und dass wir uns bald einmal in einer ruhigen Stunde darüber unterhalten werden. Dann kam der Herr Pfarrer, und ich hörte an der Durchreiche von der Küche zur Stube, wie dieses Thema vorbereitet wurde. Mir wurde es unheimlich. Neben dem schlechten Gewissen, dass ich verbotenerweise an der Wand gehorcht habe, ist mir heute noch das tiefe Schamgefühl in Erinnerung, dass meine Mutter mit dem Herrn Pfarrer über mich sprach. Ich hatte doch nur ihr die Frage gestellt. Ich wollte es schon gar nicht mehr wissen, welche Geheimnisse dahinter standen. Schlimm war, dass der Herr Pfarrer bereit war, meiner Mutter diese „schwere Aufgabe" abzunehmen. Vor meiner Mutter wäre das alles kaum peinlich gewesen, aber der Herr Pfarrer glaubte das besser machen zu können, und ich versank in Scham. Ich denke, dass ich kein Wort von dem verstanden hatte, was er mir umständlich versuchte nahezubringen. Gut war, dass ihm der Akt der Zeugung ebenso peinlich war und somit hatte er mir die Geschichte von dem Bauch der Mutter erzählt, was mir peinlich genug war.

Wenn das Kind Fragen hat und es diese den vertrauten Pflegeeltern stellt, will das Kind in der Regel nicht, dass diese weiter getragen werden. Es kann als Vertrauensbruch und Kränkung erlebt werden und eine große Belastung darstellen. Es ist etwas Anderes, wenn die Pflegeeltern sagen müssen, dass sie dies und das nicht wissen, dass sie z. B. auch kein Foto als Baby haben und dass andere wichtige Dinge vielleicht in den Akten des Jugendamtes und beim Sozialarbeiter zu erfahren sind, und sie dann gemeinsam das Gespräch auf dem Jugendamt suchen. Das erlebt das Kind als Hilfe und nicht als Vertrauensbruch.

2. Kann und darf Biografiearbeit „verordnet" werden?
Eine andere Geschichte:
Der Sozialarbeiter kam von einer Fortbildung über Biografiearbeit mit Pflegekindern. Bei dieser Fortbildung war man sich einig, dass ein großer Teil der Schwierigkeiten der Pflegekinder darin liegt, dass die Lebensgeschichte nicht aufgearbeitet ist. Er kam mit der festen Überzeugung zurück, dass hier professionelle Hilfe nötig ist und er sich dieser „Arbeit" widmen wird.

Da ist Klara, die nichts von dem sexuellen Missbrauch als kleines Kind weiß und sich trotzdem gegen Besuche wehrt. Er ist davon überzeugt, dass die Besuche für die Identitätsbildung notwendig sind. Also muss diese Geschichte, die im vorsprachlichen Alter geschah, aufgearbeitet werden. Es sollte Verständnis für die Handlungsweisen der leiblichen Eltern geweckt werden, damit das Mädchen sie besser verstehen kann. Die Mutter wurde wegen Verletzung der Fürsorgepflicht zu einem halben Jahr Gefängnis und der Vater zu einer längeren Gefängnisstrafe verurteilt, wegen der besonderen Schwere der Tat.

Der Sozialarbeiter hatte zwar kein besonderes Vertrauensverhältnis zu dem Mädchen, er traute sich jedoch zu, dies mit dem Mädchen zu schaffen. Auf Nachfrage meinte er, dass es ganz wichtig ist, dass das Mädchen weiß, dass die leiblichen Eltern es lieben.

Mit einiger Mühe konnte der Kollege von seinem Vorhaben abgebracht werden, weil dieses Vorgehen mit Sicherheit eine tiefe Krise hervorgerufen hätte, mit schicksalhaften Auswirkungen.

Was niemals möglich ist, ist die Aussage eines Beraters, dass man im „Team" beschlossen hat, Biografiearbeit zu machen. Ein Team ist zur fachlichen Beratung des einzelnen Mitarbeiters eine wichtige Entscheidungshilfe. Das Team kennt jedoch das Kind nicht, hat kein Vertrauensverhältnis zu diesem Kind und bekommt die Sichtweise der Pflegeeltern nur im Ausnahmefall meistens aus Sicht des zuständigen Mitarbeiters mit. Nur der Mensch, zu dem das Kind ein Vertrauensverhältnis hat, kann vorsichtig mit dem Kind einen Weg gehen, seine Geschichte anzuschauen. Das kann nur dann gut gehen, wenn das Kind abbrechen kann.

Rechtlich und psychologisch ist nicht möglich, dass über die Pflegeeltern hinweg entschieden wird, Kinder, entweder im Einzelgespräch oder in Kindergruppen mit ihrer und der Geschichte von anderen Kindern zu konfrontieren. Die Pflegefamilie genießt den verfassungsrechtlichen Schutz nach Art. 6 GG[20] als Familie und ist damit geschützt vor staatlichen Übergriffen – und es ist ein staatlicher Übergriff,

---
20 Salgo 1996, BVerfGE 68

wenn ein Jugendamt direkt mit den Kindern verhandelt, ob sie an einer solchen Kindergruppe teilnehmen wollen. Die Pflegefamilie ist davon unmittelbar betroffen und nur die Pflegeeltern können beurteilen, ob es dem Kind in dieser Situation, in der es sich gerade befindet, nützt, wenn es mit diesen Fragen konfrontiert ist, oder ob die Gefahr der Retraumatisierung im Raume steht.

3. Wann ist der richtige Zeitpunkt für welche Fragen?
Meine Antwort: Es ist immer der richtige Zeitpunkt, es kommt allerdings darauf an, für welche Fragen. Die Fragen, die das Kind hat, sind einfühlsam und schonend zu beantworten. Es kann nicht zu jedem Zeitpunkt die ganze Wahrheit gesagt werden, es ist jedoch immer notwendig, dass nichts von dem zurückgenommen werden muss, was gesagt wurde. Mit Lebenslügen lässt sich kein Vertrauen aufbauen.

Voraussetzung ist, dass Pflege- und Adoptiveltern Fragen zur Geschichte des Kindes möglichst realitätsgetreu und spontan beantworten. Das Kind spürt, wenn den engsten Bezugspersonen Fragen peinlich sind. Wenn es von Bildern aus der Vergangenheit heimgesucht wird, so braucht es offene Ohren der engsten Vertrauensperson. Es kann auch sein, dass der zuständige Berater der Pflegefamilie eine so enge Vertrauensbasis zur Pflegefamilie und zum Kind hat, dass das Kind auch ihm die Fragen stellt, die in ihm aufsteigen.

4. In welchen Fällen muss abgewartet werden, bis die Fragestellung vom jungen Menschen kommt und wo ist die Initiative vom Erwachsenen zu ergreifen?
Das Wichtigste ist, dass das Kind, in einem Entwicklungsstadium erfährt, nicht das leibliche Kind zu sein, in dem es die Tragweite noch gar nicht erfassen kann. Ebenfalls wichtig ist, dass dies nicht als etwas Geheimnisvolles dargestellt wird, sondern ganz normal in den Alltag integriert wird.

Die Frage, ob es das leibliche Kind ist oder nicht, kann nicht vom Kind aus kommen. Hier haben die Pflegeeltern die Initiative zu ergreifen. Dazu gibt es viele Gelegenheiten. Eine oft vorkommende günstige Situation ist, wenn das Kind als Kleinkind im Bekanntenkreis erlebt, dass eine Frau schwanger ist und die Frage eigentlich nicht automatisch kommt, ob es auch im Bauch der Pflegemutter war. Den Pflegeeltern fällt die Aufgabe zu, das Gespräch unbefangen darauf zu lenken, dass es nicht im Bauch der Pflegemutter war, sondern im Bauch von einer anderen Frau.

Zu welchem Zeitpunkt sich der junge Mensch mit welchen Fragen auseinandersetzt, kann nicht verordnet werden. Die Beantwortung der vorhandenen Fragen ist wichtig, und dies kann nur eine Vertrauensperson ausführen. Diese Feststellung beinhaltet, dass dies auch eine für den jungen Menschen verantwortliche Fachkraft im Jugendamt sein kann, vorausgesetzt, sie hatte die Fähigkeit und die Zeit, ein Vertrauensverhältnis aufzubauen.

5 Die Identitätsentwicklung des Kindes und Jugendlichen

Absolut kontraproduktiv ist, wenn ein Jugendamtsmitarbeiter das Kind auf das Amt einbestellt – wie geschehen – und diesem versucht klar zu machen, dass seine Herkunftseltern es lieb haben, auch wenn sie ihm seit Jahren nicht zum Geburtstag gratuliert haben und nie eine kleine Aufmerksamkeit zu Weihnachten oder Ostern kam. Hier werden Wunden aufgerissen, die nicht mit beschönigenden Worten gutgemacht werden können.

Wichtig ist, dass dem traumatisierten Kind nicht durch beschönigende Worte versucht, wird klar zu machen, dass seine Erinnerungen oder – wenn es im vorerinnerungsfähigen Alter passiert ist – seine unbewusst abgespeicherten Ängste nicht wahr sind. Realität herstellen ist auf unterschiedliche Weise in den verschiedenen Entwicklungs- und Altersstufen der Kinder erforderlich.

Die Herstellung der Realität war im Alltag des Adoptions- und Pflegekinderdienstes eine wichtige Arbeit von mir. Der Wunsch jedes jungen Menschen, seine Geschichte kennenzulernen, wurde ernst genommen. Dabei müssen die Taten vom Täter unterschieden werden. Wenn in einer Geschichte Misshandlungen, sexueller Missbrauch oder Vernachlässigung vorkamen – und das war die Regel – so wurde versucht, die Situation ohne Bewertung darzustellen. Es ist wichtig, dass keine Abwertung oder Verteidigung der Person des „Täters" vom Berater kommt, sondern eine realistische Beschreibung und ein Hinhören, welche Bilder in dem jungen Menschen lebendig werden.

Wie sollte eine so schwierige Aufgabe ohne die Einbeziehung der Pflegeeltern erfolgen können? Auch muss sehr wohl erwogen werden, was heute gesagt werden kann und was auf einen anderen Termin verlegt werden muss. Pflegeeltern müssen bei der Vorbereitung dieser Gespräche beteiligt sein und es muss gemeinsam erkundet werden, was dem Kind zum gegenwärtigen Zeitpunkt zugemutet werden kann.

Problematisch sind die Angebote von Biografiearbeit in Kindergruppen. Gisela Zenz sagt:[21]

> „Es ist daran zu erinnern, welche Art von Erfahrungen hier „auf den Tisch kommen" sollen, wenn es sich um Dauerpflegekinder handelt: Es sind in der Regel traumatische Erfahrungen mit Misshandlung, Missbrauch oder schwerer Vernachlässigung, deren Aufarbeitung nur in einer Sicherheit gebenden Beziehung „gut" gelingen kann, die insbesondere auch den Schutz vor Retraumatisierung, d.h. vor dem ungewollten Durchbruch traumatischer Erinnerungen gewährleisten muss.
>
> Aus gruppendynamischen Erfahrungen ist bekannt, wie leicht in einer um lebensgeschichtliche Themen zentrierten Gruppe ein Sog zur Selbstenthüllung und zur Offenbarung von ansonst strikt abgeschirmten Erlebnissen und Gefühlen entsteht, der Gruppentherapeuten eine genaue Einschätzung der Folgen und immer wieder auch schützendes Eingreifen abverlangt.

---

21 Mit freundlicher Genehmigung von Gisela Zenz, unveröffentlichtes Manuskript 2005

> Kinder sind dem Gruppensog weit mehr ausgeliefert als Erwachsene, können ihm weniger Abwehr zum Selbstschutz entgegensetzen. Traumatische Erfahrungen aber, das wissen wir aus der Traumaforschung, haben eben diesen Selbstschutz zerstört und brechen nur zu leicht mit voller Wucht durch, wenn Erinnerungen auch nur in die Nähe der damaligen Überwältigungssituation kommen. Wenn es in der Folge nicht zu einer leidvollen Wiederbelebung posttraumatischer Belastungssymptome oder aber zu einer verstärkten Abspaltung und „Vereisung" von Gefühlsbeziehungen kommen soll, bedarf es spezifisch geschulter und erfahrener Führung. Vorbereitung und Nachsorge im Kontakt mit der persönlichen Umwelt sind wichtige ergänzende Aufgaben."

Gisela Zenz schreibt weiter:

> „In der Familie wird am ehesten erkennbar sein, wie das Kind mit den Erfahrungen aus der „Biografiearbeit" zurechtkommt und wie es mit neuen Erkenntnissen über seine Lebensgeschichte, mit neuen Einsichten und Gefühlen umgeht, wie es sie in Beziehung setzt zu seiner jetzigen Lebenssituation. Der Kontakt mit den Pflegeeltern ist freilich nicht nur im Zusammenhang mit der anfänglichen Einwilligung und der abschließenden Nachsorge von Bedeutung. Ohne ihre kontinuierliche, wohlinformierte, zustimmende Begleitung dürfte Biografiearbeit insgesamt rechtlich wie psychologisch nicht zu verantworten sein, denn die Pflegeeltern müssen ebenfalls mit den Folgen dieser Arbeit zurechtkommen, und die Familie ist für diese Kinder mehr als für andere Lebensmittelpunkt, dessen Grundlage nicht zerstört oder gefährdet werden darf."

5. Das Lebensbuch

Das Aufbewahren von Fotografien der Herkunftseltern, der Geschwister, Babybildern, Bilder von Umgangskontakten und allen Dingen, die Bedeutung haben können, ist für jedes Kind wichtig. Es ist hier Aufgabe der Fachkräfte dies zu einem frühen Zeitpunkt im Blick zu haben und z. B. Fotografien der Herkunftseltern zu erfragen und zu archivieren, da die späteren Pflege- oder Adoptiveltern diese Gelegenheit eventuell nicht mehr haben.

Ich denke dabei an Kinder, die in der Klinik zurückgelassen werden. Da kann eine Strampelhose, eine Rassel, ein Schnuller von großer Bedeutung für das Kind sein. In dem Fotoalbum oder dem „Lebensbuch" soll alles festgehalten werden, was die Pflegeeltern in Erfahrung bringen konnten. Das können auch eine frühere Pflegefamilie, eine Bereitschaftspflegefamilie oder ein Kinderheimaufenthalt sein. Erfahrungsgemäß ist die erste Begegnung zwischen Kind und Pflegefamilie von großer Bedeutung für das Kind.

Biografiearbeit heißt nicht, die Vergangenheit mit allen Verletzungen schön zu reden. Es heißt jedoch, das Erlebte stehen zu lassen, zu hören, was das Kind bewegt, und den Herkunftseltern immer ihre Würde zu lassen und nicht abwertend über sie zu denken. Die Gedanken sind es, die das Kind spürt. Den Herkunftseltern die

5 Die Identitätsentwicklung des Kindes und Jugendlichen

Würde zu lassen, zu sehen, wie das alles werden konnte, heißt nicht, dass die Taten, z. B. Misshandlungen, beschönigt werden.

Ein Beispiel aus der Realität:

Das Kind wurde als Baby schwerst misshandelt, die Mutter ist alkoholkrank. Nach Jahren meldet sie sich und will Umgangskontakte. Das zehnjährige Kind weigert sich, alleine mitzugehen, was vom Jugendamt-Mitarbeiter gefordert wurde. Dieser führt die Weigerung auf die Haltung der Pflegeeltern zurück und fordert ein Gespräch alleine mit dem Kind im Amt. Dort erklärt er dem Kind: „… dass die Mutter trinkt, weil sie so traurig ist und sie ist so traurig, weil sie nicht mit Dir leben kann und Dich nicht versorgen konnte und jetzt will sie Dich sehen."

Das Kind wird dazu hingeführt, dass es Schuldgefühle entwickelt. Es glaubt möglicherweise, dass es verpflichtet ist, der Mutter zu helfen. Das sind Doppelbotschaften, mit denen ein Kind nicht leben kann.

6 Die Trennung eines sicher gebundenen Kindes

> Die Trennung eines sicher gebundenen Kindes von seiner Hauptbezugsperson löst bei ihm existenzielle Angst aus. Wenn Trennungsängste entstehen, beginnt eine nicht zu übersehende Schadenslage beim Kind.
>
> Es ist ein Irrtum, wenn behauptet wird, dass das Kind im Augenblick der Trennung Leid erfährt, es dieses aber bald vergisst.
>
> Die sanfte Umgewöhnung ist eine Legende.
>
> In der Bundesdrucksache (BT-Drucksache 11/5948, S. 74) wird der § 37 SGB VIII wie folgt kommentiert:
>
> „Kommt das Jugendamt zum Ergebnis, dass dieser Zeitrahmen nicht eingehalten werden kann, dann ändert sich sein Auftrag. Fortan hat es seine Bemühungen darauf zu richten, die Eltern davon zu überzeugen, dass sie ihrer Elternverantwortung in der konkreten Situation am besten gerecht werden können, dass sie einem dauerhaften Verbleib des Kindes in der Pflegefamilie zustimmen."
>
> Bei länger andauernden Pflegeverhältnissen genießen die Familienbande in der Pflegefamilie aufgrund der wachsenden Bindungen zwischen dem Kind oder Jugendlichen und seinen Pflegeeltern verfassungsrechtlichen Schutz.

Die Trennung eines sicher gebundenen Kindes von seiner Hauptbezugsperson löst bei diesem existenzielle Angst aus. Wer Kinder in Trennungssituationen von der Hauptbezugsperson begleitet, weiß, dass bereits die geringste Andeutung vom drohenden Verlust der Hauptbezugsperson schwere Angst und Verhaltensprobleme auslöst. Diese Verhaltensprobleme können nicht „wegtherapiert" werden. Sie sind vielmehr ein Zeichen einer gesunden Entwicklung.

Kinder reagieren auf Trennungen mit Aktivierung ihres Bindungsbedürfnisses und können mit Verhaltensstörungen auf ihre Not aufmerksam machen.

Kinder, die auf Dauer von ihren Bindungspersonen getrennt sind, leiden an einem „emotionalen Hunger" und die Folgen sind gravierende Entwicklungsstörungen[1].

Wenn das Kind eine Trennung von seiner Hauptbezugsperson als ein Ereignis erlebt, auf das es keinen Einfluss nehmen kann, die Angst nicht durch Körperkontakt mit seiner Bindungsperson und nicht durch Flucht oder Kampf mindern kann, entsteht ein Gefühl der Ohnmacht und Ausweglosigkeit. Das ist das Wesen des Traumas.

Der Verhaltensbiologe Hassenstein weist in seinen Veröffentlichungen immer wieder darauf hin, dass das Bindungsgeschehen biologisch im Kind verankert ist und

---

[1] Hellbrügge, Döring 2003; Hilger, Ritter 2006

dass die Erfahrungen der frühen Kindheit diesen für das ganze Leben bedeutsamen Vorgang prägen.

Helena und Bernhard Hassenstein[2] schreiben:
> Zu versuchen, ein Kind auf den beabsichtigten, ihm drohenden Verlust seiner faktischen Eltern zu täuschen, ist aber so gut wie aussichtslos: Kinder sind vor dem Abschluss der Pubertät zwar im logischen Denken noch nicht so geschult wie Erwachsene; aber im Erspüren gefühlsmäßiger Zusammenhänge und im Beobachten auch unscheinbarer Anzeichen für bevorstehende Änderungen sind sie bekanntlich vielen Erwachsenen überlegen. Aus diesem Grunde sind pflichtmäßige Zusammenkünfte mit den leiblichen Eltern für Kinder, die zu ihren Pflegeeltern vertrauensvolle Kind-Eltern-Beziehungen entwickelt haben, fast zwangsläufig mit existentieller Trennungsangst verknüpft. Solche Ängste entstehen ohne jede Beeinflussung seitens der Pflegeeltern, ja sogar entgegen verpflanzungsfreundlicher Beeinflussung seitens der Pflegeeltern. Trotz aller Bemühungen pflegen die Ängste eines Kindes von Besuch zu Besuch zu wachsen, statt abzuflauen.
>
> In verhaltensbiologischer Sicht ist diese Reaktion in der Natur des Kindes verankert: Ein Kind wäre seelisch nicht gesund, wenn es auf den sich anbahnenden Verlust seiner faktischen Eltern und damit seines Hortes der Geborgenheit nicht mit existentieller Angst reagieren würde. Was dies für ein Kind bedeutet, ist für Erwachsene, die als Kinder stets in gesicherten Verhältnissen aufwuchsen, beinahe uneinfühlbar – es sei denn, sie hätten Leiden solcher Kinder unmittelbar miterlebt und mitempfunden. Nach einem derartigen Besuch – und allgemein unter dem Einfluss der Trennungsangst – können Kinder an Schlaflosigkeit, Essunlust und Erbrechen leiden. Sie können zu Bettnässern werden, allgemein gesundheitlich abfallen, zu Unfällen und Infektionen neigen. Sie können geistesabwesend oder aggressiv sein und in der Schule versagen.

Leider hat man jahrzehntelang zwar die beschriebenen Leiden der Kinder wahrgenommen, doch ist es tief tragisch, dass man als deren Ursachen nicht die Trennungsängste erkannte. Stattdessen hat man nicht selten, falls kindliche Verhaltensstörungen der beschriebenen Art auftraten, die Pflegeeltern dafür verantwortlich gemacht.

Den Hintergrund für diese Vorwürfe bildet die immer noch vorkommende Unkenntnis darüber, dass kindliche Bindungen durch prägungsähnliche Lernvorgänge bei langdauerndem Zusammenleben entstehen und nicht beliebig durch Umlernen zu verändern sind, sowie die allgemeine Vorstellung, dass kindliche Bindungen beim Bestehen von Blutsverwandtschaft selbstverständlich seien.[3]

Damit meint man: Wenn Kinder sich nicht elementar zu ihren leiblichen Eltern hingezogen fühlen und keine Liebesbande entwickeln, so müsse dies in ihrer gegenwärtigen Lebenssituation begründet sein, also auf Erziehungseinflüssen durch

---
2 Hassenstein 2004, S. 60ff
3 Vgl. Klußmann, Stötzel 1995, S. 154ff

die Pflegeeltern beruhen. Die Wirklichkeit sieht aber anders aus: Wenn Pflegeeltern ihre Aufgaben erfüllen, den Kindern Fürsorge und Geborgenheit zu gewähren, dann wendet sich ihnen im Laufe der Zeit das Herz der Kinder zu – dies ist ein unvermeidbares Naturgeschehen – und die nicht oder selten anwesenden leiblichen Eltern sind und bleiben für die Kinder dasselbe wie alle sonstigen Menschen: nähere oder fernere Bekannte oder Fremde.[4]

Wolfgang Metzger hat in seinem Gutachten „Über die Auswirkungen der Verpflanzung eines Kindes in eine ihm fremde Umgebung" gesagt:[5]

„Nach gesicherten Erkenntnissen der Sozial- und Entwicklungspsychologie kann man bei einem Kind ein normales körperliches, geistiges und seelisches Gedeihen nur dann erwarten, wenn es etwa von der Mitte des ersten Lebensjahres an in der Geborgenheit und dauernden persönlichen Verbundenheit bzw. seelischer Verwurzelung in einem und demselben erwachsenen Menschen aufwachsen kann.

Ob der Mensch, in dem das Kind sich verwurzelt, die leibliche Mutter ist oder nicht, spielt überhaupt keine Rolle. Entscheidend ist die ständige liebevolle Zuwendung, die dem Kind das für die gesamte weitere Entwicklung grundlegende Urvertrauen (Erikson) schafft, d. h. das Bewusstsein, das es diesem Menschen rückhaltlos vertrauen kann. (Dasselbe gilt für den Vater).

Es ist zwar schon eindeutig zum Ausdruck gebracht, muss aber nochmals ausdrücklich betont werden, daß Blutsverwandtschaft und irgendwelche daraus abgeleitete Ansprüche anderer Personen zwar im Bewusstsein der Öffentlichkeit – und infolgedessen auch in der Gesetzgebung und Rechtsprechung – eine gespenstische Rolle spielen, daß sie aber ohne jede Bedeutung sind für das faktische psychologische Erleben des Kindes, für sein Bewusstsein, eine Mutter (und einen Vater) zu haben, ein Bewusstsein, daß dieser bestimmte Mensch seine Mutter ist (bzw. diese bestimmten Menschen seine Eltern sind).

Man kann da nicht als Jurist sagen: Das Kind irrt sich eben, und es muss seinen Irrtum berichtigen. Angesichts der geschilderten psychologischen Grundlagen des faktischen Mutter-Kind-Verhältnisses ist eine „Berichtigung" dieses „Irrtums" für das Kind gleichbedeutend mit der Entziehung der Lebensgrundlage. Die vollzogene Verpflanzung ist ein Trauma, das irreversible – das heißt lebenslange Folgen – hinterlässt, im Vergleich mit denen die Folgen auch schwerer körperlicher Misshandlung und Verletzung ein Kinderspiel sind.

Kein Kind – und übrigens auch kein Erwachsener – kann sich daran gewöhnen, Menschen zu lieben, von denen es weiß, daß sie die größte Katastrophe seines Lebens veranlasst haben.

Die Entscheidung darüber, ob eine Mutter mit ihrem Kind zusammenleben will oder nicht, muss demnach bereits während des ersten Lebensjahres ihres Kindes fallen. Wenn sie sich zum ersteren entschließt, so impliziert das unmittelbar ohne

---

4   Hassenstein 2004, S. 66ff
5   Klußmann, Stötzel 1995, S. 258ff

6 Die Trennung eines sicher gebundenen Kindes

Ausweichmöglichkeit die Verpflichtung, vor Beendigung des ersten Lebensjahres die Pflege des Kindes selbst zu übernehmen."

Im Jahre 1982 hat sich Gisela Zenz[6] beim 54. Juristentag mit der Frage beschäftigt: „Soll die Rechtsstellung der Pflegekinder unter besonderer Berücksichtigung des Familien-, Sozial- und Jugendhilferechts neu geregelt werden?" Zum ersten Mal standen damit Pflegekinder im Mittelpunkt einer großen juristischen Diskussion. Ein Zitat aus diesem Bericht:

> „Die Eltern-Kind-Bindung kommt im täglichen Zusammenleben, aus der täglichen Befriedigung der kindlichen Bedürfnisse nach Nahrung, Pflege, körperlicher und psychischer Kontakte zustande. Auf Seiten des neugeborenen Kindes besteht die Bereitschaft, die elementaren Eltern-Kind-Bindungen zu jedem Menschen herzustellen, der die Elternfunktion in dem hier umschriebenen Sinne übernimmt. Das Kind ist in keiner Weise auf seine leiblichen Eltern fixiert. Daran gibt es heute unter den diversen mit menschlicher Entwicklung befassten Wissenschaften keinen Zweifel mehr. Eine spezifische Ausprägung erhält die Eltern-Kind-Beziehung bereits im Laufe des ersten Lebensjahres durch die allmähliche Herausbildung ganz bestimmter, von Persönlichkeit und Lebensumständen der Eltern wie auch von der Konstitution des Kindes geprägten Interaktionsmuster, Verhaltensweisen in der Alltagsroutine, Ausdrucksformen der Freude, Schmerz, Überraschung und Angst, die beiderseits verstanden werden, schaffen ein zunehmend differenziertes Raster, in das reifungsbedingte „Neuerwerbungen" des Kindes (Bewegungs-, Ausdrucks-, Verstehensweisen) eingeordnet werden können, so daß die jeweilige Entwicklung in die Persönlichkeit integrierbar ist.
>
> Ein Abbruch der Eltern-Kind-Beziehung in den ersten Lebensjahren schädigt die kindliche Entwicklung, indem sie dem Kind die Basis für seine Orientierung über die Welt und sich selbst entzieht. Ihre Auswirkungen sind umso gravierender, je mehr das Kind auf diese Orientierung noch angewiesen ist, zur Aufrechterhaltung eines Grundsicherheitsgefühls oder „Urvertrauens", das Voraussetzung für die optimale Bewältigung aller weiterer Entwicklungsschritte ist. Diese extreme Trennungsempfindlichkeit nimmt ab mit wachsender Autonomie, d. h., mit zunehmender Beherrschung von Fähigkeiten, die das Kind in seinem Selbstgefühl von der Mutter unabhängiger macht: Körperkontrolle, Laufen, Sprechen, Gedächtnis und Spannungstoleranz. Allgemein wird eine besondere Trennungsempfindlichkeit für Kinder zwischen sechs Monaten und sieben Jahren konstatiert, mit einer hochsensiblen Phase zwischen sechs Monaten und drei Jahren.
>
> Daß eine traumatische Trennung die kindliche Entwicklung regelmäßig nachhaltiger schädigt als die psychische Struktur von Erwachsenen, ergibt sich daraus, daß alle späteren Entwicklungsschritte des Kindes nur in dem Maße gelingen können, wie die früheren die Voraussetzungen dafür bereitgestellt haben, also selbst gelungen sind. Denn die Entwicklung läuft in Phasen oder Stufen ab, die zwar verzögert oder angehalten werden können, nicht aber umkehrbar sind.

---

6 Zenz 1982, Referat S. 43ff

Kompensatorische Entwicklungen sind in vielen Bereichen möglich, erfordern aber stets günstige Voraussetzungen auf Seiten des Kindes wie auch der Umwelt und bedeuten immer eine besondere Kanalisierung in der psychischen Strukturbildung, also ein „Weniger" an Offenheit für die Entwicklung und ein „Mehr" an psychischer Leistung in einem Bereich, das anderen Bereichen entzogen wird.

Schließlich ist allgemein anerkannt, daß die Trennung für Kinder nicht nur schwerer und nachhaltiger, sondern auch schneller wirksam wird.

Kinder haben ein anderes Zeiterleben als Erwachsene, die Trennung wird schneller als dauerhaft und endgültig, also als Verlust erlebt. Ebenso geht die „schleichende Entfremdung", wie sie auch Erwachsene z. B. aus längerdauernden Trennungen kennen, bei Kindern schneller vor sich, also die innere Entfremdung gegenüber Eltern, die nur noch zu Besuch kommen, auch wenn dabei immer wieder von der Rückkehr des Kindes in die Familie die Rede ist."

Einen weiteren Aspekt bringen Goldstein, Freud und Solnit[7]:

„Ein Wechsel in der Pflegeperson hat auch schwerwiegende Folgen für die Gefühlsentwicklung des Kleinkindes. Seine Bindungen sind zu dieser Zeit weitgehend von der Stabilität der Außenwelt abhängig. Jede Trennung von einer vertrauten Person wirkt als Erschütterung; ihre ununterbrochene Anwesenheit und Fürsorge befördert die kindliche Liebesbindung. Kleinkinder, die sich von der elterlichen Person verlassen fühlen, reagieren nicht nur mit Trennungsangst und Trauer, die Folgen des Erlebnisses machen sich auch in einer Herabsetzung ihrer neuen Zuneigungen fühlbar. Ihr Zutrauen zur Erwachsenen-Welt leidet, und wo die Trennungen sich wiederholen, wie beim Wandern von einer Pflegestelle zur anderen, nehmen seine Bindungen mehr und mehr oberflächlichen Charakter an. Solche Kinder werden Erwachsene ohne Gefühlswärme in ihren menschlichen Beziehungen."

6.1 Umgangskontakte mit dem Ziel der Rückführung – Herausgabeverlangen

In der Praxis des Pflegekinderwesens ist zu beobachten, dass ein Kind, solange die Herkunftseltern tatsächlich mit dem Verbleib in der Pflegefamilie einverstanden waren, freiwillig und gern zu Umgangskontakten mitging. Ab dem Zeitpunkt aber, an dem es spürt, dass es von den Pflegeeltern getrennt werden soll, änderte es das Verhalten und verweigerte die Besuche. Diese Protesthaltung des Kindes ist eine normale Reaktion und ein Ausdruck von Trennungsangst und keine neurotische Störung, der man therapeutisch begegnen kann.

Bis heute habe ich noch nie erlebt, dass durch Umgangskontakte eine Bindung hergestellt werden konnte. Vielmehr haben sich in allen Fällen, in denen das Kind er-

---

7 Goldstein, Freud, Solnit 1974, S. 34

lebt oder erspürt hat, dass es aus der Pflegefamilie herausgelöst werden soll, existenzielle Trennungsängste beobachten lassen.

Sobald die Besuche erzwungen werden, kommt das Kind in immer größere Not. Wenn es die Aussichtslosigkeit seines Protestes erlebt, gerät es in die Resignation und scheint sich tatsächlich den Gegebenheiten anzupassen. Diese Resignation wird nicht selten für eine erfolgreiche Umgewöhnung gehalten. Wenn die Fachkräfte der Jugendhilfeträger diese Kindeswohlgefährdung nicht erkennen, weil sie die biologische Elternschaft höher bewerten als das Kindeswohl, ist es Aufgabe der Pflegeeltern, für das Kind Hilfe zu holen, z. B. bei Beiständen der Pflegeelternvereinigungen.

Allgemein werden eine besondere Trennungsempfindlichkeit von Kindern unter sieben Jahren und eine gesteigerte Sensibilität zwischen dem sechsten Lebensmonat und drei Jahren angenommen.

Kindern über sieben Jahren ist eine Trennung ebenfalls nicht ohne Schaden zuzumuten, vorausgesetzt, sie konnten eine sichere Bindung entwickeln. Diese Kinder können sich in der Regel zur Wehr setzen, mit Wut reagieren und auch ihre Trennungsangst verbal zum Ausdruck bringen.

Wenn ein Kind in den Pflegeeltern seine sozialen Eltern gefunden hat, ist es jedoch keine Rückführung zu den Herkunftseltern, sondern eine Trennung von den Pflegeeltern mit allen existenziellen Nöten des Kindes, sobald die Umgangskontakte mit dem Ziel der Trennung von den Pflegeeltern verstärkt werden. Wenn Pflegeeltern erleben müssen, wie das Kind seine Angst ausdrückt, nicht mehr ruhig schlafen kann, mit längst überwunden geglaubten Verhaltensproblemen seiner Not Ausdruck verleiht und sie dann zum Schutz des Kindes einen Antrag auf Verbleib stellen, wird diesen sowohl von dem Jugendhilfeträger wie auch von Gerichten nicht selten unterstellt, dass die Ursache der Probleme des Kindes im Verhalten der Pflegeeltern liege. Es werden ihnen Besitzansprüche nachgesagt, wenn sie sich weigern, das schreiende Kind allein zu Umgangskontakten mitzugeben.

Das Herausgabeverlangen von Herkunftseltern löst Ängste aus, die auch von Fachkräften immer wieder missverstanden werden.

6.2 Die Legende der „sanften Umgewöhnung"

In Gutachten wie in Gerichtsurteilen wird nicht selten von der „sanften Umgewöhnung" des Kindes gesprochen. Man glaubt, ohne dass es irgendeinen wissenschaftlichen Beleg für dieses bewusst herbeigeführte Trennungserlebnis eines in einer Pflegefamilie sicher gebundenen Kindes gibt, dass man dies dem Kind „zumuten kann". In Jugendamtsberichten und Gerichtsbeschlüssen ist immer wieder zu lesen, dass man diese Trennung dem Kind, ohne es nachhaltig zu schädigen, zumuten kann, wenn die Pflegeeltern nur loslassen könnten und positiv mitwirken würden.

In einem Gerichtsbeschluss stand, dass das einjährige Mädchen, das insgesamt nur vier Wochen bei seinen Herkunftseltern gewohnt hatte, die mit der Versorgung des Neugeborenen völlig überfordert waren, einen langsamen Übergang zu den leiblichen Eltern wagen kann, weil das Kind später keine bewusste Erinnerung an die Pflegeeltern behalten wird. Das heftige Wehren des Kindes gegen eine Trennung wurde zwar beobachtet, aber das Amtsgericht ging davon aus, dass sich das Kind beruhigen wird, und stellte den Pflegeeltern Umgangskontakte in Aussicht. Diese Umgangskontakte lösten bei dem Kind beim Wiedersehen mit den Pflegeeltern Freude aus und am Ende der Umgangskontakte wiederum heftiges Wehren und Schreien. Die Herkunftseltern reagierten mit Eifersucht und verweigerten weitere Besuche.

Die Unwissenheit mancher Gutachter habe ich oft mit Erstaunen wahrgenommen. Sie hatten genaue Pläne aufgestellt, wie über Umgangskontakte eine „sanfte Umgewöhnung" stattfinden sollte. Kein einziger Fall hat in meiner langjährigen Praxis diesen Plänen recht gegeben. Stattdessen sind diese Kinder im Heim gelandet, weil sie sich auch von den Pflegeeltern verlassen gefühlt haben, insofern diese mitgewirkt haben. Besonders tragisch finde ich, dass die Gutachter keine Rückmeldung über ihre falschen Prognosen bekommen. Praktiker der Jugendhilfe haben, wenn sie lange genug im Amt sind, die Chance, aus ihren Fehlern zu lernen. Für Gutachter dagegen ist der Fall mit der Abgabe des Gutachtens abgeschlossen. Sie erfahren in der Regel nicht, was aus ihren Prognosen geworden ist.

Bei diesen angeblich sanften Umgewöhnungsbestrebungen wird die Not der Kinder in Angstträumen, Unruhe, Aggressivität, Bettnässen, Anklammern, Apathie und vielen anderen Hilferufen deutlich. Wenn Pflegeeltern das Verhalten des Kindes beschreiben, so wird das nicht selten als Übertragung der eigenen Angst auf das Kind interpretiert. Pflegeeltern wird manchmal sogar Therapie anempfohlen, damit sie lernen, das Kind „loszulassen" und von ihren „Besitzansprüchen" weg zu kommen.

Schon Rudolf Klußmann[8] schreibt in den 1970er-Jahren, dass man sich die Mühe machen müsste, Erwachsene zu befragen, welche Not eine Trennung von den engsten Bezugspersonen mit sich gebracht hat. Wenn man auf diese Weise das Leid dieser Kinder an sich herankommen ließe, wäre es nicht mehr möglich, fest gebundene Kinder aus Pflegefamilien herauszureißen. Er schreibt von der Legende der „leichten Umgewöhnung", die durch keinen wissenschaftlichen Beleg zu halten ist, und dass nach humanwissenschaftlichen Erkenntnissen ausschließlich das Gegenteil belegt ist.

---

8 Klußmann, Stötzel 1995, S. 161ff

6.3 Der kindliche Zeitbegriff und der Antrag auf Verbleib des Pflegekindes gemäß § 1632 Abs. 4 BGB

6.3.1 Der kindliche Zeitbegriff

Der kindliche Zeitbegriff begegnet uns an verschiedenen Stellen im BGB und im SGB VIII. Insbesondere in den §§: 1632 Abs. 4 BGB sowie §§ 33, 37 SGB VIII. In § 33 SGB VIII steht:

> Hilfe zur Erziehung in Vollzeitpflege soll entsprechend dem Alter und Entwicklungsstand des Kindes oder des Jugendlichen und seinen persönlichen Bindungen sowie den Möglichkeiten der Verbesserung der Erziehungsbedingungen in der Herkunftsfamilie Kindern und Jugendlichen in einer anderen Familie entweder
>
> **eine zeitlich befristete Erziehungshilfe**
>
> oder
>
> **eine auf Dauer angelegte Lebensform bieten".** (…)

In § 37 SGB VIII wird festgelegt:

> (1) (…) Durch Beratung und Unterstützung sollen die Erziehungsbedingungen in der Herkunftsfamilie innerhalb eines im Hinblick auf die Entwicklung des Kindes oder Jugendlichen vertretbaren Zeitraums so weit verbessert werden, dass sie das Kind oder den Jugendlichen wieder selbst erziehen kann. (…) Ist eine nachhaltige Verbesserung der Erziehungsbedingungen in der Herkunftsfamilie innerhalb dieses Zeitraums nicht erreichbar, so soll mit den beteiligten Personen eine andere, dem Wohl des Kindes oder des Jugendlichen förderliche und auf Dauer angelegte Lebensperspektive erarbeitet werden. (…)

Goldstein, Freud und Solnit fordern, dass Entscheidungen über die Unterbringung von Kindern dem Bedürfnis des Kindes nach langdauernden Bindungen Rechnung tragen müssen. Diese Entscheidungen müssen sich nach dem kindlichen Zeitempfinden richten. Der kindliche Zeitbegriff ist von dem des Erwachsenen zu unterscheiden.

> „Das Verhältnis zur Zeit ändert sich je nach seinem Entwicklungsstand und bestimmt die Zeitspanne, während der vorhandene Beziehungen aufrechterhalten und neue angeknüpft werden können. Erwachsene sind fähig, zukünftige Geschehnisse vorauszusehen und können daher auf die Befriedigung ihrer Wünsche warten, Kinder leben im Gegensatz dazu ganz in der Gegenwart und messen den Zeitablauf nach der Dringlichkeit ihrer Triebregungen und Gefühlsansprüche. Die wirkliche Dauer einer Zeitspanne, wie wir sie objektiv mittels Uhr und Kalender messen, ist für das Kind bedeutungslos; es misst den Zeitablauf subjektiv auf Grund von Versagungs- und Ungeduldsgefühlen."[9]

Was für einen Säugling und für ein Kleinkind ein zu langer Zeitraum ist, kann für ein Schulkind bedeutungslos sein. Je jünger das Kind ist, umso mehr ist es auf die

---

9   Goldstein, Freud, Solnit 1974, S. 39 ff.

dauerhafte Präsenz seiner engsten Bezugsperson angewiesen und umso schwächer sind die Möglichkeiten der Verarbeitung einer Trennung. Goldstein, Freud und Solnit folgern daraus, dass jede Entscheidung über den Verbleib eines Kindes ein Eilfall ist, damit das Kind nicht in haltlose Unsicherheit gestürzt und dem Kind dadurch ein schwer gutzumachender psychischer Schaden zugefügt wird.

Die Autoren schreiben:[10]

„Dieser Grund berücksichtigt, im Hinblick auf den Zeitbegriff des Kindes, die Bedeutsamkeit der Länge der Trennung von den Eltern wie auch die Dauer einer Betreuung durch Ersatzeltern. Unsere Kenntnisse belegen, daß kein Kind für unbestimmte Zeit – bis abwesende Eltern in der Lage oder willens sind, es zurückzuholen – „auf Eis" gelegt werden kann, ohne daß Gesundheit und sein Wohlsein gefährdet werden."

„Die am ‚wenigsten schädliche Alternative' wird durch jene Maßnahmen zur Unterbringung des Kindes bestimmt, die unter Berücksichtigung des kindlichen Zeitbegriffs, die Chancen des Kindes erhöhen, erwünscht und geschätzt zu sein, und die Möglichkeit eröffnen, eine unbedingte dauerhafte Beziehung mit wenigstens einem Erwachsenen herzustellen, der für das Kind die psychologische Elternrolle übernimmt."[11]

„Die „schädlichste Alternative" tritt für ein Kind dort ein, wenn es mehrfache Trennungen erleiden musste. Das Kind mag nachfolgend oberflächliche Bindungen entwickeln, ist jedoch mit jeder Trennung weniger in der Lage, tiefe, primäre Bindungen einzugehen."[12]

Immer wieder kommt der Ruf nach festen Fristen für die Beurteilung, welcher Zeitraum für ein Kind ein tolerierbarer Zeitraum ist. Im 1974 erschienenen Buch der genannten Autoren haben sich diese nicht auf Zeiten festgelegt. Im 1982 erschienenen Buch haben sie Fristen genannt.

Sie schreiben:

„Eine langzeitige Betreuungsperson ist ein Erwachsener, bei dem ein Kind untergebracht wurde und der für dieses Kind kontinuierlich gesorgt hat während a) der Dauer von einem Jahr oder länger, wenn das Kind im Zeitpunkt der Unterbringung bis zu drei Jahre alt war; oder b) der Dauer von zwei Jahren oder länger, wenn das Kind im Zeitpunkt der Unterbringung über drei Jahre alt war. Langzeitige Betreuungspersonen sind Eltern gleichgestellt."[13]

Das SGB VIII hat keine Fristen genannt. Vielmehr ist eine differenzierte Wahrnehmung der jeweiligen Bedürfnisse des Kindes oder Jugendlichen im Einzelfall gefordert.

---

10 Goldstein, Freud, Solnit 1982, S. 43
11 ebd., S. 162
12 ebd., S. 47
13 ebd., S. 162

6 Die Trennung eines sicher gebundenen Kindes

§ 37 Abs. 1 Satz 2 bis 4 SGB VIII nimmt das Jugendamt in die Pflicht, eine Entscheidung über den Lebensmittelpunkt des Kindes „innerhalb eines im Hinblick auf die Entwicklung des Kindes oder Jugendlichen vertretbaren Zeitraums" zu fällen. Das Jugendamt hat sorgfältig zu prüfen, ob die Verbesserungen der Erziehungsbedingungen in der Herkunftsfamilie einem dem kindlichen Zeitbegriff angemessenen Zeitraum erfolgen können.

In der Bundesdrucksache wird der § 37 kommentiert[14] (vgl. Leitsatz am Anfang des Kapitels):

Im Frankfurter Kommentar[15] zum § 37 SGB VIII steht:

> „Abs. 1 Satz 2 fordert vor dem Hintergrund der Ziele des § 1 Abs. 1 und 3 Rückführungsbemühungen nur dort, wo positive emotionale Bindungen der Kinder oder Jugendlichen zur Herkunftsfamilie die Rückführung im Interesse der betroffenen Minderjährigen auch als mit dem Wohl des Kindes oder Jugendlichen vereinbar erscheinen lassen. Haben sich bei lang andauernder Misshandlung (Vernachlässigung, physische oder psychische Misshandlung oder sexueller Missbrauch) die Beziehungen zur Herkunftsfamilie angstbesetzt, traumatisch und/oder destruktiv entwickelt, ist besonders sorgfältig zu prüfen, ob positive emotionale Bindungen bestehen oder realistischerweise entstehen können. Bei der Klärung der Perspektive über den Lebensmittelpunkt sind dabei entwicklungshemmende Entscheidungsverzögerungen zu vermeiden."

Bei länger andauernden Pflegeverhältnissen genießen die Familienbande in der Pflegefamilie aufgrund der wachsenden Bindungen zwischen dem Kind oder Jugendlichen und seinen Pflegeeltern verfassungsrechtlichen Schutz.[16]

Aus dem grundrechtlichen Schutz der Pflegefamilienverhältnisse ergeben sich für die Kontrollpflichten des Jugendamtes aus Abs. 3 Satz 1 Grenzen. Jede Kontrolle kann vor diesem Hintergrund nur mit dem Schutz anderer Grundrechte, hier dem Recht der Kinder auf Entfaltung ihrer Persönlichkeit und auf körperliche Unversehrtheit, gerechtfertigt werden.[17]

Die Aussagen von Goldstein, Freud und Solnit zur Angabe der Fristen betrachte ich aufgrund meiner Erfahrung in der Praxis kritisch. Ich sehe die Vorgaben des SGB VIII, die eine individuelle Prüfung im Einzelfall vorsieht, als richtige Vorgabe an.

Ich denke an Kinder, denen vor der Unterbringung die Möglichkeit verweigert wurde, Bindungen einzugehen oder die desorganisierte Bindungen eingegangen sind. Wenn diese Kinder z.B. im Alter von einem halben Jahr bis drei Jahre untergebracht werden, kann beobachtet werden, dass sie sehr schnell das Bindungs-

---

14 BT-Drucksache 11/5948, S. 74
15 Münder 2006, S. 517
16 Vgl. Art. 6 Abs. 1 GG, Salgo 1996, BVerfGE 68
17 Art. 2 Abs. 1 i.V.m. Art. 1, Art. 2 Abs. 2 Satz 1 GG und Vgl. Münder 2006, S. 520

angebot der Pflegeeltern annehmen. Kinder, die dann in der hochsensiblen trennungsempfindlichen Phase, im Alter von einem halben Jahr bis drei Jahre von den Pflegeeltern getrennt wurden, hatten nachhaltige psychische Fehlentwicklungen aufzuweisen, die bis in das Erwachsenenalter hineinreichten.

In diesem Zusammenhang ist auch die gängige Praxis bei Bereitschaftspflegestellen für Säuglinge und Kleinkinder zu hinterfragen.

Ich denke an Michael, dessen Bereitschaftspflegemutter, eine engagierte Sozialpädagogin, bereits nach drei Wochen dringend bat, für das acht Monate alte Kind eine dauerhafte Lösung zu suchen. Das Kind hatte ein intensives Bindungsbedürfnis und sie musste erkennen, dass sie diesem Bedürfnis automatisch nachkam, sodass sich das Kind an sie dauerhaft bindet und nicht mehr ohne Schaden getrennt von ihr werden kann.

Als Beistand für Pflegefamilien mache ich die Erfahrung, dass Säuglinge und Kleinkinder über Monate in mehreren Bereitschaftspflegefamilien untergebracht wurden. Auch wenn im Hilfeplan ausdrücklich von einer Bereitschaftspflegestelle gesprochen wird und damit die zeitliche Begrenzung festgeschrieben ist, kann diese Befristung im Einzelfall mit dem Kindeswohl nicht vereinbar sein. Wenn das Kind feste Bindungen entwickelt hat und das Kind nicht von seinen Bereitschaftspflegeeltern getrennt werden kann, ohne dabei Schaden zu nehmen, haben diese die Pflicht und das Recht, wie andere Pflegeeltern auch, zum Schutz des Kindes einen Antrag auf Verbleib nach § 1632 Abs. 4 BGB zu stellen.

Mittlerweile sind einige dieser Verbleibensanordnungen ergangen, weil ein Wechsel der Pflegefamilien dem Kind nicht zugemutet werden konnte.

Grossmann und Grossmann beschreiben die Vorstellung des Kindes von der Zeit folgendermaßen:

> „Schon im letzten Viertel des ersten Lebensjahres erkennen Säuglinge die Abfolge täglich wiederkehrender Ereignisse wie z. B. die Abendroutine mit Ausziehen, Waschen, Vorlesen und dem Löschen des Lichts. Sie protestieren, wenn die Abfolge nicht eingehalten wird. Durch Routine gewinnen Kleinkinder Vertrauen in Zukünftiges, sie können dann selbst vorhersagen, was als nächstes kommt. Darum, so meint die Sprachforscherin Nelson (1999), bestehen viele Kleinkinder darauf, dass ihre tägliche Routine in stets genau derselben Reihenfolge abläuft. Für das Kleinkind, das gerade erst Regelmäßigkeiten zu erkennen lernt, bringen Wiederholungen Sicherheit, während Veränderungen der Routine Ungewissheit bedeutet. Nelson vergleicht die Regelmäßigkeit der Ereignisabfolgen mit einer sicheren Basis für das Kleinkind, von der aus es allmählich auch Abwandlungen explorieren kann (Nelson, 1999). Erst mit ungefähr 18 Monaten können Kleinkinder konkrete Zeitworte wie „morgen" verstehen. Es dauert dann aber noch einige weitere Jahre, bis sie verstehen, was „in einer Woche" oder „nächsten Monat" bedeutet.[18]

---

18 Grossmann, Grossmann 2004, S. 191ff

6 Die Trennung eines sicher gebundenen Kindes

Wenn ein Säugling mit wenigen Monaten in seine Pflegefamilie kommt und im Hilfeplan steht, dass dieser z. B. in sechs Monaten fortgeschrieben wird, ist dies mit dem kindlichen Zeitempfinden nicht zu vereinbaren. Hier heißt es, in wenigen Wochen zu denken. Für ein Schulkind, das bereits ein Empfinden für „gestern" und „morgen" entwickeln konnte, ist ein halbes Jahr eine zwar schwierige, aber doch konkrete Vorstellung, für einen Säugling und Kleinkind bedeutet in diesem Alter eine Trennung der Verlust seiner ganzen Welt.[19]

In der Praxis hört man immer wieder, dass der in § 86 Abs. 6 SGB VIII genannte Zeitrahmen von zwei Jahren für den Zuständigkeitswechsel von dem Wohnort der Herkunftseltern auf den Wohnort der Pflegefamilie als tolerierbarer Zeitrahmen für eine Trennung von der Pflegefamilie angesehen wird. Dieser Gesetzestext bezieht sich nicht auf das kindliche Zeitempfinden. Er ist lediglich eine verwaltungstechnische Zuständigkeitsregelung, deshalb ist diese Argumentation unzutreffend.

6.3.2 Der Antrag auf Verbleib gemäß § 1632 Abs. 4 BGB

Mit den §§ 1632 Abs. 4 und 1630 Abs. 3 BGB hat 1981 hat erstmals eine Regelung für Kinder in Familienpflege im BGB Eingang gefunden.

Noch im Jahr 1971 hatte eine Anfrage des Regierungspräsidiums Südbaden an alle Jugendämter des Landes ergeben, dass die Amtsleitungen keinen Bedarf an einer rechtlichen Regelung der Pflegekindschaft im BGB für nötig ansahen.[20]

Es ist dem Einsatz von engagierten Wissenschaftlern und Praktikern zu verdanken, dass die Verankerung der Pflegekindschaft im BGB entgegen der Absichten des Regierungsentwurfes[21] verwirklicht wurde.[22]

Die Verdienste von Gisela Zenz, Bernhard Hassenstein, Rudolf Klußmann, Ludwig Salgo, Wolfgang Metzger u.a. für die Einleitung dieses Denkens sind besonders hervorzuheben.

Das Kindschaftsrechtsreformgesetz (KindRG) von 1998 hat sich zum zweiten Mal seit dem Inkrafttreten des BGB des Pflegekindes angenommen. Entwicklungspsychologische Erkenntnisse führten zu einer stärkeren Berücksichtigung des kindlichen Zeiterlebens.

Mit Art. 20 der UN-Konvention über die Rechte des Kindes wurden die Persönlichkeitsrechte des Kindes gestärkt und die mit dem kindlichen Zeitempfinden zusammenhängende Trennungsempfindlichkeit insbesondere von jüngeren Kindern hervorgehoben.

---

19 Vgl. Zwernemann 2001, S. 197
20 Vgl. Zwernemann 2001, S. 201
21 BT Drucksache 7/2060 und 8/111
22 Staudinger 2002, S. 538

Das kindliche Bedürfnis nach Kontinuität und das natürliche Bindungsbedürfnis fanden Eingang in das Denken der Juristen.

§ 1632 Abs. 4 BGB – Herausgabe des Kindes; Bestimmung des Umgangs, Verbleibensanordnung bei Familienpflege

> (…) (4) Lebt das Kind seit längerer Zeit in Familienpflege und wollen die Eltern das Kind von der Pflegeperson wegnehmen, so kann das Familiengericht von Amts wegen oder auf Antrag der Pflegeperson anordnen, dass das Kind bei der Pflegeperson verbleibt, wenn und solange das Kindeswohl durch die Wegnahme gefährdet würde.

§ 158 FamFG bestimmt, dass ein Verfahrensbeistand zu bestellen ist, wenn es um ein Verfahren nach § 1632 Abs. 4 BGB geht. Falls kein Verfahrensbeistand bestellt wird, hat das Familiengericht dies zu begründen. Die Begründung, dass das Jugendamt die Interessen des Kindes ohnehin vertritt und deshalb die Bestellung eines Verfahrensbeistands nicht erforderlich ist, ist rechtlich nicht haltbar.[23]

Das Bundesverfassungsgericht hat erstmals im Jahre 1968 ein entscheidendes Urteil über die Gewichtungen der kindlichen Bindungen gefällt und es hat in der Folgezeit bei der Abwägung von Elternrecht und Kindeswohl das Kindeswohl über das Elternrecht gestellt.

Im Kommentar von Julius Staudinger zum BGB § 1632, Abs. 4 ist zu lesen:

> „Ist aber nicht nur einfachgesetzlicher Ausdruck einer Rezeption entwicklungspsychologischer Erkenntnisse um kindliches Zeiterleben, sondern zugleich Ausdruck **der Pflichtgebundenheit des Elternrechts,** eben dafür, dass „die elterliche Sorge nicht als Machtanspruch der Eltern gegenüber ihren Kindern zu verstehen ist"(BVerfg Fam.RZ 1993, 1420, 1421 = FuR 1993, 345, 347, sowie des staatlichen Wächteramtes der Verfassung zu Art.6.2 u.3GG)."[24]

Weiter heißt es:

> „Nicht zuletzt die Verdeutlichung der verfassungsrechtlich begründeten Subjektstellung des Kindes in der Rechtsprechung des BVerfG und die Intensivierung der Aufmerksamkeit für Kinder in verschiedenen wissenschaftlichen Disziplinen und in der Politik beeinflussen auch die Rechtsentwicklung im Familien- und Jugendhilferecht der Bundesrepublik. Diese beiden Regelungsbereiche erfahren seither eine ständige Verfeinerung und Differenzierung, weil letztlich verfassungsrechtlich geschützte Rechtsgüter wie das Elternrecht (Art. 6 Abs. 2 S 1 GG) einerseits und die Integrität und Persönlichkeit des Minderjährigen andererseits (Art. 2 Abs. 1 in Verbindung mit Art. 1 Abs. 1 GG) – und damit das Kindeswohl – auf dem Spiel stehen. Wie zunehmend mehr ausländische Rechtsordnungen, so ist auch der Gesetzgeber der Bundesrepublik bestrebt, die schwierigen Entscheidungen in diesem Bereich „aus dem Zufall salomonischer Weisheit in die Gewissheit eines rational nachprüfbaren Prozesses zu überführen (Simitis, in Simitis/Zenz Bd I (1975), 55 ff). Im Mittelpunkt der Konfliktvermeidung und -bewältigung steht ein mit der Fremdplatzie-

---

23 Beschluss Nr. 607, OLG Celle vom 30.10.2001- 17 UF 196/01
24 Staudinger: 2002, S. 542

6 Die Trennung eines sicher gebundenen Kindes

rung des Kindes drohendes Auseinanderfallen seiner rechtlichen Zuordnung und seiner tatsächlichen psycho-sozialen Einbindung."[25]

Klußmann[26] fasst die Lage der Pflegekinder in der Rechtsprechung wie folgt zusammen und zitiert einige Gerichts- und Verfassungsgerichtsurteile:

Das Oberlandesgericht Karlsruhe, Familiensenat Freiburg (FamRZ 1979,57) stellt fest:

„Hat der Sorgeberechtigte sein Kind anderen zur Pflege anvertraut, kann sich ein solches Pflegeverhältnis, wenn es jahrelang besteht, zu einer Beziehung ausbauen, die einem Eltern-Kind-Verhältnis entspricht. In einem solchen Fall ist die Herauslösung des Kindes aus der Pflegefamilie nur ausnahmsweise vertretbar."

Das Bundesverfassungsgericht erklärt:

„Es ist mit dem Grundgesetz vereinbar, dass ohne Vorliegen der Voraussetzungen des § 1666, Abs. 1 Satz 1 BGB bei der Weggabe des Kindes in Familienpflege allein die Dauer des Pflegeverhältnisses zu einer Verbleibensanordnung nach § 1632 Abs. 4 führen kann, wenn eine schwere und nachhaltige Schädigung des körperlichen und seelischen Wohlbefindens des Kindes bei seiner Herausgabe an die Eltern zu erwarten ist."

Klußmann formuliert die Fragen, welche bei einer Trennung von den Pflegeeltern zu stellen sind:

1. Sind die Pflegeeltern faktische Eltern in der Erlebniswelt des Kindes, bzw. ist einer von ihnen die Hauptbezugsperson?
2. Sind sie geeignet?

Er fasst zusammen:[27]

„Nach dem Stand der Humanwissenschaften (...) handelt es sich bei der Bindung des Säuglings und auch des älteren Kindes an seine faktischen Eltern um eine echte Prägung, die nicht beliebig, erst recht nicht oft, „umgelernt" werden kann. Im Gegensatz zu anderen Lernvorgängen ist diese Prägung nicht rückgängig zu machen. In diesem Zusammenhang auftretende Ängste des Kindes vor Trennungen und erst recht die tatsächliche Trennung des Kindes von faktischen Eltern führen mit einer an Sicherheit grenzenden Wahrscheinlichkeit zu lebenslangen schweren und nicht wieder auszugleichenden Persönlichkeits- und Verhaltensschäden. Deshalb stellt das Herausgabeverlangen unter den eingangs geschilderten Voraussetzungen eine massive Missachtung der neben den Elternrechten gleichzeitig gegebenen Elternpflichten gegenüber dem eigenen Kind, also ein Versagen wie einen Missbrauch im Sorgerecht, dar."

In diesem Zusammenhang steht das Gutachten von Metzger[28] „Über die Auswirkungen der Verpflanzung eines Kindes in eine fremde Umgebung."

---

25 Vgl. BT-Drucksache. 11/5984,68 und Staudinger 2002, S. 540, 541
26 Klußmann, Stötzel 1995, S. 143ff
27 ebd., S. 154ff
28 ebd., S. 258ff

Zusammenfassend geht er davon aus, dass

1. die Entscheidung darüber, ob eine Mutter mit ihrem Kind zusammenleben will oder nicht, während des ersten Lebensjahres des Kindes fallen muss. Wenn sie sich zum Ersten entschließt, so impliziert das unmittelbar ohne Ausweichmöglichkeit die Verpflichtung, vor Beendigung des ersten Lebensjahres die Pflege des Kindes zu übernehmen. Entschließt sie sich zum Zweiten, das heißt sich von dem Kind zu trennen, so gibt es aus entwicklungs- und sozialpädagogischen Gründen keine Möglichkeit, diesen Entschluss im späteren Leben rückgängig zu machen, ohne in unmenschlicher, für das ganze Leben verhängnisvoller Weise gegen das Wohl des Kindes zu verstoßen,
2. es sich um eine individuelle Bindung handelt, deren Glieder füreinander unersetzbar sind,
3. das körperliche und seelische Gedeihen des Kindes bedingt ist durch die Geborgenheit, die es in seinem Erleben zu den Personen empfindet, die es zu Vater und Mutter gemacht hat. Trennungen von diesen (er spricht nicht vom Tod) ist daher ein Eingriff, durch den jedes normale Kind erschüttert, verstört, verängstigt und aus dem Gleichgewicht gebracht wird,
4. der Zustand der Verwirrung und Verängstigung bereits dann eintritt, wenn das Kind den Zweck der Umgangskontakte erahnt, nämlich die Trennung von seinen engsten Bezugspersonen und seiner gesamten Umwelt, also dann, wenn noch überhaupt nichts passiert ist,
5. die verspätete oder überhaupt nicht erfolgte Information über die biologische Abstammung bei dem Jugendlichen ebenfalls zu schweren Verwirrungen führen kann,
6. die vollzogene Verpflanzung ein Trauma ist, das irreversible, das heißt lebenslange Folgen hinterlässt,
7. die von Gerichten immer wieder genannte These von der allmählichen Gewöhnung an die neuen Familienverhältnissen keine psychologischen Grundlagen hat. Kein Kind – und übrigens auch kein Erwachsener – kann sich daran gewöhnen, Menschen zu lieben, von denen es weiß, dass sie die größte Katastrophe seines Lebens veranlasst haben,
8. die Tatsache, dass eine Mutter die nachgeborenen Kinder gut versorgt, für das Kind, das in einer Pflegefamilie verwurzelt ist, keine Bedeutung hat. Aus theoretischen und vielfach bestätigten Erfahrungsgründen muss diese Behauptung als aus der Luft gegriffene Popularpsychologie bezeichnet werden, die in Wirklichkeit nie bestätigt worden ist.

In der Rechtsprechung wird davon ausgegangen, dass ein Kind gefährdet ist beim Bestehen einer gegenwärtigen, zumindest nahe bevorstehenden Gefahr. Diese muss so ernst sein, dass sich bei Fortdauer eine erhebliche Schädigung des geistigen oder leiblichen Wohls mit ziemlicher Sicherheit voraussehen lässt.

6 Die Trennung eines sicher gebundenen Kindes

Klußmann beschreibt, dass die Humanwissenschaften und die Praxis übereinstimmend festgestellt haben, dass eine nicht zu übersehende Schadenslage beim Kind beginnt, wenn Trennungsängste grundgelegt werden. Das Kind spürt den drohenden Verlust von den faktischen Eltern und reagiert mit Angst, Abwehr und schließlich mit Resignation.[29]

Klußmann verweist darauf, dass die Theorie von der leichten Umgewöhnung der Bindungen des Kindes keine Beweise bringen kann und dass Gernhuber (1973) seine Behauptung von der Möglichkeit der Umgewöhnung mit keiner einzigen Quelle belegen kann.

Ich möchte noch einmal auf das bereits zitierte wichtige Urteil des Bundesverfassungsgerichtes von 1987 zurückkommen.[30] Es geht hier um den Wechsel der Pflegefamilie und um die Risikoabwägungen und die Reichweite elterlicher Befugnisse für den Fall, dass mit der geforderten Herausgabe des Kindes nicht die Herstellung einer Familiengemeinschaft, sondern lediglich ein Wechsel der Pflegefamilie bezweckt ist und dies ohne zwingenden Grund nicht geschehen darf.

Das Bundesverfassungsgericht hat hier Gutachten über die Auswirkungen von Trennungen von ihrer unmittelbaren Bezugsperson eingeholt:[31]

„Danach hat die Trennung von Kleinkindern von ihrer unmittelbaren Bezugsperson unbestrittenermaßen als ein Vorgang mit erheblicher psychischer Belastung und mit einem schwer bestimmbaren Zukunftsrisiko zu gelten."

Wenn es um einen Wechsel der Pflegeeltern geht, dann ist einem solchen Herausgabeverlangen nur stattzugeben,[32]

„… wenn mit hinreichender Sicherheit auszuschließen ist, dass die Trennung des Kindes von seinen Pflegeeltern mit psychischer und physischer Schädigung verbunden sein kann."

Salgo führt aus:

„Die Verbleibensanordnung gewinnt dann an Gewicht, wenn das Kind aus einem intakten Pflegeverhältnis kommt."[33]

Die Rechtsprechung hat dem Kontinuitätsbedürfnis der Minderjährigen letztendlich Rechnung getragen.[34]

---

29 Vgl. Klußmann, Stötzel 1995, S. 154ff
30 Salgo 1996, BVerfGE 75
31 ebd.
32 ebd.
33 Salgo 2001, S. 43
34 Vgl. Staudinger 2002, Abschnitt 2, S. 544 ff

6.3.3 Das Antragsrecht der Pflegeperson auf Erlass einer Verbleibensanordnung gemäß § 1632 Abs. 4 BGB

Wenn leibliche Eltern oder auch ein Amt Rückführungswünsche äußern und die Pflegeeltern überzeugt sind, dass dieses nicht dem Wohl des Kindes entspricht, können sie selbst oder mithilfe eines Beistandes einer Pflegeelternvereinigung nach § 12 FamFG oder eines erfahrenen Fachanwaltes einen formlosen Antrag auf Verbleib nach § 1632 Abs. 4 BGB beim Familiengericht stellen.

Auch das Familiengericht und das Jugendamt können von Amts wegen die entsprechenden Schritte zum Schutz des Kindes in die Wege leiten.

Die Rechtsstellung der Pflegeperson ist mit dem Antragsrecht auf eine Verbleibensanordnung gegenüber dem bis vor 1980 geltenden Recht gestärkt worden. Der Rechtsausschuss versprach sich von dieser Bestimmung einen rechtzeitigen Schutz des Pflegeverhältnisses.[35] Die grundsätzlich jedermann, also auch den Pflegeeltern, eingeräumte Möglichkeit, Anregungen an das Jugendamt und an das Familiengericht zu geben, war für den Gesetzgeber nicht ausreichend.

Dieses Antragsrecht sowie die Anhörung der Pflegeperson nach § 161 FamFG folgen der vom Bundesverfassungsgericht anerkannten Stellung der Pflegefamilie.[36] Die Pflegeperson wird durch dieses Antragsrecht zum formellen Beteiligten im Verfahren, mit allen daraus zu folgernden Rechten, wie z. B. das Recht auf Akteneinsicht, die Teilnahme an der mündlichen Verhandlung, die Bekanntgabe der Entscheidung und das Recht zum Einlegen von Rechtsmitteln, unabhängig davon, ob sie einen Rechtsanwalt oder einen Beistand nach § 12 FamFG in Anspruch nehmen.

Es gehört zum Ausgangspunkt, auch verfassungsrechtlicher Einschätzungen, dass die Trennung eines Kindes von seiner engsten Bezugsperson ein Vorgang mit erheblichen psychischen Belastungen darstellt, und dass für ein Kind mit der Herausnahme aus der gewohnten Umgebung ein schwer bestimmbares Zukunftsrisiko verbunden ist.[37] Allein die Dauer des Pflegeverhältnisses unter Berücksichtigung des Alters des Kindes, der Dauer der Familienpflege, der Beziehungen und Bindungen des Kindes und Ursachen und Dauer vorangegangener Fremdplatzierungen ist bei der Beurteilung der Gefährdungslage des Kindes von entscheidender Bedeutung. Diese gesetzliche Bestimmung zielt auf die Gefährdung durch die Wegnahme des Kindes von der Pflegefamilie. Die mit §§ 33, 37 SGB VIII vom Jugendhilferecht vollzogene Verabschiedung der Doktrin jederzeitigen Widerrufbarkeit von einem Pflegeverhältnis findet in § 1632 Abs. 4 BGB ihren Ausdruck.[38]

---

35 BT-Drucksache 8/2788, 40, 52
36 Vgl. Staudinger 2002, S. 559
37 Ebd., S. 562
38 Ebd., S. 568

6.3.4 Das Tätigwerden von Amts wegen

Der Staat hat im Rahmen des Wächteramtes nach Art. 6 Abs. 2 S. 2 GG die Pflicht zur Sicherung positiver Lebensbedingungen für das Kind. Die Amtsermittlungspflicht bei jeder Kindeswohlgefährdung legt dem Jugendamt und dem Familiengericht auf, von Amts wegen zum Schutze des Kindes tätig zu werden. Dies bedarf keines Antrages. Pflegeeltern können das Gericht oder das Jugendamt direkt anregen von Amts wegen tätig zu werden, weil das Kindeswohl durch die geplante Herausnahme gefährdet ist. Dieses Recht steht jedem und damit auch den Pflegeeltern zu.

Ist es zum Wohle des Kindes, wegen erheblicher Gefährdung notwendig, den Verbleib in Familienpflege anzuordnen, so entsteht eine Pflicht des Gerichts, die entsprechende Entscheidung zu treffen, ohne dass ihm ein Ermessensspielraum zustünde.[39]

Wenn eine gerichtliche Entscheidung nicht unmittelbar herbeigeführt werden kann, so ist das Jugendamt verpflichtet, die Gefährdungslage des Kindes durch die Inobhutnahme gemäß § 42 SGB VIII abzuwenden.

Schon vor der Einführung des § 8a SGB VIII war das Jugendamt verpflichtet, das Familiengericht unverzüglich anzurufen, wenn das Kindeswohl gefährdet ist, und die Trennung eines sicher gebundenen Kindes von seiner Bindungsperson stellt in der Regel eine Gefährdung dar.

Durch die Einführung des SGB VIII wurde mancherorts das Jugendamt als reine Dienstleistungsbehörde missverstanden. Zur Verdeutlichung dieser eindeutig unrichtigen Auslegung des SGB VIII wurde die Klarstellung der Anrufungspflicht des Familiengerichtes – durch das Jugendamt bei Kindeswohlgefährdung – durch die Einführung des § 8a SGB VIII notwendig.

Das Jugendamt hat sich nicht im Vorfeld mit der Frage zu beschäftigen, ob das Familiengericht dem Antrag und der Einschätzung des Jugendamtes folgen wird, sondern es hat den Sachverhalt dem Familiengericht unverzüglich mitzuteilen und es hat die Gefährdungslage des Kindes abzuwenden.

6.4 Die Trennung eines Kindes im nicht erinnerungsfähigen Alter

Hier möchte ich folgendes Beispiel anführen:

Ein Kind, das die ersten eineinhalb Jahre in der Pflegefamilie lebte, dessen Mutter stundenweise im Hause der Pflegeeltern war und mit dem Kind spielte, das Kind jedoch immer in der vertrauten Umgebung war und die Bezugsperson in Reichweite war, reagierte auf diese Besuche ohne Angst. Pflegeeltern und Mutter gingen freund-

---

39 Vgl. Staudinger 2002, S. 559, 560

schaftlich miteinander um. Die Pflegeeltern hatten die Absicht, die Mutter immer mehr einzubeziehen, und wenn das Kind freiwillig und ohne Angst allein mit ihr gehen würde, wollten sie auch an einer eventuellen Rückkehr mitwirken. In den Vorbereitungsseminaren für die Pflegeeltern wurde deutlich gemacht, dass Pflegeeltern Kinder auf Zeit anvertraut werden und sie Dienstleister für das Jugendamt sind. Dies wurde von den Pflegeeltern akzeptiert.

Die Pflegeeltern mussten jedoch feststellen, dass das Kind, das sich bisher sehr gut entwickelt hatte und regelmäßig an Gewicht und Größe zugenommen hatte, bei der Ausdehnung der Besuche ohne die Pflegeeltern mit Angst und heftigem Protest reagierte. Die Pflegeeltern sahen keine Möglichkeit, dem Kind dieses zu ersparen, weil die Familientherapeuten, die die Rückführung begleiten sollten, auf ihrem Konzept beharrten. Trotz heftigen Schreiens des Kindes bis zur Erschöpfung musste es bei den leiblichen Eltern übernachten. Das Kind sollte, um die Erziehungsfähigkeit der Eltern zu testen, für eine ganze Woche bei ihnen verbringen. Nach dieser Woche kam es mit einem hohen Gewichtsverlust zurück und fortan nahm es weder an Gewicht noch an Größe zu. Dies dauerte circa fünf Monate. Die Pflegeeltern waren danach nicht mehr bereit, dieses Leid des Kindes mit zu verursachen und stellten einen Antrag auf Verbleib nach § 1632 Abs. 4 BGB. Der bestellte Gutachter übernahm die Position der Familientherapeuten und lastete den Pflegeeltern den Verlauf der Entwicklung an.

Dem medizinischen Gutachter, ein Kinder- und Jugendpsychiater, der auf die verhängnisvollen Folgen der Trennung des Kindes hinwies, wurde Parteilichkeit für die Pflegeeltern vorgeworfen.

Der vom Gericht bestellte Gutachter kam zu dem Ergebnis, dass das Kind in einem Alter sei, in dem es die Pflegeeltern vergessen werde und deshalb sei ihm die Trennung von diesen zuzumuten. Da das Amtsgericht die Rückführung beschloss und auch unverzüglich vollzog, waren die Pflegeeltern verzweifelt und mutlos, sodass sie den Gang zum Oberlandesgericht nicht gewagt haben. Besuche bei den Pflegeeltern wurden zwar vom Gericht angeordnet, aber sie wurden vom Jugendamt nicht unterstützt, weil das Kind jeweils beim Abschied von den Pflegeeltern heftig geschrien hatte. Der Besuchsbegleiter war zwar Psychologe, er hatte jedoch von dem Wesen kindlicher Bindungen keine Kenntnisse. Da das Kind beim Abschied von den leiblichen Eltern nicht weinte, meinte er darin die Erziehungskompetenz der leiblichen Eltern zu erkennen und beim Abschied von den Pflegeeltern deren Unfähigkeit, das Kind „loszulassen". Die weitere Entwicklung des Kindes ist eine Leidensgeschichte. Die Mutter kam mit dem jetzt sehr gestörten Jungen nicht zurecht, überließ ihn Freunden und Bekannten, er kam in verschiedene Bereitschaftspflegefamilien und schließlich mit sechs Jahren mit der Diagnose „nicht familienfähig" in ein Heim. Dort wird er ohne Kontakt zu der leiblichen Mutter aufwachsen, die in der Zwischenzeit drei weitere Kinder geboren hat, von denen zwei in Pflegefamilien aufwachsen und mit dem jüngsten Kind in einem Mutter-und-Kind-Heim lebt.

Es ist eine schwierige Entscheidung, ob alle rechtlichen Möglichkeiten ausgeschöpft werden sollen, um den Verbleib zu erwirken. Nach meiner Einschätzung wäre es in diesem Fall ein großes Wagnis gewesen, weil ein ganzes Helfersystem sich in der Einschätzung einig war, dass die Pflegeeltern die Schuld an dem Entwicklungsverlauf des Kindes haben, weil diese die Rückführung innerlich nicht mittragen konnten.

Durch die dem Kind nicht verständliche Trennung von seiner ganzen Welt wurde es wie erwartet sehr schwierig. Die selbst labile Mutter wurde dadurch überfordert und reagierte mit der wahllosen Weggabe des Kindes, was schließlich zur Heimunterbringung führte. Der Junge erinnert sich, wie die Richterin vorhergesagt hat, mit Sicherheit nicht an die Pflegeeltern, aber sein Lebensschicksal wurde durch diese unbedachte und nicht verantwortliche Entscheidung auf Dauer geprägt.

Die Wahrscheinlichkeit, dass dieses „rückgeführte" Kind bald wieder fremduntergebracht werden musste, war von Anfang an sehr groß. Die Belastung, die dieses schwierig gewordene Kind mit sich gebracht hat, setzt ein hohes Einfühlungsvermögen an die nachfolgende Betreuung voraus.

Mit der Behauptung der Amtsrichterin und des Gutachters, dass das Kind sich an die Trennung nicht erinnern kann und deshalb diese auch unschädlich sei, hat sich das Bundesverfassungsgericht 1987 auseinandergesetzt.

Im Beschluss des Ersten Senats vom 14. April 1987 hat das Bundesverfassungsgericht zwei Gutachten zugrunde gelegt und kam zu der Entscheidung, dass dem Kind ein Wechsel nicht zugemutet werden darf.

Aus der Begründung des Urteils halte ich folgenden Auszug für wesentlich:[40]

> Der Sachverständige Fthenakis hat darauf verwiesen, es sei fraglich geworden, ob die Trennung eines Säuglings von seiner Mutter zu schweren Entwicklungsstörungen führe. Nach neueren Untersuchungen sei vielmehr die nach der Trennung folgende Betreuungs- und Erziehungssituation des Kindes maßgeblich. Nicht der Wechsel, sondern die Rahmenbedingungen, die ihn begleiteten, seien für das Auftreten einer mittel- wie langfristigen Beeinträchtigung der kindlichen Entwicklung verantwortlich. Diese müssten im Einzelfall geprüft werden. Eine Einschätzung dieser Faktoren sei im vorliegenden Fall wegen fehlender geeigneter und umfassender Datenerhebung nicht möglich, für eine rechtliche Entscheidung jedoch unerlässlich (…).

Weiter heißt es:

> Der Gutachter Lempp führt aus, es sei unstreitig und bedürfe keiner wissenschaftlichen Untersuchung, dass die Herausnahme aus der Pflegefamilie bei der Beschwerdeführerin (Pflegekind) Trennungsschmerz und damit Trauer hervorrufen werde. Deren Qualität sei altersbedingt und unterschiedlich. Könne das Kind die Ursache des Umgebungswechsels verstehen, so seien mit der Trauer allenfalls das Gefühl der

---

40 Salgo 1996, BVerfGE 75, S. 201ff

Wut und die Tendenz des Aufbegehrens verbunden, wenn die Gründe nicht akzeptiert würden. Könnten diese von dem Kind nicht verstanden werden – und davon sei bei der Beschwerdeführerin auszugehen – dann entstehe vor allem ein Angst- und Bedrohungsgefühl, das schädliche Dauerfolgen verursachen könne. Dies sei in dem vom Landgericht eingeholten Gutachten außer Acht gelassen worden.

Man werde davon ausgehen müssen, dass die Überwindung eines Trennungstraumas von sehr verschiedenen individuellen Faktoren des einzelnen Kindes abhänge und von zusätzlichen psychischen Belastungen, die auf das Kind in der Zukunft zukommen könnte. Dabei könne keine untere Altersgrenze festgestellt werden, vor der ein Trennungstrauma des Kindes ohne Bedeutung sei. Auch insoweit müsse den Feststellungen des Gutachters entschieden widersprochen werden. Die Frage, ob sich das Kind später an die Trennung erinnern könne oder nicht, sei für die Spätfolgen nicht entscheidend. Nach neuesten Erkenntnissen seien Säuglinge schon wenige Tage nach der Geburt in der Lage, früheste Erfahrungen zu speichern. Deshalb sei davon auszugehen, dass anhaltende Angstzustände grundsätzlich die Belastungsfähigkeit für spätere Erlebnisse beeinflussen. Wollte man einem Kind eine Art „Abhärtungsprozess" zumuten, so wäre dieser ohne Einbuße an emotionaler Sensibilität und damit ohne Einschränkung der differenzierten Persönlichkeitsentfaltung kaum vorstellbar.

Der Ansicht des Amtsgerichts, dass eine eineinhalbjährige Beziehung des Kindes zu seinen Pflegeeltern noch keine „lange Dauer" begründen könne, müsse widersprochen werden. Beim Zeiterleben handele es sich nicht um eine objektive Feststellung, sondern um ein subjektives Erleben.

Was die zukünftige psychische Belastung der Beschwerdeführerin betreffe, sei eine Voraussage prinzipiell nicht möglich. Bei dieser handele es sich aber um ein „high-risk-Kind", bei welchem nach Vorgeschichte und Befund ein höheres Risiko psychischer Erkrankung angenommen werden muss.

Dass die Beschwerdeführerin mit ihrer Schwester aufwachsen solle, stelle keinen kompensatorischen Vorteil dar. Die Schwester sei für die Beschwerdeführerin ein fremdes Kind. Das allgemeine Prinzip, Geschwister nach Möglichkeit miteinander aufwachsen zu lassen, sei zudem nicht unbestritten und gelte im Übrigen nur für den Fall der Geschwistertrennung und nicht für die Geschwisterzusammenführung. Aus kinderpsychologischer Sicht bedeute der Wechsel der Beschwerdeführerin von den jetzigen Pflegeeltern zu den neuen Pflegeeltern ausschließlich das Eingehen eines Risikos, das man vermeiden sollte.

Die Folgen der Trennung von sehr kleinen Kindern musste ich immer wieder erleben. Diese Kinder wissen als ältere Kinder und Erwachsene selbst nichts von der Trennung und den Folgen, können aber kaum längerfristige Bindungen eingehen und leiden lebenslang. Ich spreche hier von mittlerweile Erwachsenen von über vierzig Jahren, die ich in ihrem Leben in Krisensituationen begleiten durfte.

Folgendes Beispiel geht mir besonders nahe:

Simon begegnete ich, als er zwölf Jahre alt war. Er fiel in der Schule auf, weil er alles „klaute", was in seiner Reichweite war. Er nahm auch Nachbarn sinnlos Gegenstän-

de weg und vernichtete diese. Es spielte keine Rolle, ob die Sachen etwas wert waren oder nicht. Die Lehrer waren verzweifelt. Als er schließlich in einer nahen kleinen Fabrik einen Gabelstapler löste und diesen auf einen Webstuhl laufen ließ, in der Absicht diesen zu zerstören (was auch gelang), kam sowohl von den Eltern als auch von der Schule der dringende Hilferuf an mich als die zuständige Sozialarbeiterin, den Jungen in ein Heim zu bringen.

Es stellte sich heraus, dass Simon ein Adoptivkind war, das im Alter von etwas mehr als zwei Jahren in die Familie kam. Es fanden sich auch alte Akten im Archiv. Diese gaben Aufschluss über die bisherige Entwicklung des Jungen.

Die ersten Eintragungen waren Berichte darüber, dass die Mutter, die bereits ein Kind zur Adoption freigegeben hatte, Simon zwar selbst nicht bei sich aufnehmen wollte, jedoch ihn auch nicht zur Adoption freigeben wollte. Vielmehr war sie mit einer Pflegefamilie in der gleichen Stadt, in der auch ihre Eltern lebten, einverstanden. Es waren einige kleine Entwicklungsberichte in den Akten zu finden, die von einer sehr positiven Entwicklung des Säuglings berichteten. Der Junge wurde als lebhaft, fröhlich und neugierig beschrieben. Das uneingeschränkte Vertrauen zu den Pflegeeltern wurde ebenfalls beschrieben und die herzliche Zuneigung der Pflegeeltern zu dem Jungen. Die Großeltern besuchten den Jungen gelegentlich.

Der Junge war inzwischen 18 Monate geworden, als die Mutter sich entschloss, das Kind zur Adoption freizugeben. Er sollte als Zwischenstation in ein Kleinkinderheim und die Großeltern hatten das Einverständnis der Mutter, dass er in eine Adoptivfamilie ihrer kleinen Glaubensgemeinschaft vermittelt werden sollte. Die Pflegeeltern mussten Simon in das Heim bringen.

Dann kam ein Bericht des Heimes. Es wurde ausführlich beschrieben, in welcher Panik sich das Kind befindet, sich durch nichts beruhigen lässt und bis zur Erschöpfung schreit. Das Heim bat dringend, den Jungen wieder zurück zu den Pflegeeltern zu bringen. Für das Heim war klar, dass sie die weitere Betreuung des Jungen ablehnen und er unverzüglich abgeholt werden müsse. Der Junge kam immer mehr in einen psychischen und körperlichen Ausnahmezustand.

Dann gibt es eine große Lücke in den Akten. Sicher war, dass ihn die Großeltern im Heim abgeholt haben, jedoch nicht in die Pflegefamilie zurückgebracht hatten.

Als Simon circa drei Jahre alt war, kam ein Adoptionsantrag eines Ehepaares aus der Glaubensgemeinschaft der Großeltern. Das Kind befand sich schon länger bei diesem Ehepaar und wurde von den Großeltern dorthin gegeben. Die Mutter hatte das Kind diesem Ehepaar zur Annahme als Kind anvertraut.

Die zuständige Sozialarbeiterin verfasste einen Bericht, dass das Kind offensichtlich schon sehr an diesem Ehepaar hänge und ein Wechsel nicht mehr vorstellbar sei, obwohl sie bei diesem Ehepaar die übliche Überprüfung durch das Jugendamt nicht durchgeführt habe.

Simon wird als ein sehr braves, stilles Kind beschrieben, das keinerlei Schwierigkeiten machte. Auch die nachfolgenden Berichte schreiben immer wieder von dem lieben, stillen Jungen, der die Nähe der Adoptivmutter sucht. Es wird von einer engen Bindung geschrieben, jedoch nie von einem fröhlichen Spiel oder neugierigem kindlichen Erkundungsverhalten. Die Adoption wurde befürwortet und dann schweigen die Akten.

Als ich den Jungen näher kennenlernte, wurde seine tiefe Not deutlich. Er war völlig einsam und lebte in der ständigen Angst vor dem Adoptivvater, der mit den Schwierigkeiten des Jungen nicht zurechtkam. Es wurde klar, dass er auch misshandelt wurde, wenn er etwas angestellt hatte. Die Adoptivmutter versuchte ihn zu schützen, konnte sich jedoch auch nicht erklären, warum der Junge so schlimme Dinge anstellte.

Simon bat mich dringend, nicht mehr nach Hause gehen zu müssen. Ich ging mit ihm zum Richter und das Gericht entzog, auf dem Wege einer einstweiligen Anordnung, das Sorgerecht, weil die Misshandlungen durch den Vater als Tatsache gewertet werden mussten. Simon kam zunächst in ein Heim. Er war auch dort sehr allein und konnte sich in die Gruppe der Gleichaltrigen nicht einfinden. Daraufhin fand ich eine mir gut bekannte Familie, die sich für den Jungen interessierte und ihn regelmäßig zu Ferienaufenthalten und Wochenenden in ihre Familie aufnahm.

Nach dem Hauptschulabschluss mit circa 15 Jahren kam er ganz zu der Familie und absolvierte erfolgreich eine Lehre. Er war äußerlich ganz in die Familie integriert. Seitdem ist er nicht mehr durch Eigentumsdelikte aufgefallen. Besonders zu der Großmutter in der Pflegefamilie hatte er eine herzliche Beziehung aufgebaut. Er ging mit ihr spazieren, und als sie nicht mehr lesen konnte, las er ihr Geschichten vor. Simon war für die Großmutter zur wichtigsten Person geworden.

Simon sprach wie immer sehr wenig und zeigte sich sowohl in der Arbeitsstelle wie zu Hause als äußerst angepasst. Es wurde schwierig, wenn ihm etwas nicht sofort gelang. Zuhause bekam er seltene, aber heftige Aggressionsausbrüche. Er zerschlug circa zweimal im Jahr Möbel. In diesem Zustand war er nicht ansprechbar und zeigte sich auch Menschen gegenüber – ausgenommen der Großmutter – als gefährlich. Einmal musste er, als er die Pflegemutter körperlich angriff, in die psychiatrische Klinik zwangseingewiesen werden. Nach diesen Ausbrüchen war es so, als ob er erwachte und erstaunt war, was geschehen ist. Er weinte danach, bat um Verzeihung und tat alles, um den Schaden wieder gut zu machen.

Beruflich war er erfolgreich und beliebt. Er blieb insgesamt zehn Jahre in der Pflegefamilie. Als er mit 25 Jahren eine ältere Frau mit einem sechsjährigen Jungen kennenlernte, zog er zu dieser. Der Abschied von der Pflegefamilie erfolgte in vollem Einvernehmen, und die Partnerin fand ein gutes Verhältnis zur Pflegefamilie. Er versprach einen baldigen Besuch, was besonders für die Großmutter wichtig war. Simon kam jedoch nicht mehr und meldete sich nicht mehr. Er reagierte auch nicht auf Geburtstagsgeschenke.

6 Die Trennung eines sicher gebundenen Kindes

Die Partnerin hielt Kontakt zur Pflegefamilie. Sie sagte, dass er mit der Vergangenheit keinen Kontakt haben möchte. Was für ihn vorbei sei, sei vorbei. Sie versuchte, ihn zu einem Besuch bei der Großmutter zu bewegen, weil diese sehr traurig war, dass Simon verschwunden war und sie nie mehr besuchte. Er tat es nicht.

Die Partnerin berichtete, dass sie sehr gut zusammenleben würden, dass er jedoch mindestens zweimal im Jahr gefährliche Aggressionsausbrüche hätte und dabei die Möbel zertrümmern würde. Sie selbst habe auch oft Angst. Den Jungen verschone er. Nach diesen Ausbrüchen weine er und bäte verzweifelt um Verzeihung.

Zu dem Jungen war er sehr gütig und einfühlsam. Er unternahm in der Freizeit viel mit ihm, und der Junge akzeptierte ihn voll als Vaterersatz. Es schien ein enges Verhältnis zwischen den beiden zu bestehen. Nach zehn Jahren lernte er eine junge Frau kennen und zog aus. Es gab keine großen Auseinandersetzungen, weil die bisherige Partnerin die Entscheidung akzeptierte, sie bat ihn jedoch, zu dem Jungen Kontakt zu halten. Auch hier kam die Erklärung, dass er dies nicht tun werde. Was vorbei sei, sei für ihn vorbei. Die Gefühle des Jungen kümmerten ihn nicht. Simon zog aus und hat sich nicht mehr bei seiner früheren Familie gemeldet. Die Beziehung zu der jüngeren Frau zerbrach und er kehrte zu seiner früheren Partnerin zurück. Er machte eine stationäre Therapie, ist erfolgreich im Beruf und nahm auch wieder Kontakt zu der Pflegefamilie auf. Was bleibt ist eine nicht berechenbare verdeckte Aggressivität, die zwar nicht im Beruf, sondern im privaten Bereich, circa zweimal im Jahr zu Gewaltausbrüchen führt. Nur durch die verständnisvolle Begleitung seiner Partnerin ist es möglich, dass er mit dem Leben zurechtkommt.

Er erinnert sich nicht an die Pflegeeltern, die ihn bis zu einem Alter von zwei Jahren liebevoll versorgt haben, er erinnert sich nicht an das Kinderheim und seine Verzweiflung dort, die von den Erziehern verantwortungsbewusst wahrgenommen wurde, aber dies hat sein Leben geprägt.

Diese Geschichten, die das Leben schrieb, sind eine Bestätigung dessen, was Reinhart Lempp in seinem Gutachten schreibt. Simon kann sich nicht wirklich binden, und seine frühen Erfahrungen, von denen er nichts weiß, begleiten ihn lebenslang. Therapeutische Hilfen konnten bis heute nicht greifen. War das Bemühen der Pflegefamilie mit dem großen Einsatz sinnvoll? Ich meine ja! Er ist beruflich integriert und erfolgreich. Er kann jedoch Beziehungen nur begrenzt durchhalten und ist nicht in der Lage, ein gesundes Selbstwertgefühl aufzubauen und zufrieden und glücklich zu leben. Er kann jedoch überleben. Der Zugang zu seinen Gefühlen ist ihm dennoch versperrt und Gefühle der Treue sind ihm fremd geblieben.

Wenn Simon heute befragt werden würde, so würden die wahren Probleme nicht sichtbar, weil sie ihm selbst nicht verständlich sind. Für mich ist es überdeutlich, dass er lebenslang an den Folgen der frühen Trennung leidet und diese auch deshalb nur bedingt einer Therapie zugänglich sind, weil er sich nicht daran erinnern kann. Dazu kam, dass die nachfolgende Betreuung das nötige Verständnis für die schwierige Situation des Jungen vermissen ließ. Solange er das angepasste, „brave" Kind war, konnten die Adoptiveltern mit dem Buben umgehen, als er aber versuchte einen eigenen Willen zu entwickeln, wurde er als „böse" angesehen und entsprechend hart bestraft, was seine Probleme und Verhaltensauffälligkeiten verstärkte.

Simon ist kein Einzelschicksal, das mir in meinem beruflichen Weg begegnet ist.

Auch Jasmin, die mit zwei Jahren von der Mutter aus der Pflegefamilie herausgenommen wurde, in der sie sichere Bindungen gefunden hatte, leidet heute noch als Erwachsene an der Entwurzelung. Auch hier gibt es Akten, die das Kind in der ersten Pflegefamilie als fröhlich und neugierig, konzentriert spielend und den Pflegeeltern vertrauensvoll zugewandt beschrieben. Die Mutter holte das Kind fast jedes Wochenende zum Umgangskontakt, was kaum Probleme machte.

Ich begegnete dem Mädchen, als es sechs Jahre alt war. Es hatte in der Zwischenzeit zwei Pflegefamilien hinter sich. Die eine Pflegefamilie war eine ungeprüfte Familie, die von der Mutter ausgesucht und bezahlt wurde. Die Kindergärtnerin sah, dass diese Familie mit dem Kind völlig überfordert war, weil es weder konzentriert spielen noch Regeln einhalten konnte. Es hatte ein großes Bedürfnis, immer im Mittelpunkt zu stehen und kam mit den Geschwistern in der Pflegefamilie nicht zurecht. Als die Kindergärtnerin deutliche Misshandlungsspuren am Kind feststellen musste, nahm sie es zu sich nach Hause und behielt es so lange, bis eine neue Pflegefamilie gefunden werden konnte.

Die neue Pflegefamilie wurde deshalb ausgewählt, weil die Pflegemutter Sozialpädagogin war und man davon ausging, dass damit die Probleme des Kindes gelöst werden können.

Das Mädchen blieb in dieser Pflegefamilie, brachte aber auch diese Familie immer wieder an den Rand ihrer Kräfte. Jasmin konnte neben sich keine anderen Kinder dulden. Die richtige Entscheidung wäre (im Nachhinein gesehen) gewesen, wenn sie zu einem kinderlosen Ehepaar gekommen wäre oder zu einer Familie, in der die Geschwister bereits deutlich älter gewesen wären. Sicher wäre jedoch auch gewesen, dass die Mutter mit einem kinderlosen Ehepaar nie einverstanden gewesen wäre – sie besaß die „elterliche Gewalt" (elterliche Sorge).

Jasmin hat heute als Erwachsene mit über 40 Jahren noch engen Kontakt zur Pflegefamilie. Sie fühlt sich zugehörig, hat jedoch immer – trotz aller Therapien – große Schwierigkeiten, sich selbst als liebenswerten Menschen zu sehen. Sie hat ein geringes Selbstwertgefühl, obwohl sie nach der mittleren Reife einen qualifizierten Beruf ergriff und beruflich gut zurechtkam. Partnerschaften waren immer schwierig, und Trennungen brachten sie an den Rand des Abgrunds.

Bei ihr jedoch ist im Gegensatz zu Simon die Treue zur Pflegefamilie zu beobachten – allerdings waren auch da immer wieder Unterbrechungen, weil sie auch heu-

te noch die Welt in Schwarz und Weiß einteilt. Es kann sein, dass wegen eines kleinen Konfliktes plötzlich für einige Monate der Kontakt abgebrochen wird. Sie findet jedoch immer wieder den Weg zurück und sucht in Krisensituationen den Halt bei der Pflegemutter.

Jede Trennung einer sicheren Eltern-Kind-Bindung stellt ein Risiko für die kindliche Entwicklung dar. Es ist ein Irrtum, wenn davon ausgegangen wird, wie ich mehrfach in Gutachten lesen musste, dass das Kind jetzt zwar voll in die Pflegefamilie eingebunden ist, zwar im Augenblick der Trennung Leid erfährt, dieses aber bald vergisst. Dieses „Vergessen" bedeutet lediglich, dass das mit der Trennung verbundene Leid nicht erinnerbar ist und damit nur schwer einer Therapie zugänglich ist. Die Gefahr, dass die leiblichen Eltern oder auch noch so gute Pflegeeltern mit dem schwieriger werdenden Kind nicht zurechtkommen, steigt mit jeder erneuten Trennung – und diese Kinder sind in großer Gefahr, einen neuen Beziehungsabbruch zu provozieren. Sie suchen nach Nähe und können diese gleichzeitig nicht ertragen, was für jedes Zusammenleben ein großes Risiko bedeutet. Auch Pflegefamilien, die eine pädagogische Qualifikation aufweisen, sind keine Garantie für die Vermeidung eines erneuten Beziehungsabbruchs. Mit jedem weiteren Wechsel steigt das Risiko, dass sich das Kind überhaupt nicht mehr binden kann.

Jede Trennungserfahrung wird gespeichert. Je häufiger sich Trennungen wiederholen, desto geringer wird die Chance für die Entstehung neuer Bindungen. Jede Trennung macht das Kind verletzbarer und unfähiger, den früheren Grad an Zuneigung wieder zu erreichen.[41] Je früher die Traumatisierung erfolgt, umso nachhaltiger sind die Schäden. Diese alte Erkenntnis aus den Humanwissenschaften hat sich durch die Ergebnisse der Hirnforschung erhärtet.

6.5 Ist Trennungsleid Wirklichkeit, obwohl es nicht genau messbar ist?

Im Umgang mit Pflegekindern ist die Trennungsangst ein Thema, das ständiger Begleiter von vielen Pflegekindern und Pflegeeltern ist. „Pflegekinder sind Kinder auf Zeit", ein Schlagwort, das in der Werbung vieler Jugendämter in Prospekten zu lesen ist, in denen sie neue Pflegeeltern gewinnen wollen. Diesem Mangel an Sicherheit werden wir in diesem Buch noch vielfach begegnen.

Die neue Hirnforschung belegt, dass die Ängste der Kinder vor einer Trennung von der geliebten Bezugsperson auch messbar in der Ausschüttung der Hormone nachzuweisen sind.[42] Vielleicht hilft diese „Messbarkeit", lange beobachtete und erkannte tiefe Ängste von Kindern glaubhafter machen zu können.

---

41 Vgl. Goldstein, Freud, Solnit 1982, S. 43
42 Hüther 2001

Gezeichnet von Jan Kobus

Hier möchte ich die kleine Geschichte von dem Geschäftsmann in „Der kleine Prinz" von Antoine de Saint Exupéry anführen. Sie soll deutlich machen, dass Gefühle genauso wichtig sind wie messbares Verhalten, und sich nicht alles messen lässt, was trotzdem Wirklichkeit ist.

Exupéry beschreibt einen Geschäftsmann, der so beschäftigt mit dem Zählen der Sterne war, dass er bei der Ankunft des kleinen Prinzen nicht einmal den Kopf hob. Er zählte weiter. Schließlich kam er zu der Zahl 500 Millionen. Als der kleine Prinz nachfragte, wovon er 500 Millionen hätte, war der Geschäftsmann erstaunt, dass der kleine Prinz immer noch da war. Er konnte darauf keine Antwort geben, sondern behauptete ein ernsthafter Mann zu sein, der sich nicht mit Kindereien abgeben könne. Als der kleine Prinz auf seiner Frage beharrte und der Geschäftsmann begriff, dass es keine Aussicht auf ein Ausweichen gab, antwortete er, er zähle die kleinen Dinger, die man am Himmel sieht. Der kleine Prinz folgerte, dass dies die Sterne sein müssten und fragte, was er mit diesen Sternen mache. Die Antwort war, dass er nichts mit ihnen mache, sondern sie besitzen würde.

Wer sich auf Augenhöhe mit dem Kind begibt, kann bei einem stillen Hinhören erkennen und erfahren, was ein Säugling bzw. ein kleines Kind braucht, auch wenn es sich verbal noch nicht äußern kann. Da ist das Entsetzen in den Augen eines Kindes zu sehen, das plötzlich vor der Möglichkeit steht, die geliebte Pflegefamilie zu verlieren. Da ist – noch schlimmer – die stille Resignation eines Kindes in das Unabänderliche aus seinen Augen und aus seinem resignierten Verhalten herauszulesen. Die Forderung, dass Fakten auf den Tisch gelegt werden müssen, um zu beweisen, dass dem Kind nachhaltiger Schaden zugefügt wird, wenn ihm die geliebten Menschen und die gesamte soziale Umwelt weggenommen werden, ist mir in meiner beruflichen Laufbahn immer wieder begegnet. Da empfand ich es als ein Glück, wenn ich auf einen Richter oder Gutachter gestoßen bin, der das „Nichtmessbare" mit in die Waagschale geworfen hat.

Seit vielen Jahrzehnten beschreibt die Bindungsforschung Verhalten von Kindern, die durch Trennungsängste in eine bedrohliche Krise gestürzt werden. Seit mindestens vier Jahrzehnten beobachte ich Schicksale von Pflegekindern, die schutzlos sind, denen Trennungen zugemutet werden und die dadurch nachhaltigen Schaden genommen haben.

In Gesprächen mit dem Verhaltensbiologen Bernhard Hassenstein über die Tatsache, warum die Erkenntnisse der Humanwissenschaften und die differenzierten Langzeitbeobachtungen der Praxis so wenig Gehör finden, verweist er auf ein Zitat aus seinem Buch. Dort ist zu lesen:

> „Der Mensch scheut vor einem Gedanken zurück, der ihn, wenn er ihn dächte, vor eine Situation stellte, der er sich nicht gewachsen fühlt. Die Angst errichtet spezielle Denkhindernisse für Konsequenzen, die eigentlich aus dem eigenen augenblicklichen Wissen und Kenntnisstand zu ziehen wären. Aus Angst kann ein Mensch „nicht wahrhaben wollen", was ihm sein Nachdenken eigentlich vor Augen führen müsste."[43]

---

43 Hassenstein 1992, S. 95

7 Das Jugendamt

> Entscheidend sind das Handlungsmuster und die fachliche Ausrichtung eines Jugendamtes. Steht das kindzentrierte Handeln im Mittelpunkt?
> Sind Fachkräfte mit Spezialwissen auf dem Gebiet der Pflegekinderhilfe vorhanden? Werden die Pflegeeltern/Adoptiveltern als Partner respektiert?
> Das Jugendamt ist eine zweigliedrige Behörde. § 70 SGB VIII bestimmt, dass die grundsätzlichen Aufgaben vom Jugendhilfeausschuss und die laufenden Geschäfte von der Verwaltung des Jugendamtes ausgeübt werden.
> Subsidiaritätsprinzip: Der Träger der öffentlichen Jugendhilfe hat die freiwillige Tätigkeit auf dem Gebiet der Jugendhilfe anzuregen und zu fördern (§§ 73, 74 SGB VIII). Das Wunsch- und Wahlrecht der Betroffenen (gem. § 5 SGB VIII) ist zu beachten.
> Zufriedene Pflegeeltern sind die beste Werbung für neue Pflegefamilien.

7.1 Die beste Werbung für neue Pflegefamilien sind zufriedene Pflegeeltern

Welche Faktoren sind ausschlaggebend dafür, ob sich in einem Gemeinwesen genügend Familien finden, die Kindern in unterschiedlichsten Notlagen ein Zuhause anbieten – sei es zeitlich befristet oder sei es eine auf Dauer angelegte Lebensperspektive?

Die Organisationsstruktur des Jugendamtes hat einen großen Einfluss darauf, ob sich Familien öffnen und einen Teil ihrer Intimsphäre aufgeben, um einem Kind, das nicht in seiner biologischen Familie aufwachsen kann, einen festen Platz in ihrer Familie zu geben. Ich möchte das deutlich machen, indem ich Sie zu einem kurzen Streifzug durch meine berufliche Erfahrung mit den unterschiedlichsten Amtsstrukturen und mit unterschiedlichsten Gewichtungen zur Bedeutung des Pflegekinderwesens einlade.

7.2 Geschichtlicher Rückblick

7.2.1 Eine Konzeption, die sich in der Praxis bewährt hat

Im 2. Jahrbuch des Pflegekinderwesens ist die Entwicklung des Pflegekinderwesens im Landkreis Waldshut beschrieben.[1]

Als ich die Adoptionsvermittlungsstelle dieses Landkreises im Jahre 1982 übernahm, gab es eine strenge Trennung zwischen Pflegekinderwesen und Adoption.

---

1 Zwernemann 2001, S. 184 bis 192

Es gab auch eine strenge Trennung zwischen Adoptionsbewerbern und Bewerbern für ein Pflegekind. Gruppenarbeit fand nicht statt. Eine Spezialisierung auf das Pflegekinderwesen gab es nicht, und es waren viele Kleinkinder im Heim, weil angeblich keine Pflegeeltern vorhanden waren. 75 Prozent der fremduntergebrachten Kinder waren im Heim, 25 Prozent der fremduntergebrachten Kinder waren in Pflegefamilien.

Die „Qualitätsentwicklung" – damals benutzte man dieses Wort noch nicht – fand in folgenden Schritten statt:

1. Die Trennung zwischen Adoptionsvermittlungsstelle und Pflegestellenvermittlung wurde aufgehoben
Unter den Adoptionsbewerbern galt es die Eltern zu finden, die sich vorstellen konnten, einem Pflegekind eine dauerhafte Heimat zu geben und die auch bereit waren, mit der Herkunftsfamilie zusammenzuarbeiten. Es galt, Ängste abzubauen. Die größte Angst war und ist, dass sich das Kind in der Familie verwurzelt und dann einfach wieder aus der Pflegefamilie herausgenommen werden wird. Nach Verabschiedung des Kinder- und Jugendhilfegesetzes im Jahre 1991 erfordert der § 36 SGB VIII Abs. 2 Satz 2:

(1) (…) Vor und während einer langfristig zu leistenden Hilfe außerhalb der eigenen Familie ist zu prüfen, ob die Annahme als Kind in Betracht kommt. (…)

Daraus folgt, dass eine enge Verbindung der Pflege- und Adoptionsstellen erforderlich ist.

2. Aufbau eines Sonderdienstes
Das musste mit wenigen Fachkräften bewerkstelligt werden, weil sich eine Veränderung in einer Amtsstruktur nur langsam verwirklichen lässt. Damit Seminare angeboten werden konnten, mussten Honorarkräfte beteiligt werden. Mithilfe des Jugendhilfeausschusses wurde allmählich der Personalschlüssel aufgestockt. Eine intensive fachliche Auseinandersetzung und Weiterbildung der eingesetzten Fachkräfte durch Fachliteratur, regelmäßige kollegiale Beratung und die Entwicklung einer Konzeption unter Beteiligung des Allgemeinen Sozialen Dienstes waren Teil der Entwicklung.

3. Konzeption und Dienstanweisung
In einer konstruktiven Auseinandersetzung wurde eine Konzeption erarbeitet, die schriftlich fixiert wurde. Es wurden die Philosophie und die fachlichen Standards des Jugendamtes festgehalten. Handlungsmuster, welche personenunabhängig sind, waren von jedem Mitarbeiter zu beachten.
Regelmäßige Mitarbeitergespräche sorgten bei allen individuellen Gestaltungsmöglichkeiten für eine einheitliche „Philosophie" des Amtes.

Als Ziele wurden festgelegt:
a) Die Unterbringung eines Kindes, das nicht in der Herkunftsfamilie leben kann, erfolgt vorzugsweise in einer Pflegefamilie.
b) Der kindliche Zeitbegriff wird beachtet und das Kindeswohl steht im Zentrum der Bemühungen.
c) Die Hilfeplanung erfolgt nach den Grundsätzen der Wahrhaftigkeit, Klarheit und Transparenz allen Beteiligten gegenüber.
d) Die fachliche und sachliche Ausstattung mit der personellen Besetzung wird festgelegt.

Die Konzeption des Pflegekinderdienstes:
Die Konzeption legt die Grundrichtung der Handlungsweise fest. Sie wird zusammen vom Pflegekinderdienst, dem ASD, der wirtschaftlichen Erziehungshilfe und der Leitung der Verwaltung sowie der Pflegeelterngruppen erarbeitet. Diese Vorlage wird als Entscheidungsgrundlage dem Jugendhilfeausschuss vorgelegt, der darüber zu entscheiden hat.

In der Konzeption werden die Ziele der Hilfe in Vollzeitpflege festgelegt, die aufgrund der gesetzlichen Vorgaben, der Erkenntnisse der Bindungsforschung und der Entwicklungspsychologie erarbeitet wurden.

Eine Dienstanweisung wurde erlassen, in der die Vorbereitung, Vermittlung und die Fallzuständigkeit bei einer Fremdunterbringung festgelegt wurden.

Die Schritte wurden wie folgt festgelegt:
a) Wenn eine Fremdunterbringung eines Kindes im Raume steht, legt der Sozialarbeiter des Allgemeinen Sozialen Dienstes dem Leiter des Sonderdienstes für Pflegekinder eine psycho-soziale Diagnose vor.
b) Der Pflegekinderdienst wird an den Teamsitzungen des ASD beteiligt mit dem Ziel zu entscheiden, ob für dieses Kind in seiner besonderen Situation eine geeignete Pflegefamilie vorhanden ist. Die Entscheidung, ob das Kind „familienfähig" ist oder nicht, wird nicht ohne Einbeziehung des Pflegekinderdienstes gefällt.
c) Der Sozialarbeiter des Pflegekinderdienstes, in dessen Bezirk die mögliche Pflegefamilie wohnt, übernimmt zusammen mit dem Bezirkssozialarbeiter die Gespräche mit der Herkunftsfamilie, der Pflegefamilie, und er lernt das Kind kennen. Wo dies wegen mangelnder Mitarbeit der Herkunftsfamilie nicht möglich ist und das Kindeswohl gefährdet ist, erfolgt die Vermittlung in der gleichen Reihenfolge über eine Bereitschaftspflegefamilie oder ein spezialisiertes Kleinstheim. Bei diesen Gesprächen wird mit allen Beteiligten über den kindlichen Zeitbegriff gesprochen. Ebenso wird erörtert, was und in welcher Zeit

in der Herkunftsfamilie an Veränderung erfolgen muss, damit das Kind in die Herkunftsfamilie zurückkehren kann.
d) Die Fallzuständigkeit wird festgelegt. Für die Pflegefamilie ist der regional zuständige Sozialarbeiter des Pflegekinderdienstes von Anfang an zuständig. Während der Klärungsphase über die Lebensperspektive des Kindes ist der Allgemeine Soziale Dienst für das Kind fallführend. Wenn die Prognose erarbeitet wurde, dass eine Rückkehr innerhalb der für das Kind vertretbaren Zeit nicht möglich ist, geht die Fallzuständigkeit für das Kind (Hilfeplanung, Besuchsregelung) auf den regional zuständigen Sozialarbeiter des Pflegekinderdienstes über.

4. **Es wurde ein standardisiertes Bewerberverfahren erarbeitet, das in verschiedene Schritte unterteilt wurde:**
a) Informationsgespräch mit den Bewerbern.
b) Hausbesuch von zwei Sozialarbeitern, damit ein fachlicher Austausch möglich ist.
c) Zwischenauswertung nach Erstgespräch und Hausbesuch.
d) Mitteilung an die Bewerber, ob das Jugendamt sich vorstellen kann, dass sie als Bewerber für ein Kind infrage kommen.
e) Bei positivem Bescheid Einladung zum Seminar, bei Unsicherheit Einladung zu weiteren Einzelgesprächen. Falls in diesen Einzelgesprächen die Bedenken gegen die Aufnahme eines Kindes in dieser Familie nicht ausgeräumt werden konnten, ehrliche Mitteilung, dass kein Kind vermittelt werden kann unter Angabe der Gründe.
f) Verpflichtende Teilnahme der Bewerber an zehn Abendseminaren und an einem Familienwochenende. Der Sachgebietsleiter des Pflegekinderdienstes übernahm bei den Seminaren mit einer Honorarkraft die Gruppenleitung. Theoretische Grundlage für die Gruppenarbeit war die themenzentrierte Interaktion (TZI) nach Ruth Cohn.[2]
g) Auswertungsgespräch mit jedem Bewerber, mit dem Sachgebietsleiter und dem regional zuständigen Sozialarbeiter des Pflegekinderdienstes. Es wurde erörtert, was sich die Bewerber vorstellen können, welcher Aufgabe sie sich gewachsen fühlen, und die Einschätzung des Jugendamtes wurde offen gelegt.

Damit war die Bewerbungsphase abgeschlossen. Es war erstaunlich, wie viele Ehepaare unter den kinderlosen Ehepaaren, die zuvor nur für ein Adoptivkind vorgemerkt wurden, ohne die Motive der Bewerber zu erforschen, für ein Pflegekind die richtigen Eltern waren. Insbesondere waren Kinder, die einem Rivalitätskonflikt unter Geschwistern nicht gewachsen gewesen wären und die uneingeschränkte

---

2   Cohn 1991

Zuwendung der Pflegeeltern brauchten, mit großem Erfolg bei kinderlosen Ehepaaren beheimatet worden. Die Zahl der Heimkinder nahm kontinuierlich ab.

5. Die Auswahl der Bewerber erfolgt nach folgenden Kriterien:
a) Persönliche Offenheit und Flexibilität sowie die Bereitschaft, innere Prozesse und Gefühle zuzulassen.
b) Kindzentriertes Denken: Nicht der eigene Kinderwunsch, sondern die Bedürfnisse des Kindes müssen im Vordergrund stehen. Die Gabe, sich in die Gefühlswelt des Kindes, aber auch der Herkunftsfamilie hineinzuversetzen, ist eine wichtige Voraussetzung für die positive Entwicklung des Kindes.
c) Als Grundhaltung sind Toleranz und Akzeptanz, auch andersartigen Menschen gegenüber sowie eine lebensbejahende Grundhaltung erforderlich.
d) Die persönliche Belastbarkeit und die Risikobereitschaft für neue Entwicklungen und neue Lebenswege sind wichtige Voraussetzungen für die Aufnahme eines Kindes.
e) Die soziale Umwelt und ausreichende wirtschaftliche Grundlagen sind ebenfalls wichtig.
f) Das Kind soll nicht als Ersatz gesehen werden, weder für fehlende Geschwisterkinder noch für ein verstorbenes oder nicht geborenes Kind.

6. Die Vermittlungsphase
In der Vermittlungsphase ist der Pflegekinderdienst im Vorfeld der Fremdunterbringung zu beteiligen. Nur so kann die richtige Familie für dieses konkrete Kind gefunden werden. Fehlvermittlungen werden so weitgehend vermieden.

Es ist entscheidend für das Gelingen eines Pflegeverhältnisses, dass der Allgemeine Soziale Dienst, der die Unterbringung des Kindes in einer Pflegefamilie anstrebt, und der Pflegekinderdienst vor und während des Vermittlungsprozesses eng zusammenarbeiten. Dies erfordert in dieser Phase einen hohen Zeitaufwand, der sich aber im Nachhinein sowohl für das Kind, für die Pflegefamilie, für die Herkunftsfamilie und auch für das Jugendamt auszahlt.

In Kapitel 1 sind die Fragen beschrieben, die sich alle Beteiligten vor der Unterbringung eines Kindes in einer Pflegefamilie zu stellen haben.

7. Die Stützung und Begleitung der Pflegefamilien
Um Pflegeeltern in ihrer schwierigen Aufgabe zu begleiten und zu unterstützen, sind qualifizierte und spezialisierte Fachkräfte nötig.

Der Jugendhilfeausschuss, der alle generellen Angelegenheiten der Jugendhilfe in seiner Gebietskörperschaft regelt, hat dafür zu sorgen, dass genügend Fachkräfte zur Verfügung stehen, damit diese Aufgaben geleistet werden können. Hier kommt den Pflegeelternverbänden die Aufgabe zu, dass sie diese qualifizierten Fachkräfte in ausreichendem Umfang einfordern. Dies ist ein Feld, in dem immer noch erhebliches Umdenken nötig ist. Es geht nicht um kurzfristige Kostenersparnis, sondern um langfristige hohe Folgekosten und um die Kinder, die die Zukunft der Gesellschaft sind.

Um den Qualitätsstandard zu erhalten und weiterzuentwickeln ist der Dialog zwischen der Verwaltung, dem Jugendhilfeausschuss und den Interessenvertretern der Pflegeeltern erforderlich.

Die Heimunterbringung von Kindern im Vorschulalter wurde allein kurzfristigen Problemen vorbehalten. Auch ältere Kinder fanden Aufnahme in geeigneten, gut vorbereiteten und begleiteten Pflegefamilien. Im Jahre 2000 waren schließlich 75 Prozent der fremduntergebrachten Kinder im Landkreis in Pflegefamilien und nur noch 25 Prozent der Kinder in Heimen.

7.3 Hilfreiche Erfahrungen aus unserer Arbeit

Welche allgemeinen Erfahrungen für die Werbung neuer Pflegeeltern können daraus gewonnen werden?

1. Wichtig ist eine klare Entscheidung des Jugendhilfeträgers, dass bei Kindern, die fremduntergebracht werden müssen, die Sozialisation in qualifizierten Familien Priorität hat. Das ist nicht zum Nulltarif zu haben. Aber neben den humanistischen Gesichtspunkten rechnen sich für die Kommunen die Kosten für eine ausreichende Personaldecke. Wenn sogar – was in der Politik eher nicht üblich ist – langfristige gesellschaftspolitische Auswirkungen berücksichtigt werden, spricht gerade auch unter Kostengesichtspunkten alles dafür, der familiären Sozialisation von Kindern den Vorrang einzuräumen. Das bedeutet, dass die Kinder in ihren Grundbedürfnissen ernst genommen werden, sich geliebt und angenommen fühlen und nicht mit Rückführungsplanungen gequält werden. Das wiederum ist die Voraussetzung dafür, dass diese Kinder in der nächsten Generation Eltern werden können, die Liebe weitergeben können.
2. Ebenso wichtig ist eine schriftlich fixierte Konzeption des Pflegekinderdienstes. Sie schafft Kontinuität im Pflegekinderwesen, die von den jeweiligen Personen unabhängig ist. Die Pflegeeltern wissen, nach welchen Gesichtspunkten das Amt arbeitet. Sie wissen, ob die Lebensperspektive in einem dem kindlichen Zeitempfinden angemessenen Zeitrahmen geklärt wird oder nicht. Sie wissen, wie kindliche Bindungen im Jugendamt bewertet werden. Das schafft eine Atmosphäre des Vertrauens und gibt den Pflegeeltern bei all den Unsicherheiten, die der Sache nach immer bestehen, größtmögliche Sicherheit. Als Beistände für Pflegefamilien in Baden-Württemberg erleben wir, dass die höchste Zufriedenheit der Pflegeeltern in denjenigen Ämtern anzutreffen ist, die eine klare Konzeption haben, bei denen der Pflegekinderdienst mit der Adoptions-

vermittlungsstelle als Sonderdienst organisiert ist und bei denen die Fallzuständigkeit für auf Dauer untergebrachte Pflegekinder beim Pflegekinderdienst liegt.
3. Unser Hauptpunkt ist die Qualifizierung, sowohl der Pflegeeltern als auch der Mitarbeiter der Jugendämter, als tragende Grundlage für eine partnerschaftliche Zusammenarbeit zwischen Pflegefamilien und Jugendhilfeträgern. Die Qualifizierung der Pflegeeltern allein genügt nicht. Sie brauchen ein Gegenüber, das sowohl über Erfahrung als auch über das nötige Fachwissen in diesem sensiblen Bereich verfügt.
4. Für eine qualifizierte Arbeit und damit für die Zufriedenheit der Pflegeeltern ist eine angemessene Ausstattung mit qualifiziertem Personal und Sachmitteln (Fachliteratur, Gruppenarbeit mit Kindern etc.) erforderlich.
5. Genauso wie im Heimbereich müssen auch für Pflege-und Adoptivkinder die notwendigen therapeutischen Hilfen zur Verfügung stehen. Es kann nicht angehen, dass traumatisierte Kinder im Rahmen der Hilfe zur Erziehung in Pflegefamilien anders behandelt werden als Kinder, die in Heimen untergebracht werden. Die Vorstellung, dass mit der Unterbringung in der Pflegefamilie in Vollzeitpflege oder in der Adoptivfamilie alle Probleme der Kinder „gelöst" seien, sollte heute als überholt gelten.
6. Pflegefamilien benötigen Entlastung und Unterstützung, diese sind besonders in Krisensituationen wichtig, sei es durch Haushaltshilfe, Hausaufgabenhilfe, Familienhelfer oder einem kurzfristigen stationären Aufenthalt bis hin zu einem vorübergehenden Internataufenthalt. Es ist zu beobachten, dass Jugendhilfeträger immer wieder argumentieren, mehrere Maßnahmen nebeneinander seien nicht möglich. Für dieses Argument gibt es keine gesetzliche Grundlage. Vielmehr ist die Hilfe nach dem Kinder- und Jugendhilferecht so zu gestalten, dass sie den individuellen Bedürfnissen des Kindes oder des Jugendlichen gerecht wird. Die Maßnahme „Vollzeitpflege" ist mit einer Krisenintervention, auch dann, wenn vorübergehend ein Heimaufenthalt notwendig wird, nicht beendet. Gerade an diesem Punkt muss die Anerkennung der gewachsenen Bande zwischen Kind und Pflegefamilie höchste Priorität haben.
Das Gleiche gilt für Adoptivfamilien mit traumatisierten Kindern oder mit Kindern, die eine vorgeburtliche Schädigung mitbringen. Im § 9 (2) des Adoptionsvermittlungsgesetzes steht *„die Jugendämter haben sicherzustellen, dass die gebotene vor- und nachgehende Beratung und Unterstützung geleistet wird".*
7. Eine gemeinwesenorientierte Öffentlichkeitsarbeit ist für die Werbung neuer Pflegeeltern wichtig. Folgende Voraussetzungen sind dabei hilfreich:
    - Die Unterstützung von bereits vorhandenen oder noch zu gründenden Selbsthilfegruppen von Pflegeeltern (Pflegeelternvereinen).
    - Eine kontinuierliche und breit gefächerte Öffentlichkeitsarbeit, die sich nicht nur auf Aufrufe in Zeitungsberichten beschränkt, hat in der Pflege-

kinderhilfe einen nicht zu unterschätzenden Stellenwert. Es ist wichtig, Menschen auf vielfältige Wiese zu informieren und anzusprechen, z. B.:
- durch eine Vielzahl von öffentlichen Veranstaltungen in Kirchengemeinden, Frauengemeinschaften usw.
- durch Informationsveranstaltungen der Jugendämter
- durch Fachtagungen mit Einbeziehung der Medien
- mit Filmen über die Pflegekinderhilfe,
- mit erlebnispädagogischen Maßnahmen für Pflegekinder, über die in den Medien berichtet wird
- und nicht zuletzt über jene Mundpropaganda der zufriedenen Pflegeeltern.

7.4 „Zehn Gebote" für die Gewinnung von Pflegeeltern

„Zehn Gebote" für die Gewinnung von Pflegeeltern sind kurz zusammengefasst:

- Ehrlichkeit und Transparenz in der Hilfeplanung
- Einbeziehung der Fachkraft des Pflegekinderdienstes vor der Fremdunterbringung eines Kindes und Einbeziehung in die Hilfeplanung im Sinne des § 36 SGB VIII
- Anerkennung der kindlichen Grundbedürfnisse nach Kontinuität, Sicherheit und Geborgenheit
- Klärung der Lebensperspektive des Kindes in einem dem kindlichen Zeitempfinden entsprechenden Rahmen
- Anerkennung des verfassungsrechtlich garantierten Schutzes der Intimsphäre der Pflegefamilie
- Partnerschaftlicher Umgang mit der Pflegefamilie, Wertschätzung, Achtung und Respekt vor der Leistung der Pflegeeltern
- Unterstützung und Begleitung der Pflegefamilie/Adoptivfamilie, Fallzuständigkeit im Pflegekinderdienst für alle Belange, die die Person des Kindes betreffen (Umgangsgestaltung, Rückführung in die Herkunftsfamilie oder Verbleib in der Pflegefamilie)
- Ausreichende und in der Pflegekinderhilfe fortgebildete Fachkräfte, die nicht mehr als 30 Kinder betreuen
- Bei Schwierigkeiten ein schneller Draht zum Jugendamt, der auf gegenseitigem Vertrauen beruht – auch Schwierigkeiten dürfen angesprochen werden
- Einbeziehen der Ressourcen aus dem Sozialraum der Pflegefamilie Adoptivfamilie

Fazit: Zufriedene Pflegeeltern sind die beste Werbung für neue Pflegefamilien.

7.5 Fachliche Ausrichtungen

7.5.1 Handlungsmuster der Jugendämter – eine Studie

Die Universität Konstanz hat ein sozialwissenschaftliches Forschungsprojekt[3] durchgeführt, das die unterschiedlichen Arbeitsweisen der Jugendämter und Vormundschaftsgerichte untersuchte. Die Erkenntnisse dieser Untersuchung wurden aus Expertengesprächen (Jugendamtsmitarbeiter, Familienrichter) und aus Aktenanalysen gewonnen. Dabei kamen unterschiedliche Handlungsmuster zutage. Es wurden in je drei Jugendämtern und Vormundschaftsgerichten in Baden-Württemberg und Nordrhein-Westfalen sowie im Jugendamt Bremen 60 Akten in Jugendämtern und 15 Akten in Vormundschaftsgerichten analysiert.

Die Forschungsgruppe unterteilte die Handlungsmuster der Jugendämter wie folgt:

1. diagnostisch-fürsorgende Handlungsmuster
2. dienstleistungsorientierte Handlungsmuster
3. fachlich-beratende Handlungsmuster

Das diagnostisch-fürsorgende Handlungsmuster wurde als kindzentriert beschrieben, das dienstleistungsorientierte Handlungsmuster als elternzentriert und das fachlich-beratende als eine Mischform des kindzentrierten und elternzentrierten Handlungsansatzes.

Die Handlungsmuster zeigen erhebliche Unterschiede bei der Gestaltung der Pflegeverhältnisse, sowohl im Hinblick auf die Gestaltung der Umgangskontakte als auch im Zusammenhang mit den Vormundschaftsregelungen. Der elternzentrierte Ansatz hatte zur Folge, dass davon ausgegangen wird, dass auch unzuverlässig wahrgenommene und die Kinder belastende Umgangskontakte hinzunehmen sind, während die kindzentrierte Denkweise dazu führte, dass Bedingungen an die Gestaltung der Umgangskontakte geknüpft werden. Dazu gehört eine gewisse Zuverlässigkeit in der Wahrnehmung der Besuchstermine durch die Herkunftseltern und das Eingehen auf die Bedürfnisse des Kindes. Im dienstleistungsorientierten Handlungsmuster wurden vom Jugendamt häufiger Kontakte angeboten als von den Herkunftseltern wahrgenommen wurden. Umgangskontakte wurden trotz erheblicher negativer Auswirkungen auf das Kind beibehalten.[4]

Obwohl sich deutliche Unterschiede in der fachlichen Orientierung der befragten Sozialarbeiter/innen herausarbeiten ließen, zeigten sich wider Erwarten keine gravierenden Unterschiede in der Frage, ob die Vollzeitpflege eine zeitlich befristete Hilfe ist oder auf Dauer angelegt ist.[5]

---

3   Vgl. Hoch, Eckert-Schirmer, Ziegler, Lüschner 2002, S. 100
4   Vgl. Hoch, Eckert-Schirmer, Ziegler, Lüschner 2002, S. 109
5   Vgl. Hoch, Eckert-Schirmer, Ziegler, Lüschner 2002

Als Begründung für die Tatsache, dass weniger Kinder zurückgeführt werden können als geplant, führten die Vertreter des dienstleistungsorientierten Handlungsmusters, welche grundsätzlich auf Rückführungen hinarbeiten und somit elternzentriert ausgerichtet waren, an, dass sich die Wiederherstellung der Erziehungsfähigkeit der Eltern häufig nicht realisieren lasse.[6]

Die im Rahmen des Forschungsprojektes durchgeführte Untersuchung zeigt auf, dass es unterschiedliche Vorgehensweisen mit unterschiedlichen Zielsetzungen gibt. Hier stehen sich in Jugendämtern oft unversöhnliche Ideologien gegenüber.

Bemerkenswert an dem Ergebnis der Studie ist, dass sich die elternzentrierte Orientierung der Fachkräfte nicht auf die Häufigkeit der Rückführungen in die Herkunftsfamilie auswirkt.

Hier stellt sich die Frage, ob es gerechtfertigt sein kann, auch schwere Belastungen für das Kind in Kauf zu nehmen, wenn es zum Beispiel indirekt oder aber sogar direkt zu Umgangskontakten gezwungen wird oder wenn die Lebensperspektive ungeklärt bleibt und das Kind in einem Schwebezustand gehalten wird.

Die Methode der Aktenanalyse birgt viele Fehlerquellen, weil die Lebenswirklichkeit des Kindes aufgrund eines reinen Aktenstudiums nicht erkannt werden kann. Die Fallbeurteilung aufgrund von Aktenstudien ist auch deshalb kaum möglich, weil dazu eine lückenlose Aktenführung notwendig wäre, die aber in der Praxis nicht geleistet werden kann. Auch sollte der „Beurteilende" die Akten völlig neutral lesen und es soll dabei keine Hypothesenbildung entstehen.

An zwei Fallbeispielen möchte ich aufzeichnen, wie es zu schwerwiegenden Fehleinschätzungen der Lebenswirklichkeit des Kindes kommen kann. Ich habe bei dieser Untersuchung mitgewirkt und meine eigenen Berichte wurden wiedergegeben.

In der ersten Fallgeschichte handelt es sich um einen acht Monate alten Jungen, der von der alkoholkranken Mutter schwer misshandelt und vernachlässigt wurde. Bei der Unterbringung in der Pflegefamilie war er apathisch und ließ sich ohne ein gesundes Neugierverhalten von jedem auf den Arm nehmen. Dem Vater wurden Hilfsangebote gemacht, damit er das Kind allein versorgen kann. Dies ließ sich jedoch nicht verwirklichen, da er sich die Erziehung des Kindes nicht zutraute und er die Unterbringung in einer Pflegefamilie wünschte. Bald versöhnte sich der leibliche Vater wieder mit seiner Ehefrau, und es fanden wöchentliche Besuche bei den Pflegeeltern statt. Das Verhältnis zwischen Pflegeeltern und Herkunftseltern war freundschaftlich. Die leibliche Mutter suchte Rat bei der Pflegemutter bei ihren persönlichen Problemen. Der Junge zeigte keine negativen Reaktionen bei den Besuchen, bis die Herkunftseltern Besuche ohne Begleitung der Pflegeeltern einforderten und die Rückübertragung des Sorgerechtes beantragten.

---

6 Vgl. Hoch, Eckert-Schirmer, Ziegler, Lüschner 2002, S. 85

Die vom Gericht angeordneten Besuche ohne die Pflegeeltern führten bei dem Kind zu heftigen Angstzuständen. Die Trennung von den Pflegeeltern hat das nunmehr eng an die Pflegemutter gebundene Kind nicht verkraftet, und es reagierte mit Angst und Anklammern. Es schrie sofort, wenn die Pflegemutter aus seinem Blickfeld verschwand. Als schließlich Übernachtungen gefordert wurden, wandte ich mich in einem Bericht an das Amtsgericht und begründete aufgrund des Alters und des Verhaltens des Kindes vor dem Vormundschaftsgericht, warum dies dem vorgeschädigten Kleinkind nicht zugemutet werden kann, ohne dass es dauerhaften Schaden nehmen wird.[7]

In der Aktenanalyse wird festgestellt, dass „teilweise allgemeine, quasi wissenschaftliche Aussagen" herangezogen werden, um Umgangskontakte zu verhindern. Mein Bericht wird wie folgt zitiert:

„Der Umfang des Antrages der Rechtsanwältin Frau (...) ist bei einem Kleinkind wie PK nicht am Kindeswohl orientiert ... Auch wenn das Kind erfreulicherweise keine Angst vor den Eltern hat, ist es eine psychologisch begründete Tatsache, dass Einschlafen und Aufwachen eines Kleinkindes besonders sensible Momente sind.

Es ist wichtig, die vertraute Bezugsperson vorzufinden, die vertraute Umgebung (Bettchen, Spielsachen, Gerüche) und die vertrauten Geräusche, damit keine Verunsicherung des Kindes erfolgt. Jede Verunsicherung kann zu Ängsten führen, die das Kind schädigen. Wir schlagen im Einverständnis mit den Pflegeeltern vor, dass das Kind am 1. Weihnachtsfeiertag nach dem vorverlegten Mittagsschlaf zu den Eltern geht und dort verbleiben kann, bis es müde wird. Dies ist in der Regel gegen 19.00 Uhr.

Eine weitergehende Ausdehnung des Besuches ist gegen das Wohl des Kindes und kann deshalb von uns nicht befürwortet werden".[8]

Der Fortgang der Entwicklung war wie folgt:

Das Gericht ordnete die Übernachtung an. Die Pflegeeltern resignierten, weil den Schilderungen ihrer Berichte von dem schweren Rückfall des Kindes kein Glauben geschenkt wurde. Die Gutachterin, die von einer Ausdehnung der Besuche abriet und die Rückführung des Kindes als gravierende Schädigung ansah, wurde mit einem Gegengutachten als unglaubwürdig hingestellt, ebenso wie der fallführende Sozialarbeiter. Der Junge, der zu Anfang schrie, sich anklammerte und sich wehrte, wurde zusehends resignierter und apathischer. Er schrie nicht mehr. Dieses Anpassungsverhalten des Kindes wurde als gelungener Prozess gewertet und das Kind ging zu den leiblichen Eltern zurück.

Als das Kind zweieinhalb Jahre alt war, kam es wiederum zu schweren Misshandlungen des Kindes durch die Mutter. Es musste erneut fremduntergebracht werden. Dieses Kind ist jetzt ein Jugendlicher. Er konnte wegen seiner Verhaltensauf-

---

7 Vgl. Hoch, Eckert-Schirmer, Ziegler, Lüschner 2002, S. 100
8 Vgl. Hoch, Eckert-Schirmer, Ziegler, Lüschner 2002, S. 100

fälligkeiten keine normale Förderschule besuchen, die schweren Schädigungen konnten bisher durch keine Therapie aufgefangen werden. Die Kontakte zur Mutter finden aufgrund ihrer Alkoholproblematik ein- bis zweimal im Jahr statt. Der Vater hat sich kurz, nachdem er mit dem Kind vor der Ehefrau geflohen ist und die zweite Fremdunterbringung in die Wege geleitet hat, selbst getötet.
Aufgrund dieser Aktenauswertung kommt der Frank Ziegler zu folgendem Ergebnis:

> „(...) Daraus resultiert eine konfrontative Haltung gegenüber den Herkunftseltern und eine Orientierung des Sorgerechts und der Besuchskontakte an dem, was als das Wohl und die aktuellen Bedürfnisse des Kindes angesehen wird. Dabei werden teilweise verallgemeinerte wissenschaftliche Aussagen oder auch subjektive Einschätzungen zur Bestimmung des Kindeswohls herangezogen. Ein darüber hinausgehendes Elternrecht besteht gemäß dieser Orientierung nicht bzw. wurde mit der Inpflegegabe verwirkt. Die Fürsorgepflicht des Jugendamtes wird in diesem Handlungsmuster so verstanden, dass nicht nur eine Gefährdung des Kindeswohls abgewendet werden soll, sondern darüber hinaus aktiv versucht wird, dem Kind eine bessere Familie zu bescheren."[9]

Die Geschichte dieses Jungen beweist, dass ihm nicht eine bessere Familie beschert werden sollte, sondern dass er vor zu erwartenden weiteren Misshandlungen und Traumatisierungen geschützt werden sollte. Ein lebenslang nachwirkender Schaden für den jungen Menschen hätte vermieden werden können. Die Aktenanalyse konnte die Probleme dieses Kindes nicht erkennen und die Folgerungen, die aus dieser Geschichte gezogen wurden, sind fehlerhaft. In der Aktenanalyse fand die Garantenpflicht des Jugendamtes für den Kinderschutz keinen Raum, und es wurde den Beobachtungen des Gutachters und des Sozialarbeiters kein Glauben geschenkt.

Im zweiten Fallbeispiel aus der Aktenanalyse wird in der Untersuchung als Unterbringungsgrund des siebeneinhalbjährigen Jungen im Frühjahr 1990 die Scheidung, Wiederheirat und Trennung genannt. Der wirkliche Unterbringungsgrund war jedoch die Tatsache, dass, wie sich im Nachhinein herausstellte, der Junge seit Jahren von den Nachbarn versorgt wurde, weil der Vater und seine Lebensgefährtin meist so betrunken waren, dass sie die Anwesenheit oder die Abwesenheit des Jungen nicht wahrnahmen. Die Mutter, die einige Kilometer entfernt wohnte, sorgte für die Wäsche, wandte sich jedoch nie an das Jugendamt, um Hilfe für das Kind zu bekommen. Sie selbst hatte das Sorgerecht für den Jungen, wollte diesen jedoch nicht zu sich nehmen, weil ihr Ehemann den Jungen ablehnte. Nach der Unterbringung war die Mutter froh, dass für den Jungen eine Pflegefamilie gefunden werden konnte. Monatliche Besuche wurden im Hilfeplan festgeschrieben. Der Junge wartete auf diese Besuche, weil die Mutter für ihn wichtig war. Ohne

---

9 Vgl. Hoch, Eckert-Schirmer, Ziegler, Lüschner 2002, S. 101

das Kind oder die Pflegefamilie zu benachrichtigen, kam die Mutter nicht. Ersatztermine wurden vereinbart, die gelegentlich eingehalten wurden. Der Vermerk in den Akten ist entstanden, als der Junge sich in die Pflegefamilie so gut integrieren konnte, dass er kaum mehr darunter litt, dass die Mutter die vereinbarten Besuche nur gelegentlich einhielt. Der von mir verfasste Aktenvermerk über diese Tatsache heißt „PK hat am Anfang auf diese versprochenen und nicht eingehaltenen Besuche (durch die HM) sehr stark reagiert, jetzt hat er keine Wünsche mehr an seine Mutter. Beim letzten nicht eingehaltenen Besuch vor circa zwei Monaten spielte er fröhlich weiter".[10]

Bei dem Abfassen des Aktenvermerkes war ich erleichtert, dass der Junge nicht mehr so sehr litt. Die Folgerung in der Aktenanalyse, dass das Ausbleiben der Umgangskontakte als Erfolg verbucht wurde, entsprach keinesfalls den Tatsachen.

Ziegler kommt nach der Aktenauswertung zu folgendem Ergebnis:

> „Falls die Eltern trotz ihres Erziehungsversagens noch Kontakt zu ihrem Kind halten wollen, so müssen sie sich erst in der einen oder anderen Weise „bewähren", sie müssen Initiative, Kontinuität und Durchhaltevermögen zeigen. Kontaktangebote von Seiten des Jugendamtes, die dann von den Herkunftseltern nicht wahrgenommen werden, tauchen kaum auf. Entsprechend wird es in zwei Fällen als Erfolg verbucht, wenn das Pflegekind keinen Kontakt mehr zu den Herkunftseltern hat."[11]

Gerade bei diesem Kind wurde zwar nicht jeder Besuchsversuch in der Akte genau vermerkt, jedoch waren im Hilfeplan monatliche Besuche vorgesehen und terminiert. Ich war jeweils an diesem Tag in der Pflegefamilie, um zum einen das Kind zu begleiten, zum anderen auch um regelmäßigen Kontakt zur Herkunftsmutter zu pflegen. Der Junge schmückte den Tisch und half beim Kuchenbacken. Es war sehr schmerzlich für den Jungen, wenn die Mutter wieder einmal nicht kam. So ist meine Erleichterung zu verstehen, die aus dem zitierten Aktenvermerk stammt.

Die Auseinandersetzung mit diesen zwei Fallbeispielen will nicht aussagen, dass der Verfasser der Studie nicht korrekt gearbeitet hat, vielmehr möchte ich verdeutlichen, dass Aktenanalysen deshalb die Lebenswirklichkeit nur schwer verdeutlichen können, weil die Beschreibung in Vermerken und Berichten nicht dem entspricht, was beobachtet werden kann, wenn die erlebte Wirklichkeit und das erlebte Verhalten des Kindes entweder durch die Pflegeeltern oder durch den Berater begleitet werden. Bei der Arbeitsüberlastung der Sozialarbeiter ist es auch kaum möglich, die Akte so zu führen, dass ein Unbeteiligter die Wirklichkeit dieses Kindes nachvollziehbar wiedergeben kann.

Die Handlungsmuster der Jugendämter haben auch erhebliche Auswirkungen darauf, ob den Pflegeeltern die Vormundschaft oder die Pflegschaft gemäß § 1630 Abs. 3 BGB übertragen wird.

---

10 Vgl. Hoch, Eckert-Schirmer, Ziegler, Lüschner 2002, S. 99, 106
11 Vgl. Hoch, Eckert-Schirmer, Ziegler, Lüschner 2002, S. 106

Ein Zitat aus der Untersuchung:

> „Fragen des Sorgerechts werden in diesem (diagnostisch-fürsorgenden) Handlungsmuster an dem Wohl des Kindes orientiert. In einem zweiten Fallbeispiel dieses Musters fand die Inpflegegabe des siebeneinhalbjährigen Jungen im Frühjahr 1990 durch den Vater (nach dessen Scheidung, Wiederheirat und Trennung) statt. Das Jugendamt formuliert hier:
>
> Es entspricht dem Wohle des Kindes, wenn die Pflegeeltern auch rechtlich die tatsächliche Sorge für das Kind ausüben können. Gerade bei PK (dem Pflegekind) bedarf es auch therapeutischer und schneller Entscheidungsbefugnis. Sowohl der Vater wie auch die Mutter ist häufig nicht schnell erreichbar".[12]

Das vorstehende und das nachfolgende Fallbeispiel beziehen sich auf den gleichen Jungen, der auch bei den Umgangskontakten (s. Kap. 10) beschrieben wird. Die Mutter stellte auf Anraten des kindzentriert arbeitenden Jugendamtes den Antrag auf Übertragung des Personensorgerechtes nach § 1630 Abs. 3 BGB. Das Kind war in einem anderen Jugendamtsbezirk untergebracht. Da die Mutter das Sorgerecht hatte, wurde das nach dem dienstleistungsorientierten Handlungsmuster arbeitende für die Mutter zuständige Jugendamt vom Gericht befragt.

Zitat:

> „Hauptsächlich verdeutlicht sich das dienstleistungsorientierte Handlungsmuster in der Regelung des Sorgerechts und der Besuchskontakte. Hier wird der Grundsatz vertreten, dass eine Einschränkung oder ein Entzug der elterlichen Sorge nur an einer Unfähigkeit der Eltern festzumachen ist."

Ein Beispiel:

> „HM (Herkunftsmutter) signalisierte Bereitschaft zur Zusammenarbeit und Verantwortungsbewusstsein bezüglich des Wohlergehens von PK (Pflegekind). Wir sind deshalb der Auffassung, dass eine Einschränkung der elterlichen Rechte gemäß § 1630 BGB nicht erforderlich ist. Der Grundsatz, dass auch der geringfügigste Eingriff in die elterlichen Rechte auf einem entsprechenden Unvermögen der Eltern basiert, ist u.E. hier nicht erfüllt".[13]

Für das eine Jugendamt stand fest, dass Pflegeeltern Dienstleistungen für das Jugendamt erbringen und keine zusätzlichen Rechte brauchen. Für das andere Jugendamt war wichtig, dass die Pflegeeltern auch rechtlich im Sinne des Kindes handeln können.

Der Richter entsprach in diesem Fall dem Antrag der Mutter und fand die Stellungnahme des Jugendamtes mit der elternorientierten Sichtweise nicht entscheidungsrelevant.

Erschreckend ist, dass es für ein Kind schicksalhaft entscheidend sein kann, in welchem Jugendamtsbezirk es wohnt, auf welchen Gutachter es mit welchem theore-

---

12 Vgl. Hoch, Eckert-Schirmer, Ziegler, Lüschner 2002, S. 99
13 Vgl. Hoch, Eckert-Schirmer, Ziegler, Lüschner 2002, S. 101f

tischen Hintergrund oder auf welchen Verfahrenspfleger, der Bindungen beachtet und etwas von Traumatisierung versteht (oder eben nicht) trifft. Deshalb ist der in § 36 SGB VIII aufgestellte Grundsatz wichtig, dass die Hilfe für das Kind im Zusammenwirken verschiedener Fachkräfte zu erfolgen hat.

Anmerken möchte ich, dass Pflegeeltern für das Kind fachlich kompetente Personen sind, die dem Kind die Nächsten sind, und deren Verhaltensbeobachtung fachlich ein hoher Wert zugemessen werden sollte.

7.5.2 Der Sozialraum des Pflegekindes

Die Sozialraumorientierung hat in der Sozialarbeit für die Vernetzung von Hilfen eine große Bedeutung. Die heftige Diskussion um die Streichung des § 86 Abs. 6 SGB VIII in den letzten zehn Jahren hat die Probleme der Zuständigkeit und der Zuordnung zum Sozialraum verdeutlicht.[14] Der § 86.6 SGB VIII berücksichtigt die gewachsenen Bindungen des Pflegekindes an die Pflegeeltern und bestimmt, dass nach zwei Jahren Vollzeitpflege die Zuständigkeit des Jugendamtes auf den Wohnort der Pflegefamilie übergeht. Nicht unwesentlich hängt hiermit die Frage nach der wohnortnahen Vermittlung des Kindes im Umfeld der Herkunftsfamilie zusammen.

Schaut man die Unterbringungsgründe von Kindern und die der Unterbringung vorausgegangenen erfolglosen ambulanten Hilfsbemühungen an, so kommt der Vorentscheidung, ob das Kind in der Nähe der Herkunftsfamilie untergebracht wird oder nicht, eine besondere Bedeutung zu.

Wie das für das Kind aussehen kann, möchte ich an zwei Beispielen verdeutlichen:
Martin kam als drittes Kind einer schwer alkoholabhängigen Mutter zur Welt. Die beiden älteren Geschwister mussten nach einem Sorgerechtsentzug wegen Kindeswohlgefährdung in einer Pflegefamilie untergebracht werden. Bereits während der Schwangerschaft bat sie das Jugendamt um Hilfe und sie war bereit, unverzüglich in eine Klinik für Mutter und Kind für suchtabhängige Frauen zu gehen. Sie machte in der Therapie gut mit und versorgte das Kind nach der Geburt gut, sodass sie schließlich entlassen werden konnte, als das Kind sechs Monate alt war. Sie nahm die pädagogischen und wirtschaftlichen Hilfen des „Programm Mutter und Kind" an, arbeitete in der Gruppe der Alleinerziehenden gut mit und ging liebevoll mit dem Kind um. Die Hilfe des Familienhelfers, der ihr zusätzlich zur Seite gestellt wurde, nahm sie dankbar an. Als das Kind ein Jahr alt war, kam ein schwerer Rückfall. Da das Kind eine gute Bindung zur Mutter entwickelt hatte und sie bei allen Hilfsangeboten konstruktiv mitgearbeitet hatte, ging man davon aus, dass gute Aussichten bestehen würden, wenn sie unverzüglich wieder in die Klinik für suchtkranke Mütter ginge und das Kind in sechs Wochen wieder bei ihr wäre. In der Zwischenzeit wurde das Kind

---

14 Zwernemann 2004a

in einer Pflegefamilie in der gleichen Stadt untergebracht. Es kam jedoch anders. Sie brach den Klinikaufenthalt ab und sank immer tiefer in ihre Alkoholabhängigkeit, tat sich mit einem Partner zusammen, der ebenfalls alkoholkrank war, und war damit einverstanden, dass das Kind in der ursprünglich auf Zeit angelegten Pflegefamilie auf Dauer verbleibt. Die einmal im Monat stattfindenden Umgangskontakte verliefen problemlos. Der Junge hatte zu den Pflegeeltern elterngleiche Bindungen, und die vierwöchigen Umgangskontakte, bei denen die Pflegeeltern immer zugegen waren und man gemeinsam etwas unternommen hatte, waren für den Jungen keine Belastung, jedoch auch keine besondere Freude. Die Mutter erschien bei den Besuchen nie betrunken.

Als Martin im Schulalter war, änderte sich der Zustand der Mutter. Sie und ihr Partner saßen in der gleichen Stadt, in der der Junge lebte, meist in der Ecke am Gymnasium und bettelten. Sie waren oft sichtlich betrunken. Dann kam der Junge in dieses Gymnasium. Die Mutter lief ihm einmal nach und sagte in betrunkenem Zustand vor all seinen Schulkameraden: „Ich bin doch Deine Mutter! Erkennst Du mich nicht mehr?"

Der Leser mag sich in die Situation dieses Jungen hineinversetzen. Diese Scham! Bis jetzt war er der Sohn einer angesehenen Familie, geliebt und umsorgt. Und nun?

Das zweite Beispiel der wohnortnahen Unterbringung:

Sebastian war das älteste von drei Kindern. Die Familie lebte zunächst unauffällig und war nicht als Problemfamilie bekannt. Dies änderte sich während der dritten Schwangerschaft. Es gab mehrfach Polizeieinsätze, weil es zu gewalttätigen Auseinandersetzungen zwischen den Eheleuten kam. Zunächst wurde der Ehemann als Problem angesehen, bis immer deutlicher wurde, dass die Ehefrau bei den Konflikten unter schwerem Alkoholeinfluss stand und nicht mehr wusste, was sie tat. Es kamen Meldungen über Kindeswohlgefährdung, die Eltern trennten sich und die schwangere Frau war mit dem Einsatz einer Familienhelferin und mit der Einleitung der therapeutischen Maßnahmen einverstanden. Geplant war, dass sie zusammen mit dem Baby in die Mutter-und-Kind-Kurklinik geht und die beiden drei und fünf Jahre alten Kinder in der Nachbarschaft in eine Bereitschaftspflegefamilie gehen, damit die Mutter regen Kontakt halten kann. Auch vor dem Antritt der Kur konnte sie die Kinder nicht versorgen, sodass dies zunächst als eine günstige Lösung erschien. Die Mutter ging auch in die Klinik, alles schien wie geplant zu verlaufen, bis sie die Kur abbrach und auch das Baby wegen Kindeswohlgefährdung untergebracht werden musste.

Die beiden älteren Kinder, die in der Zwischenzeit fast ein Jahr in der Pflegefamilie waren und sich dort sehr geborgen fühlten und richtig auflebten, mussten nun miterleben, wie ihre leibliche Mutter betrunken vor dem Haus stand und drohend auf das Haus einbrüllte. Die Angst wuchs, als die Mutter zusammen mit dem ebenfalls betrunkenen Großvater in den Garten eindrang, während die Kinder dort spielten. Die kleine Schwester wurde gefasst und mitgenommen, Sebastian konnte fliehen. Ab diesem Zeitpunkt weigerte er sich, das Haus zu verlassen. Er war in der Zwischenzeit in der ersten Schulklasse. Er konnte die Schule nicht mehr besuchen. Er verlangte, dass die Rollläden in seinem Zimmer nicht mehr geöffnet werden, und bat immer wieder, dass die Pflegeeltern einen Käfig um sein Bett bauen sollen, damit er nicht weggeholt werden kann. Besonders tragisch war, dass sich der Junge eng an die Pflegeeltern und die Pflegegeschwister gebunden hatte. Er wollte unbedingt in dieser Familie bleiben. Die einzige Möglichkeit der Hilfe für Sebastian war in dieser Situation, die durch die Bedrohung durch die Herkunftsfamilie ausgelöst wurde, ihn an einen sicheren Ort zu bringen. Es war sehr schwer, ihn davon zu überzeugen, dass er ja in die Schule gehen muss und nicht immer in seinem Zimmer bleiben kann. Schließlich gelang es, an einem entlegenen Ort, den er öfter mit den Pflegeeltern besuchte, eine andere Pflegefamilie kennenzulernen, und er konnte schließlich überzeugt werden, dass ihn dort seine betrunkene Mutter nicht finden kann. Alle drei Kinder mussten in anderen Pflegefamilien untergebracht werden, und der Aufenthaltsort musste geheim gehalten werden.

Es gelang dem Jungen, eine sichere Bindung zu den Pflegeeltern und Geschwistern aufzubauen. Besonders der Pflegevater ist für ihn wichtig geworden. Der Bauernhof und die Tiere verbinden beide. Die leibliche Mutter ist weiter schwer alkoholabhängig und äußert sich, dass sie froh ist, dass es den Kindern in den Pflegefamilien so gut geht.

Sebastian ist mittlerweile volljährig und wurde von seinen Pflegeeltern als Volljähriger mit Minderjährigenwirkung adoptiert.

Während ich diese Geschichten schreibe, kommt mir der Gedanke, ob der eine oder andere Leser meint, dies wäre übertrieben und die Ausnahme. Leider muss ich sagen, dass dem nicht so ist. Wo Sucht und Gewalt im Spiel sind, ist dies nicht selten, und ich könnte diese Beispiele in einer großen Anzahl weiterführen.

Wenn das Kindeswohl in der Herkunftsfamilie gefährdet ist – und dies ist nicht nur dort, wo Maßnahmen nach § 1666 BGB im Rahmen eines Sorgerechtsentzuges anstehen – kann der Sozialraum der Herkunftsfamilie nicht für das Pflegekind gelten. Das Kind hat mit der Klärung der Lebensperspektive und der gefühlsmäßigen Zuordnung zur Pflegefamilie ein Recht, Hilfen in seinem eigenen Lebensraum zu bekommen. Dieser Lebensraum ist sein Sozialraum. Hier lebt es, hier geht es in die Schule, hier hat es Freunde und hier lebt seine Familie – nämlich die Pflegefamilie. Wenn es Hilfen braucht, können diese nur im Sozialraum der Pflegefamilie erschlossen werden. Der Gesetzgeber hat schließlich mit seiner Entscheidung in § 86 Abs. 6 SGB VIII, dass die Zuständigkeit nach zwei Jahren weiterhin auf den Wohnort der Pflegefamilie übergeht, diesen Argumenten Rechnung getragen.

Eine andere Frage ist, ob das vermittelnde Jugendamt dauerhaft zuständig bleibt. Einmal zuständig, immer zuständig! Das ist in der Schweiz und in Österreich zum

Beispiel Realität und hat sich bewährt. Dies kann auch in Deutschland Realität werden und die Bundesarbeitsgemeinschaft für Kinder in Adoptiv- und Pflegefamilien bemüht sich um diese Lösung.

Die oben angeführten Beispiele zeigen auf, dass milieunahe Vermittlungen mit hohen Risiken verbunden sind. Die Unterbringung in ungeprüften milieunahen Familien, die ohne Vermittlung des Jugendamtes stattfinden, bedürfen einer besonders sorgfältigen und kritischen Prüfung durch das zuständige Jugendamt. Die in der Öffentlichkeit diskutierten Fälle von zu Tode gekommenen Pflegekindern belegen die Problematik der ungeprüften milieunahen Vermittlung von Kindern in Pflegefamilien. Das Gleiche gilt für die Verwandtenpflege.

7.5.3 Wie wird das Wächteramt des Jugendamtes ausgeübt?

Der § 1666a BGB sagt aus, dass die Trennung eines Kindes von der Familie nur erfolgen darf, wenn eine Gefahr für das Kindeswohl nicht auf andere Weise abgewendet werden kann. Ambulante Hilfen wie z. B. die sozialpädagogische Familienhilfe oder Tagesbetreuung der Kinder bei gleichzeitiger Therapie der Eltern sind wichtige Hilfen, sie werden jedoch oft unspezifisch eingesetzt und ihre Wirksamkeit wird nicht überprüft. Es wird immer wieder behauptet, dass die Kinder schwieriger werden und deshalb kaum noch für die Familienpflege geeignet seien. Dies mag dort stimmen, wo ambulante Hilfen eingesetzt werden, bei denen von vornherein feststeht, dass sich Veränderungsprozesse bei Suchtabhängigkeit oder psychischen Erkrankungen mit einer ambulanten Familienhilfe nicht verändern lassen. Auch Misshandlungen, sexuellem Missbrauch und innerer Ablehnung des Kindes kann nicht mit ambulanten Hilfen begegnet werden. Vielmehr ist es wichtig, dass das traumatisierte Kind rechtzeitig geschützt wird. Die Einstellung, möglichst lange eine Fremdunterbringung zu verhindern (die in manchen Ämtern und Gerichten anzutreffen ist), führt eben dazu, dass diese Kinder über einen langen Zeitraum hinweg traumatisiert werden und dann Hilfe nur noch schwer möglich ist.

Der § 27 SGB VIII hat wesentlich dazu geführt, dass in der Praxis das Missverständnis aufkam, das mit den Eltern ausgehandelt werden muss, was im Interesse des Kindes zu geschehen hat, um eine Kindeswohlgefährdung abzuwenden.

Entwicklungsgefährdende familiäre Konstellationen werden wie folgt beschrieben:

> „Vernachlässigung von Kindern, sexueller Missbrauch, körperliche und seelische Misshandlungen, die das Wohl des Kindes gefährden und seine Entwicklungschancen beeinträchtigen, bieten der Jugendhilfe Anlass dafür, Eltern Hilfe zur Erziehung anzubieten, die geeignet sein soll, ihnen andere Wege im Umgang mit ihren Kindern und bei der Bewältigung familiärer Problemlagen zu eröffnen".[15]

---

15 Köckeritz 2004, S. 74

In § 27 SGB VIII steht, dass dem Personensorgeberechtigten Hilfe zur Erziehung zu gewähren ist. Der Gesetzgeber hat ausdrücklich nicht von „Eltern" gesprochen.

Es stellt sich jedoch die Frage, ob bei Kindeswohlgefährdung, die durch die Eltern herbeigeführt wurde und die das Kind traumatisiert hat, den Eltern überhaupt Hilfe nach § 27 SGB VIII gewährt werden kann. In der Realität resultiert als Folge, dass in vielen Fällen das gesamte Sorgerecht bei den Eltern verbleibt, was nicht selten zum schwerwiegenden Schaden des Kindes führt.

Wie kann dem Kind geholfen werden, wenn die Eltern mit Familientherapeuten ihre Probleme, z. B. bei Gewalt in der Familie und sexuellem Missbrauch, besprechen und Kooperationsbereitschaft zeigen, das Kind jedoch weiterhin bei diesen Eltern leben muss, oder, falls eine Fremdunterbringung erfolgt, die Bestimmung über sein Schicksal bei diesen Eltern verbleibt? Das Bürgerliche Gesetzbuch hat in dem § 1666 den Weg aufgezeigt, der bei einer massiven Kindeswohlgefährdung zu beschreiten ist.

Kinder, die bei Alkohol und Drogenproblemen der Eltern sich selbst überlassen sind, jedoch nicht körperlich misshandelt werden, verbringen nicht selten die entscheidenden Kindheitsjahre auf sich selbst gestellt und werden mehr oder weniger zu "Selbstversorgern". Diese Kinder haben das Vertrauen verloren, dass es verlässliche Erwachsene gibt, die Schutz und Geborgenheit vermitteln. Die Folge dieser langandauernden schweren Vernachlässigung ist nicht selten eine desorganisierte Bindung, in der das Kind die Verantwortung für die Eltern übernommen hat, und diese Verantwortung für die Eltern oder einen Elternteil kann – von außen betrachtet – als eine gute Bindung missverstanden werden.

Eine jetzt erwachsene Frau schilderte ihr Zusammenleben mit dem alkoholkranken Vater wie folgt:

> „Nach dem Tod meiner Mutter wurde das Trinken immer schlimmer. Ich versorgte den Haushalt nach der Schule und zitterte, wenn der Vater spät nach der Arbeit betrunken nach Hause kam. Ich wusste nie, was mich erwartet. Einmal war er überschwänglich zärtlich, dann weinte er sich wieder bei mir aus, und ein anderes Mal kam er heim, warf die Wäsche, die Schuhe und manchmal auch das Geschirr aus den Schränken, und nicht selten schlug er mich, ohne dass ich wusste, warum er das tat.
>
> Schlimm war für mich, dass der Sozialarbeiter des Jugendamtes mich immer wieder fragte, ob ich nicht, wie meine jüngeren Geschwister, in eine Pflegefamilie wolle. Ich konnte doch den Vater nicht alleine lassen! Ich war hin und her gerissen und hätte nichts mehr gewünscht, als dass der Sozialarbeiter für mich entschieden hätte. Im Nachhinein muss ich sagen, dass meine Kindheit freudlos, beängstigend und ohne irgendeine Verlässlichkeit vertan wurde. Ich hätte die rechtzeitige und mutige Entscheidung des Sozialarbeiters gebraucht".

Die Kinder haben größere Verhaltensauffälligkeiten, wenn ungeeignete ambulante Hilfen eingesetzt werden und auch bei Kindeswohlgefährdung immer noch das Elternwohl höher bewertet wird als der Schutz des Kindes.

Die Haltung, dass dem Kind rechtzeitig und nachhaltig Hilfe zukommen muss, erspart der Gesellschaft hohe Folgekosten und die nächste Generation wird in ihrer Erziehungsfähigkeit gestärkt.

Der Schutzauftrag des Jugendamtes wurde nach der Einführung des SGB VIII vielfach infrage gestellt. Das SGB VIII hat den Auftrag des Jugendamtes, das Kindeswohl zu schützen, nie infrage gestellt. In der Praxis und in den Hochschulen hat sich jedoch das Missverständnis eingeschlichen, dass das Jugendamt nur noch „Dienstleister" sei und Professionalität darin bestehe, der jeweiligen Familie zuzugestehen, dass sie am besten weiß, wie sie ihre Probleme lösen kann. Man setzte vielerorts auf die „Aushandlungs- und Verständigungsprozesse" gegenüber den Betroffenen, meinte aber auch hier wieder die Erwachsenen und nicht die Kinder. Der 10. Kinder- und Jugendhilfebericht von 1998[16] hat bereits gewarnt. Er stellte fest:

> „Dieser Hinweis auf die Herbeiführung eines Paradigmenwechsels – von der Kontrollfunktion zur Dialogorientierung – als einer pädagogischen und nun auch jugendhilferechtlichen Anforderung hat in Teilen der Jugendhilfepolitik zu der Auffassung geführt, mittels Aushandlungs- und Verständigungsprozessen gegenüber den Betroffenen sei es möglich, die strukturellen Ambivalenzen in der Jugendhilfe aufzulösen. Dies ist ein Irrtum. Die der Jugendhilfe inhärenten Widersprüche von helfender Zuwendung einerseits und sozialer Kontrolle andererseits sind nicht auf der individuellen Ebene der Aushandlung zwischen Fachkraft und Adressaten aufzuheben. Hier wird von einer Utopie des „herrschaftsfreien Diskurses" ausgegangen, die, wenn sie auf Realsituationen projiziert wird, zu Ideologie wird (Schwabe 1996b).
>
> Abgesehen von der implizierten Annahme, dass die betroffenen Kinder und Eltern bereits über die für das Aushandeln notwendige Kompetenzen verfügen und nicht etwa sich dadurch kennzeichnen, dass sie noch „um Selbstbestimmtheit und Einsichtsfähigkeit" (Klatetzki 1995, S. 16) ringen, verleugnen Verfechter dieser Position ebenso das „doppelte Mandat" öffentlicher Jugendhilfe."

Die Diskussion um den Aushandlungsprozess in der Jugendhilfe beinhaltete auch, dass man eine psycho-soziale Diagnose als Grundlage zur Hilfeplanung für unnötig ansah. Lässige Sprüche wie: „Jugendamt ist Jugendamt und nicht Wächteramt (Nachtwächteramt)", waren auch bei tragischen Todesfällen von Kindern zu hören. Christine Köckeritz[17] sagt, dass Sozialarbeit in Deutschland lange Zeit von Ideologien und nicht oder kaum von Empirie geleitet war.

---

16 BT-Drucksache 13/11368, S. 262
17 Köckeritz (2005): ZfJ, S. 461, 465

Der Bundesgerichtshof hat das Wächteramt – die Garantenpflicht – des Jugendamtes deutlich eingefordert. Eine Antwort auf das Verleugnen des Wächteramtes des Staates, im Besonderen des Jugendamtes, war die Schaffung des § 8a SGB VIII. Der Gesetzgeber hat hier eindringlich darauf hingewiesen, dass neben der Beratung und der Dienstleistung das Jugendamt den Kinderschutz und damit auch Kontrollaufgaben wahrzunehmen hat. Nicht zuletzt haben auch die Strafprozesse gegen Mitarbeiter der Jugendämter dazu geführt, dass die Diskussion über die Einschätzung von Kindeswohlgefährdungen und die Kontrollaufgaben sowie die Möglichkeiten der Informationsbeschaffung, auch bei Dritten, in Gang gekommen sind. Das heißt keinesfalls, dass sich die Haltung bei allen Jugendämtern und Gerichten verändert hat. Vielfach ist eine Absicherungsmentalität zu beobachten. Es werden lange Fragebögen ausgefüllt, ohne wirklich für das Kind Verantwortung zu übernehmen.

Die Haltung, nicht zu bewerten und sich auf andere Lebenskontexte einzulassen, wird für den Pflegekinderbereich u.a. von Josef Faltermeier gefordert.[18] Der Sozialarbeiter soll sich jeder Wertung enthalten, und zwar auch dort, wo Kindeswohlgefährdung im Raume steht. Jede Wertung und Gewichtung der Realität wird als Abwertung angesehen. Wenn aber nur mit den Eltern verhandelt wird, ob diese bereit sind, Hilfe anzunehmen, und dabei das Gefährdungspotenzial nicht gründlich analysiert wird, kann es dazu kommen, dass während dieser Verhandlungen Kinder misshandelt, sexuell missbraucht oder gar zu Tode kommen.

Ein neues Recht wird nur von begrenztem Nutzen sein, wenn nicht die Haltungen, Ideologien, Theorien und andere Faktoren, die für die Katastrophe ursächlich sein könnten, auf den Prüfstand kommen.[19]

Gisela Zenz schreibt, dass Staat und Gesellschaft ein legitimes Interesse an gelingender Sozialisation der nachwachsenden Generation, der systematisch Schwächeren haben.[20]

Lange Zeit wurden Nachbarn oder andere Personen, die sich besorgt über die Situation von Kindern geäußert haben, als „Kinderschützer" mit offensichtlich eigenen Problemen abgetan. Wenn ein Nachbar sich gar anonym meldete, weil er vor dem gewalttätigen Nachbarn Angst hatte, fand dies bei den meisten Ämtern kein Gehör. Dies hat sich bis heute nicht grundlegend geändert.

Die folgende Geschichte hat sich so zugetragen:

Ein Großelternpaar einer drogenabhängigen Mutter, die gerade ihre so hoffnungsvoll begonnene ambulante Therapie abgebrochen hatte, wandte sich an den zuständigen Mitarbeiter des Jugendamtes mit der Bitte, zur Kenntnis zu nehmen, dass sie sich gro-

---

18 Faltermeier 2001, S. 321
19 Vgl. Salgo 2006
20 Zenz 1972, S. 72, 100

ße Sorgen um das Enkelkind machen, weil die Tochter in den letzten Tagen ein Verhalten an den Tag legt, das darauf hindeutet, dass sie dem Jungen nicht mehr die notwendige verlässliche Versorgung und Erziehung gibt. Sie schilderten die Einzelheiten, die Anlass sind, dass sie eine Kindeswohlgefährdung sehen, und baten dringend um ein Gespräch, bevor das Jugendamt tätig wird. Die Tochter hatte in Gefährdungssituationen für das Kind immer bei den Eltern angerufen und diese darum gebeten den jetzt zweieinhalbjährigen Jungen abzuholen, worüber der Junge sich sehr freute. Die Großeltern sahen es für besonders wichtig an, dass geholfen wird, aber dass man vorher zusammen überlegt, wie man vorgehen kann, damit die Tür zum Elternhaus „offen bleibt". Sie möchten vermeiden, dass es zu einer Gefährdung des Kindes kommt, wenn die drogenabhängige Mutter im Drogenrausch oder in der Folge der Entzugserscheinungen hilflos mit dem Kind alleine gelassen wird. Die Sozialarbeiterin hörte sich alles kommentarlos an. Sie fand die Mitteilung so gravierend, dass sie erklärte, ein Gespräch mit den Eltern und dem Patenonkel, der gleichzeitig der Vermieter war, sei nicht erforderlich. Sie bestand auf sofortiges Handeln von ihrer Seite, trotz der eindringlich vorgebrachten Bedenken, dass hier die letzte Hilfe für das Kind zerstört werden kann, indem die junge Mutter das Kind nicht mehr zu den Großeltern bringt, wenn sie sich überfordert fühlt. Die Sozialarbeiterin erklärte, dass sie aufgrund der gesetzlichen Bestimmungen keine andere Wahl hätte, als die junge Mutter sofort aufzusuchen, um mit ihr den vorgegebenen Fragebogen bei Meldungen über Kindeswohlgefährdungen abzuarbeiten. Zuvor verlangte sie, dass die Eltern schriftlich zu ihrem Anruf stehen.*

Die Sozialarbeiterin machte einen Hausbesuch und fand eine Wohnung vor, die gerade zwei Wochen zuvor von Eltern und Patenonkel neu eingerichtet wurde und von diesen auch finanziert wird. Der Patenonkel ist Eigentümer der Wohnung. Die beiden vorhergehenden Wohnungen hatten Eltern und Patenonkel entrümpelt.

Die junge Frau, die sehr viel Therapie-Erfahrung hat, zeigte sich der Sozialarbeiterin gegenüber kooperativ, gab ihre Drogenabhängigkeit zu und sagte auch, dass sie etwas dagegen tun möchte.

Gesprächsergebnis war, dass die junge Mutter damit einverstanden ist, dass die Sozialarbeiterin alle zwei Wochen bei ihr vorbeischaut. Es wurde über eine neuerliche Therapie in einer Mutter-Kind-Kur diskutiert.

Nach dem Gespräch mit der Sozialarbeiterin rief die Tochter bei ihren Eltern an und verbot ihnen, weiterhin Kontakt zu ihr zu halten und drohte, mit dem Kind ins Ausland umzuziehen, weil sie ihr „das Jugendamt auf den Hals gehetzt" hätten.

Als die Großeltern Ihre Sorge der Sozialarbeiterin mitteilten, dass ihre Tochter dieses tatsächlich in die Tat umsetzen könnte, um sich dem Zugriff des Jugendamtes zu entziehen, äußerte diese, dass sie nichts tun kann, weil die junge Mutter gesprächsbereit sei. Die Sozialarbeiterin setzte die demonstrative Gesprächsbereitschaft gleich mit der Abwendung der Kindeswohlgefährdung.

Es entstand der Eindruck, dass die Sozialarbeiterin die Auffassung vertritt, dass der „Fremdmelder" ein eigenes Problem hat, sodass das Gespräch mit ihm überflüssig ist, es sei denn, er wird selbst zum Klienten. Weiterhin entstand der Eindruck, dass sie die Sorge und die Einschätzung der Großeltern nicht ernst genommen hat und nun als Folge Ihres Handelns genau das eingetreten ist, was die Großeltern befürchtet haben. Die Türe ist jetzt zu und die Kindeswohlgefährdung ist akuter als zuvor, weil die vorhandene Hilfe durch die Großeltern nicht mehr möglich ist.

Das „Raster" wurde abgearbeitet und die Gesprächsbereitschaft, die offensichtlich ein letzter Punkt dieses Fragebogens ist, wurde kritiklos hingenommen, ohne eine echte Mitwirkungsbereitschaft zu überprüfen.

In § 8a SGB VIII wird klar gesagt, dass das Jugendamt den Hinweisen nachzugehen hat, wenn es um gewichtige Anhaltspunkte und um ernstzunehmende konkrete Hinweise auf Kindeswohlgefährdungen geht. Ebenso, wie zuvor in den Jugendämtern vielerorts das Wächteramt geleugnet wurde, genauso unreflektiert kommt es nach der gesetzlichen Vorgabe in § 8a und § 8b SGB VIII tendenziell zur Absicherungsmentalität einzelner Mitarbeiter des Jugendamtes. Vielfach wird ein „Raster" abgearbeitet, das der Absicherung des Sozialarbeiters dient, jedoch nicht in jedem Fall dem Kindeswohl.

Das Jugendamt ist bei akuter Gefährdung verpflichtet, das Kind oder den Jugendlichen in Obhut zu nehmen.

Eine Kindeswohlgefährdung kann auch dadurch herbeigeführt werden, dass Pflegekinder zu Umgangskontakten gezwungen werden, obwohl sie misshandelt, vernachlässigt, abgelehnt oder sexuell misshandelt wurden.

7.5.4 Fachliche und sachliche Ausstattung des Pflegekinderdienstes

Für eine qualifizierte Arbeit ist eine angemessene Ausstattung mit Fachkräften und Sachmitteln (für Fachliteratur, für Gruppenarbeit mit Kindern etc.) erforderlich. Empfehlungen der kommunalen Gemeinschaftsstelle für Verwaltungsvereinfachung (1982) gehen von 30 Kindern pro Sozialarbeiter im Pflegekinderdienst aus. Das Argument mancher Landesjugendämter und Jugendämter, man könne die Fallzahlen zwischen einzelnen Ämtern nicht vergleichen, geht an der Sache vorbei. Schon 1984 hat das Deutsche Jugendinstitut in München festgestellt, dass die Begleitung von 40 Pflegefamilien eine Fachkraft erfordert. Als geeigneter Vergleichsmaßstab können die Fallzahlen gelten, die einem Erziehungsleiter in einem Heim zugemutet werden können. Wenn die Fallzahlen über diesem Grenzbereich liegen, ist erfahrungsgemäß eine verantwortliche Begleitung der Pflegekinder nicht möglich. Hier müssen sich die Jugendhilfeträger mit der Frage auseinandersetzen, ob sie der Garantenpflicht des Staates für das Kindeswohl gerecht werden.

Wenn die Schutzpflichten des Jugendamtes einem Kind gegenüber nicht wahrgenommen wurden und das Kind zu Schaden kam, sind bis jetzt die fallführenden

Sozialarbeiter strafrechtlich verfolgt worden, im Gegensatz zu denjenigen, die jene Arbeitsbedingungen geschaffen haben, die ein gewissenhaftes Arbeiten nicht möglich gemacht haben.

Jugendhilfe ist eine Pflichtaufgabe des Staates und es ist pflichtwidrig, wenn von den politisch Verantwortlichen Vorgaben gemacht werden – wie dies in Einzelfällen geschehen ist – wie viele Kinder fremduntergebracht werden dürfen.

Zu einer kontinuierlichen Beratungstätigkeit des Pflegekinderdienstes ist erforderlich, dass eine für alle Mitarbeiter gültige Konzeption erarbeitet wird. Eine Konzeption des Pflegekinderdienstes kann erfahrungsgemäß nur dann in der Praxis funktionieren, wenn sie gemeinsam und in gegenseitiger Abstimmung von Pflegekinderdienst, Pflegeelternverein und Allgemeinem Sozialen Dienst erarbeitet worden ist. Das macht zunächst viel Arbeit, die sich aber im Nachhinein auszahlt, weil eine von allen Seiten mitgetragene Lösung viel Reibungsverluste und Konflikte erspart. Eine von oben diktierte Konzeption läuft demgegenüber Gefahr, unbeachtet abgeheftet zu werden.

Sowohl die Haltung der Mitarbeiter des Jugendamtes, die Rahmenbedingungen, unter denen diese arbeiten können, als auch eine allgemeingültige Konzeption des Pflegekinderdienstes, an der auch die Pflegeeltern und Pflegeelternvereine mitwirken können, tragen dazu bei, dass die Pflegefamilie den Schutz von außen hat, den sie braucht, um dem Kind eine dauerhafte Heimat zu bieten.

7.6 Das Jugendamt als zweigliedrige Behörde – Aufbau und Aufgaben des Jugendamtes

Das Jugendamt und das Landesjugendamt sind seit der Verabschiedung des (Reichsjugendwohlfahrtsgesetz) RJWG im Jahre 1922 und der Novellierung des RJWG im Jahre 1953 eine zweigliedrige Behörde. Während des Dritten Reiches war dieses demokratische Element in der Jugendhilfe ohne Bedeutung. Die Novellierung im Jahre 1953 verpflichtete jedes Jugendamt und Landesjugendamt zur Einrichtung der zweigliedrigen Jugendämter auf kommunaler und auf Landesebene. In der Neuordnung des Jugendhilferechtes wurde diese Organisationsform in den §§ 69 bis 71 SGB VIII festgeschrieben.

Im Beschluss vom 8.6.2004 (8B 41.04) hat das Bundesverwaltungsgericht den Jugendhilfeausschuss im Gegensatz zu anderen kommunalen Ausschüssen wie folgt beschrieben: „Der Jugendhilfeausschuss zählt nicht zu diesen Ausschüssen. Es handelt sich bei ihm um ein bundesrechtlich konstruiertes Kommunalorgan, das den so genannten beschließenden Ausschüssen des Kommunalrechts ähnelt, aber die Besonderheit aufweist, dass er nur teilweise die politischen Mehrheitsverhältnisse der Vertretungskörperschaft widerspiegelt und im Übrigen von Vertretern der freien Jugendhilfe und sachverständigen Bürgern besetzt wird. Der Jugendhilfeausschuss ist danach nicht in die übliche kommunalverfassungsrechtliche Struktur eingeordnet, insbesondere gehört er als Teil des Jugendamtes zur Verwaltung der Gebietskörperschaft und nicht zum Rat, sondern steht diesem gegenüber.

Das Jugendamt als Amt untergliedert sich seither in die beiden Teile: Jugendhilfeausschuss und die Verwaltung des Jugendamtes. Es hat damit eine einmalige Sonderstellung innerhalb der Gebietskörperschaften. Das SGB VIII beließ es bei dieser Zweigliedrigkeit mit ihren besonderen Regelungen. Dem Jugendhilfeausschuss gehören nicht nur Mitglieder der Vertretungskörperschaften, sondern auch andere Bürger an. Er hat nach § 71 SGB VIII ein eigenständiges Beschluss- sowie Anhörungs- und Antragsrecht gegenüber der Vertretungskörperschaft (Stadtrat, Gemeinderat, Kreisrat). Im Jugendhilfeausschuss sind die Grundlagen dafür gegeben, die bürgernahe Mitverantwortung zu stärken und die freie Jugendhilfe verantwortlich einzubeziehen. Der Jugendhilfeausschuss ist im Verhältnis zur Verwaltung rechtlich das übergeordnete Gremium. Grundsätzliche Angelegenheiten bleiben allein dem Jugendhilfeausschuss vorbehalten, wie z. B. die konzeptionelle Ausrichtung des Jugendamtes. Das Ziel ist es, möglichst viele Kräfte aus der Politik, den freien Trägern der Jugendhilfe, der Verwaltungsfachkräfte und engagierter Einzelpersonen zusammenzubringen, damit sie gemeinsame Entscheidungen erarbeiten, um die Lebensbedingungen von Kindern und Jugendlichen zu verbessern.[21]

Bereits das Reichsjugendwohlfahrtsgesetz von 1922 enthält die Verpflichtung zur Beteiligung der freien Träger der Jugendhilfe. So hat dieses Zusammenwirken der Verwaltung und der freien Träger der Jugendhilfe eine über 90 Jahre alte Tradition. Es hängt allerdings davon ab, ob sich engagierte und fachkundige Bürger in diesem Ausschuss einbringen und die Interessen von Kindern und Jugendlichen einfordern.

In § 70 SGB VIII wird die Organisation des Jugendamtes und des Landesjugendamtes geregelt und Folgendes bestimmt:

(1) Die Aufgaben des Jugendamtes werden durch den Jugendhilfeausschuss und durch die Verwaltung des Jugendamtes wahrgenommen.
(2) Die Geschäfte der laufenden Verwaltung im Bereich der öffentlichen Jugendhilfe werden vom Leiter der Verwaltung der Gebietskörperschaft oder in seinem Auftrag vom Leiter der Verwaltung des Jugendamtes im Rahmen der Satzung und der Beschlüsse der Vertreterkörperschaft und des Jugendhilfeausschusses geführt.
(3) Die Aufgaben des Landesjugendamtes werden durch den Landesjugendhilfeausschuss und durch die Verwaltung des Landesjugendamtes im Rahmen der Satzung und der dem Landesjugendamt zur Verfügung gestellten Mittel wahrgenommen. Die Geschäfte der laufenden Verwaltung werden von dem Leiter der Verwaltung des Landesjugendamtes im Rahmen der Satzung und der Beschlüsse des Landesjugendhilfeausschusses geführt.

---

21 Vgl. Merchel, Reismann 2004, S. 31ff

Der § 71 SGB VIII besagt zum Jugendhilfeausschuss, Landesjugendhilfeausschuss:
(1) Dem Jugendhilfeausschuss gehören als stimmberechtigte Mitglieder an
1. mit drei Fünfteln des Anteils der Stimmen Mitglieder der Vertretungskörperschaft des Trägers der öffentlichen Jugendhilfe oder von ihr gewählte Frauen und Männer, die in der Jugendhilfe erfahren sind,
2. mit zwei Fünfteln des Anteils der Stimmen Frauen und Männer, die auf Vorschlag der im Bereich des öffentlichen Trägers wirkenden und anerkannten Träger der freien Jugendhilfe von der Vertretungskörperschaft gewählt werden; Vorschläge der Jugendverbände und der Wohlfahrtsverbände sind angemessen zu berücksichtigen.
(2) Der Jugendhilfeausschuss befasst sich mit allen Angelegenheiten der Jugendhilfe, insbesondere mit
1. der Erörterung aktueller Problemlagen junger Menschen und ihrer Familien sowie mit Anregungen und Vorschlägen für die Weiterentwicklung der Jugendhilfe,
2. der Jugendhilfeplanung und
3. der Förderung der freien Jugendhilfe.
(3) Er hat Beschlussrecht in Angelegenheiten der Jugendhilfe im Rahmen der von der Vertretungskörperschaft bereitgestellten Mittel, der von ihr erlassenen Satzung und der von ihr gefassten Beschlüsse. Er soll vor jeder Beschlussfassung der Vertretungskörperschaft in Fragen der Jugendhilfe und vor der Berufung eines Leiters des Jugendamts gehört werden und hat das Recht, an die Vertretungskörperschaft Anträge zu stellen. Er tritt nach Bedarf zusammen und ist auf Antrag von mindestens einem Fünftel der Stimmberechtigten einzuberufen. Seine Sitzungen sind öffentlich, soweit nicht das Wohl der Allgemeinheit, berechtigte Interessen einzelner Personen oder schutzwürdiger Gruppen entgegenstehen.
(4) Dem Landesjugendhilfeausschuss gehören mit zwei Fünfteln des Anteils der Stimmen Frauen und Männer an, die auf Vorschlag der im Bereich des Landesjugendamtes wirkenden und anerkannten Träger der freien Jugendhilfe von der obersten Landesjugendbehörde zu berufen sind. Die übrigen Mitglieder werden durch Landesrecht bestimmt. Absatz 2 gilt entsprechend.
(5) Das Nähere regelt das Landesrecht. Es regelt die Zugehörigkeit beratender Mitglieder zum Jugendhilfeausschuss. Es kann bestimmen, dass der Leiter der Verwaltung der Gebietskörperschaft oder der Leiter der Verwaltung des Jugendamtes nach Absatz 1 Nr.1 stimmberechtigt ist.

7.7 Zusammenarbeit mit den Trägern der freien Jugendhilfe und in der Jugendhilfe ehrenamtlich tätiger Vereine

In den §§ 73 und 74 SGB VIII wird das Subsidiaritätsprinzip der Jugendhilfe der ehrenamtlich tätigen Personen und der freien Träger der Jugendhilfe festgelegt. In § 73 SGB VIII wird bestimmt, dass in der Jugendhilfe tätige ehrenamtliche Personen bei ihrer Tätigkeit angeleitet, beraten und unterstützt werden sollen. § 73

SGB VIII ist eine Soll-Vorschrift und beinhaltet die Förderpflicht ehrenamtlicher Tätigkeit in der Jugendhilfe.

Der Begriff „Bürgerschaftliches Engagement" setzt sich immer mehr durch:

> „Ehrenamtliche Mitarbeit ist freiwillige, nicht auf Entgelt ausgerichtete Tätigkeit im sozialen Bereich. Um ehrenamtliche, d. h. unentgeltliche Mitarbeit handelt es sich auch dann, wenn nur Aufwandsentschädigung oder Auslagenersatz gewährt werden".[22]

Diese Bestimmungen können für Pflegefamilien wichtig werden, z. B. wenn ein Pflegeelternverband Besuchsbegleitung für Pflegekinder anbietet und damit seine Fachkompetenz zugunsten des Pflegekindes zur Verfügung stellt oder Patenschaften für neue Pflegefamilien vorhält. Auch Fortbildung und Vorbereitungskurse für Pflegeeltern können einem Pflegefamilienverband übertragen oder beteiligt werden.

Dies ist eine Chance, die Fachkompetenz im Rahmen des bürgerschaftlichen Engagements einzubringen, unter der Voraussetzung, dass die Eigenständigkeit gewahrt wird.

Kritisch ist jedoch zu hinterfragen, ob dies in jedem Fall eine günstige Konstellation ist, da die letztendliche Verantwortung beim öffentlichen Jugendhilfeträger verbleibt. Durch die Auslagerung der Betreuung verliert der fallverantwortliche Sozialarbeiter im Jugendamt in der Regel den persönlichen Bezug zum Kind und seinem persönlichen Umfeld. Somit sind Entscheidungen aufgrund von Berichten anderer Fachkräfte mit hohen Fehlerquoten verbunden und der Verein kann durch finanzielle Abhängikeiten in Interessenkonflikte kommen.

Der § 74 SGB VIII gibt vor:

> (1) Die Träger der öffentlichen Jugendhilfe sollen die freiwillige Tätigkeit auf dem Gebiet der Jugendhilfe anregen; sie sollen sie fördern, wenn der jeweilige Träger
> 1. die fachlichen Voraussetzungen für die geplante Maßnahme erfüllt,
> 2. die Gewähr für eine zweckentsprechende und wirtschaftliche Verwendung der Mittel bietet,
> 3. gemeinnützige Ziele verfolgt,
> 4. eine angemessene Eigenleistung erbringt und
> 5. die Gewähr für eine den Zielen des Grundgesetzes förderliche Arbeit bietet.
> Eine auf Dauer angelegte Förderung setzt in der Regel die Anerkennung als Träger der freien Jugendhilfe nach § 75 SGB VIII voraus. (…)

Die Anerkennung als Träger der freien Jugendhilfe wird in § 75 SGB VIII geregelt.

> (1) Als Träger der freien Jugendhilfe können juristische Personen und Personenvereinigungen anerkannt werden, wenn sie
> 1. auf dem Gebiet der Jugendhilfe im Sinne des § 1 tätig sind,
> 2. gemeinnützige Ziele verfolgen,

---

[22] Vgl. Münder et al. 2006, S. 860

3. aufgrund der fachlichen und personellen Voraussetzungen erwarten lassen, dass sie einen nicht unwesentlichen Beitrag zur Erfüllung der Aufgaben der Jugendhilfe zu leisten imstande sind, und
4. die Gewähr für eine den Zielen des Grundgesetzes förderliche Arbeit bieten.

(2) Einen Anspruch auf Anerkennung als Träger der freien Jugendhilfe hat unter den Voraussetzungen des Absatzes 1, wer auf dem Gebiet der Jugendhilfe mindestens drei Jahre tätig gewesen ist.

(3) die Kirchen und Religionsgemeinschaften des öffentlichen Rechts sowie die auf Bundesebene zusammengeschlossenen Verbände der freien Wohlfahrtspflege sind anerkannte Träger der freien Jugendhilfe.

Der § 78 SGB VIII besagt zur Bildung von Arbeitsgemeinschaften:

Die Träger der öffentlichen Jugendhilfe sollen die Bildung von Arbeitsgemeinschaften anstreben, in denen neben ihnen die anerkannten Träger der freien Jugendhilfe sowie die Träger geförderter Maßnahmen vertreten sind. In den Arbeitsgemeinschaften soll darauf hingewirkt werden, dass die geplanten Maßnahmen aufeinander abgestimmt werden und sich gegenseitig ergänzen.

Die §§ 74 bis 78 SGB VIII können für Pflegeelternverbände bedeutend werden. Denkbar ist, dass Pflegeelternverbände bei entsprechender fachlicher Ausstattung Beratungsaufgaben für Pflegefamilien übernehmen können.

8 Der Hilfeplanungsprozess

> Kinder sind an Entscheidungen über ihr Schicksal in einer ihrem Entwicklungsstand angemessenen Form zu beteiligen, wie es §1626 Abs. 2 BGB aussagt. Dies gilt für alle Kinder.
> Partizipation ist in der Erziehung ein wichtiger Grundsatz. Die Intimsphäre der Familie ist zu wahren.
> Die Mitbestimmung in Erziehungsfragen erstreckt sich auch auf die Bindungssituation des Kindes und die Wahl des Lebensmittelpunktes.
> Der runde Tisch, an den vielerorts Kinder zum Hilfeplangespräch gesetzt werden, widerspricht dem Kindeswohl.
> Säuglinge und Kleinkinder brauchen die persönliche konstante Beziehung zu einer erwachsenen Person und können nicht im Schichtdienst versorgt werden. Sie sind in der Regel in einer Familie unterzubringen, in der auch ihr Verbleib möglich ist.

8.1 Was ist Hilfeplanung?

Die Hilfeplanung ist ein Prozess, der im Zusammenwirken mehrerer Fachkräfte mit den Beteiligten zu erarbeiten ist (§ 36 SGB VIII). Dies geht wesentlich über den schriftlich fixierten Hilfeplan hinaus. Vor einer fachlich fundierten Entscheidung über eine Hilfegewährung für ein Kind hat eine gründliche Anamnese und daraus folgernd eine psychosoziale Diagnose und eine vorsichtige Prognose über den Lebensmittelpunkt zu erfolgen. Nicht gründlich vorbereitete Entscheidungsgrundlagen für die Hilfeplanung beinhalten sehr häufig schwerwiegende Konfliktlagen für das Kind, die Pflegefamilie und die Herkunftsfamilie.

8.1.1 Bereitschaftspflege als Klärungsphase

1. Was ist eine Bereitschaftspflegestelle?
Bereitschaftspflege ist die zeitlich befristete Unterbringung eines jungen Menschen bei einer besonders qualifizierten und auf diese Aufgabe vorbereiteten Pflegeperson.

Für den Jugendhilfeträger ist es wichtig, dass eine ausreichende Anzahl von geeigneten und auf diese Aufgabe vorbereiteten Pflegepersonen zur Verfügung steht. Die Bereitschaftspflegefamilien sollten auf die unterschiedlichen Altersstufen von Kindern eingestellt sein. In einer Familie können Babys, in der anderen eher ältere Schulkinder oder Jugendliche untergebracht werden. Den Wünschen und Bedürfnissen der Bereitschaftspflegefamilien ist entgegenzukommen.

Die Kinder kommen aus Krisensituationen und bedürfen der sofortigen Versorgung und des Schutzes. Je kleiner das Kind ist und je weniger es versteht, was ihm geschieht, umso gravierender ist seine Notsituation. Diese Kinder sind, unabhängig von den Unterbringungsgründen, darauf angewiesen, dass sie auf Erwachsene treffen, die feinfühlig auf ihre Ausnahmesituation eingehen.

Nicht alle Kinder in Notsituationen werden im Rahmen der Hilfe zur Erziehung oder im Rahmen der Inobhutnahme in Bereitschaftspflegefamilien untergebracht. Der Unterbringungsgrund kann auch ein unerwarteter Krankenhausaufenthalt der Bezugsperson sein. Trotzdem die Krankenkasse in diesem Fall der Kostenträger ist, ist die Jugendhilfe für die Betreuung dieser Kinder zuständig, wenn niemand aus dem näheren Umkreis des Kindes die Versorgung übernimmt.

Bei Säuglingen und Kleinkindern ist besonders auf das kindliche Zeitempfinden aufmerksam zu machen, weil hier bei längerem Ausbleiben der Bezugsperson, das Kind aufgrund des normalen Entwicklungsprozesses Bindungen zu der Pflegeperson entwickelt, die nicht ohne Schaden für das Kind gelöst werden können. Bindungen können nicht verhindert werden und dürfen es auch nicht. Wenn daher ein Jugendamt die Bereitschaftspflegeeltern einen Vertrag unterschreiben lässt, in dem sie sich verpflichten, keine Bindung zum Kind einzugehen, ist dies sittenwidrig.

Ein weiterer Unterbringungsgrund kann auch eine Inhaftierung der Bezugsperson sein, wobei dem Jugendhilfeträger hier die Aufgabe zukommt, dafür zu sorgen, dass Mütter/Väter von Säuglingen und Kleinkindern in der Regel in eine Vollzugsanstalt kommen, in denen sie mit ihren Kindern aufgenommen werden können. Dadurch wird eine Trennung des Kindes von seiner Bezugsperson verhindert und es muss nicht in einer Bereitschaftspflegestelle untergebracht werden.

Es gilt in diesen Fällen der engagierte Einsatz der fallverantwortlichen Fachkraft des Jugendamtes. Sie muss versuchen, auf andere Behörden Einfluss zu nehmen, etwa die Justizbehörde, die Krankenversicherung oder die Rentenversicherung (bei Therapien in Suchtkliniken). Die Problematik von kleinen Kindern muss dabei verdeutlicht werden und es soll auf schnelle Regelungen gedrängt werden. Abwarten ohne aktives Eingreifen, beispielsweise auf die gerichtliche Letztentscheidung, schafft Fakten, die nicht mehr umkehrbar sind, ohne die Entwicklung des Kindes zu beeinträchtigen.

Der größte Teil der jungen Menschen, die in Bereitschaftspflegefamilien untergebracht werden, werden in akuten Krisensituationen im Rahmen der Inobhutnahme nach § 42 SGB VIII zu ihrem Schutz aufgenommen. Diese Maßnahme ist für wenige Tage, ausnahmsweise auch für wenige Wochen, als Schutzmaßnahme möglich.

Dort, wo Hilfe zur Erziehung erforderlich ist, ist die Bereitschaftspflege eine wichtige Fachstelle zur Klärung der Situation des jungen Menschen.

In der Folge spreche ich nicht über die kurzfristige Notlage eines Kindes oder Jugendlichen, sondern über die jungen Menschen, die im Rahmen der Inobhutnahme oder der Hilfe zur Erziehung untergebracht werden müssen.

2. Die rechtlichen Voraussetzungen

Kinder, die nicht im Rahmen der Hilfe zur Erziehung, sondern zeitlich befristet, wie bei einem Krankenhausaufenthalt der Bezugsperson, untergebracht sind, unterliegen nicht der Anforderung der Hilfeplanung gem. § 36 SGB VIII. Die Bereitschaftspflege hat in diesen Fällen die Aufgabe, durch häufige Besuchskontakte den Trennungsschmerz des Kindes zu vermindern. Auch hier gilt es, den kindlichen Zeitbegriff zu beachten. Das Bundesverfassungsgericht hat bereits im Jahre 1968 festgestellt, dass unabhängig von den Gründen der Unterbringung der Verbleib in der Pflegefamilie anzuordnen ist, wenn das Kind nicht ohne nachhaltigen Schaden aus der Pflegefamilie herausgenommen werden kann.

Da das Bürgerliche Gesetzbuch die Bereitschaftspflege nicht kennt, sondern nur die Vollzeitpflege, gelten für die Bereitschaftspflegestellen und die Vollzeitpflegestellen die gleichen Bedingungen.

Wenn das Kind jedoch längere Zeit in der Bereitschaftspflege ist, treten die Wirkungen des Familienrechtes ein und der Antrag auf Verbleib gemäß § 1632 Abs. 4 BGB ist möglich, auch dann, wenn die Bereitschaftspflegeperson sich vertraglich verpflichtet hat, das Kind nur für eine Übergangszeit aufzunehmen. Ein Vertrag kann das Familienrecht nicht aushebeln.

Wenn Kinder im Rahmen der Inobhutnahme, auf Antrag der Eltern oder auf Anordnung des Familiengerichtes in einer Bereitschaftspflegefamilie untergebracht werden, ist es grundsätzlich eine Hilfe zur Erziehung. Dem Jugendhilfeträger ist aufgegeben, besondere Formen der Betreuung von Kindern vorzuhalten.

3. Voraussetzungen für Bereitschaftspflegefamilien

Die Bereitschaftspflegeperson hat an den Grundqualifizierungsmaßnahmen für Bereitschaftspflegefamilien teilgenommen und ist für sich selbst zur Überzeugung gekommen, dass die Aufnahme von Kindern zur Klärung ihrer jeweiligen Situation eine Aufgabe ist, die sie sich zutraut.

Der Jugendhilfeträger kam ebenfalls zu dem Ergebnis, dass der Bewerber geeignet ist.

Um die Aufgabe bewältigen zu können, braucht es Offenheit, Flexibilität und Empathie und die Bereitschaft, sich mit sozialpädagogischen Fragen auseinanderzusetzen. Die Pflegeperson braucht Zeit, um dem Kind in dieser Übergangssituation voll zur Seite stehen zu können. Der Umgang mit Kindern macht der Pflegeperson Freude und sie kann auf neue Situationen spontan und einfühlsam reagieren. Die Pflegeperson nimmt aufmerksam die Bedürfnisse des Kindes wahr, dokumentiert diese und bringt die Beobachtungen selbstbewusst in den Hilfeplanprozess ein. Sie ist zur Zusammenarbeit mit dem Jugendhilfeträger bereit und es besteht ein Vertrauensverhältnis zwischen der Pflegeperson und den Fachkräften des Jugendhilfeträgers.

Der Jugendhilfeträger hat der Bereitschaftspflegeperson alle ihm zugänglichen Informationen, die zum Verständnis des Kindes notwendig sind, zur Verfügung zu stellen. Der Datenschutz ist kein Hinderungsgrund die, für das Verstehen des Kindes und die Klärung der Gesamtsituation, notwendigen Daten weiterzugeben. Nur dadurch ist es möglich, dass die Bereitschaftspflegeperson dazu beitragen kann, die Gesamtsituation des Kindes zu klären.

Eine pädagogische oder psychologische Ausbildung der Bereitschaftspflegeperson kann hilfreich sein. Manche Jugendämter fordern, dass ein Elternteil eine entsprechende Ausbildung hat. Die Erfahrung zeigt jedoch, dass die Feinfühligkeit und Offenheit, sich auf die Probleme des Kindes und dessen bisheriger Bezugspersonen einzulassen, bedeutender ist als eine einschlägige Berufsausbildung.

Wichtig ist, dass alle Familienangehörigen mit der Öffnung der Familie für ein zunächst fremdes Kind mit fremden Verhaltensweisen einverstanden sind.

In Familien, in denen ein Dauerpflegekind seine Heimat gefunden hat, ist die besondere Trennungsempfindlichkeit dieses Kindes zu beachten. Wenn es erleben muss, dass in seiner Familie Kinder kommen und gehen, können sich leicht Fantasien entwickeln, dass es selbst auch wieder gehen muss. Trennungsängste können entstehen und quälend werden. Es ist auch nicht zu unterschätzen, dass leibliche Kinder ebenfalls Ängste entwickeln können, weil die Eltern sie weggeben können. Dies gilt vor allen Dingen bei Kindern, die die Veränderung in der Familie kognitiv noch nicht richtig einordnen können.

Die Offenheit und Flexibilität setzen auch ganz praktische Vorkehrungen voraus. So muss das Kinderzimmer eingerichtet sein und eine Grundausstattung für Kinder, gemäß der Altersstufe, vorhanden sein.

4. Voraussetzung des Jugendhilfeträgers

Der Jugendhilfeträger hat ausreichend Fachkräfte zur Verfügung zu stellen, um eine enge Begleitung der Bereitschaftspflegeperson zu gewährleisten. Die telefonische Erreichbarkeit ist eine Voraussetzung, dass eine enge Verzahnung in der Hilfeplanung erfolgen kann. Es können plötzlich Probleme entstehen, in denen die Hilfe des Jugendhilfeträgers eingefordert werden muss. Hilfreich ist auch, wenn der Pflegeperson die Möglichkeit zur Supervision gegeben wird.

Die Fachkraft des Jugendamtes hat vor der Unterbringung des Kindes oft nur bruchstückhafte Informationen über die tatsächliche Situation des Kindes. Die Beobachtungen der Bereitschaftspflegeperson sind für das Jugendamt wichtig, weil in der Beobachtung und der Begleitung des Kindes durch die Pflegeperson sehr viel Aufschluss über die Ängste des Kindes, seine Bindungssituation und seine Probleme offenbar werden.

Voraussetzung des Gelingens einer auf das Wohl des Kindes ausgerichteten Hilfeplanung ist, dass die Bereitschaftspflegeperson als Fachkraft von dem Jugendhilfeträger wahrgenommen und anerkannt wird. Genauso wichtig ist, dass die Pflegeperson die Gewissheit hat, dass sie sich bei jedem Problem an die Fachkraft des Jugendhilfeträgers vertrauensvoll wenden kann und dadurch keine Abqualifizierung erfolgt, weil sie das Problem nicht alleine lösen kann.

Vom Mitarbeiter des Jugendamtes ist der Mut zu einer Prognose gefordert und nicht das Abschieben der Verantwortung auf Verfahrenspfleger und Gutachter. Das kleine Kind hat keine Zeit zum Abwarten. Es hat naturgemäß und existenziell ein Bindungsbedürfnis. Wenn dies ignoriert wird, wird es in seinen Entwicklungschancen gefährdet.

5. Chancen und Risiken der Bereitschaftspflege

Ist die Bereitschaftspflege eine Möglichkeit des „Verschiebebahnhofes" und des Abwartens, bis gerichtspsychologische Gutachten und Gerichtsentscheidungen getroffen werden? Wenn die notwendigen Entscheidungen nicht getroffen werden und es Monate dauert, bis gerichtlich entschieden wird, ist dann der Jugendhilfeträger zum Abwarten verurteilt?

Das FamFG setzt zwar voraus, dass innerhalb eines Monats eine Anhörung stattfinden muss. Entscheidungen können jedoch in diesem engen Zeitrahmen bei einer gründlichen Fachaufklärung in der Regel nicht gefällt werden.

Die fallverantwortliche Fachkraft des Jugendamtes ist aufgefordert, nach der Erstellung einer gründlichen psychosozialen Diagnose, eine Prognose zu wagen und danach zu handeln.

Die Problematik steckt im Augenblick darin, dass auch von Fachkräften und Gerichten immer noch entgegen allen wissenschaftlichen Aussagen oftmals davon ausgegangen wird, dass Trennungen im besonders trennungsempfindlichen Alter im Säuglings- und Kleinkindalter vom Kind vergessen werden.

Neuere Studien zum Thema Bindungsaufbau werden im Handbuch Pflegekinderhilfe[1] wie folgt erläutert:

> „In der Summe zeigen die Befunde mit Kindern, die mit fünf bis achtundzwanzig Monaten untergebracht wurden und die überwiegend Vernachlässigung oder andere Formen von Gefährdung erfahren hatten, vor allem drei Punkte. Erstens unterschieden sich die Kinder sehr darin, in welchem Zeitraum eine einigermaßen stabile Bindungsstrategie gegenüber der Pflegemutter sichtbar wurde. Einige Kinder

---

1 Handbuch Pflegekinderhilfe 2011, S. 160f

fanden eine solche Strategie schon nach wenigen Tagen, andere blieben längere Zeit wechselhaft. Nach etwa zwei Monaten, und damit erstaunlich rasch, hatte die Mehrzahl der Kinder die Herausforderung für sich aber gelöst."

und weiter

„Gleichwohl ist insgesamt die bei den untersuchten Kleinkindern beobachtbare Fähigkeit, sich auf neue Bindungen einzulassen, beeindruckend. Das Tempo des Bindungsaufbaus stellt die Pflegekinderhilfe allerdings vor schwer zu lösende, weitgehend noch nicht erkannte Probleme, sofern Kindern im Übergang von Bereitschafts- in Dauerpflegefamilien kein weiterer Bindungsabbruch zugemutet werden soll."

Diese Erkenntnisse finden jedoch in der Praxis bislang leider wenig Beachtung. Vielfach geht man davon aus, dass das Kind zunächst heftig auf die Trennung reagiert, es jedoch bald wieder ruhig wird und sich anpasst. Die psychischen Schädigungen der Resignation sind noch zu wenig im Blickfeld. Die Verantwortung, die der Jugendhilfeträger in dem Hilfeplanverfahren hat, wird nicht selten auf den Verfahrenspfleger und auf das Familiengericht abgewälzt.

Bei älteren Kindern kann es möglich sein, dass diese Warteschleife sinnvoll ist, bei Säuglingen und Kleinkindern ist das nicht möglich. Ältere Kinder können ihre Bedürfnisse im Hilfeplanprozess selbst zur Geltung bringen, kleine Kinder können dies nicht.

Ich habe in einem Seminar erfahren, dass ein neugeborenes Kind in einer Bereitschaftspflegefamilie bei älteren Pflegepersonen untergebracht wurde. In der Zwischenzeit ist es eineinhalb Jahre alt. Auf das Gutachten wird gewartet und der Sozialarbeiter sieht daher für sich keine Möglichkeit der Klärung. Er wartet ab! Die Frage der Bindungssituation des Kindes wird zwar gestellt, aber nicht realisiert. Hier wird die Bereitschaftspflege zur Kindeswohlgefährdung.

Ein anderer Junge, der weiß, dass er nicht in der Bereitschaftspflegefamilie bleiben darf, sagt: *„Ich habe viele Mamas, aber keine will mich."*

Wenn der kindliche Zeitbegriff und das Empfinden des Kindes, ob es sich in dieser Familie bereits beheimatet hat, nicht beachtet werden, stellt eine „Bereitschaftspflege" eine weitere Gefährdung im Entwicklungsverlauf eines Kindes dar. Es kann nicht die Frage sein, wie lange ein Gutachter oder ein Gericht braucht, um Entscheidungen zu treffen.

Die Jugendhilfe ist aufgefordert, eine Prognose zu stellen.

Säuglinge und Kleinkinder sind in der Regel in einer Familie unterzubringen, in der auch ihr Verbleib möglich ist.

---

2 Handbuch Pflegekinderhilfe, S. 161

Bei einer differenzierten Vorbereitung der Pflegefamilien ist es möglich, Pflegefamilien zu gewinnen, die in der Anfangsphase bei Säuglingen und Kleinkindern für beide Möglichkeiten offen sind, während einer Klärungsphase für ein Kind zur Verfügung zu stehen oder aber ein auf Dauer angelegtes Pflegeverhältnis einzugehen mit all der Verantwortung für die Entwicklung des Kindes.

Die Praxis, dass ein kleines Kind in einer Familie untergebracht wird, die auf keinen Fall ein Kind auf Dauer aufnehmen will, ist nicht zu akzeptieren, weil sie das Wohl des einzelnen Kindes gefährden kann.

6. Untersuchungsergebnisse einer Umfrage der BAG KiAP

Die bundesweite anonyme Online-Befragung (über die KiAP-Webseite www.kiap.de) von April bis Oktober 2011 über die Bereitschaftspflegeverhältnisse ab Januar 2007 bis Oktober 2011 wurde unter folgenden Fragestellungen durchgeführt:
1. Verweildauer des Kindes
2. Folgehilfen oder Rückführung
3. Wurde nach Einschätzung der FBB-Fachkraft (Familiäre Bereitschaftsbetreuungsfachkraft) bei Beendigung der Maßnahme zum Wohle des Kindes entschieden?

Das Alter der Kinder unter dem Aspekt des kindlichen Zeitbegriffs wurde in der Befragung berücksichtigt. Es kamen 320 Rückmeldungen, 300 davon waren auswertbar. Als Beispiel für die Ergebnisse der Untersuchung möchten wir uns auf die Kinder unter 3 Jahren beziehen. Die Ergebnisse für die Kinder über 3 Jahre sind in Tabelle 1 zu ersehen.

Von den 171 Kindern unter 3 Jahren blieben 50 Kinder (29,2 %) bis zu 3 Monaten, 42 Kinder (24,6 %) 4 bis 6 Monate und 42 Kinder (24,6 %) zwischen 7 und 12 Monaten, 24 Kinder (14 %) blieben 13 bis 18 Monate, 8 Kinder (4,7 %) blieben 19 bis 24 Monate, 5 Kinder (2,9 %) blieben länger als 24 Monate in der Bereitschaftspflegefamilie.

Von diesen 171 Kindern wurden 73 Kinder zu einem Elternteil zurückgeführt, 57 Kinder wurden in Vollzeitpflegefamilien vermittelt, ein Kind wurde adoptiert, 27 Kinder konnten in der Bereitschaftspflegefamilie verbleiben. Die Bereitschaftspflege wurde in Vollzeitpflege umgewandelt. Bei zwei Kindern wurden Anträge auf Verbleib gestellt und diese wurden positiv entschieden. Elf Kinder kamen in ein Heim.

Zur Frage, ob nach Einschätzung der Bereitschaftspflegefamilie bei Beendigung der Maßnahme zum Wohle des Kindes entschieden wurde, bejahen diese Frage 59%,

29 % verneinen sie, 8,6 % ist es nicht bekannt, wie es dem Kind jetzt ergeht, 3,4 % gaben zu dieser Frage keine Auskunft.

Welche Erkenntnisse sind daraus zu folgern?
- Bei 50 Kindern (29,2 % der Kleinkinder) wurde innerhalb von 3 Monaten eine Entscheidung über Rückführung oder Folgehilfen getroffen. Bei allen Altersstufen der Kinder wurde bei 36 % innerhalb dieser Zeit eine Klärung der Lebenssituation der Kinder herbeigeführt.
- Mehr als die Hälfte der Kinder (33 von 50) wurden innerhalb von 3 Monaten in die Herkunftsfamilie zurückgeführt. Es ist nicht bekannt, ob die Kinder nach der Rückführung dauerhaft in der Herkunftsfamilie leben können und eine ihrem Wohl entsprechende Erziehung gewährleistet wird.
- 27 Kinder konnten auf Dauer in der Bereitschaftspflegefamilie verbleiben.
- Bei zwei Kindern wurde von den Bereitschaftspflegeeltern der Antrag auf Verbleib gestellt und diese wurden vom Gericht positiv entschieden. Das Recht nach § 1632 Abs. 4 BGB einen Antrag auf Verbleib zu stellen, gilt für alle Pflegeeltern und lässt sich nicht durch vertragliche Regelungen einschränken.
- Knapp die Hälfte der Kleinkinder verblieben länger als ein halbes Jahr in der Bereitschaftspflegefamilie.
- 37 Kinder blieben länger als ein Jahr in der Bereitschaftspflegefamilie. Davon durften immerhin zehn Kinder in der Familie verbleiben.
- Bei den übrigen 27 Kindern, die im trennungsempfindlichen Alter, einen erneuten Bindungsabbruch erleben mussten, wurde ein unkalkulierbares Entwicklungsrisiko eingegangen.

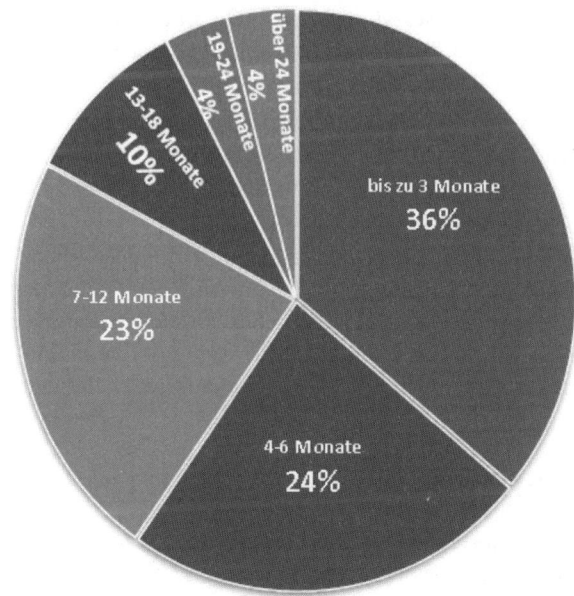

Abb. 1: Umfrage der BAG KiAP zur Verweildauer von Kindern in Bereitschaftspflege/Familiärer Bereitschaftsbetreuung (FBB) für Pflegeverhältnisse ab Jan. 2007 Vergleich: Aufenthalt in Monaten/Prozent N=300

Tab. 1: Umfrage der BAG KiAP zur Verweildauer von Kindern in Bereitschaftspflege/ Familiärer Bereitschaftsbetreuung (FBB) für Pflegeverhältnisse ab Jan. 2007

Verweildauer in der FBB-Fachstelle	Alter der Kinder N=300									
	bis 3 Jahre		4–7 Jahre		8–11 Jahre		>12 Jahre		gesamt	
	Anzahl	in %	Anzahl	in %	Anzahl	in %	Anzahl	in %	Anzahl	in %
bis 3 Monate	50	29,2	30	44,8	19	44,2	8	42,1	107	35,7
4–6 Monate	42	24,6	15	22,4	10	23,26	4	21,1	71	23,7
7–12 Monate	42	24,6	19	28,4	7	16,28	2	10,5	70	23,3
13–18 Monate	24	14,0	1	1,5	4	9,30	0	0,0	29	9,7
19–24 Monate	8	4,7	0	0,0		0,00	3	15,8	11	3,7
über 24 Monate	5	2,9	2	3,0	3	6,98	2	10,5	12	4,0
gesamt	171	100	67	100	43	100	19	100	300	100

7. Fazit

Eine Bereitschaftspflege ist dann eine Chance, wenn sie zur Klärung der Situation des Kindes benutzt wird, und eine enge und vertrauensvolle Zusammenarbeit zwischen Jugendamt und der Pflegeperson stattfindet. Die Beobachtungen der Pflegeperson fließen in den Hilfeplanprozess und sie wird als fachlich qualifiziertes Gegenüber des Jugendhilfeträgers anerkannt. Sie wird auch einbezogen in die Erarbeitung der Lebensperspektive für dieses Kind. Wenn es in eine andere Pflegefamilie übergeführt werden kann, so ist die Beobachtung der Pflegeperson, ob und wann dies möglich ist, von großer Bedeutung.

Die Bereitschaftspflege ist dann eine Gefährdung für das Kindeswohl, wenn sie als „Abstellgleis" abgewertet wird, um gerichtliche Entscheidungen abzuwarten. Der Jugendhilfeträger hat Prognosen zu wagen und hat Pflegeeltern darauf vorzubereiten, in der Anfangsphase mit Unsicherheiten zu leben.

Um die vertrauensvolle Zusammenarbeit von Pflegefamilien und Jugendhilfeträger zu stärken und damit auch die Gewinnung von neuen Pflegepersonen zu ermöglichen, werden regelmäßige Gesprächskreise von Selbsthilfeorganisationen von Pflegefamilien und allen Mitarbeitern der Pflegekinderdienste empfohlen. Wichtig ist, dass diese regelmäßig und nicht nur in Krisensituationen stattfinden.

8.2 Die Doppeleignung als Pflege- und Adoptiveltern

Die Vorbereitung auf die Aufnahme eines Kindes ist sowohl bei Pflege- wie auch Adoptiveltern von großer Bedeutung. Beide sind auf kindzentriertes Denken hinzuführen, und es ist wichtig, Ängste abzubauen. Wenn die Parole ausgegeben wird, dass Pflegekinder immer „Kinder auf Zeit" sind, werden gerade kindzentriert denkende Eltern davon abgehalten, dem Kind eine Heimat zu geben. Ich hörte in den Beratungsgesprächen immer wieder den Satz: „Wenn das Kind bei uns sein Zuhause gefunden hat und wir damit rechnen müssen, dass es jederzeit abgeholt werden kann, können wir das nicht aushalten". Meine Antwort war: „Wenn Sie das so einfach aushalten könnten, wären Sie auch nicht die Pflegeeltern oder die Adoptiveltern, die wir suchen."

Wertschätzung der Herkunft gegenüber als Grundhaltung ist sowohl bei der Adoption wie auch bei einem Pflegeverhältnis eine wichtige Voraussetzung für die Entwicklung des Kindes. Da besteht zwischen beiden Gruppen wenig Unterschied, zumal die offenen Formen der Adoption mit gelegentlichen Besuchen nicht ungewöhnlich sind.

Adoptiveltern, die ein Kind mit dem Ziel der Adoption aufnehmen, können ebenfalls nicht gewiss sein, ob es zu einer Adoption kommt. Zum einen können die leiblichen Eltern die notarielle Einwilligung nicht geben, oder das Kind birgt solch große Entwicklungsrisiken, dass sich die Adoptiveltern nicht zur Adoption entschließen können und das Kind als Pflegekind in dieser Familie aufwächst. Bei der Vermittlung eines Kindes gilt es, die am besten geeigneten Eltern für dieses Kind zu finden, und erst danach kommt die Frage in der Hilfeplanung, ob es ein Adoptions- oder ein Pflegeverhältnis wird. Es ist ein Prozess, der sich in beide Richtungen entwickeln kann.

Bei Säuglingen und Kleinkindern, bei denen die Rückkehr in die Herkunftsfamilie in einem dem kindlichen Zeitgefühl entsprechenden Rahmen nicht möglich erscheint, ist in § 36 SGB VIII vorgeschrieben, dass vor und während einer langfristig zu leistenden Hilfe außerhalb der eigenen Familie zu prüfen ist, ob die Annahme als Kind in Betracht kommt. Da auch heute noch viele Fachkräfte Adoption mit Inkognitoadoption verwechseln, wird diese gesetzlich vorgeschriebene Prüfung der Adoptionsmöglichkeit in Hilfeplänen kaum erwähnt.

Bei kleinen Kindern kommt es häufig vor, dass sie in Familien mit mehreren Kindern vermittelt werden unter dem Gesichtspunkt, dass diese Familien nicht adoptieren wollen. Aus der Erfahrung heraus ist jedoch zu sagen, dass immer wieder der Fall eintritt, dass leibliche Eltern ihr Kind an die Pflegeeltern zur Adoption freigeben wollen, wenn sie sehen, dass das Kind in der Pflegefamilie seine Heimat gefunden hat, oder wenn Kosten von ihnen für die Unterbringung eingefordert werden. Diese Frage muss als mögliche Option in der Hilfeplanung überdacht werden. Hier ist es wichtig, dass Familien ausgesucht werden, die sowohl mit dem Pflegekinderstatus leben können als auch zur Adoption bereit sind.[3]

---

3   Vgl. Knester, Landesjugendamt Karlsruhe 1999, S. 18f.

Die Klärung dieser Option im Vorfeld kann aus einem weiteren Grund Bedeutung erlangen. In der Praxis kommt es immer wieder vor, dass sich eine Pflegefamilie mit bereits erwachsenen Kindern für die Aufnahme eines Pflegekindes zur Verfügung stellt, aber nicht damit rechnet, dass sich bei einem Pflegekind eventuell auch die Frage der Adoption stellt. Später dann, wenn das Kind längere Zeit in der Pflegefamilie lebt und es von den Herkunftseltern zur Adoption freigegeben wird, wird diese Frage zwischen den Pflegeeltern und dem Jugendamt geklärt werden müssen. Die Entscheidung liegt bei den Pflegeeltern. Es ist zu bedenken, dass das Bundesverfassungsgericht sich dazu geäußert hat.

Wenn tatsächlich ein Wechsel des Kindes von der Pflegefamilie in eine Adoptivfamilie geplant wird, haben die Pflegeeltern die Möglichkeit, einen Antrag auf Verbleib nach § 1632 Abs. 4 BGB zu stellen.

Im Urteil des Bundesverfassungsgerichtes wird festgestellt, dass die Adoption grundsätzlich einem Pflegeverhältnis vorzuziehen ist.[4] Das Bundesverfassungsgericht gibt nicht in jedem Fall vor, dass ein Kind aus einer Pflegefamilie in eine Adoptivfamilie wechseln muss, es sagt jedoch eindeutig, dass geprüft werden muss, ob die in Aussicht genommenen Adoptiveltern voraussichtlich in der Lage sind, die mit der Trennung des Kindes von den Pflegeeltern verbundenen psychischen Beeinträchtigungen zu mildern. Diese Risikoabwägung, die das Bundesverfassungsgericht einfordert, ist durchaus kritisch zu bewerten, aber sie muss beachtet werden.

Als Schlussfolgerung und zur Vermeidung solcher Situationen ist vom Fachdienst im Vorfeld sorgfältig zu prüfen, ob eine Doppeleignung von Adoptivbewerbern als Pflegeeltern, insbesondere bei der Unterbringung von kleinen Kindern, infrage kommt. Die Übergänge von der Vollzeitpflege zur Adoption sind oft fließend. Um den Prüfauftrag nach § 36 SGB VIII nachkommen zu können, ist eine sehr enge Zusammenarbeit zwischen Adoptionsvermittlung und Pflegekinderdienst unabdingbar. Vor dem Hintergrund, dass eine oben beschriebene Situation nicht gewünscht sein kann, wurden vom Landesjugendamt Karlsruhe Handlungsstandards erarbeitet, die den Anforderungen der Praxis bei der Vermittlung von kleinen Kindern, sei es als Adoptiv- oder als Pflegekind, Rechnung tragen.[5]

Die Praxis beachtet diese Vorgaben oft nicht. Nicht selten werden Adoptionsbewerbern Besitzansprüche unterstellt und ihnen die Eignung als Pflegeeltern generell abgesprochen. Da ich, wie bereits mehrfach erwähnt gerade unter den kinderlosen Adoptionsbewerbern für entwicklungsbeeinträchtigte Kinder die besten Bedingungen für Kinder vorfand und diese auch mit der Herkunftsfamilie einfühlsam und verständnisvoll umgingen, kann ich diese Hypothese nicht bestätigen.

---

4   Salgo 1996, BVerfGE 79, vgl. hierzu § 36 Rz. 31 f. sowie OLG Karlsruhe, FamRZ 1999, S. 1686
5   Landesjugendamt Karlsruhe 1999

8.3 Die psychosoziale Diagnose

Die Entscheidung, dass ein Kind aus der Herkunftsfamilie herausgenommen wird und in eine Pflegefamilie kommt, ist eine schicksalhafte Weichenstellung für das Kind, die Herkunftsfamilie und die Pflegefamilie. Unabhängig davon, ob es sich um eine Unterbringung des Kindes auf Wunsch der Eltern oder um eine Maßnahme zum Schutze des Kindes im Rahmen eines Sorgerechtentzugsverfahrens handelt.

In den 1990er-Jahren wurde eine kontroverse Diskussion darüber geführt, ob eine psychosoziale Diagnose zulässig ist oder ob die Hilfeplanung ein Aushandlungsprozess zwischen dem Jugendhilfeträger, den Personensorgeberechtigten und dem Kind ist. Gegen eine umfangreiche Informationssammlung und systematische Auswertung wurden insbesondere datenschutzrechtliche Zweifel erhoben.

Harnach-Beck (1995a, b, 1999), Maas (1997) Petermann und Schmid (1995) vertreten jedoch wie andere Autoren den Standpunkt, dass die Erstellung einer fachlich begründeten psychosozialen Diagnose eine wesentliche Grundbedingung für eine angemessene und erfolgreiche Hilfeplanung ist.[6]

Wenn nicht ergründet wird, wie es zu der gegenwärtigen Entwicklung kam, und lediglich mit den Personensorgeberechtigten „ausgehandelt" wird, welche Hilfe sie bereit sind anzunehmen, kann auch keine Prognose über den weiteren Hilfeverlauf gestellt werden.

Dieser „Aushandlungsprozess" ist nicht neu, er war vielmehr bis in die 1980er-Jahre die Regel. In alten Akten fand sich häufig nur das, was die Personensorgeberechtigten für sich wollten. Wünsche des Kindes wurden damals kaum genannt. Obwohl in § 36 SGB VIII steht, dass Kinder und Jugendliche zu beteiligen sind, ist zu bezweifeln, ob heute die Wünsche des Kindes Beachtung finden. In einer Erhebung von Becker wurde belegt, dass nur 6% der Jugendämter den Wünschen des Kindes in ihrem Frageraster zum Hilfeplan Beachtung schenken.[7]

Helga Oberloskamp hat für die Erarbeitung einer psychosozialen Diagnose gültige Maßstäbe in der sozialen Arbeit aufgestellt.[8] Dieser Standard wird besonders bei Unterbringungen, die auf Antrag der Eltern erfolgen, bei Jugendämtern oft nicht eingehalten oder unter Berufung auf den Datenschutz abgelehnt.

Die Praxis lehrt, dass der fallführende Sozialarbeiter eine gründliche Vorbereitung durch eine psychosoziale Diagnose braucht, damit er zu einer fachlich fundierten Entscheidung kommen kann. Ebenfalls ist es für das Ziel der Hilfe erforderlich,

---

6 Vgl. Fröhlich-Gildhoff 2002, S. 12f
7 Fröhlich-Gildhoff 2002, S. 28.
8 Oberloskamp/Balloff/Fabian 2001

dass derjenige, der die Hilfe durchführt – in diesem Fall die Pflegeeltern – zum Verständnis des Kindes die notwendigen Informationen bekommen.

Der Sozialarbeiter sammelt alle verfügbaren Informationen, die sowohl bei den Beteiligten als auch bei anderen Fachdiensten und Fachkräften erhoben wurden und werden. Die Risiken- und Schutzfaktoren für dieses Kind sind gründlich und systematisch auszuwerten. Ein oberflächliches Arbeiten in dieser Phase birgt für die Zukunft die Gefahr von schweren Konflikten in sich. Es ist auch für jedes Kind eine vorsichtige Prognose über die Lebensperspektive zu wagen.

Es gibt Situationen, in denen bereits vor der Unterbringung feststeht, dass der bisherige Entwicklungsverlauf und die defizitäre Familiensituation gezeigt haben, dass eine Rückkehr des Kindes zu seinen leiblichen Eltern nicht möglich sein wird. Die Anrufung des Familiengerichtes und damit die eindeutige Klärung der rechtlichen Situation ist eher als günstig zu bewerten. Wenn die rechtliche Situation unklar ist und das volle Sorgerecht bei den Eltern verbleibt, obwohl diese die Pflicht, für das Kind zu sorgen, nicht wahrnehmen können oder wollen, sind die Pflegeeltern immer wieder gezwungen, im rechtlosen Raum zu agieren. Damit werden sie angreifbar, was zur Verunsicherung der Pflegeeltern in der Erfüllung ihres Erziehungsauftrages führen kann.

Der Frankfurter Kommentar zum SGB VIII sagt Folgendes aus[9]:

> Das Gesetz geht davon aus, dass die Rückkehr des Kindes oder Jugendlichen zu den Eltern vorrangiges Ziel der Fremdunterbringung ist (§ 37 Abs. 1 Satz 2 SGB VIII). Voraussetzung ist, dass eine Verbesserung der Erziehungsbedingungen in der Herkunftsfamilie in – aus der Perspektive des Kindes – vertretbarer Zeit erwartet werden kann und die Rückkehr mit dem Wohl des Kindes oder Jugendlichen vereinbar ist. Schon bei der Entscheidung über die Hilfe außerhalb der eigenen Familie (§ 36 SGB VIII) gilt es regelmäßig, eine Prognose darüber abzugeben, ob diese Unterbringung im Interesse des Kindes oder Jugendlichen zeitlich befristet oder auf Dauer angelegt sein soll. Prognosen bedürfen einer fortwährenden Evaluation hinsichtlich ihrer Verwirklichung (vgl. § 36 Abs. 2 Satz 2 Halbsatz 2). Wird sie jedoch ausdrücklich formuliert, so ergibt sich daraus die Notwendigkeit, die jeweilige Option zu begründen und zur Erreichung des jeweils angegebenen Ziels die erforderlichen Ressourcen anzugeben und einzusetzen.
> Abs. 1 Satz 2 fordert vor dem Hintergrund der Ziele des § 1 Abs. 1 und 3 Rückführungsbemühungen nur dort, wo positive emotionale Bindungen der Kinder und Jugendlichen zur Herkunftsfamilie die Rückführung im Interesse der betroffenen Minderjährigen auch als mit dem Wohl des Kindes oder Jugendlichen vereinbar erscheinen lassen. Hat sich bei lang andauernder Misshandlung (Vernachlässigung, physische oder psychische Misshandlung oder sexueller Missbrauch) die Beziehung zur Herkunftsfamilie angstbesetzt, traumatisch und/oder destruktiv entwickelt, ist besonders sorgfältig zu prüfen, ob positive emotionale Bindungen bestehen oder realistischerweise entstehen können. Bei der Klärung der Perspektive über den Le-

---

9   Münder 2006, S. 517

bensmittelpunkt sind dabei entwicklungshemmende Entscheidungsverzögerungen zu vermeiden und ggf. bei der Hilfe außerhalb der eigenen Familie von vornherein auf eine auf Dauer angelegte Lebensperspektive hinzuarbeiten.

Der Hilfeverlauf hängt weitgehend ab von der Erforschung
- der bisherigen Entwicklung des Kindes und dessen Familie sowie dem sozialen Umfeld,
- der bisher erbrachten Hilfeleistungen für die Herkunftsfamilie und das Kind,
- der Begründung der Antwort auf die Frage, warum die angebotenen Hilfeleistungen für die Herkunftsfamilie die Situation des Kindes nicht positiv verändern konnten,
- der langfristigen Entwicklungschancen des Kindes, bezogen auf sein Alter,
- der Qualität der bisherigen Bindungen und eventueller Traumatisierung und daraus resultierend einer Prognose,
- der Bedürfnisse des Kindes und der Erkundung seines Willens,
- der Betrachtung auch der Bereiche, die Fachkräfte dann ausklammern, wenn sie persönlich Schwierigkeiten mit einem Problem haben, z. B. dem Verdacht auf Misshandlungen oder sexuellem Missbrauch, insofern keine körperlichen Spuren feststellbar sind.

Wenn nur das „Hier und Jetzt" beachtet wird, der Blick in Vergangenheit und Zukunft ausgeklammert, und gleichzeitig nur auf den Aushandlungsprozess der Erwachsenen gesetzt wird, indem insbesondere die Wünsche der Personensorgeberechtigten Beachtung finden, werden für die Zukunft neue Konflikte grundgelegt. Eine nachträgliche Korrektur ist dann kaum mehr möglich.

Die Ursachen des Hilfebedarfs müssen für dieses Kind umfassend ergründet werden. Die Wahlfreiheit der Personensorgeberechtigten kann das Kindeswohl nicht außer Acht lassen. Die Frage, ob eine Heimunterbringung oder eine Unterbringung in einer Pflegefamilie für dieses Kind erforderlich ist, kann nicht nur aus diesem Gesichtswinkel gesehen werden. Vorrang hat die Abwägung dessen, was für die Entwicklung dieses Kindes erforderlich ist.

Wenn Pflegeeltern nicht wissen, was vorher war und mit welchen Belastungen sie zu rechnen haben, können sie auch nicht beurteilen, ob dieses Kind in ihrer Familie den richtigen Platz hat. Diese Einschätzung wird zu Recht von der Pflegefamilie erwartet, sie erfordert aber auch von der Fachkraft gründliche Vorarbeit.

Immer wieder sind Hilfepläne zu lesen, die die Gründe für die Unterbringung entweder gar nicht nennen oder die Situation des Kindes verharmlosen.

Folgendes ist bezeichnend für diese Haltung:

> Die Mutter wurde als Jugendliche drogenabhängig und hatte bereits zwei Kinder schwer vernachlässigt. Diese wurden in Pflegefamilien untergebracht und das Sorgerecht musste der Mutter entzogen werden. Sie hatte bereits seit vier Jahren das

Methadonprogramm mitgemacht und zusätzlich Tabletten und Alkohol konsumiert.

Der Vater des dritten Kindes war ein schwer alkoholkranker Mann, der zudem wiederholt wegen gewalttätiger Konflikte straffällig wurde. Die schwangere Frau flüchtete immer wieder zu ihrer Großmutter, um bei ihr Schutz zu suchen. Die Großmutter hatte sie seit frühester Kindheit versorgt und konnte mit ihrer energischen Art dem angehenden Vater des Kindes Einhalt bieten. Wenn jedoch der akute Konflikt vorbei war, ging die schwangere Frau wieder zu dem Mann zurück, obwohl er sie regelmäßig schwer misshandelte.

Eine Drogentherapie wurde nicht in Erwägung gezogen, weil die Mutter neben der Abhängigkeit auch an Krebs erkrankt war und sie bisher keine angebotene Therapie durchgehalten hatte. Bezeichnend war auch, dass sie seit mehreren Jahren die Höchstdosis im Methadonprogramm erhielt. Aufgrund der Vorgeschichte lag die Schlussfolgerung nahe, dass die Therapeuten ihr das Leben so erträglich wie möglich machen wollten, dass sie jedoch keine Hoffnung auf Heilung durch eine Therapie hatten.

Nach der Geburt des Kindes kümmerte sich die Mutter nur kurz um das Kind, sie hielt sich während des Krankenhausaufenthaltes weitestgehend im Freien zum Rauchen auf. Sie verschwand auch ohne Erklärung aus der Klinik und kam innerhalb des vierwöchigen Klinikaufenthaltes des Kindes nur zweimal zu einem kurzen Besuch. Nach vier Wochen erschien der betrunkene Vater in der Klinik und randalierte. Er wollte das Kind mitnehmen, weil es sein Kind sei. Dass das Kind schwere Entzugserscheinungen hatte, interessierte beide Elternteile nicht. Das Jugendamt nahm das Kind in Obhut, und nachträglich stimmte die sorgeberechtigte Mutter „freiwillig" der Unterbringung in einer Pflegefamilie zu.

Verwunderlich war, was im Hilfeplan stand. Er ist ein Beispiel für mangelnde Klarheit und Transparenz. Die Vorgeschichte wurde ausgeklammert und den Pflegeeltern die, für die Erziehung, notwendigen Daten vorenthalten. Der standardisierte Hilfeplan ist nachfolgend wörtlich zitiert:

Dort ist zu lesen:

> I. **Bedarf an Förderung und Unterstützung für die weitere Entwicklung des jungen Menschen?**
> Aus Sicht des Personenberechtigten:
> Antwort: Seit der Geburt befindet die Mutter sich in ärztlicher Behandlung. Sie sehe sich aus diesem Grunde nicht in der Lage, ihr Kind selbst zu versorgen und hat einer vorübergehenden Unterbringung des Kindes in einer Pflegefamilie zugestimmt. Die Mutter will alles tun, um wieder gesund zu werden und dann ihr Kind selbst versorgen.
> Aus Sicht anderer Institutionen:
> Antwort: Vonseiten der Klinikärzte wurde die Entscheidung der Mutter im Sinne des Kindes unterstützt.
> Aus Sicht des Jugendamtes:
> Antwort: Das Kind ist auf eine zuverlässige Versorgung, Betreuung und liebevolle Zuwendung angewiesen, welche die Mutter aus gesundheitlichen Grün-

den derzeit nicht im erforderlichen Umfang leisten kann. Die Hilfe ist notwendig und geeignet.

II. Auf welche Hilfe haben sich die Beteiligten verständigt?
Antwort: Vollzeitpflege

III. Zielsetzungen, Aufgaben und notwendige Leistungen für den jungen Menschen?

LEBENSPRAKTISCHE ERZIEHUNG IM ALLTAG
a) Ziele:
Antwort: Geregelter Tagesablauf
b) Aufgaben:
Antwort: Ernährung, Bewegung, Zuwendung, Spazieren fahren, Arztbesuche, etc. Körperhygiene und Gesundheit, Säuglingspflege, ärztliche Versorgung: Pflege, Arztbesuche, Heilbehandlung und therapeutische Unterstützung sicherstellen.
c) Wer übernimmt welche Aufgaben?
Antwort: Pflegeeltern, Arzt, Therapeuten, Mutter, die Pflegeeltern informieren die Mutter über fällige Arzttermine und bei solchen, die darüber hinaus notwendig werden.

PERSÖNLICHKEITSENTWICKLUNG
a) Ziele:
Antwort: Das Kind soll im familiären Rahmen aufwachsen.
b) Wer übernimmt welche Aufgaben?
Antwort: Pflegeeltern, Mutter

SOZIALE KOMPETENZ:
a) Ziele:
Antwort: Der familiäre Rahmen bietet die Möglichkeit für erste soziale Erfahrungen.
b) Aufgaben:
Antwort: Erwachsenenvorbild
c) Wer übernimmt welche Aufgaben?
Antwort: Pflegeeltern, Mutter

IV. Mitwirkung der Eltern
Welche Veränderungen müssen die Personensorgeberechtigten vorzunehmen, um ihr Kind in seiner weiteren Entwicklung zu fördern und die Erziehungsbedingungen für das Kind ausreichend zu verbessern?
Antwort: Die Mutter und die Pflegeeltern arbeiten in einer offenen und vertrauensgebenden Atmosphäre miteinander. Die Mutter kümmert sich um die Wiederherstellung ihrer Gesundheit. Sie nimmt die Empfehlungen der Ärzte an und arbeitet mit ihnen zusammen.

V. **Bei außerfamiliären Hilfen**
Ist eine Rückkehr des jungen Menschen in die Herkunftsfamilie vorgesehen?
Antwort: Ja
Wenn ja, welche Voraussetzungen schaffen die Personensorgeberechtigten, um ihrem Kind eine Rückkehr zu ermöglichen?
Antwort: Die Mutter will mit ärztlicher Unterstützung ihre Gesundheit stabilisieren, damit es ihr möglich wird, das Kind bei sich aufzunehmen und selbst zu versorgen und zu erziehen.
Welche konkreten Schritte unternehmen die Personensorgeberechtigten hierzu bis zum nächsten Hilfeplangespräch?
Antwort: Die Mutter beabsichtigt zunächst in eine Kur zu gehen. Weitere Entscheidungen über die medizinische Behandlung sollen von ärztlicher Seite fallen.
Wenn nein: Welche auf Dauer angelegte Lebensperspektive wird geplant?
Antwort entfällt

Das Beispiel zeigt, dass hier weder eine gründliche Information der Pflegeeltern erfolgt ist – diese erfolgte über die Klinik im Laufe der ärztlichen Untersuchungen des Kindes – noch eine gründliche psychosoziale Diagnose und eine realistische Prognose erstellt wurde. Dieses Jugendamt ging wie viele andere davon aus, dass die Pflegeeltern aus Datenschutzgründen keine Informationen über die Herkunftsfamilie erhalten dürfen.

Das, was im Hilfeplan steht, entspricht in keinem Punkt der Realität und widerspricht dem Interesse des Kindes. Weder das Alter des Kindes noch die Möglichkeit der Veränderung der Erziehungsfähigkeit der Mutter wurden angesprochen. Der kindliche Zeitbegriff wurde der Mutter nicht nahegebracht. Die Vergangenheit war kein Thema, und über die Lebensperspektive des Kindes kam die Antwort: Entfällt.

Die Pflegeeltern waren in diesem Fall sehr kooperativ, aber nicht bereit, diesen Hilfeplan zu unterschreiben. Die Mutter wollte zunächst wöchentliche Besuche, war aber nicht in der Lage, diese regelmäßig einmal im Monat wahrzunehmen.

Das Kind ist in der Zwischenzeit zwei Jahre alt und immer noch besteht kein gültiger Hilfeplan. Mittlerweile kann die Mutter einsehen, dass das Kind neue Eltern gefunden hat, und möchte dem Kind kein Leid zufügen.

Das Jugendamt hat immer noch Schwierigkeiten, die Tatsache anzuerkennen, dass das Kind die Pflegeeltern zu seinen Eltern gemacht hat. Bei einem Gespräch nach einem Wechsel des Sozialarbeiters meinte dieser, dass er den Pflegeeltern das Kind „doch nicht schenken kann", als sie ihn auf die Lebensperspektive des jetzt zweijährigen Mädchens ansprachen.

Diese Haltung von Jugendämtern ist zwar nicht die Regel, aber sie ist noch viel zu häufig anzutreffen. Besonders oft ist diese Haltung in Jugendämtern zu beobachten, die keinen spezialisierten Pflegekinderdienst haben.

8.4 Die Beteiligung der Betroffenen

Die Beteiligung der Betroffenen beinhaltet, dass Klarheit, Transparenz und Ehrlichkeit die Grundlage des Hilfeverlaufes sind. Die Herkunftsfamilie ist über die Folgen der Fremdunterbringung des Kindes aufzuklären. Dies bedeutet auch, dass sie über das biologisch begründete Bindungsbedürfnis des Kindes, im Besonderen des Säuglings und des Kleinkindes, aufgeklärt werden. Es geht hier nicht um das Erreichen einer möglichst konfliktfreien Lösung, wenn diese nicht auf Ehrlichkeit beruht. Um zu einer schnellen Lösung zu kommen, wird leiblichen Eltern nicht selten gesagt, dass sie das Kind bis zum Schuleintritt oder bis zum Kindergartenalter in eine Pflegefamilie geben mögen und bis dahin ihre Verhältnisse in Ordnung bringen oder z. B. ihre Lehre beenden sollen. Wie viel berechtigte Bitterkeit es dann auslöst, wenn die Pflegeeltern zum Schutze der Bindungen des Kindes einen Antrag nach § 1632 Abs. 4 BGB auf Verbleib in der Pflegefamilie stellen, weiß jeder, der in Pflegekinderdiensten arbeitet.

Pflegeeltern müssen wissen, dass es zu einem verantwortungsbewussten Wahrnehmen ihrer Aufgaben gehört, den kindlichen Zeitbegriff zu respektieren und sie dann, wenn das Kind sie zu seinen Eltern gemacht hat, auch die Schutzaufgaben einer sozialen Elternschaft wahrzunehmen haben.

Wenn Verabredungen (Hilfeplan, Pflegevertrag) getroffen werden, dass das Kind für mehrere Jahre in eine Pflegefamilie gegeben wird und dann wieder zu den leiblichen Eltern zurückkann, ist dies rechtswidrig, weil der kindliche Zeitbegriff nicht beachtet wird. Wenn das Kind durch die Herausnahme aus der Pflegefamilie nachhaltig geschädigt wird, ist die Aussage im Hilfeplan wertlos. Die Pflegeeltern haben unabhängig davon, was im Hilfeplan geschrieben steht, das Recht, den Antrag auf Verbleib des Kindes in ihrer Familie gemäß § 1632 Abs. 4 BGB zu stellen. Es geht eindeutig um das Wohl des Kindes, wie es das Bundesverfassungsgericht immer wieder festgestellt hat.

Der § 36 Abs. 1 SGB VIII sagt aus, dass der Personensorgeberechtigte und das Kind oder der Jugendliche vor ihrer Entscheidung über die Inanspruchnahme einer Hilfe und vor einer notwendigen Änderung über Art und Umfang der Hilfe zu beraten und auf die möglichen Folgen für die Entwicklung des Kindes oder Jugendlichen hinzuweisen sind.

Wenn eine Hilfe über längere Zeit zu leisten ist, soll die Entscheidung im Zusammenwirken mehrerer Fachkräfte getroffen werden. Auch andere Personen, die bei der Leistungserbringung aktiv beteiligt sind, insbesondere Pflegepersonen, sind hinzuzuziehen (§ 36 Abs. 2 Satz 3 SGB VIII).

Der Beteiligtenstatus der Pflegeeltern am Hilfeplanverfahren wird gelegentlich angezweifelt. Die praktische Beteiligung am Hilfeplanverfahren kann jedoch nicht infrage gestellt werden.

Neben den Bestimmungen des SGB VIII § 36 Abs. 2 Satz 3 ist im SGB X § 12 Abs. 1 Nr. 4 festgelegt, dass die Behörde bei einem Sozialverwaltungsverfahren von Amts wegen oder auf Antrag diejenigen, deren rechtliches Interesse durch den Ausgang des Verfahrens berührt wird, als Beteiligte hinzuziehen müssen.

8.5 Vollzeitpflege als geeignete Hilfeform

Der Hilfeplan ist in der Regel vor der Aufnahme des Kindes in der Pflegefamilie zu erstellen. Die Pflegefamilie ist nicht beteiligt bei der Feststellung und Entscheidung, dass eine Vollzeitpflege für dieses Kind die geeignete Hilfe ist.

Die Entscheidung, ob das Kind „familienfähig" ist, ist Sache des Jugendamtes. Diese „theoretische" Entscheidung gilt es, zu hinterfragen. Es kommt vielmehr darauf an, ob eine Pflegefamilie vorhanden ist, die dieses Kind mit seinen Eigenheiten und seiner Geschichte innerlich annehmen kann, und ob das Kind, das vielleicht auf andere Menschen mit großem Misstrauen reagiert, gerade zu diesen Menschen Vertrauen entwickeln kann.

Grundsätzlich ist jedes Kind für die Familienpflege geeignet, wenn es die für dieses Kind günstigen Bedingungen vorfindet[10].

Ich erinnere mich an die Situation von Carola, die inzwischen 18 Jahre alt ist. Damals, mit sieben Jahren, war sie schwer verwahrlost. Bei der Untersuchung zur Einschulung ist sie mit ihrem erheblichen Entwicklungsrückstand aufgefallen. An ihrem Körper waren Narben und blaue Flecken zu sehen. Sie sprach fast nichts. Sie hatte keinen Kindergarten besucht. Die Eltern machten einen hilflosen Eindruck.

Der untersuchende Arzt wandte sich an das Jugendamt und wies auf die Vernachlässigung und mögliche Misshandlung des Mädchens hin. In den Gesprächen mit den Eltern wurde deutlich, dass sie schon lange mit Carola überfordert waren und froh wären, wenn sie in eine andere Familie käme. Sie selbst sahen keinen Weg, zumal noch ein sechs Monate altes Baby da war, das Tag und Nacht schrie, sodass sie sich nicht zu helfen wussten. Sie gaben zu verstehen, dass sie manchmal ausrasteten und Angst hätten, dem Baby etwas anzutun. Im Einverständnis mit den Eltern wurden beide Kinder untergebracht. Es wurde mit den Eltern eingehend besprochen, dass eine Unterbringung ihrer Kinder in einer Pflegefamilie eine auf Dauer angelegte Lebensper-

---

10 Vgl. Fröhlich-Gildhoff 2002, S. 95f

spektive sein muss. Obwohl diese Klarheit für die Eltern schmerzlich war, konnten sie dies im Interesse der Kinder verstehen. Sie waren sich bewusst, dass beide Kinder Schaden genommen hatten und dass alles daran gesetzt werden muss, dass sie eine Heimat in einer Familie finden.

Vor der Unterbringung wurde auch darüber gesprochen, dass die rechtliche Situation der Kinder klar sein muss, wenn die Kinder in einer Pflegefamilie eine neue Heimat gefunden haben. Eine entsprechende vorläufige Erklärung der Eltern gemäß § 1630 Abs. 3 BGB wurde, vor der Unterbringung der Kinder in einem Kleinstheim, aufgenommen.

Während des Heimaufenthalts fanden weitere Gespräche mit den Eltern über die Situation der Kinder statt. Es wurde klar, dass bei dem hohen Bedarf beider Kinder auf Zuwendung und Förderung die Geschwister getrennt in Familien untergebracht werden müssen.

Für den kleinen Michael war bald eine geeignete Pflegefamilie gefunden. Die Herkunftseltern lernten die Pflegeeltern kennen und waren mit diesen einverstanden. Die Pflegeeltern zeigten den leiblichen Eltern, dass sie Verständnis für ihre schwierige Situation hatten.

Carola blieb in dem Kleinstheim. Die Diagnose bezeichnete sie als nicht familienfähig. Da Carola in ihrer Herkunftsfamilie nichts zu erwarten hatte, konnte ich mich mit dieser Diagnose nicht abfinden, zumal aufgrund des Alters der Heimleiterin zu erwarten war, dass das Mädchen in diesem Heim nicht genug Zeit haben würde, um erwachsen zu werden.

Carola war sehr still und ängstlich. Sie hatte einen äußerst geringen Wortschatz und zeigte sich Menschen gegenüber misstrauisch. Wenn mögliche Pflegeeltern im Heim waren, merkte sie trotz aller Vorsicht der Heimleiterin, dass der Besuch ihr galt, und reagierte mit offener Ablehnung. Das änderte sich erst, als Frau X – eine mögliche Pflegemutter – einige Tage als Praktikantin in dem Heim tätig war. Der Praktikantin schloss sie sich sofort an, suchte Zärtlichkeit bei ihr und löste bei dieser wiederum ein Fürsorgeverhalten aus. Carola war es, die die „Praktikantin" fragte, ob sie mit ihr nach Hause darf. Und dort ist sie bis heute. Sie hat die Förderschule besucht und mit gutem Ergebnis abgeschlossen. Derzeit macht sie eine beschützte Lehre. Sie wird auch über die Volljährigkeit hinaus den Schutz der Familie brauchen. Sie ist in dieser Familie zu Hause und als vollwertiges Familienmitglied akzeptiert. Schon lange trägt sie den Namen der Familie, zu der sie sich voll zugehörig fühlt.

Ein schwerwiegender Irrtum ist es, wenn Fachkräfte behaupten, dass für das Gelingen eines Pflegeverhältnisses die innere Zustimmung der Herkunftseltern Voraussetzung wäre. Wenn die Herkunftseltern von Fachkräften in die Richtung der freiwilligen Zustimmung beraten werden und sie von diesen in ihrer Trauerarbeit begleitet werden, ist dies ein guter Weg. Verhängnisvolle Auswirkungen gibt es für das Kind dort, wo Herkunftseltern mit einer Heimunterbringung, aber nicht mit dem Aufwachsen in einer Pflegefamilie einverstanden sind. Das Hinnehmen und Umsetzen dieses Wunsch- und Wahlrechtes der Herkunftseltern ist im Einzelfall mit dem Kindeswohl nicht zu vereinbaren.

Ich möchte ein Kind beschreiben, dessen Schicksal mich immer noch sehr bewegt:

Die Mutter von Janina war bei deren Geburt bereits schwer krebskrank. Die älteren Geschwister waren volljährig. Die Familie hatte im Vorfeld mit den Kindern Probleme, und die Mutter konnte auch in gesunden Tagen schlecht für die Familie sorgen, weil sie alkoholabhängig war.

Der Vater von Janina, der wesentlich jünger war und noch in der Ausbildung an einem weit entfernten Ort war, kam nur am Wochenende in die Familie. Nach der Geburt wurde das Mädchen von ihren älteren Schwestern versorgt. Die Mutter verstarb, als Janina etwas über ein Jahr alt war. Der Vater bekam Urlaub zur Versorgung des Mädchens.

Er bekam alle Hilfen angeboten, die es ihm ermöglicht hätten, Janina selbst zu versorgen. Er entschied sich, sie in eine Pflegefamilie zu geben. Im Hilfeplan wurde festgehalten, dass sie jedes Wochenende beim Vater verbringt. Die Aufnahme des Mädchens in der Pflegefamilie erfolgte an ihrem zweiten Geburtstag.

Durch den dauernden Wechsel der Bezugspersonen und auch dadurch, dass der Vater in der Vergangenheit aus Ausbildungsgründen kaum präsent war, war Janina sehr distanzlos. Als sie sich in die Pflegefamilie integrierte und diese Familie als ihr Zuhause empfand, wollte sie bald abends mit Entschiedenheit nach Hause zu den Pflegeeltern.

Die Besuche wurden im Einverständnis mit allen Beteiligten auf Tagesbesuche festgelegt. Janina entwickelte sich positiv und hatte ein herzliches Verhältnis zu den Geschwistern in der Pflegefamilie und zu den Pflegeeltern. Sie hatte sichere Bindungen zu den Pflegeeltern entwickelt. Der Vater hatte einen guten Platz in der Pflegefamilie. Er war ein willkommener Gast und es bestand ein freundschaftliches Verhältnis zwischen Pflegefamilie und Vater. Die ursprünglichen schweren Verhaltensprobleme waren im Alter von circa vier Jahren weitgehend behoben.

Kurz vor der Einschulung von Janina erklärte der Vater, dass er eine neue Lebensgefährtin habe, eine schöne Eigentumswohnung gekauft hätte und er jetzt zur Einschulung das Mädchen zu sich nehmen werde. Die äußeren Verhältnisse waren tatsächlich gut.

Janina reagierte mit heftigen Verhaltensauffälligkeiten, sie zerstörte ihre Lieblingsspielzeuge, zerstörte eine geschmackvolle Puppenstube, die der Vater und die Lebensgefährtin ihr zu Weihnachten geschenkt hatten und war in die Verhaltensweisen zurückgefallen, die sie als Kleinkind bei der Aufnahme in der Pflegefamilie gezeigt hatte.

8 Der Hilfeplanungsprozess

Eine Beratungsstelle wurde eingeschaltet. Der Pflegekinderdienst wies auf die Veränderungen von Janina hin. Der neu zuständige Allgemeine Soziale Dienst beurteilte die neue Familie sehr positiv. Schließlich reduzierten die Beratungsstelle und der Allgemeine Soziale Dienst das Problem auf Loyalitätsprobleme des Mädchens. Diese beiden Dienste konnten die Pflegeeltern davon überzeugen, dass sie Janina „loslassen" müssen, damit es eine gesunde Entwicklung nehmen könne.

Der ursprünglich geplante langsame Übergang des Mädchens von der Pflegefamilie in die Herkunftsfamilie konnte nicht realisiert werden. Sie verfiel in chaotische Verhaltensweisen und war in beiden Familien nicht mehr erziehbar. Die Psychologin der Beratungsstelle und der Sozialarbeiter des ASD führten Janinas Verhalten verstärkt auf einen Loyalitätskonflikt des Mädchens zurück. Die Erklärungen des Pflegekinderdienstes über die Trennungsangst des Mädchens wurden nicht beachtet.

Ein schneller Wechsel in die Herkunftsfamilie wurde unumgänglich und erfolgte im Einverständnis mit den Pflegeeltern. Janina sollte wöchentliche Besuche bei den Pflegeeltern wahrnehmen.

Die Besuche verliefen so, dass sich Janina sehr freute, wenn sie zur Pflegefamilie kam, und wenn sie wieder abgeholt wurde, schrie sie und klammerte sich an die Pflegeeltern. Auch hier wurde den Pflegeeltern die Schuld zugeschrieben, weil sie offensichtlich nicht loslassen könnten und nicht fähig seien, das Mädchen zu dem Vater und der Lebensgefährtin hinzuführen.

Der Vater und die Lebensgefährtin reagierten mit Wut und Eifersucht auf das Verhalten von Janina. Sie gaben den Pflegeeltern die alleinige Schuld, dass das Mädchen beim Abschied von der Pflegefamilie mit großem Trennungsschmerz reagierte.

Janina wurde im Einverständnis mit der Beratungsstelle nicht mehr zu Besuchen gebracht. Wiederum wurde der Loyalitätskonflikt als Ursache angegeben.

Die Herkunftsfamilie nahm die Beratung weiterhin in Anspruch, und als die Konflikte mit Janina eskalierten, wurde auch eine Familienhelferin angenommen. Schließlich war die Lebensgefährtin nicht mehr bereit, das Mädchen mit seinen Verhaltensauffälligkeiten in der Familie zu behalten. Das Mädchen lief mehrfach von zu Hause fort und erzählte Nachbarinnen, dass es heftig geschlagen werde.

Der Vater stellte einen Antrag auf eine Heimunterbringung. Janina war etwas mehr als ein Jahr bei dem Vater gewesen. Mit der Rückkehr in die Pflegefamilie war er nicht einverstanden, weil er angab, er habe schlechte Erfahrungen mit den Pflegeeltern gemacht, und der zuständige Sozialarbeiter akzeptierte ungesehen den Wunsch des Vaters.

Janina kam ohne Wissen der Pflegeeltern auf Wunsch des Vaters in das Heim, wo sie heute noch ist. In den ersten zwei Jahren des Heimaufenthaltes besuchte der Vater das Mädchen nicht, danach kam er auf Initiative des Heimes und des Jugendamtes zu re-

gelmäßigen Besuchen für einige Stunden in das Heim. Nach Hause darf Janina, die bald volljährig wird, bis heute nicht.

Die Fehleinschätzungen der Fachkräfte, dass das Problem des Kindes der viel zitierte Loyalitätskonflikt sei, und das Wahlrecht des Vaters haben diesem Kind, wie vielen anderen Kindern, eine glückliche Kindheit genommen. Diese Fehleinschätzungen mit lebenslangen Folgen für die Kinder werden statistisch nicht erfasst. Derjenige, der nicht weiß, was mit den Kindern genau geschah, kommt leicht zum Schluss, dass dem Heimaufenthalt ein gescheiterter Pflegefamilienversuch vorausgegangen sei.

Mit dem ersten Beispiel möchte ich zeigen, dass die Diagnose „familienfähig oder nicht" keine Aussagekraft hat. Wer diese „nicht familienfähigen Kinder" in Heimen als Sozialarbeiter begleitet hat, weiß, was die zusätzliche Schädigung durch wechselnde Bezugspersonen und das Fehlen einer Beheimatung für das Schicksal dieser Kinder bedeutet.

Das zweite Beispiel zeigt, dass es im Leben dieses Mädchens eine Wende gegeben hat, die ihm alles genommen hat, was es an Liebe, Zuwendung und Sicherheit erfahren hatte. Die zuständigen Fachkräfte gingen davon aus, dass der Vater das Wahlrecht hat. Da das Mädchen eine sichere Bindung an die Pflegeeltern entwickeln konnte, hätte die Möglichkeit bestanden, dass die Pflegeeltern auch nach einem Jahr des Aufenthalts beim Vater einen Antrag auf Verbleib nach § 1632 Abs. 4 BGB hätten stellen können. Die folgenschwere Entscheidung des zuständigen Sozialarbeiters, die Pflegeeltern vom Verlauf der Entwicklung des Kindes nicht zu informieren, ist darin begründet, dass der zuständige Sozialarbeiter das Einverständnis des Vaters höher bewertete als das Wohl des Kindes.

Meine Erfahrung in der Praxis zeigt, dass bei einem engagierten Einsatz und kreativen Lösungsansätzen für fast jedes Kind genau die Familie gefunden werden kann, die dieses Kind braucht. Voraussetzung ist, dass – wie bereits beschrieben – Fehlentscheidungen sofort korrigiert werden müssen.

8.6 Adoption – ein verantwortungsbewusster Weg in einer Notsituation zur Sicherung des Kindeswohls

1. Wie wird ein Kind zum Adoptivkind?

- Eltern kommen während der Schwangerschaft oder nach der Geburt zu der Überzeugung, dass sie den Anforderungen, die die Erziehung eines Kindes mit sich bringt, nicht gewachsen sind. Sie geben das Kind zur Adoption frei. Am Anfang steht immer ein Pflegeverhältnis und die Eltern können das Kind erst acht Wochen nach der Geburt zur Adoption freigeben.
- Im Laufe eines Pflegeverhältnisses ist nach § 36 SGB VIII immer wieder zu überprüfen, ob die Voraussetzungen für eine Adoption vorliegen. Vorauset-

zung ist, dass die Eltern das Kind zur Adoption freigeben oder die Einwilligung gemäß § 1748 BGB ersetzt werden kann und die Pflegeeltern die Adoption wollen.
- Wenn das Pflegekind volljährig ist, kann es selbst die Adoption beantragen, sofern die Pflegeeltern dies ebenfalls notariell beantragen. Wichtig ist, dass beim Notar beantragt wird, dass die Minderjährigenwirkungen zum Tragen kommen.
- In seltenen Fällen handelt es sich um ein Kind, das in einer Babyklappe abgegeben wurde oder das z. B. vor einer Klosterpforte abgelegt wurde bzw. um eine anonyme Geburt.

2. Geschichtlicher Rückblick

Die Adoption eines Kindes diente im Römischen Reich besonders der Sicherung der Erbfolge. Dies war weniger am Wohl des Kindes als am Wohl der Erwachsenen orientiert.

Dass es jedoch im Altertum auch kindzentrierte Motive zur Aufnahme eines Kindes gab, beweist die im 1. Buch Moses beschriebene Geschichte. Die leibliche Mutter von Moses hat den Knaben drei Monate versteckt gehalten und konnte die Verheimlichung der Geburt des Kindes nicht mehr länger aufrechterhalten. Deshalb nahm sie ein Kästchen aus Binsen und überzog es mit Asphalt und Pech. Dann legte sie das Kind hinein und setzte es im Schilf am Ufer des Nils aus. Seine Schwester stellte sich von ferne auf, um in Erfahrung zu bringen, was mit ihm geschehen würde. Da kam Pharaos Tochter herab, um im Nil zu baden. Ihre Dienerinnen gingen am Ufer des Nils auf und ab. Sie sah das Kästchen im Schilf und ließ es durch ihre Leibmagd holen. Sie sah das weinende Knäblein. Da ward sie von Mitleid gerührt. Der Knabe wurde groß. Diese (die Tochter des Pharaos) nahm ihn an Sohnes statt an und nannte ihn Moses. Sie sprach dabei: „Ich habe ihn ja aus dem Wasser gezogen."[11]

Das Körbchen des Moses war so gesehen die erste Babyklappe und hat Moses das Leben gerettet.

3. Das Adoptionsvermittlungsgesetz

Das Adoptionsvermittlungsgesetz verpflichtet die Adoptionsfachkraft, für elternlose Kinder geeignete Adoptiveltern zu finden, diese zu beraten und zu unterstützen. Die UN-Kinderrechtskonvention sagt in ihrer Präambel aus, dass die harmonische Entfaltung der Persönlichkeit eines Kindes am besten in einer Familie gelingen kann.

---

11 Vgl. Bibel 2. Buch Mose Kap. 2

Voraussetzungen zur Annahme eines Kindes sind:

a) Die Einwilligung der Eltern in die Annahme als Kind oder die Ersetzung der Einwilligung nach § 1748 BGB. Die Eltern haben bei der Auswahl der Adoptiveltern immer ein Mitspracherecht. Dies galt auch schon in der Vergangenheit für die Inkognitoadoption. Eine Blankoadoption gab es in Deutschland nicht.

b) Die notarielle Einwilligung kann erst acht Wochen nach der Geburt erteilt werden. Bei Eltern, die nicht miteinander verheiratet sind, kann der Vater bereits während der Schwangerschaft darauf verzichten, einen Antrag auf Übertragung des Sorgerechts zu stellen. Die Adoption muss innerhalb von drei Jahren nach der Abgabe der Einwilligungserklärung durchgeführt werden. Danach erlischt Ihre Gültigkeit.

c) Wenn die Vaterschaft ungeklärt ist oder die Mutter keine Angaben zum Vater macht, kann dieser nachträglich gerichtlich klären lassen, dass er tatsächlich der Vater des Kindes ist, und kann den Antrag auf Übertragung des Sorgerechtes stellen. Da mit der Adoptionsfreigabe die Amtsvormundschaft eintritt und das Sorgerecht der Mutter ruht, wird diese nicht mehr in die Entscheidung mit einbezogen. Es ist lediglich zu prüfen, ob die Übertragung dem Kindeswohl widerspricht. Bisher wurde geprüft, ob die Entscheidung dem Kindeswohl dient. In der Begründung des Referentenentwurfes, warum die Mutter kein Mitbestimmungsrecht mehr hat, heißt es: „In den Fällen, in denen die elterliche Sorge der Mutter ruht, weil sie in die (Fremd-)Adoption eingewilligt hat, hat der Antrag des Vaters auf Übertragung der Alleinsorge Gültigkeit. Die Regelung erfolgt vor dem Hintergrund, dass sich die Mutter mit der Einwilligung in die Adoption ihrer Elternrolle entledigen will. Dem Antrag ist stattzugeben, soweit es dem Kindeswohl nicht widerspricht. Die Übertragung der elterlichen Sorge muss mithin nicht wie bisher dem Kindeswohl dienen" (Seite 28 des Regierungsentwurfes).

d) Mit der Freigabe des Kindes tritt die Amtsvormundschaft ein.

e) Das Kind muss eine angemessene Zeit in Pflege sein und es muss zu erwarten sein, dass ein echtes Eltern-Kind-Verhältnis entsteht.

e) Das Kind selbst muss in die Adoption einwilligen. Bis zum 14. Lebensjahr wird dies der gesetzliche Vertreter für es tun, ab dem 14. Lebensjahr willigt das Kind selbst ein und der gesetzliche Vertreter muss dieser Einwilligung zustimmen.

f) Der Adoptionsantrag der Pflegeeltern ist vor einem Notar zu stellen. Ebenfalls sind die Einwilligungserklärungen oder Zustimmungen zur Adoption beim Notar zu erklären.

g) Mit dem Ausspruch der Adoption erlischt das Verwandtschaftsverhältnis des Kindes zu seiner leiblichen Familie und es ist einem ehelichen Kind der Adoptiveltern gleichgestellt mit allen Rechtsfolgen wie Erbrecht, Unterhaltsrecht, Staatsangehörigkeit.

4. Die Aufgaben der Adoptionsvermittlungsstellen

Die Adoptionsvermittlung ist Aufgabe des Jugendamtes und es müssen mindestens zwei erfahrene Fachkräfte in einer Adoptionsvermittlungsstelle, die überwiegend mit der Adoption beschäftig sind, angestellt sein. Diese Vorschrift dient dazu, dass die Fachkraft ausreichend Erfahrung auf diesem Gebiet sammeln und ein kollegialer Austausch stattfinden kann. Die Fachkraft hat von sich aus tätig zu werden, sobald bekannt wird, dass ein Kind für die Adoptionsvermittlung in Betracht kommt (§ 7 AdVermiG).

Die Adoptionsfachkraft hat das Kind und seine Eltern eingehend zu beraten und zu unterstützen. Ebenfalls haben die Pflegeeltern einen Beratungs- und Unterstützungsanspruch. Die Jugendämter haben sicherzustellen, dass die gebotene vor- und nachgehende Beratung und Unterstützung geleistet wird (§ 9 AdVermiG).

Die Beratung und Unterstützung der leiblichen Eltern umfasst einen umfangreichen Beratungsprozess, der in der Regel bereits während der Schwangerschaft beginnt. Dieser Beratungsauftrag beinhaltet auch, dass dafür gesorgt wird, dass kein Kind aus wirtschaftlicher Not heraus zur Adoption freigegeben werden muss.

Die Gründe, warum eine Adoptionsfreigabe erfolgt, sind vielfältig. Auch heute noch wird die Adoptionsfreigabe in der Gesellschaft weitgehend nicht akzeptiert. Wer als Adoptionsfachkraft mit den einzelnen Müttern den leidvollen Weg bis zur Adoptionsfreigabe und danach gegangen ist, stellt mit Erstaunen fest, was in dem Regierungsentwurf zu lesen ist: Die Mutter hat mit der Adoptionsfreigabe bewiesen, dass sie sich ihrer Elternrolle entledigen will und ein möglicherweise nachträglich festgestellter Vater erhält das alleinige Bestimmungsrecht. Dies gibt Anlass zur Sorge, da es doch in der Regel Konflikte für die Mütter mit dem Vater des Kindes sind, die sie zu diesem Schritt bewegen.

Die Vorbereitung der Adoptiveltern gehört ebenfalls zum Aufgabenkreis der Adoptionsvermittlungsstelle. Es gilt nicht nur die generelle Erziehungseignung festzustellen, sondern auch den Blick auf die besondere Lage des Adoptivkindes und dessen Herkunftsfamilie zu öffnen. Noch in den 70er-Jahren des vorigen Jahrhunderts war die Inkognitoadoption die Regel. Zum Teil wurde sogar dem Kind gegenüber verschwiegen, dass es nicht das leibliche Kind ist, was spätestens dann bekannt wurde, wenn der junge Mensch eine Abstammungsurkunde brauchte. In nicht seltenen Fällen führte dies zum völligen Vertrauensbruch des jungen Menschen mit seinen Adoptiveltern. Als Antwort darauf wurde die offene Adoption vielerorts von den Fachkräften als einzig richtige Form der Adoption propagiert, was ebenfalls nicht selten zu großen Problemen geführt hat, z. B. bei abgebenden Müttern, die an einer Psychose leiden oder bei einem gewaltbereiten Hintergrund der Eltern.

Die halboffene Adoption habe ich als einen guten Weg erlebt. Die Mutter lernt die Adoptiveltern persönlich kennen und hat auch die Möglichkeit, diese nach dem Kennenlernen abzulehnen oder als richtig anzuerkennen. Sie kann den Adoptiveltern die Gründe für die Adoptionsfreigabe offenlegen, es können Kontakte über die Adoptionsvermittlungsstelle festgelegt werden, es kann der Austausch von Fotos besprochen werden und die Eltern können sich Informationen über die Entwicklung des Kindes einholen. Dies schafft eine Atmosphäre der Offenheit, der Wertschätzung und bedeutet gleichzeitig eine Anerkennung der Realität.

Es gehört zu den Aufgaben der Adoptionsfachkraft, sich auch über den Gesundheitszustand des Kindes zu informieren. Es können Risikofaktoren vorliegen, die zunächst die Aufnahme des Kindes als Pflegekind nahelegen, zumal der im Adoptionsvermittlungsgesetz vorgesehene Unterstützungsanspruch nach der Adoption in der Regel nicht im finanziellen Bereich gesehen wird. Wichtig ist, dass während der Adoptionspflege im Gegensatz zum Pflegeverhältnis nach § 33 SGB VIII die Unterhaltspflicht auf die Adoptiveltern übergeht.

Wenn Pflegeeltern eine Adoption des Kindes trotz der Adoptionsmöglichkeit ablehnen, hat das Bundesverfassungsgericht erklärt, dass die Adoption einem Kind immer die größere Rechtssicherheit gewährt und deshalb auch ein Bindungsabbruch zu den Pflegeeltern riskiert werden muss (s. S. 123, Fußnote 30). Als Voraussetzung nennt das Verfassungsgericht allerdings, dass die zukünftigen Adoptiveltern dem Kind helfen können, den Schaden auszugleichen. Wie das geschehen kann, wurde nicht aufgezeigt. Die Pflegeeltern haben in diesem Fall das Recht, einen Antrag auf Verbleib zu stellen. Bei dem erwähnten Verfassungsgerichtsurteil haben die Pflegeeltern schließlich durch einen eigenen Adoptionsantrag den Wechsel des Kindes verhindert.

5. Der Hilfeplanprozess

Im Laufe der Hilfe kann sich herausstellen, dass die Eltern erkennen, dass sie ihre Elternrolle am verantwortungsvollsten dadurch wahrnehmen, wenn sie der Adoption des Kindes durch die Pflegeeltern zustimmen. Hier zeigt sich, wie wichtig es ist, dass bereits bei der Unterbringung des Kindes geprüft wird, ob diese Pflegeeltern die Doppeleignung Pflege-/Adoptiveltern aufweisen.

In den Fällen, in denen die leiblichen Eltern ihre Pflichten dem Kind gegenüber grob verletzen und das Unterbleiben der Adoption zum unverhältnismäßigen Nachteil für das Kind ist, kann gem. § 1748 BGB die Einwilligung der Eltern ersetzt werden.

6. Die Erwachsenenadoption

Die Erwachsenenadoption unterbindet im Gegensatz zur Minderjährigenadoption nicht die Verwandtschaft zwischen der Herkunftsfamilie und dem jungen Menschen. Der Erwachsene bleibt trotz der Adoption seinen leiblichen Eltern gegenüber unterhaltspflichtig. Es handelt sich nicht um eine Volladoption.
Die Erwachsenenadoption muss sittlich gerechtfertigt sein. Es muss ein echtes Eltern-Kind-Verhältnis bestehen.

Bei Pflegekindern, bei denen die Adoption aufgrund des fehlenden Einverständnisses der Eltern nicht möglich war, ist es dem Volljährigen möglich, einen Antrag auf Adoption mit Minderjährigenwirkung zu stellen. Dies muss ausdrücklich beim Notar beantragt werden. Wenn der junge Mensch in der Familie aufgewachsen ist, ist davon auszugehen, dass ein echtes Eltern-Kind-Verhältnis entstanden ist. In diesem Fall handelt es sich um eine Volladoption und die Verwandtschaft zur Herkunftsfamilie erlischt.

8.7 Voraussetzungen für das Gelingen des Hilfeplanprozesses

Für das Gelingen des Pflegeverhältnisses gibt es Grundvoraussetzungen,
- Kind und Pflegeeltern müssen zueinanderpassen,
- beide können sich innerlich mit allen Stärken und Schwächen annehmen,
- die Pflegefamilie ist belastbar ist und die Elternteile unterstützen sich gegenseitig,
- die Familie wird durch ein soziales Netz gehalten,
- die Pflegeeltern achten die Herkunft des Kindes,

unterschiedliche Sichtweisen der am Hilfeplanverfahren Beteiligten werden in einer konstruktiven Auseinandersetzung geklärt. Dazu ein Zitat von Reinhard Wiesner: ... „dass eine solche Form der Beratung, die außerhalb des Jugendamts stattfindet und auch in fachlichem Widerspruch zu den Fachkräften des Jugendamtes gehen kann, nicht als unerträgliche Konkurrenz, sondern als produktiver Teil eines die Hilfesuchenden einbeziehenden Aushandlungsprozess um die geeignete und notwendige Jugendhilfe zu verstehen und in diesem Sinne vom Gesetzgeber gewollt ist."[12]

Ebenso hängt es wesentlich von der Qualifizierung der Fachkräfte ab, ob bei Konflikten die nötige Unterstützung erfolgt oder das Gegenteil geschieht.

Es ist ein enges Vertrauensverhältnis zwischen dem fallverantwortlichen Sozialarbeiter des Jugendamtes und der Pflegefamilie nötig, damit die Klippen, die in jedem Entwicklungsverlauf kommen, umschifft werden können. Es kommt darauf

---

12 Wiesner 2012, S. 1, 2

an, dass der Fachdienst der Pflegefamilie die notwendigen Hilfen zur Verfügung stellt und bei Belastungen die gesamte Pflegefamilie im Blick hat.

In der Fachliteratur wird immer wieder auf die Notwendigkeit der Qualifizierung der Pflegeeltern hingewiesen. Sie brauchen gewiss eine sorgfältige Vorbereitung, aber insbesondere auch eine sorgfältige Vermittlung und danach die notwendige Begleitung und Unterstützung.

Bei den Erziehungsstellen wird selbstverständlich davon ausgegangen, dass die Beratung durch qualifizierte Fachdienste erfolgt und diesen auch die nötige Zeit zur Beratung zur Verfügung steht.

Wer die Praxis kennt weiß, dass in Erziehungsstellen die gleichen Kinder leben wie in so genannten „normalen" Pflegefamilien. Der Unterschied ist, dass die Erziehungsstellen professionell begleitet werden und die „normalen" Pflegefamilien teilweise ungenügend vorbereitet oder zumindest ungenügend unterstützt und beraten werden. Dies ist im Besonderen dort der Fall, wo kein Fachdienst beim Jugendamt vorhanden ist oder dieser mit zu hohen Fallzahlen zu kämpfen hat.

Der Sozialpädagoge, der Pflegefamilien berät, bedarf neben den Spezialkenntnissen in der Pflegekinderhilfe auch der Möglichkeit, genug Erfahrung in diesem Bereich zu sammeln. Diese Erkenntnis hat in den Adoptionsvermittlungsstellen Eingang gefunden, indem an die Fachlichkeit hohe Anforderungen gestellt werden und auch geachtet wird, dass der Adoptionsvermittler überwiegend in diesem Bereich tätig sein muss. Ebenfalls dort ist die Forderung gesetzlich festgelegt, dass mindestens zwei überwiegend in der Adoptionsvermittlungsstelle beschäftigte Fachkräfte tätig sein müssen, damit ein fachlicher Austausch möglich ist.

In der Pflegekinderhilfe gibt es vielerorts gut funktionierende Spezialdienste, deren Mitarbeiter im Team die notwendige kollegiale Supervision haben und die durch Fortbildung in der Pflegekinderhilfe die Belange der Kinder, der Pflegefamilien und der Herkunftsfamilien im Blick haben. Allerdings ist auch dort die Personalsituation fast immer nicht ausreichend. Wenn insbesondere in der Anfangszeit eines Pflegeverhältnisses der Sozialarbeiter ausreichend Zeit hat, um den „ersten Knopf richtig zuzumachen", hat er dafür gesorgt, dass die beste Grundlage dafür geschaffen ist und eine gute Entwicklung eingeleitet wird. Wenn Pflegeeltern allein gelassen werden oder noch schlimmer, wenn sie einen Sozialarbeiter haben, der keine spezialisierten Fachkenntnisse hat, ist die Gefahr der Überforderung groß.

Wichtig ist, dass der Sozialarbeiter des Jugendamtes im Umgang mit Kindern Erfahrung hat, empathisch auf das jeweilige Kind eingehen kann, kindgerechten und altersgerechten Kontakt mit dem Kind aufnehmen kann und auch methodisch das nötige Handwerkszeug mitbringt. Dieses kann man sich auch als Sozialpädagoge nicht einfach so nebenher erwerben. Das Wissen, was es bedeutet, 24 Stunden mit einem traumatisierten Kind zusammenzuleben, die Erfahrung, was es bedeutet, wenn ein Kind Trennungsangst hat, und was wechselnde Bezugspersonen für ein Kind bedeuten, sind für das Gelingen eines Pflegeverhältnisses ebenso wichtig wie eine gute Vorbereitung der Pflegeeltern auf ihre Aufgaben. Dies sind Grundvoraussetzungen für das Gelingen des Pflegeverhältnisses.

Die Grundhaltung der Achtung der Pflegefamilie, die als solche den verfassungsrechtlichen Schutz nach Art. 6 GG genießt und in deren Intimsphäre nicht ohne Not eingegriffen werden darf, gehört zu den Grundpfeilern eines Vertrauensverhältnisses.[13] Wenn Pflegeeltern als „Leistungserbringer" gesehen werden, die z. B. bei der Ausgestaltung der Umgangskontakte nicht gefragt werden müssen und welche die Belange aller Familienangehörigen nicht einbringen dürfen, dann ist aufseiten des Amtes die Fachlichkeit und die Menschlichkeit infrage zu stellen.

Bei Umgangskontakten ist immer wieder festzustellen, dass dem Kind und der Pflegefamilie schwerwiegende Belastungen zugemutet werden, die so groß werden können, dass es zum Scheitern des Pflegeverhältnisses kommen kann. Je öfter der fallverantwortliche Berater der Pflegefamilie wechselt und je weniger er auf das Pflegekinderwesen spezialisiert ist, umso größer ist die Gefahr, dass die Pflegefamilie durch ihn keine Hilfe und Unstertützung erfahren kann, sondern eher das Gegenteil erleben muss.

8.8 Die Aufnahme des Kindes in der Pflegefamilie

Bei der Durchführung der Hilfen werden regelmäßig Einrichtungen und Dienste sowie Einzelpersonen tätig. Zur Qualifizierung der Hilfeplanung sind diese gemäß § 36 Abs. 2 Satz 3 SGB VIII ebenfalls an der Hilfeplanung zu beteiligen. Dies betrifft die Pflege- oder Erziehungspersonen bei einer Fremdunterbringung (§§ 33 und 35 SGB VIII).[14]

Pflegeeltern sollten dabei unterstützt und ermutigt werden, interessierte und kritische Fragen bereits vor Erstellung des ersten Hilfeplanes zu stellen.

Um mehr Sicherheit zu bekommen, wäre es sehr sinnvoll, wenn eine erfahrene Pflegefamilie eine Art Patenschaft für die zukünftigen Pflegeeltern übernehmen würde. Hier könnten Pflegeelternvereine eine wichtige Aufgabe in Zusammenarbeit mit den Jugendämtern leisten. Vielfach haben Pflegeelternbewerber nicht den Mut, kritische Fragen zu stellen, zumal mit dem Argument des Datenschutzes mancher Sozialarbeiter unerfahrene Pflegeeltern entmutigen kann.

Wenn noch keine Entscheidung gefallen ist, ob die Pflegeelternbewerber bereit sind, ein Kind aufzunehmen, ist das der richtige Zeitpunkt für folgende Fragen:

- Wie lange war das Kind den Belastungen ausgesetzt?

---
13 Salgo 1996, BVerfGE 68 und vgl. Salgo 2001
14 Münder 2006, S. 487

- Welche Hilfen wurden bisher angeboten und mit welchem Erfolg?
- Welche realistischen Aussichten bestehen, dass in einem dem kindlichen Zeitbegriff angemessenen Rahmen die Bedingungen in der Herkunftsfamilie so verändert werden können, dass das Kind dorthin zurückkehren kann?
- Welcher Zeitrahmen ist vorgesehen? Je kleiner das Kind ist, umso weniger Zeit bleibt den leiblichen Eltern für die Veränderung der Lebens- und Erziehungsbedingungen. Wurde dies den leiblichen Eltern gegenüber deutlich gemacht?
- Nach welchem zeitlichen Rahmen wird die Entscheidung über die Rückkehr oder den dauerhaften Verbleib, dann auch eventuell mit der Konsequenz der Übertragung der Personensorge nach § 1630 Abs. 3 BGB gefällt?
- Welche Schritte wurden konkret im Hilfeplan festgelegt, zum Beispiel unverzügliche Einleitung eines stationären Entzuges mit nachfolgender Therapie, je nach Alter des Kindes eventuell in einer Mutter-und-Kind-Therapieeinrichtung?
- Ist das Kind traumatisiert und steht dadurch von vornherein fest, dass eine dauerhafte Lebensperspektive in der Pflegefamilie zu sehen ist?
- Sind die leiblichen Eltern ausreichend über den kindlichen Zeitbegriff und das biologisch festgelegte Bindungsbedürfnis aufgeklärt?
- Welcher Soziale Dienst, welche Fachkraft ist für die Hilfeplanung und die Betreuung der Pflegefamilie und der Herkunftsfamilie zuständig?
- Wie sind die Rechte der Pflegeeltern nach § 1688 BGB konkret zu sehen?
- Wie wird die Personensorge geregelt? Falls die Herkunftseltern die Personensorge haben, stellt sich die Frage, ob sie zu der in § 36 SGB VIII geforderten Zusammenarbeit und Mitwirkung zum Wohle des Kindes bereit und in der Lage sind. Oder stellen sie den Antrag auf Hilfe zur Erziehung vielleicht nur, um einem Antrag auf Sorgerechtsentzug zu vermeiden?
- Wie ist die Umgangsregelung geplant?

Wichtig ist, dass sich die Erwachsenen – ohne das Kind – an einen Tisch setzen, um sich gegenseitig kennen und akzeptieren zu lernen. Erst dann, wenn ein gewisses Maß an Akzeptanz bei der Herkunftsfamilie vorhanden ist, sind Besuche möglich. Kleine Kinder können nicht einfach „mitgegeben" werden. Sie brauchen den Schutz der Pflegeeltern oder einer anderen Vertrauensperson. Gemeinsame Unternehmungen bieten sich an. Wenn das Kind Angst vor der Begegnung hat, sind andere Formen zu überlegen, wie die leiblichen Eltern an der Entwicklung des Kindes teilhaben können.

Alle diese Schritte gehören zum Hilfeplanprozess.

8.9 Das Hilfeplangespräch

Zur Vorbereitung des Hilfeplans dient das Hilfeplangespräch. Die Beratung im Fachteam ist vom eigentlichen Hilfeplangespräch zu unterscheiden. Das Hilfeplangespräch wird von dem fallverantwortlichen Mitarbeiter des Jugendamtes geleitet. Die leiblichen Eltern sollen auch dann beteiligt werden, wenn sie nicht Inhaber der Personensorge sind. Wenn andere Fachkräfte, z. B. Familienhelfer oder Therapeuten, beteiligt sind, ist es günstig und auch fachlich erforderlich, wenn auch diese am Hilfeplangespräch teilnehmen, damit möglichst alle vorhandenen Informationen einfließen können.

Pflegeeltern sind am Hilfeplangespräch immer zu beteiligen. Sie sind es, die mit dem Kind zusammenleben und „den erzieherischen Bedarf" des Kindes am besten kennen.

In § 36 SGB VIII wird das „Zusammenwirken" mit dem Kind oder Jugendlichen eingefordert. Die Beteiligung von Kindern und Jugendlichen wird oft so verstanden, dass das Kind am Hilfeplangespräch selbst zu beteiligen ist. Bei Jugendlichen ist die Beteiligung am Hilfeplangespräch in der Regel möglich, aber auch kritisch zu hinterfragen. Ob dies bei einem Jugendlichen möglich und sinnvoll ist, muss zusammen mit den Pflegeeltern vorab und separat erwogen und entschieden werden. Möglich und sinnvoll kann eine Teilung des Hilfeplangespräches sein, bei denen sich die Erwachsenen vorab besprechen, und der Jugendliche bei einem zweiten Teil des Hilfeplangespräches, der auf das Beisein des Jugendlichen abgestimmt ist, anwesend ist. Die Gestaltung der Rahmenbedingungen eines Hilfeplangespräches hat wesentlichen Einfluss auf den Inhalt. Es ist ein großer Unterschied, ob ein „Raster" abgearbeitet wird oder eine Gesprächsatmosphäre geschaffen wird, die für alle Beteiligten angenehm ist.

Nach der Einführung des SGB VIII war zu beobachten, dass eine Tendenz beim Sozialarbeiter bestand, Kinder „gleichberechtigt" mit an den großen Tisch zu setzen. Von Gleichberechtigung kann jedoch keine Rede sein. Bei keinem leiblichen Kind werden die Eltern mit fremden Personen über die Probleme ihres Kindes reden. Wenn Kinder mithören, wie über sie geredet wird und dass Dinge gesagt werden, von denen sie glaubten, dass das ein „Geheimnis" zwischen den Eltern und ihm ist, reagiert es tief gekränkt und verletzt. Wie geht es dem Kind, wenn in großer Runde über das gesprochen wird, was ihm vielleicht peinlich ist. Besipielsweise wenn es immer noch gelegentlich einnässt und sich dafür schämt. Da geschehen Kränkungen des Kindes, und es kann dieses Gespräch als Vertrauensbruch erleben.

Bei einem Kind ist ein Hilfeplangespräch in seinem Beisein aus fachlicher Sicht grundsätzlich infrage zu stellen. Es sitzt da „verloren" zwischen all den Erwachsenen und muss hören, wo es ihm noch überall fehlt und was es in welcher Zeit zu lernen hat.

Für die Beteiligung des Kindes sind andere Formen nötig. Die Fachkraft, die für das Kind zuständig ist, soll sich bemühen ein Vertrauensverhältnis zu ihm aufzubauen. Sie muss die Gefühle und Wünsche des Kindes kennen, damit sie zu richtigen Schlüssen kommen kann.

Es ist ein Kunstfehler, die Teilnahme des Kindes am Hilfeplangespräch wortwörtlich zu nehmen. Das Kind hat ein Recht auf Schonung. Leider wird hier oft wenig Sensibilität gezeigt.

Die Wünsche und der Wille des Kindes und Jugendlichen sind ernst zu nehmen und müssen in der Hilfeplanung Beachtung finden. Dies geschieht jedoch nicht dort, wo so getan wird, als ob das Kind und der junge Mensch bei all den Erwachsenen gleichberechtigter Partner wäre. In dieser Situation ist der „runde Tisch" eine Täuschung. Das Kind und der junge Mensch sind hoffnungslos unterlegen.

Die Propagierung der Partizipation durch verschiedene Broschüren, Formblätter und Angebote an Pflegekinder ist kritisch zu hinterfragen, weil es die Intimität der Pflegefamilie untergräbt, die Erziehungswirklichkeit in der Pflegefamilie infrage stellt und eine Stimmung des Misstrauens schafft.

§ 1626 Abs. 2 BGB bestimmt, dass bei der Pflege und Erziehung die Eltern die wachsende Fähigkeit und das wachsende Bedürfnis zum selbstständigen verantwortlichen Handeln des Kindes berücksichtigen. Sie besprechen mit dem Kind Fragen der elterlichen Sorge und streben Einvernehmen an. Dies gilt für alle Kinder.

Eine völlig andere Situation ergibt sich, wenn der junge Mensch Vertrauen zu „seinem Sozialarbeiter" im Jugendamt und der Sozialarbeiter ebenfalls einen engen Kontakt zu der gesamten Pflegefamilie hat. Dieses Vertrauen wird jedoch nicht in einem formellen Hilfeplangespräch aufgebaut werden können, sondern es entsteht durch eine fortlaufende Begleitung des Kindes und der Pflegefamilie.

In der Frage des Umgangskontaktes hat dies in der Regel eine besondere Bedeutung. Wenn das Kind diese Besuche eigentlich wünscht, aber befürchtet, dass es die Pflegeeltern damit verletzt, wird der Sozialarbeiter der Vermittler sein, aber auch dort, wo das Kind Angst vor diesen Besuchen hat und die Belastungen der erzwungenen Besuche kaum ertragen kann.

Ein im Rahmen der JULE-Studie befragtes Mädchen im Heim sagte aus:

> „Die verstehen das nicht, ich vertraue ihr (der Erzieherin) das an – und das ist ja schon ein großer Schritt für jemanden, der fremd ist, der von zuhause rausfliegt oder weggeht, der seine Eltern nicht mehr hat, die ihm vertraut sind, denen er alles erzählen kann –, dass er jemandem Fremdem anvertraut, was er will, seine Wünsche, seine Zukunft, fürs Leben, für heute, für morgen. Und wenn die das nicht ak-

zeptieren, was man will, sondern gleich so reagieren: „Och, ich weiß schon, was besser für dich ist." Warum fragen sie mich dann überhaupt?[15]

Wenn ein junger Mensch Pflegeeltern gefunden hat, die er liebt und denen er vertraut, kann ein solches Gespräch das Vertrauen zu ihnen tief erschüttern, wenn die Pflegeeltern davon ausgehen, dass sie alle Fragen beantworten müssen.

Für Pflegeeltern sind Hilfeplangespräche oft sehr schwierig, weil sie sich allein fühlen, wenn die Herkunftsfamilie, der Therapeut der Herkunftseltern, der Familienhelfer der Herkunftseltern sowie Fachkräfte des Jugendamtes und der Beratungsstelle am Gespräch beteiligt sein können. Es ist daher nicht nur legitim, sondern auch empfehlenswert, dass die Pflegeeltern einen Beistand nach § 13 Abs. 4 SGB X hinzuziehen. Ein Beistand kann zu einer erheblichen Spannungsreduzierung beitragen. Damit kann verhindert werden, dass Pflegeeltern sich im Nachhinein fragen, warum sie wichtige Gesichtspunkte nicht vorgetragen haben.

Erfahrungsgemäß ist es gut, wenn wichtige Punkte im Vorfeld, im Beisein des Beistands, im Jugendamt angesprochen werden. Ebenso können im Nachgespräch kritische Punkte im Beisein des Beistands mit den Verantwortlichen im Jugendamt geklärt werden. Es ist legitim, den Hilfeplan bis zu einer Klärung der kritischen Punkte nicht zu unterschreiben. Der Hilfeplan sollte so formuliert sein, dass das Pflegekind später als Erwachsener diesen Hilfeplan lesen kann.

8.10 Der Inhalt des Hilfeplans

Der Hilfeplan sollte allen Beteiligten gegenüber klar und ehrlich sein. Er muss Aussagen enthalten
- über die Beteiligten des Hilfeplans,
- über die Unterbringungsgründe,
- über die vorausgegangenen Hilfsangebote und was diese bewirken konnten,
- über den erzieherischen Bedarf des Kindes,
- eine genaue Beschreibung dessen, was die leiblichen Eltern in welchem Zeitrahmen verändern müssen, um die Rückkehr des Kindes in ihre Familie zu ermöglichen (äußere Veränderungen, wie Wohnung, Heirat oder Arbeit sind damit nicht gemeint),
- die Darstellung der unterschiedlichen Sichtweisen,
- die notwendigen therapeutischen Hilfen,
- die Bedingungen für die Besuchsregelung.

---

15 Fröhlich – Gildhoff 2002, S. 86

Ein Termin für die Fortschreibung des Hilfeplanes muss dem kindlichen Zeitempfinden gemäß geplant werden. Bei einem Säugling sind vier Wochen bereits ein erheblicher Zeitraum, bei einem 10-jährigen Kind ist es ein nicht erheblicher Zeitraum.

Wenn bereits zu Beginn eine Rückkehr, in einem vom kindlichen Zeitempfinden her gesehenen Rahmen nicht möglich erscheint, muss die Prognose von Anfang an eine auf Dauer angelegte Lebensperspektive sein, und dieses soll auch so im Hilfeplan festgeschrieben werden.

Falls äußere Gründe wie Berufstätigkeit, Obdachlosigkeit oder wirtschaftliche Not von den leiblichen Eltern als Gründe für den Antrag auf Hilfe zur Erziehung genannt werden, ist dies zu hinterfragen. Es sind in der Regel vorgeschobene Gründe. Dahinter kann der Wunsch stehen, von der Verantwortung und der Überforderung befreit zu werden. Diesen äußeren Gründen muss mit anderen Mitteln begegnet werden. Aus wirtschaftlicher Not heraus darf kein Kind in Vollzeitpflege untergebracht werden. Die Voraussetzungen für Hilfe zur Erziehung nach § 27 SGB VIII und für die Trennung von den Eltern liegen in diesen Fällen nicht vor.

Hilfepläne, welche die entscheidenden Fragen nicht stellen, welche die Unterbringungsgründe nicht nennen, die sich in Bezug auf die Klärung einer dauerhaften Perspektive des Kindes – entweder in der Herkunftsfamilie oder in der Pflegefamilie – nicht klar ausdrücken, können von Pflegeeltern weder akzeptiert noch unterschrieben werden.

8.11 Die Fortschreibung des Hilfeplans

Bei der Fortschreibung des Hilfeplans ist es wichtig zu überprüfen, ob die Ziele erreicht wurden, die im vorhergehenden Hilfeplan aufgestellt wurden. Dies ist besonders dann wichtig, wenn den leiblichen Eltern Auflagen gemacht werden, die sie erfüllen müssen, um eine Rückführung des Kindes zu ermöglichen.

Nicht selten kommt es vor, dass sich leibliche Eltern nach der Unterbringung des Kindes und nach der Erstellung des 1. Hilfeplanes zurückziehen, weil sie nicht die Fähigkeit oder Möglichkeit haben, im Sinne des § 36 SGB VIII ihre Aufgabe wahrzunehmen, an der Erziehung ihres Kindes mitzuwirken. Der Jugendhilfeträger hat hier die Aufgabe, beratend und unterstützend tätig zu werden. Einfach abzuwarten schafft neue Konflikte. Wenn die leiblichen Eltern die Mitwirkung verweigern und dadurch das Wohl des Kindes gefährdet wird, ist das Familiengericht anzurufen (vgl. § 8a Abs. 3 Satz 1 SGB VIII).

Die grundsätzliche Bereitschaft zur Zusammenarbeit hat dort ihre Grenzen, wo die Pflegefamilie bedroht und beschimpft wird und trotz Vermittlungsversuche nicht erreicht werden kann, dass die Herkunftsfamilie die Pflegefamilie akzeptiert. Ein weiterer Grund kann sein, dass das Kind mit Entschiedenheit ablehnt, dass den Herkunftseltern ein Bild ausgehändigt wird oder es mit großer Verzweiflung und Wut reagieren würde, wenn es erfahren müsste, dass die Pflegeeltern gegen seinen Willen hinter seinem Rücken miteinander Kaffee trinken würden. Dies kann bei einem traumatisierten Kind als Vertrauensbruch erlebt werden, was bei der Vorgeschichte des Kindes schwerwiegende Folgen für die weitere Beziehung zu den Pflegeeltern haben könnte.

Wenn die leiblichen Eltern den Antrag auf Hilfe zur Erziehung unter dem Druck unterschrieben haben, dass eine Einschränkung des Personensorgerechtes gemäß § 1666 BGB erfolgen wird, wenn sie den Antrag auf Hilfe zur Erziehung nicht unterschreiben, ist in der Regel die in § 36 SGB VIII geforderte Mitwirkungspflicht nicht gegeben. Bei mangelnder Mitwirkung durch den Personensorgeberechtigten sind Pflegeeltern immer wieder gezwungen, Handlungen vorzunehmen, die rechtlich nicht gedeckt sind. Die Praxis des Stillschweigens ist eine sehr kurzsichtige Denkweise. Zur Verdeutlichung möchte ich als Beispiel die Geschichte von Simone vorstellen:

Simone kam mit fünf Monaten zum dritten Mal in die Kinderklinik mit Knochenbrüchen. Bei dieser dritten Einweisung war für die Klinik klar, dass es sich um eine Misshandlung handelte, und sie schaltete das Jugendamt ein. Dort war die junge Mutter sofort einverstanden, jede Hilfe anzunehmen. Sie blieb zwar bei der Behauptung, Simone sei vom Wickeltisch gefallen, zeigte sich aber sonst in allen Punkten zur Zusammenarbeit mit dem Jugendamt bereit. Die Überlegung, das Mädchen in Tagespflege zu geben und eine Familienhelferin einzusetzen, wurde von der Mutter und der Sozialarbeiterin diskutiert und versuchsweise auch realisiert. Die Mutter hatte eine tägliche Arbeitszeit von acht Stunden, das Mädchen kam sehr früh zur Tagespflegestelle.

Im Hintergrund stand bei der Sozialarbeiterin offensichtlich die unausgesprochene Befürchtung, dass es bei der Überforderung der Mutter zu erneuten Misshandlungen des Mädchens kommen könnte. Dies wurde jedoch nirgends erwähnt. Die Mutter stellte schließlich einen Antrag auf Wochenpflege. Sie wollte das Mädchen innerhalb der Woche häufig besuchen und bei der Pflegemutter Anleitung im Umgang mit dem Mädchen annehmen. Der Hilfeplan sollte nach einem Jahr fortgeschrieben werden.

Nach der Unterbringung in der Pflegefamilie kam es insgesamt nur einmal, und zwar am ersten Wochenende, zum vereinbarten Umgangskontakt. Danach erschien sie nicht mehr. Die Pflegefamilie teilte dies mehrfach der Sozialarbeiterin mit. Diese sah keinen Handlungsbedarf. Bei der Unterbringung in der Pflegefamilie war Simone fünf Monate alt. Bis zum Alter von vier Jahren meldete sich die Mutter zweimal telefonisch bei der Pflegefamilie, um sich nach dem Ergehen des Mädchens zu erkundigen. Sie hatte immer noch das volle Sorgerecht.

Als Simone vier Jahre alt war, stellte die Mutter den Antrag auf „Rückführung". Sie war im Begriff, einen angesehenen Bürger der Stadt zu heiraten. Es wurden gleich mehrere Anwälte eingeschaltet. Der neu zuständige Sozialarbeiter ging davon aus, dass die Mutter das Sorgerecht hat, und er ließ sich von der Mutter und deren Freund überzeugen, dass sie ja alles getan hätten, um ihre Verhältnisse in Ordnung zu bringen. Er unterstützte die Mutter darin, sofort Besuche ohne Beisein der Pflegeeltern durchzuführen. Diese Besuche hatten zum Ergebnis, dass das Mädchen mit großen Ängsten reagierte. Die Mutter hatte ihr gesagt, dass sie sie bald von den Pflegeeltern wegnehmen werde.

Die Pflegeeltern stellten daraufhin einen Antrag nach § 1632 Abs. 4 BGB auf Verbleib beim Familiengericht. Die Besuche wurden fortgeführt, und es kam zu einer Übernachtung. Danach wurden die Verhaltensprobleme des Mädchens, insbesondere für die Geschwister in der Pflegefamilie, fast unerträglich. Vom zuständigen Sozialarbeiter wurde den Pflegeeltern unterstellt, dass sie schuld seien, wenn das Mädchen so panisch reagiere. Wenn sie sie loslassen würden und zu der leiblichen Mutter hinführen könnten, gäbe es diese Probleme nicht.

Richter und Sozialarbeiter gingen von der – sich mittlerweile vielfach als falsch herausgestellten – Idee aus, es gäbe eine „sanfte Umgewöhnung". Der Sozialarbeiter war im Pflegekinderwesen nur nebenbei innerhalb des Allgemeinen Sozialen Dienst tätig und hatte die Erfahrung nicht machen können, dass sicher gebundene Kinder mit heftigem Trennungsschmerz reagieren, wenn sie spüren, dass sie die Menschen verlieren, die für sie die Eltern geworden sind.

Der Richter entschied, dass die Verhältnisse der Mutter in Ordnung sind und diese versprach, für das Mädchen therapeutische Hilfe in Anspruch zu nehmen. Da die Pflegeeltern vom Jugendamt keine Hilfe erwarten konnten, ihre Schilderungen über die Not des Mädchens von niemand ernst genommen wurden und die ganze Familie keine Kraft mehr hatte, weitere Schwierigkeiten durchzuhalten, die bei einer Berufung gegen das Urteil auf sie zukommen würden, resignierten sie.

Besuche sollten, wie im Urteil beschrieben, danach bei den Pflegeeltern erfolgen. Dies war einmal der Fall. Das Mädchen klammerte sich an die Pflegemutter und weigerte sich, mit der leiblichen Mutter mitzugehen. Nach diesem Erleben war die Mutter nicht mehr zu weiteren Besuchen bereit.

Nach knapp zwei Jahren bei der Mutter und ihrem Partner wurde Simone in ein Heim gegeben, in dem sie heute noch lebt.

Der Wechsel der Zuständigkeit führt nicht selten zu ganz neuen Zielsetzungen in der Hilfeplanung. Dies geschieht besonders häufig dort, wo kein spezialisierter Pflegekinderdienst vorhanden ist und dem Sozialarbeiter die notwendigen Fachkenntnisse und Erfahrungen für diesen Bereich fehlen. Hier zeigt sich, wo diese Aufgaben nebenbei erledigt werden und keine Sachgebietsleitung für die Fachaufsicht sorgt. So kann es vorkommen, dass im ersten Hilfeplan von dem Sozialarbeiter, der das Kind in der Pflegefamilie untergebracht hat, z. B. die Bedingungen genannt werden, die eine Rückführung des Kindes ermöglichen und auch den hierfür vorhandenen Zeitrahmen benennt. Der neu zuständige Sozialarbeiter jedoch überprüft oft die vorher genannten Auflagen nicht und geht unabhängig von der Ausgangslage dazu über, die Rückführung anzustreben und dabei die Bedingungen, die genannt wurden, zu übergehen.

Die Auslagerung von Teilbereichen wie besipielsweise der Beratung und Begleitung von Pflegefamilien an freie Träger kann ebenfalls eine Entfernung vom Sozialarbeiter zur Pflegefamilie zur Folge haben, wobei die Fallverantwortung stets beim Jugendamt verbleibt.

Die Fortschreibung des Hilfeplanes bei Säuglingen und Kleinkindern muss in einem engen Zeitrahmen geschehen. Ein Hilfeplan bei einem Säugling kann nicht in einem Jahr fortgeschrieben werden. Solche Handlungsweisen beinhalten, dass dem kindlichen Zeitempfinden und dem natürlichen Bindungsbedürfnis keine Bedeutung zugemessen werden und billigend in Kauf genommen wird, dass einem in der Zwischenzeit sicher an die Pflegeeltern gebundeneen Kind durch die Trennung von diesen eine schwere Schädigung in seiner Entwicklung zugemutet wird.

Pflegeeltern müssen darauf bestehen, dass in dieser Entwicklungsphase des Kindes die Frage nach der Perspektive in engen Abständen überprüft wird.

Wenn ein Kind in der Pflegefamilie voll integriert ist und die dauerhafte Lebensperspektive feststeht, so hat die Fortschreibung des Hilfeplanes eher eine verwaltungstechnische Aufgabe in dem Sinn, dass der Hilfeplan für eine weitere Hilfegewährung formal notwendig ist. Keinesfalls kann das Hilfeplangespräch diese dauerhafte Lebensperspektive infrage stellen. Falls ein Kind oder ein Jugendlicher dabei erfährt, dass eine solche Frage diskutiert wird, können schwerwiegende Ängste reaktiviert werden.

Doppelbotschaften sind zu vermeiden. Alle Beteiligten können aus dem Hilfeplan heraus klar erkennen, was im Interesse des Kindes zu geschehen hat.

© Leo Blanchette/123rf.com

8.12 Datenschutz in Pflegefamilien

Eine sehr gründliche Datenerhebung ist Voraussetzung, um Entscheidungen für das Kind zu treffen und das Kind im pädagogischen Alltag verstehen und richtig begleiten zu können. Dazu gehört auch die vollständige Dokumentation über die aktuelle Situation bei der Unterbringung des Kindes in die Pflegefamilie. Was ist akut geschehen? Was sind die wirklichen Unterbringungsgründe? Wie war die Vorgeschichte in der Herkunftsfamilie? Was ist im Jugendamt bekannt? Wo sind Lücken in der Datenerhebung? Welche medizinischen Befunde liegen vor? Welche Hilfen wurden der Herkunftsfamilie angeboten und warum führten sie nicht zur Verhinderung der Unterbringung des Kindes?

Die Datenübermittlung ist ebenfalls von grundlegender Wichtigkeit. Pflege- und Adoptiveltern müssen wissen, was das Kind bisher erlebt hat, um ihrer Aufgabe gerecht werden zu können. Dies ist besonders wichtig bei Zuständigkeitswechsel des Jugendhilfeträgers oder auch des Mitarbeiters innerhalb eines Amtes. Bei Kindeswohlgefährdung darf keine Information verloren gehen.

Bei Adoptivkindern gilt die Vorschrift, dass Adoptionsakten nicht vernichtet werden dürfen. Das Gleiche wäre für Pflegekindern zu fordern. Ein junger Mensch hat den Anspruch darauf, seine Geschichte sowohl in den Vormunfschaftsakten als auch in den Jugendamtsakten wiederzufinden.

Ein Vormund/Pfleger hat für seine Vertretungsbereiche selbstverständlich Anspruch auf volle Akteneinsicht.
Pflegeeltern und Pflegekinder haben ein Recht darauf zu wissen, welche Daten über sie erhoben wurden, und die entsprechenden Dokumente zu bekommen und Akten einzusehen.

Immer wieder müssen Pflegeeltern hören, dass sie aus Datenschutzgründen keine Auskunft über die Geschichte des Kindes in der Herkunftsfamilie bekommen können. Diese Aussage oder vielmehr diese ideologisch festgelegte Haltung entspricht nicht den gesetzlichen Anforderungen. Hier werden Pflegeeltern so gesehen, als ob sie für die „Versorgung" des Kindes zuständig wären. Das Hauptziel, dass dem Kind eine verständnis- und liebevolle Begleitung zusteht, wird nicht gesehen. Die im Gesetz explizit vorgesehene Erforderlichkeit bei der Übermittlung von Informationen zur Erfüllung einer Aufgabe wird bei dieser Sichtweise außer Acht gelassen.

Das Informationsrecht der Pflegeeltern

Pflegeeltern haben ein Recht darauf regelmäßig alle Informationen zu bekommen, die für die Erfüllung ihrer Erziehungsaufgabe von Bedeutung sind oder werden können.

Dieses Informationsrecht leitet sich aus folgenden gesetzlichen Grundlagen ab:

„Die Rechtsgrundlagen dieser „Arbeitsbeziehung" finden sich insbesondere in §36 Abs. 2 und § 37 Abs. 2 SGB VIII. Danach sind Pflegeeltern an der Hilfeplanung zu beteiligen (§ 36 Abs. 2 S. 3 SGB VIII) und haben einen Rechtsanspruch darauf, vor der Aufnahme eines Kindes oder Jugendlichen und während der Dauer der Pflege in allen Fragen, die mit der Erziehung und Pflege des Minderjährigen zusammenhängen, seitens des Jugendamtes beraten und unterstützt zu werden. ... Teil dieser Beteiligung sowie dieses Beratungs- und Unterstützungsangebots ist insbesondere auch ein umfassendes Informationsrecht der Pflegepersonen über alle Umstände, die für die Erziehung und Betreuung des Pflegekindes von Bedeutung sind oder sein können."[16]

8.12.1 Kinderschutz – Datenschutz

In Fällen von Kindeswohlgefährdung kann es überlebenswichtig für das Kind sein, dass die erforderlichen Daten ausgetauscht werden. Dies gilt für jede Gewaltausübung gegen ein Kind, im Besonderen bei Misshandlungen und Verdacht auf sexuellen Missbrauch.

Münder et al. schreiben zum § 62 SGB VIII:

„Verfassungsrechtlich ist die erhebliche Erweiterung der Eingriffsbefugnis in Buchstabe d nicht zu beanstanden, wenn/weil *die Abwägung betroffener Schutzgüter gemäß Artikel 2 Abs. 1 GG* (Verfassungsrecht der informationellen Selbstbestimmung des Betroffenen und Verfassungsrecht des Kindes auf persönliche Freiheit/Unversehrtheit) *dies als „Ultima ratio" notwendig macht.* Die Jugendhilfe darf sich nicht darauf beschränken, Leistungen für Kinder gemäß § 2 Abs. 2 SGB VIII nur „auf Antrag" bzw. auf Nachfrage zu gewähren (§ 8a Rz 24).

Bei „gewichtigen Anhaltspunkten für eine Gefährdung des Kindeswohls" hat das Jugendamt, und hatte es schon immer, von Amts wegen tätig zu werden. Insofern befugte auch die bisherige Nr. 2 Buchstabe d in Verbindung mit § 50 Abs. 3. a.F. zu entsprechenden Datenerhebungen „am Betroffenen vorbei" und regelt die Ergänzung substanziell nichts Neues".[17]

Ein Irrtum, der für Kinder verhängnisvolle Folgen haben kann, ist die Angst, Daten an ein anderes Amt oder auch bei internem Fallzuständigkeitswechsel an eine andere Stelle zu geben. Das Bundeskinderschutzgesetz hat hier für Klarheit gesorgt.

Die Weitergabe der Sozialdaten bei Kindeswohlgefährdung ist eindeutig in § 65 SGB VIII Abs. 1 geregelt.

In § 65 SGB VIII steht:

(1) Sozialdaten, die dem Mitarbeiter eines Trägers der öffentlichen Jugendhilfe zum Zweck persönlicher und erzieherischer Hilfe anvertraut worden sind, dürfen von diesem nur weitergegeben werden

---

16 Handbuch Pflegekinderhilfe, S. 89
17 Münder et al. 2006, S. 766

1. mit Einwilligung dessen, der die Daten anvertraut hat, oder
2. dem Vormundschafts- oder Familiengericht zur Erfüllung der Aufgaben nach § 8a Abs. 3, wenn angesichts einer Gefährdung des Wohls eines Kindes oder eines Jugendlichen ohne diese Mitteilung eine für die Gewährung von Leistungen notwendige gerichtliche Entscheidung nicht ermöglicht werden könnte, oder
3. dem Mitarbeiter, der aufgrund eines Wechsels der Fallzuständigkeit im Jugendamt oder eines Wechsels der örtlichen Zuständigkeit für die Gewährung oder Erbringung einer Leistung verantwortlich ist, wenn Anhaltspunkte für eine Gefährdung des Kindeswohls gegeben sind und die Daten für eine Abschätzung eines Gefährdungsrisikos notwendig sind, oder
4. an die Fachkräfte, die zum Zwecke der Abschätzung des Gefährdungsrisikos nach § 8a hinzugezogen werden; § 64 Abs. 2 bleibt unberührt, oder
5. unter den Voraussetzungen, unter denen eine der in § 203 Abs. 1 oder 3 des Strafgesetzbuches genannten Personen dazu befugt wäre.

Gibt der Mitarbeiter anvertraute Sozialdaten weiter, so dürfen sie vom Empfänger nur zu dem Zweck weitergegeben werden, zu dem er diese befugt erhalten hat.

Das BGH-Urteil[18] hat klargestellt, dass es eine Verpflichtung des Mitarbeiters ist, die erforderlichen Daten zur Abwendung einer Kindeswohlgefährdung an das neu zuständig werdende Jugendamt weiterzugeben.

Die komplizierte Ausdrucksweise beim Datenschutz hat unter den Mitarbeitern der Jugendämter mancherorts für große Verwirrung gesorgt. Die Frage, was Pflegeeltern brauchen, um das Kind zu verstehen, seine Not zu begreifen und dem Kind in der rechten Weise helfen zu können, erfordert ein umfassendes Wissen über das, was das Kind vor der Aufnahme in der Familie erlebt hat, welchen Einflüssen es ausgesetzt war und welche Erziehungshaltung die Eltern ihren Kindern gegenüber hatten. Dies schließt ein, dass es wichtig ist, was älteren Geschwistern in der Herkunftsfamilie widerfahren ist, ob sie vernachlässigt, misshandelt oder sexuell missbraucht wurden. Auch hier gibt es das Missverständnis, dass diese Daten nicht weitergegeben werden können. Misshandlung, sexueller Missbrauch und das Nicht-Erspüren, was ein Kind für seine Entwicklung braucht, verändert sich nur bei den Eltern, die zu ihrem Versagen stehen und therapeutische Hilfe aufsuchen. Die Einsicht, dass bei den größeren Geschwistern etwas schief gelaufen ist, ist die Grundvoraussetzung dafür, dass das jüngere Kind nicht den gleichen Gefährdungstatbeständen ausgeliefert ist. Die Daten der Geschwister sind erforderlich zum Schutz des jüngeren Geschwisters. Diese Daten dienen dem Schutz des Kindes im Sinne von § 8a SGB VIII.

---

18 BGH-Urteil vom 21.10.2004 – IIIZR 254/03

8.12.2 Die Übermittlung der Sozialdaten

Paragraf 64 SGB VIII bestimmt:

(1) Sozialdaten dürfen zu dem Zweck übermittelt oder genutzt werden, zu dem sie erhoben worden sind.

(2) Eine Übermittlung für die Erfüllung von Aufgaben nach § 69 des Zehnten Buches ist abweichend von Absatz 1 nur zulässig, soweit dadurch der Erfolg einer zu gewährenden Leistung nicht in Frage gestellt wird. (…)

Erfolgt die Übermittlung oder Nutzung zu demselben Zweck, zu dem sie erhoben worden sind, so ist dies vom geltenden Recht gedeckt.

Übermittelt das Jugendamt während und nach der Vermittlung eines Pflegekindes Informationen im Sinne von Sozialdaten an die Pflegeeltern, so unterliegen diese Informationen dem Sozialgeheimnis nach § 35 SGB I.

Das Jugendamt hat die Pflegeeltern auf die Wahrung des Sozialgeheimnisses hinzuweisen. In § 78 SGB X wird über die Zweckbindung und Geheimhaltungspflicht eines Dritten, an den Daten übermittelt werden, Folgendes bestimmt:

(1) Personen oder Stellen, die nicht in § 35 des Ersten Buches genannt werden und denen Sozialdaten übermittelt worden sind, dürfen diese nur zu dem Zweck verarbeiten oder nutzen, zu dem sie befugt übermittelt worden sind. Die Dritten haben die Daten in demselben Umfang geheim zu halten wie die in § 35 des ersten Buches genannten Stellen. (…)

Das Bundeskinderschutzgesetz hat klargestellt, dass bei Zuständigkeitswechsel alle Informationen an den neu zuständig gewordenen öffentlichen Träger übermittelt werden müssen. Dies gilt auch zwischen Jugendhilfeträger, Vormund, Pfleger und dem Familiengericht. Die Rüge gegen einen Vormund durch ein Jugendamt, dass der Hilfeplan aus datenschutzrechtlichen Gründen nicht an das Familiengericht weitergeleitet werden darf, entbehrt jeder gesetzlichen Grundlage. Vormünder und Pfleger sind gem. §1840 BGB verpflichtet, jährlich einen umfassenden Bericht abzugeben. Dazu gehört auch der Hilfeplan.

8.12.3 Der Grundsatz der Zweckbindung und Nutzung bei der Datenübermittlung

Die Übermittlungsbefugnis der Daten der Pflegekinder und Herkunftsfamilien unterliegen dem Prinzip der Erforderlichkeit zur Erfüllung der jeweiligen Aufgabe und der Zweckbindung. Die Weitergabe dieser Daten an Ärzte, Therapeuten, Schulen, Kindergarten und Beiständen unterliegen dem gleichen Grundsatz der Zweckbindung. Die Pflegeeltern brauchen alle verfügbaren Informationen über die Geschichte des Kindes, um ihren pädagogischen Auftrag erfüllen zu können. Der Rückzug darauf, dass Pflegeeltern keinen Anspruch auf Informationen über die gesamte Herkunftsfamilie haben – die allerdings diese Sozialdaten nicht an Unbefugte weitergeben dürfen – entbehrt der gesetzlichen Grundlage. Zur Erfüllung ihrer Aufgabe ist es unabdingbar, dass sie die Familiengeschichte und die Geschichte des Kindes kennen und einordnen können. Nur so können sie das Kind verstehen und begleiten.

> „Ein Vormund bzw. Pfleger darf Informationen weitergeben, wenn dies seiner Aufgabenwahrnehmung dient (§ 68 Abs. 1 S. 1 SGB VIII). Als Inhaber des Sorgerechts und gesetzlicher Vertreter ist er somit auch datenschutzrechtlich nur seiner Aufgabe, also den Interessen des von ihm vertretenen Kindes oder Jugendlichen verpflichtet."[19]

Wenn die Pflegeeltern nicht Vormund oder Pfleger sind, haben sie und die Pflegekinder den gleichen Anspruch auf Information.

8.12.4 Datenschutz und Biografiearbeit

In „Mein Lebensbuch"[20] ist zu lesen:

> Wohin gehe ich?
> Wer bin ich?
> Alles über mich!
> So möchte ich gerne sein!
> Meine Geburt!
> Meine leibliche Mutter heißt:
> Mein leiblicher Vater heißt:
> Weitere Verwandte:
> Das weiß ich über meine Geburt:
> Das weiß ich über meine Herkunftsfamilie:
> Warum lebe ich nicht bei meinen Eltern?
> Am ... wurde ich aufgenommen bei Familie ...
> Der Grund, warum ich gerade in diese Familie gekommen bin?
> Mein Weg hierher, schreibe die Einrichtungen und Familien auf, wo Du seit Deiner Geburt gelebt hast.
> Die Familie, in der ich lebe:

Diese und andere Fragen sind Themen bei der „Biografiearbeit", die der Mitarbeiter des Jugendamtes in einer Kindergruppe stellt.

Das Ziel dieser Biografiearbeit ist die „Versöhnung" mit der Herkunftsfamilie. Wie soll ein traumatisiertes Kind, dessen Überlebensstrategie es ist, sich blitzschnell den Erwartungen der Umwelt anzupassen, reagieren?

Jedes Kind will wissen, was mit ihm in der frühen Kindheit geschehen ist. Es will wissen, warum es Bilder mit sich trägt, die es quälen. Es will wissen, was war, als es von der Herkunftsfamilie getrennt wurde. Es will realistische Schilderungen und keine ideologisch gefärbte Schönmalerei. Biografiearbeit bedeutet in erster Linie, dass die Vorgeschichte, die Unterbringungsgründe und die Entwicklung des Kin-

---

19 Handbuch Pflegekinderhilfe, S. 92
20 Mithilfe eines Lebensbuches sollen Daten gesammelt werden, die für die Entwicklung des jungen Menschen wichtig waren,

des realistisch gesammelt und dokumentiert werden. Hier sind die Pflege- und Adoptiveletern aktiv aufgerufen alles zu sammeln und zu beschaffen, was zugänglich ist zur frühen Kindheit (Babyfotos, Lieblingsspielsachen, Schmusetücher usw.). Es ist wichtig, dass Pflegeeltern diese Daten kennen, weil sie in der Regel die Einzigen sind, denen der junge Mensch diese Fragen nach der eigenen Geschichte stellen wird.

Eine realistische Schilderung, ohne Abwertung einer Person, hilft dem jungen Menschen, Frieden mit seiner Vergangenheit zu schließen. Deshalb ist es unabdingbar, dass der junge Mensch auch bei mehrfachem Zuständigkeitswechsel von Jugendämtern nachfragen kann, was mit ihm geschehen ist.

9 Die Bestellung von Pflegeeltern zu ehrenamtlichen Einzelvormündern als Regelfall

> Die Einzelvormundschaft hat seit Inkrafttreten des Bürgerlichen Gesetzbuches Vorrang vor der Amtsvormundschaft. Entgegen der gesetzlichen Grundlage hat sich jedoch die Amtsvormundschaft als Regelfall durchgesetzt. Der Mangel an Organisation der ehrenamtlichen Einzelvormünder bzw. Pflegeeltern hat im Gegensatz zu der organisierten Form der Amtsvormundschaft zu dieser Entwicklung beigetragen.
> Pflegeeltern sind die berufenen Vormünder für ihr Pflegekind, wenn dieses in der Pflegefamilie seine Heimat gefunden hat.
> Das Gesetz fordert, dass der Vormund die Fähigkeit haben muss, eine langfristige Beziehung zu seinem Mündel einzugehen.
> Pflegeeltern übernehmen Tag für Tag Elternverantwortung. Rechte und Pflichten gehören zusammen, damit die Erziehungskompetenz der Pflegeeltern auch in schwierigen Situationen gestärkt wird und die Handlungsfähigkeit an die Normalität von Familien angeglichen wird.
> Die §§ 1793 und 1800 BGB gehen davon aus, dass die Vormundschaft der elterlichen Sorge nachgebildet ist. Falls die Pflegeeltern nicht geeignet wären, diese Verantwortung zu tragen, wären sie nicht die geeigneten Pflegeeltern. Dies schließt nicht aus, dass es im Einzelfall angezeigt sein kann, dass ein Amtsvormund oder eine andere dem Kind nahestehende geeignete Einzelperson vorläufig berufen werden sollte.

9.1 Die rechtliche Situation von Pflegekindern bei der Unterbringung in Vollzeitpflege

Die rechtliche Situation von Pflegekindern bezüglich ihrer gesetzlichen Vertretung kann bei der Unterbringung in Vollzeitpflege und auch während des Aufwachsens in einer Pflegefamilie bis zur Volljährigkeit sehr unterschiedlich sein.

Die Unterbringung eines Kindes in einer Pflegefamilie kann aufgrund verschiedener Rechtsgrundlagen erfolgen, wie in folgenden Absätzen beschrieben wird.

9.1.1 Die Unterbringung des Kindes aufgrund eines Antrags der Eltern gemäß § 27 SGB VIII

Nach § 27 SGB VIII hat ein Personensorgeberechtigter bei der Erziehung eines Kindes oder eines Jugendlichen Anspruch auf Hilfe (Hilfe zur Erziehung), wenn eine dem Wohl des Kindes oder Jugendlichen entsprechende Erziehung nicht gewährleistet ist und die Hilfemaßnahme für seine Entwicklung notwendig ist. Diese Hilfe zur Erziehung können u.a. auch ein Antrag und die Gewährung von Hilfe nach § 33 SGB VIII, Vollzeitpflege, sein.

Auf Antrag der leiblichen Eltern gemäß § 27 SGB VIII werden etwa 40 % der Pflegekinder in Pflegefamilien untergebracht. In diesen Fällen haben die leiblichen Eltern die volle elterliche Sorge, die Pflegeeltern haben jedoch gemäß § 1688 BGB die Alltagssorge für das Kind.

In diesen 40 % der auf Antrag der leiblichen Eltern freiwillig in Pflegefamilien untergebrachten Kinder sind auch diejenigen Kinder enthalten, die zunächst im Rahmen einer Inobhutnahme nach § 42 SGB VIII aufgrund einer akuten Gefährdung des Kindeswohls aus der Familie genommen werden mussten. Von Freiwilligkeit kann nur gesprochen werden, wenn die leiblichen Eltern zu der Einsicht geführt werden können, dass diese Maßnahme zum Schutz des Kindes wirklich erforderlich ist, weil nur bei einer Mitwirkungsbereitschaft eine Kooperation im Sinne des Kindeswohls erwartet werden kann. Bei nicht wenigen Pflegekindern erfolgte die Unterschrift der leiblichen Eltern unter dem Druck, dass im Verweigerungsfall vor dem Familiengericht ein Antrag auf Entzug der elterlichen Sorge gestellt werden muss. In diesen Fällen kann nicht von einer Mitwirkungsbereitschaft im Sinne des § 36 SGB VIII ausgegangen werden. Es ist leicht nachvollziehbar, dass diese Situation dazu führt, dass Pflegeeltern immer wieder gezwungen sein werden, Handlungen vorzunehmen, die durch die Alltagssorge nach § 1688 BGB nicht abgedeckt sind.

Konsequenterweise müsste im Sinne des Kindeswohls immer dann, wenn eine Mitwirkungsbereitschaft der Sorgeberechtigten nicht erreicht werden kann, das Familiengericht angerufen werden, um den Entzug der elterlichen Sorge oder Teile davon zu erwirken. Die gängige Praxis ist, dass in diesen Fällen trotzdem kein Antrag auf Entzug der elterlichen Sorge beim Familiengericht erfolgt.

Es ist gesetzlicher Auftrag nach dem SGB VIII – und dieser wird in der Praxis der Jugendämter auch umgesetzt –, dass zunächst eine Verbesserung der Situation durch die Gewährung von ambulanten Hilfen angeboten werden muss, welche dann von den leiblichen Eltern beantragt werden können. Nur dann, wenn diese bereits erfolglos durchgeführt wurden, oder wenn nach Einschätzung des Jugendamtes schon im Vorfeld absehbar ist, dass trotz ambulanter Hilfen keine Aussicht auf Erfolg besteht, wird ein Kind von der Herkunftsfamilie getrennt.

Es ist wichtig, dass Klarheit und Transparenz für alle Beteiligten hergestellt werden und genau hingeschaut wird, wo die Zukunft des Kindes liegt. Soll die elterliche Sorge bei den Herkunftseltern bleiben? Eine wichtige Frage! Wenn Herkunftseltern nicht erreichbar sind oder wenn diese nicht in der Lage sind, bei der Erziehung des Kindes verantwortlich mitzuwirken, ist das Familiengericht anzurufen um die Situation des Kindes und die Rechtsposition zu klären. Jugendamt und Familiengericht können amtlich tätig werden, während Pflegeeltern ein Antragsrecht über § 1630 Abs. 3 BGB haben und damit eine Chance bekommen, ein Verfahren von Amts wegen in Gang zu setzen, wenn die leiblichen Eltern die Zustimmung auf Übertragung von Teilen des Sorgerechts verweigern.

Wenn dies nicht erfolgt, zeigt die Erfahrung, dass diese Handlungsweise der Fachdienste mit Blick auf die Zukunft des Kindes nicht selten zu Situationen führt, die im Sinne des Kindeswohls nicht zu bewältigen sind, weil alle Rechte und Pflichten der elterlichen Sorge bei den leiblichen Eltern verbleiben. Dadurch können wichtige Entscheidungen blockiert oder durch Nichterreichbarkeit der Sorgeberechtigten hinausgezögert werden. Ein späterer Sorgerechtsentzug wird im Allgemeinen dann, wenn das Kind fremduntergebracht ist, nicht mehr beantragt werden, da sich im Vergleich zu den Ereignissen, welche zu einer Fremdunterbringung geführt haben, keine solch gravierenden Vorkommnisse mehr ereignen können, als dass dann ein Antrag auf Sorgerechtsentzug Erfolg versprechend wäre.

Durch solch einen Sachverhalt kann zum Beispiel die Situation entstehen, dass ein Pflegekind ausländischer Herkunftseltern „legal" ins Ausland „entführt" werden kann, ohne dass es die Sprache und die Kultur des Landes kennt, und dort einem ungewissen Schicksal entgegensieht. Auch um dieser Möglichkeit der „legalen Entführung" nicht Vorschub zu leisten, ist bei der Herausnahme eines Kindes aus der Herkunftsfamilie sorgfältig zu prüfen, ob die „freiwillige" Inpflegegabe des Kindes und Belassen der elterlichen Sorge bei den leiblichen Eltern der Situation gerecht wird.

Auch in weniger spektakulären Fällen heißt das für ein Kind, dass die Herkunftseltern, von denen es – aus welchen Gründen auch immer – vernachlässigt, abgelehnt oder mißhandelt wurde, entscheidend seine Zukunft bestimmen können und sogar müssen. Die Grundlage für diese Entscheidungen fehlt jedoch, da sie das Kind allenfalls aufgrund der Umgangskontakte kennen.

Die rechtliche Vertretung kann in solchen Fällen bis zur Volljährigkeit bei Personen liegen, welche nicht mit dem Kind zusammenleben und seine Belange und seine Entwicklung somit auch nicht einschätzen können.

9.1.2 Die Unterbringung des Kindes aufgrund eines Sorgerechtsentzugs gemäß § 1666 BGB

Bei circa 60 % der Kinder, die in Pflegefamilien untergebracht werden, wird aufgrund einer Maßnahme gemäß § 1666 BGB wegen Kindeswohlgefährdung eine Pflegschaft oder Vormundschaft angeordnet. Es hängt wesentlich von der Einstellung des Jugendamtes ab, ob der Prozentsatz der Sorgerechtseingriffe höher oder niedriger liegt. Wenn das Jugendamt leibliche Eltern zur Unterschrift unter den Antrag zur Hilfe zur Erziehung bewegt, auch wenn sie nicht mitwirkungsbereit sind, liegt der Prozentsatz der Sorgerechtsentzüge wesentlich niedriger als bei Ju-

9 Die Bestellung von Pflegeeltern zu ehrenamtlichen Einzelvormündern

gendämtern, die klare Rechtsverhältnisse bevorzugen und somit das Wohl und die Gestaltung der Zukunft eines Kindes im Auge haben.

§ 1666 BGB sagt aus:

Wird das körperliche, geistige oder seelische Wohl des Kindes oder sein Vermögen durch missbräuchliche Ausübung der elterlichen Sorge, durch Vernachlässigung des Kindes, durch unverschuldetes Versagen der Eltern oder durch das Verhalten von Dritten gefährdet, so hat das Familiengericht, wenn die Eltern nicht gewillt oder nicht in der Lage sind, die Gefahr abzuwenden, d. h. die zur Abwendung der Gefahr erforderlichen Maßnahmen zu treffen.

Wenn die elterliche Sorge ganz entzogen wird, ist eine Vormundschaft zu bestellen, wenn Teile der elterlichen Sorge entzogen werden, wird eine Pflegschaft bestellt. Die Pflegschaft wird für die Teile der elterlichen Sorge bestellt, für die sie dem Personensorgeberechtigten entzogen wurde.

9.1.3 Die Unterbringung des Kindes aufgrund einer Inobhutnahme gemäß § 42 SGB VIII durch das Jugendamt

Bei der Inobhutnahme nach § 42 SGB VIII handelt es sich um eine hoheitliche Aufgabe des Jugendamtes. Sie ist eine Krisenintervention durch das Jugendamt und ermöglicht vorläufige Maßnahmen in Eil- und Notfällen zum Schutz von Kindern und Jugendlichen. In Deutschland werden jährlich 25.000 bis 30.000 Kinder und Jugendliche in Obhut genommen, davon etwa ein Drittel auf Wunsch der meist über 12 Jahre alten Kinder und Jugendlichen.[1] Jüngere Kinder werden in akuten Krisen- und Gefährdungssituationen fast ausschließlich auf Initiative des Jugendamtes oder Dritter, z. B. von Nachbarn, Ärzten, Polizei, Familienhelfern und Erzieherinnen, in Obhut genommen.

Das Jugendamt ist befugt und verpflichtet, ein Kind oder einen Jugendlichen in Obhut zu nehmen, wenn eine dringende Gefahr für das Wohl des Minderjährigen besteht und die Gefahr nicht mit anderen Mitteln abgewendet werden kann (§ 8a Abs. 3 Satz 2 SGB VIII, in Verbindung mit § 42 Abs. 1 Nr. 2 SGB VIII). Der Maßstab für die fachliche Einschätzung der Gefährdung des Kindes oder Jugendlichen orientiert sich an der Gefährdungslage entsprechend des § 1666 BGB. Die Gefahr ist dringend, wenn eine Sachlage oder ein Verhalten bei unbehindertem Ablauf des zu erwartenden Geschehens mit hinreichender Wahrscheinlichkeit das Wohl des Kindes oder des Jugendlichen gefährden wird. Nicht erforderlich ist, dass die Verletzung oder Schädigung unmittelbar bevorsteht.[2]

Mit der Inobhutnahme ist dem Kind oder dem Jugendlichen unverzüglich Gelegenheit zu geben, eine Person seines Vertrauens zu benachrichtigen (§ 42 SGB VIII

---
1 Vgl. Statistisches Bundesamt 2005, S. 455 f.
2 BVerwG 6.9.1974 –I C 17.7 – E 47, 31 ,40

Abs. 2 Satz 2). Dem Minderjährigen muss Gelegenheit gegeben werden, die Benachrichtigung selbst vorzunehmen. Er kann dann selbst entscheiden, wann und auf welche Weise er dies tun will.[3]

Das Jugendamt hat die Personensorgeberechtigten oder Erziehungsberechtigten unverzüglich von der Inobhutnahme zu unterrichten. Pflegeeltern sind unabhängig von ihrer sonstigen Rechtsstellung, also auch dann, wenn sie nicht Vormund des Kindes sind, immer Erziehungsberechtigte. Wenn ein Beziehungskonflikt dem Wunsch des jungen Menschen nach Inobhutnahme zugrunde liegt, kann und muss die Beratung zunächst ohne den oder die Sorgeberechtigten erfolgen. Unverzügliche Information der Personensorgeberechtigten bedeutet nicht sofortige Information, sondern die Information muss ohne schuldhafte Verzögerung erfolgen. Die Zeitspanne kann hier länger sein als die Benachrichtigung einer Vertrauensperson durch den jungen Menschen.[4]

Die Möglichkeit, dass das Jugendamt ein Kind in Obhut nimmt, ist nicht nur in Gefährdungssituationen bei den leiblichen Eltern gegeben, sondern sie ist auch in dem Fall wichtig, wenn sorgeberechtigte Herkunftseltern das Kind aus der Pflegefamilie herausnehmen wollen und dadurch für das Kind die Gefahr einer Schädigung droht.

Ein Beispiel:

Die leiblichen Eltern haben das Sorgerecht und verlangen, das Kind aus der Pflegefamilie in ihre Familie zu überführen. Der Rechtsanwalt rät den Herkunftseltern, Fakten zu schaffen und es bei einem Umgangskontakt nicht zurückzugeben. Das Jugendamt stellt klar, dass es in diesem Fall eine Gefährdung des Kindeswohls sieht. Die Pflegeeltern stellen einen Antrag auf Verbleib gemäß § 1632 Abs. 4 BGB. Das Jugendamt erklärt den leiblichen Eltern unmissverständlich, dass es das Kind wegen Gefährdung des Kindeswohls in Obhut nimmt, falls sie ihre Absicht verwirklichen. Allein diese Klarstellung hat eine große Wirkung. Der Rechtsanwalt wird seinen Rat zurücknehmen müssen, weil er, wenn er die Entschlossenheit des Jugendamtes erkennt, von diesem Handeln abraten und den normalen gerichtlichen Weg einschlagen muss.

Dieses Beispiel zeigt, dass das Jugendamt nicht machtlos ist, wenn es eine Kindeswohlgefährdung erkennt. Die Auffassung mancher Jugendämter, dass sie selbst keine Möglichkeit haben zum Schutze eines Kindes tätig werden zu können, entspricht nicht den tatsächlichen Rechtsverhältnissen.

Die Wichtigkeit der Möglichkeit der Inobhutnahme durch das Jugendamt unterstreicht ein anderes Beispiel:

Ein Kind kommt mit schweren Verletzungen ins Krankenhaus. Es besteht der Verdacht auf Kindesmisshandlung. Die Eltern wollen das Kind nach einigen Tagen aus

---

3 Münder et al. 2006, S. 561ff
4 Münder et al. 2006, S. 564

der Klinik mitnehmen, unter Berufung auf ihr Sorgerecht. Das Jugendamt kann als vorläufige Schutzmaßnahme das Kind in Obhut nehmen und so einer weiteren Kindeswohlgefährdung vorbeugen.

Die Inobhutnahme ist nicht nur eine Schutzmaßnahme, sondern eine sozialpädagogische Maßnahme, die zur Klärung der Gesamtsituation des Kindes oder des Jugendlichen dient. Während dieser Maßnahme übt das Jugendamt das Sorgerecht aus.

Die Beendigung der Inobhutnahme
Wenn die Personensorge- oder Erziehungsberechtigten der Inobhutnahme widersprechen, hat das Jugendamt entweder

1. das Kind oder den Jugendlichen den Personensorge- oder Erziehungsberechtigten zu übergeben, sofern nach der Einschätzung des Jugendamtes eine Gefährdung des Kindeswohls nicht besteht oder die Personen- oder Erziehungsberechtigten bereit und in der Lage sind, die Gefährdung abzuwenden, oder
2. eine Entscheidung des Familiengerichtes über die erforderlichen Maßnahmen zum Wohl des Kindes oder Jugendlichen herbeizuführen. Dies kann auf Antrag des Jugendamtes sein oder das Familiengericht kann von Amts wegen tätig werden. Wenn das Kind oder der Jugendliche mit der Entscheidung des Jugendamtes nicht einverstanden ist, besteht die Möglichkeit, dass es zusammen mit der Person seines Vertrauens das Familiengericht anregt, amtlich tätig zu werden.

Die Inobhutnahme endet mit der Übergabe des Kindes oder Jugendlichen an die Sorgeberechtigten oder der Entscheidung über die Gewährung von Hilfen nach dem Sozialgesetzbuch. Diese Hilfe kann ein Antrag auf Hilfe zur Erziehung nach SGB VIII sein und die Unterbringung des Kindes in einer Pflegefamilie zur Folge haben. Wenn das Familiengericht das Sorgerecht, auf Antrag des Jugendamtes gemäß § 1666 BGB entzieht und einen Pfleger oder Vormund bestellt, kann dieser beim zuständigen Jugendamt Hilfe zur Erziehung beantragen und die Unterbringung in einer Pflegefamilie veranlassen.

9.2 Die elterliche Sorge bei der Unterbringung des Kindes in Familienpflege

Wie bereits beschrieben haben die Herkunftseltern bei der Unterbringung eines Kindes in Familienpflege aufgrund eines Antrags nach § 27 SGB VIII die volle elterliche Sorge. In diesem Fall oder auch, wenn die elterliche Sorge nach § 1666 BGB entzogen wurde und eine Amtsvormundschaft/Amtspflegschaft eingerichtet bzw. ein Einzelvormund bestellt wurde, haben die Pflegeeltern gemäß § 1688 BGB die Alltagssorge.

Die rechtliche Situation einer minderjährigen Mutter verhält sich hierbei wie folgt: Bei einer minderjährigen Mutter tritt nach § 1673 Abs. 2 BGB die Amtsvormundschaft für das Kind ein. Die tatsächliche Personensorge übt die Mutter aus. Das bedeutet, dass sie bei der gesetzlichen Vertretung in allen Angelegenheiten der elterlichen Sorge der Zustimmung des Vormundes bedarf. Bei Meinungsverschiedenheiten mit dem gesetzlichen Vormund geht die Meinung der minderjährigen Mutter vor. Wenn der Vormund das Kindeswohl durch das Verhalten der minderjährigen Mutter als gefährdet ansieht, hat er, wie bei anderen Kindeswohlgefährdungen, das Familiengericht anzurufen.

9.2.1 Die Alltagssorge gemäß § 1688 BGB

Die Rechte der Pflegeeltern waren vor dieser Regelung in § 38 SGB VIII geregelt. Nach der geltenden Regelung im BGB § 1688 greift dieser Paragraf erst, wenn das Kind „längere Zeit" in Familienpflege ist oder von Anfang an feststeht, dass es sich um eine langfristige Unterbringung handelt. Bei der früheren Regelung im § 38 SGB VIII kam diese Alltagssorge von Anfang an zum Tragen.

In der Anfangsphase des Pflegeverhältnisses liegt somit eine Rechtsunsicherheit vor.

In § 1688 BGB steht:

(1) Lebt ein Kind für längere Zeit in Familienpflege, so ist die Pflegeperson berechtigt, in Angelegenheiten des täglichen Lebens zu entscheiden sowie den Inhaber der elterlichen Sorge in solchen Angelegenheiten zu vertreten. Sie ist befugt, den Arbeitsverdienst des Kindes zu verwalten sowie Unterhalts-, Versicherungs-, Versorgungs- und sonstige Sozialleistungen für das Kind geltend zu machen und zu verwalten. § 1629 Abs. 1 Satz 4 gilt entsprechend.
(2) Der Pflegeperson steht eine Person gleich, die im Rahmen der Hilfe nach den §§ 34, 35 und 35a Abs. 1 Satz 2 Nr. 3 und 4 des Achten Buches Sozialgesetzbuch die Erziehung und Betreuung eines Kindes übernommen hat.
(3) Die Absätze 1 und 2 gelten nicht, wenn der Inhaber der elterlichen Sorge etwas anderes erklärt. Das Familiengericht kann die Befugnisse nach den Absätzen 1 und 2 einschränken oder ausschließen, wenn dies zum Wohl des Kindes erforderlich ist.
(4) Für eine Person, bei der sich das Kind auf Grund einer gerichtlichen Entscheidung nach § 1632 Abs. 4 oder § 1682 aufhält, gelten die Absätze 1 und 3 mit der Maßgabe, dass die genannten Befugnisse nur das Familiengericht einschränken oder ausschließen kann.

Absatz 4 ist besonders dann wichtig, wenn das Gericht den Antrag der Herkunftseltern auf Rückführung in die Herkunftsfamilie abgelehnt und nach § 1632 Abs. 4 BGB oder § 1682 BGB den Verbleib in der Pflegefamilie angeordnet hat. In dieser Situation ist es oft nicht möglich, die Inhaber der elterlichen Sorge – und bei der Verbleibensanordnung verbleibt die elterliche Sorge bei den Herkunftseltern – zur Mitarbeit zu gewinnen. Diese Situation ist konfliktbeladen, weil die Herkunftseltern in der Realität nicht im Sinne des § 36 SGB VIII an der Hilfeplanung mitarbeiten. Eine eindeutigere, transparentere und somit für alle Beteiligten weniger konfliktbeladene Situation ist, dass zumindest Teile der elterlichen Sorge, im Zuge der Verbleibensanordnung, entzogen werden und somit klare Rechtsverhältnisse hergestellt werden.

9.2.2 Die Grenzen der Alltagssorge

Pflegeeltern stehen Entscheidungen in Angelegenheiten, deren Regelung für das Kind von erheblicher Bedeutung ist, nach wie vor nicht zu, es sei denn, dass ihnen Teile der elterlichen Sorge nach § 1630 BGB übertragen wurden oder dass sie zu Vormündern oder Pflegern bestellt worden sind. In Angelegenheiten von erheblicher Bedeutung muss immer das Einverständnis von den Personensorgeberechtigten eingeholt werden.

Ebenfalls können die Pflegeeltern trotz Alltagssorge gemäß § 1688 BGB in den Angelegenheiten der täglichen Sorge nicht entscheiden, wenn die Herkunftseltern als Inhaber der elterlichen Sorge für diesen Bereich widersprechen. Es ist dann möglich, das Familiengericht anzurufen, wenn durch diese Einschränkungen die Bedürfnisse des Kindes und dessen Erziehung nicht angemessen verwirklicht werden können.

Angelegenheiten von erheblicher Bedeutung sind immer:

- Impfung,
- Auslandsreise,
- Operation,
- Schulwechsel,
- Diagnostik und Therapien in therapeutischen Einrichtungen,
- viele andere Entscheidungen von grundsätzlicher Bedeutung.

Wenn die Pflegeeltern bei wichtigen Entscheidungen für das Kind korrekt handeln und die Sorgeberechtigten nicht erreichbar sind oder nicht reagieren, kann dies für das Kind schmerzhafte Situationen nach sich ziehen.

Eine Blinddarmoperation ohne Zustimmung der Sorgeberechtigten oder des Amtsvormunds, wenn eine Amtsvormundschaft besteht, kann z. B. nur durchgeführt werden, wenn es sich dabei um eine Notoperation handelt. Ab welchem Schmerzstatus ist der Arzt davon überzeugt, dass es sich um einen Notfall handelt? Wie viel Schmerzen muss das Kind bis dahin unnötigerweise ertragen? Und wenn es dann zu spät ist?

Auch dann, wenn von Herkunftseltern oder vom Amtsvormund grundsätzlich das Einverständnis für eine notwendige Operation vorliegt, können schwerwiegende Konflikte entstehen.

Ich denke da an folgendes Beispiel:
Ein Kind stand unter Amtsvormundschaft und die Einverständniserklärung des Amtsvormundes zur Operation lag vor. Während der Operation stellte sich heraus, dass ein weiterer Eingriff in der gleichen Narkose nötig war, für den keine Einverständniserklärung vorlag. Der Amtsvormund war nicht erreichbar. Der Arzt weigerte sich zunächst, diesen Eingriff ohne eine erweiterte Einverständniserklärung des Amtsvormunds vorzunehmen. Das Kind hätte erneut unter Narkose operiert werden müssen. Den Pflegeeltern gelang es unter dem ganzen Einsatz ihrer persönlichen Verantwortung für das Kind, den Arzt schließlich zur Durchführung des zusätzlich notwendigen Eingriffs im Rahmen der ersten Operation zu bewegen.

In der Praxis begegnen Pflegeeltern, die sich auf die Notfallkompetenz berufen, immer wieder erheblichen Schwierigkeiten. Die Notfallkompetenz bei geschiedenen Eltern mit gemeinsamer elterlicher Sorge wird in der Regel nicht infrage gestellt, bei Pflegeeltern wird sie wesentlich härter ausgelegt. Die Pflegeeltern, die nicht als Vormund/Pfleger für das Kind bestellt wurden, haben eben nur die Alltagssorge nach § 1688 BGB und nicht die gemeinsame elterliche Sorge wie geschiedene Eltern, bei denen die Entscheidung des einen Elternteils ohne die Zustimmung des anderen in Notfällen rechtlich eindeutig geregelt ist.

Auch ist es für ein Pflegekind z. B. schwer verständlich, wenn es aufgrund eines fehlenden Einverständnisses von Menschen, die nicht zu seinem Alltag gehören, nicht zu einer Klassenfahrt ins Ausland mitgehen darf oder wenn es erleben muss, das entgegen aller Normalität seine Eltern nicht ohne das Einverständnis anderer Menschen das Amt des Elternvertreters annehmen können. Im Normalfall führt es zu keinen Schwierigkeiten, wenn Pflegeeltern in diesen Dingen eigenmächtig handeln, zumal in der Praxis oft Unkenntnis darüber besteht, dass diese Dinge rechtlich nicht abgedeckt sind. Wenn die sorgeberechtigten Herkunftseltern es jedoch darauf anlegen, der Pflegefamilie Schwierigkeiten bereiten zu wollen, was nicht selten vorkommt, können hier große Probleme entstehen.

Wichtiger für das Kind und die Pflegeeltern ist, dass sie nicht immer wieder in Arztpraxen, in Schulen und bei vielen anderen Gelegenheiten Diskussionen führen müssen, die ihre Elternverantwortung infrage stellen. Es ist unvermeidlich, dass dies das Kind miterleben muss und dadurch schwere Verunsicherungen entstehen. Es ist auch eine Identitätsfrage für das Kind, wenn es seine psychische Identität in der Pflegefamilie aufbauen konnte und dort seine Heimat gefunden hat. Wer bin ich, wenn meine Eltern mich nicht vertreten und schützen können? Auch für die Pflegeeltern ist es ein Signal, wenn andere Menschen die rechtliche Elternverantwortung tragen, obwohl sie Tag für Tag die ganze Last der Verantwortung zu tragen haben. Das kann in Krisensituationen dazu führen, dass sich Pflegeeltern leichter vom Kind distanzieren, weil man ihnen zuvor gezeigt hat, dass sie keine Rechte haben.

9 Die Bestellung von Pflegeeltern zu ehrenamtlichen Einzelvormündern

Eine Pflegemutter, der die Personensorge nach § 1630 Abs. 3 BGB übertragen wurde, berichtete, welche Erleichterung es für sie ist, dass sie bei der Frage nach dem Sorgerecht die Bescheinigung des Gerichtes wortlos vorlegen kann und sie dann das Kind ohne Wenn und Aber vertreten kann.

9.3 Die Vollmacht für die Wahrnehmung von Angelegenheiten der elterlichen Sorge

Die Vollmacht kann vom Inhaber der Personensorge ausgestellt werden. Mit der Ausstellung einer Vollmacht für bestimmte Teile der Personensorge wird den Pflegeeltern oftmals vermittelt, dass sie nun mit dem Kind auf der rechtlich sicheren Seite sind.

Dass dem nicht so ist, zeigt folgendes Beispiel:

Aila war bei dem Tod der Mutter sechs Monate alt. Der Vater war damals im Gefängnis und hatte wegen Drogenhandels eine siebenjährige Haftstrafe abzuleisten. Aila wurde in ein Heim gegeben, und der Vater sollte als Freigänger für das Kind sorgen. Der Vater wurde rückfällig, und als Aila drei Jahre alt wurde, kam sie in eine Pflegefamilie. Das Sorgerecht hatte ein Amtsvormund und die Pflegeeltern bekamen eine Vollmacht für die medizinischen und schulischen Belange. Nach der Verbüßung der Haftstrafe wurde der Vater als türkischer Staatsangehöriger in die Türkei abgeschoben.

Das Kind kannte den Vater von seltenen Besuchen im Gefängnis und von Briefen. Der Vater zeigte sich den Pflegeeltern gegenüber immer freundlich und dankbar dafür, dass es seiner Tochter bei ihnen so gut geht. Das Mädchen war in der Zwischenzeit dreizehn Jahre alt, und der Vater hatte die Pflegemutter und die Tochter zu seiner Familie in den Osten der Türkei zu einem Ferienaufenthalt eingeladen. Es fand in dieser Zeit ein Seminar für Pflegefamilien statt, in der die Wichtigkeit des Findens der eigenen Wurzeln stark in den Vordergrund gestellt wurde. Die Pflegeeltern wurden bestärkt, das Angebot des Vaters anzunehmen, und auch der Amtsvormund fand dies für das Mädchen sehr wichtig.

Als Aila mit der Pflegemutter bei der Familie ankam, wurden sie zunächst freundlich empfangen. Der Vater bat um ein Gespräch ohne Kinder. Diese sollten draußen spielen. Nach einem kurzen Gespräch wurde der Pflegemutter eröffnet, dass sie die Türkei unverzüglich zu verlassen hätte und die Tochter bereits an einem sicheren Ort sei.

Die Vollmacht war wertlos. Als die Pflegeeltern einen Anwalt in der Türkei einschalten wollten, wurden sie auch vom Amtsvormund darüber belehrt, dass sie keinerlei Rechte hätten und für das Kind juristisch fremde Personen seien.

9.4 Die Übertragung von Teilen der elterlichen Sorge auf die Pflegeeltern nach § 1630 Abs. 3 BGB

Nach § 1630 Abs. 3 BGB ist auf Antrag des Personensorgeberechtigten oder auf Antrag der Pflegeeltern eine Übertragung von Teilen der elterlichen Sorge auf die Pflegeeltern möglich. Diese Möglichkeit zur Klärung der Rechtssituation wird in wenigen Jugendämtern genutzt und erscheint selten in deren Statistiken, wobei es Jugendämter gibt, die bis zu 17% ihrer Dauerpflegeverhältnisse über diese Rechtsposition geregelt haben.[5] Verwunderlich ist, dass sowohl bei den Statistischen Landesämtern wie auch beim Statistischen Bundesamt die Fälle der freiwilligen Übertragung von Teilen des Sorgerechts gem. § 1630 Abs. 3 BGB sowie die Anzahl der ehrenamtlichen Einzelvormundschaften nicht abgefragt werden und somit statistisch nicht erfasst sind.

Die Übertragung von Teilen der elterlichen Sorge ist immer dann sinnvoll, wenn eine echte Freiwilligkeit der Inpflegegabe und die Einsicht bei den Herkunftseltern vorliegt, dass ihr Kind bei den Pflegeeltern seine Zukunft hat und auch die Rechtsbefugnisse dort liegen müssen, wo das Kind lebt.

9.4.1 Grundsätzliche Überlegungen und gesetzliche Grundlagen nach § 1630 Abs. 3 BGB

Die Übertragung von Teilen der elterlichen Sorge gemäß § 1630 Abs. 3 BGB ist im Gegensatz zur Vollmacht eine gerichtliche Übertragung. Teil der elterlichen Sorge kann auch das gesamte Personensorgerecht sein, wenn die Vermögenssorge bei den leiblichen Eltern verbleibt.

Die Vollmacht kann, im Gegensatz zu der gerichtlichen Übertragung, stündlich widerrufen werden. Deshalb ist bei einer länger zurückliegenden Datierung der Vollmacht für den Leser nicht erkennbar, ob diese noch Gültigkeit hat. Bei der gerichtlichen Übertragung muss, bei der Beantragung einer Aufhebung im Gegensatz dazu, ein Antrag beim Familiengericht gestellt werden.

Aus rechtlicher Sicht ist die Übertragung von Teilen der elterlichen Sorge auf die Pflegeeltern nach § 1630 Abs. 3 BGB, auf Antrag von Personensorgeberechtigten oder auf Antrag der Pflegeeltern nach § 1630 Abs. 3 BGB, eine Übertragung der Rechtsbefugnisse und damit nicht vergleichbar mit einer Vollmacht. Eine Vollmacht endet, wenn das Kind nicht mehr in der Obhut der Pflegeeltern ist. Sie endet auch dann oder wird zumindest infrage gestellt, wenn eine stationäre Unterbringung erforderlich wird. Die gerichtliche Bestellung nach § 1630 Abs. 3 BGB kann zwar widerrufen werden, aber dies geht nur über einen richterlichen Beschluss.

---

5   Zwernemann 2004, S. 245

Der Gesetzgeber hat in § 1630 Abs. 3 BGB eine klare Haltung bezogen. Er sieht die Situation von Kindern, die in Familienpflege leben, und räumt den Pflegeeltern sogar seit der Gesetzesänderung im Jahre 1998 das Recht auf Antragsstellung zur Übertragung von Teilen der elterlichen Sorge ein.

In § 1630 Abs. 3 BGB steht:

> (...) (3) Geben die Eltern das Kind für längere Zeit in Familienpflege, so kann das Familiengericht auf Antrag der Eltern oder der Pflegeperson Angelegenheiten der elterlichen Sorge auf die Pflegeperson übertragen. Für die Übertragung auf Antrag der Pflegeperson ist die Zustimmung der Eltern erforderlich. Im Umfang der Übertragung hat die Pflegeperson die Rechte und Pflichten eines Pflegers.

Die Haltung des Sozialarbeiters im Jugendamt bei der Begleitung der Herkunftsfamilie spielt eine wesentliche Rolle. Wenn der Sozialarbeiter von der Grundüberzeugung ausgeht, dass das Kind in der Herkunftsfamilie keine Lebensperspektive hat und eine dauerhafte Unterbringung in der Pflegefamilie zu sehen ist, kann er mit der Herkunftsfamilie Trauerarbeit leisten und ihnen dabei helfen, Abschied zu nehmen. Es wird ihm dann leichter fallen, die leiblichen Eltern davon zu überzeugen, dass die Pflegeeltern auch rechtlich die notwendigen Befugnisse haben müssen.

Diese Beheimatung in der Pflegefamilie findet in der nachstehenden Bundesdrucksache ihren Ausdruck:

> „Kommt das Jugendamt nach einer sorgfältigen Prüfung der Situation in der Herkunftsfamilie zu der Überzeugung, dass Bemühungen zur Verbesserung der Erziehungsbedingungen in der Herkunftsfamilie mit dem Ziel der Rückführung des Kindes innerhalb eines angemessenen Zeitraumes offensichtlich erfolglos sind oder sein werden, dann ändert sich der Auftrag. Fortan hat es seine Bemühungen darauf auszurichten, die Eltern davon zu überzeugen, dass sie ihre Elternverantwortung in der konkreten Situation am besten dadurch gerecht werden können, dass sie einem dauerhaften Verbleib des Kindes in der Pflegefamilie, ggf. auch einer Adoption durch die Pflegeeltern zustimmen".[6]

Wenn es dem Sozialarbeiter gelingt, den Herkunftseltern mit Verständnis zu begegnen und ihnen zu der schmerzlichen Einsicht verhilft, dass sie ihrem Kind nicht das geben können, was es braucht, aber dass sie gute Eltern sind, wenn sie dem Kind die Erlaubnis geben, in der Pflegefamilie groß zu werden, sind sie nicht selten auch bereit, Angelegenheiten der elterlichen Sorge auf die Pflegeeltern zu übertragen. In meiner Jugendamtspraxis war es immerhin möglich, dass bei 17 % der Dauerpflegekinder Teile der elterlichen Sorge auf die Pflegeeltern übertragen werden konnten.[7]

---

6 BT Drucksache 11/5948, S. 71
7 Zwernemann 2004, S. 245

9.4.2 Welche Teile der elterlichen Sorge benötigen Pflegeeltern bei einer Übertragung?

Im Einzelfall ist zu prüfen, welche Teile der elterlichen Sorge übertragen werden sollen. Dies kann entweder die gesamte Personensorge oder Teile davon sein. Unabdingbar ist nach meiner Erfahrung die Übertragung

- der Gesundheitsfürsorge einschließlich therapeutischer Maßnahmen,
- der schulischen und beruflichen Belange,
- der Antragsstellung bei Behörden.

Ob das Aufenthaltsbestimmungsrecht beantragt werden soll, ist im Einzelfall zu entscheiden. Da die Pflegeeltern für den Fall, dass die Herkunftseltern das Kind aus der Pflegefamilie herausnehmen wollen, das Recht auf die Beantragung einer Verbleibensanordnung nach § 1632 Abs. 4 BGB haben, ist das Aufenthaltsbestimmungsrecht für die rechtliche Vertretung des Kindes nicht unbedingt erforderlich. Es ist Aufgabe des Jugendamtes, den Herkunftseltern die Übertragung der oben genannten Bereiche der elterlichen Sorge bei einer entsprechenden Beratung einsichtig zu machen.

Die Beantragung des Aufenthaltsbestimmungsrechtes kann erfahrungsgemäß Ängste bei den Herkunftseltern auslösen, weil sie befürchten, dass ihnen dann Besuche verweigert werden können. Dies ist jedoch nicht der Fall. Das Besuchsrecht besteht solange, wie es dem Kind nicht schadet und kein Zwang gegen das Kind ausgeübt werden muss.

9.5 Grundsätzliches zur Vormundschaft und Pflegschaft

9.5.1 Rechtliche Voraussetzungen zur Einrichtung einer Vormundschaft

Im § 1773 BGB sind die Voraussetzungen für den Eintritt einer Vormundschaft wie folgt festgelegt:

> (1) Ein Minderjähriger erhält einen Vormund, wenn er nicht unter elterlicher Sorge steht oder wenn die Eltern weder in den die Person noch in den das Vermögen betreffenden Angelegenheiten zur Vertretung des Minderjährigen berechtigt sind.
> (2) Ein Minderjähriger erhält einen Vormund auch dann, wenn sein Familienstand nicht zu ermitteln ist.

In den Fällen, in denen die elterliche Sorge nach § 1666 BGB durch das Familiengericht entzogen wurde, muss ein Vormund bestellt werden. Dies kann entweder ein Amtsvormund oder ein Einzelvormund sein. In der Regel wird zunächst ein Amtsvormund bestellt, weil zum Zeitpunkt des Entzugs der elterlichen Sorge in den meisten Fällen keine geeignete Person zur Verfügung steht, die die Vormundschaft übernehmen könnte.

9.5.2 Gemeinsame Vormundschaft eines Ehepaares

§ 1775 BGB sieht vor, dass mehrere Vormünder für einen jungen Menschen bestellt werden können:
Das Familiengericht kann ein Ehepaar gemeinschaftlich zu Vormündern bestellen. Im Übrigen soll das Familiengericht, sofern nicht besondere Gründe für die Bestellung mehrerer Vormünder vorliegen, für das Mündel und, wenn Geschwister zu bevormunden sind, für alle Mündel nur einen Vormund bestellen.

Wenn Pflegeeltern zu Vormündern bestellt werden, liegt der besondere Grund für eine gemeinschaftliche Ausübung der Vormundschaft in der Tatsache, dass sie im täglichen Leben gemeinsam für das Kind sorgen.

Nach §§ 1835 und 1835a BGB wird auf Antrag an das Familiengericht für die Führung der Vormundschaft jährlich eine Pauschale pro Vormund gewährt. Sollte nachgewiesenermaßen die Führung der Vormundschaft wesentlich mehr Kosten verursacht haben, so kann auch im Wege des Einzelnachweises eine höhere Aufwandsentschädigung geltend gemacht werden.

Die Abgabe eines jährlichen Berichtes über die Entwicklung des Kindes und die Erstellung eines Vermögensnachweises werden gefordert.

Das Gericht kann die Personensorge und die Vermögenssorge verschiedenen Vormündern/Pflegern übertragen. Die Teilung der Vormundschaft bei einem Pflegekind kann dann sinnvoll sein, wenn Vermögen verwaltet werden muss. Die Praxis zeigt, dass dies nur in seltenen Fällen bei Pflegekindern notwendig ist. Dies kommt z. B. dann vor, wenn ein Kind eine Erbschaft macht. Hier ist es sinnvoll, dass die Vermögenssorge dem Amtsvormund übertragen wird und die Personensorge den Pflegeeltern. Die Unterhaltsbeitreibung erfolgt ohnehin durch das Jugendamt, weil die leiblichen Eltern zum Kostenersatz für das Pflegegeld verpflichtet sind und die wirtschaftliche Erziehungshilfe dieses Geld beansprucht. Von seltenen Ausnahmefällen abgesehen ist das Pflegegeld höher als der Unterhaltsbeitrag.

Falls die Pflegeeltern die gesamte Vormundschaft, oder als Pfleger Teile des Sorgerechts haben (Pflegschaft), sind das Jugendamt und das Familiengericht verpflichtet, die Pflegeeltern zu beraten. Die Beratung und Unterstützung bezieht sich auf rechtliche, erzieherische und wirtschaftliche Aspekte der Führung der Vormundschaft. Der § 53 Abs. 2 SGB VIII begründet einen Rechtsanspruch des Vormundes/Pflegers auf regelmäßige und dem jeweiligen erzieherischen Bedarf entsprechende Beratung und Unterstützung durch das Jugendamt. Die Führung der Vormundschaft erfordert erzieherische Fähigkeiten, Kenntnis der einschlägigen Rechtsvorschriften und Sicherheit im Umgang mit Behörden. Wird in rechtlichen Fragen beraten, liegt kein Verstoß gegen das Rechtsdienstleistungsgesetz (Gesetz über außergerichtliche Rechtsdienstleistungen, RDG) vor. Dieses Gesetz regelt seit dem 1. Juli 2008 in Deutschland die Befugnis, außergerichtliche Rechtsleistungen zu erbringen. Es löst damit das Rechtsberatungsgesetz ab. §§ 6 und 7 des RDG regeln die Beratungstätigkeit im rechtlichen Bereich von Nichtjuristen.

Die Beratung umfasst nicht nur den Einzelfall, sondern es muss darüber hinaus eine planmäßige Schulung der Vormünder durch Seminare, Vorträge und andere hilfreiche Maßnahmen erfolgen.[8]

Die schuldhafte Verletzung der Beratungspflicht infolge falscher, unzureichender, unvollständiger oder missverständlicher Beratung durch Mitarbeiter des Jugendamtes kann einen Amtshaftungsanspruch nach sich ziehen (Art. 34 GG in Verbindung mit § 839 BGB). Das OLG Bamberg hat bei einer fehlerhaften Beratung in einer Rentenangelegenheit den Amtshaftungsanspruch bejaht.[9]

Bei Stellungnahmen von Ämtern zur Bestellung von Pflegeeltern als Einzelvormünder wird vielfach den Pflegeeltern bescheinigt, in wirtschaftlichen Fragen nicht kompetent genug zur Führung einer Vormundschaft zu sein. Da das Jugendamt hier als Pflichtaufgabe die Beratung der Vormünder wahrzunehmen hat, ist dieses Argument gegenstandslos. Die Pflegeeltern würden jedoch selbst haften, wenn sie die Beratung durch das Jugendamt nicht in Anspruch nehmen würden.

9.5.3 Die Mitvormundschaft gemäß § 1797 Abs. 1 BGB

Die Mitvormundschaft ist die Vormundschaft gleichrangiger Vormünder (§ 1797 Abs. 1 BGB). Das Familiengericht kann

- die Vormünder zu gemeinsamem Handeln verpflichten oder
- die Vormundschaft in mehrere Wirkungskreise aufteilen.

9.5.4 Die Bestellung eines Gegenvormundes gemäß § 1799 BGB

Der Gegenvormund ist Aufsichtsperson über den Vormund (§ 1799 BGB). In bestimmten Fällen bedarf der Vormund der Genehmigung des Gegenvormundes (§§ 1809, 1810, 1812, 1814 BGB). Ein Gegenvormund soll bestellt werden, wenn ein größeres Vermögen zu verwalten ist.

9.5.5 Die Entziehung der Vormundschaft gemäß § 1796 BGB

Wenn ein Vormund sein Amt nicht pflichtgemäß ausübt, so kann das Gericht nach § 1796 BGB und auch, sofern vorhanden, den anderen Einzelvormündern die Vormundschaft entziehen:

> (1) Das Familiengericht kann dem Vormund die Vertretung für einzelne Angelegenheiten oder für einen bestimmten Kreis von Angelegenheiten entziehen.

---

8 Vgl. Oberloskamp 1998, S. 29
9 OLG Bamberg in: ZBlJR 1953, S. 258

(2) Die Entziehung soll nur erfolgen, wenn das Interesse des Mündels zu dem Interesse des Vormunds oder eines von diesem vertretenen Dritten oder einer der § 1795 Nr. 1 bezeichneten Personen in erheblichem Gegensatz steht.

9.5.6 Die Auswahl eines Vormundes oder Pflegers gemäß § 1779 BGB

In der Regel wird zunächst ein Amtsvormund bestellt, weil zum Zeitpunkt des Entzugs der elterlichen Sorge nach § 1666 BGB kein geeigneter Einzelvormund vorhanden ist.

§ 1779 BGB legt die Auswahl des Vormunds durch das Familiengericht fest:

(1) Ist die Vormundschaft nicht einem nach § 1776 Berufenen zu übertragen, so hat das Familiengericht nach Anhörung des Jugendamts den Vormund auszuwählen.

(2) Das Familiengericht soll eine Person auswählen, die nach ihren persönlichen Verhältnissen und ihrer Vermögenslage sowie nach den sonstigen Umständen zur Führung der Vormundschaft geeignet ist. Bei der Auswahl unter mehreren geeigneten Personen sind der mutmaßliche Wille der Eltern, die persönlichen Bindungen des Mündels, die Verwandtschaft oder Schwägerschaft mit dem Mündel sowie das religiöse Bekenntnis des Mündels zu berücksichtigen.

(3) Das Familiengericht soll bei der Auswahl des Vormunds Verwandte oder Verschwägerte des Mündels hören, wenn dies ohne erhebliche Verzögerung und ohne unverhältnismäßige Kosten geschehen kann. Die Verwandten und Verschwägerten können von dem Mündel Ersatz ihrer Auslagen verlangen; der Betrag der Auslagen wird von dem Familiengericht festgesetzt.

Das Familiengericht hat gemäß § 1779 BGB die Vorschläge des Jugendamtes und anderer Personen, die ein berechtigtes Interesse haben, bei der Auswahl des Vormundes/Pflegers zu beachten.

Es hat jedoch insbesondere aufgrund der Bestimmungen des §§ 159, 167 FamFG die Verpflichtung, sich ein eigenes Bild von der Sicht des jungen Menschen und nach § 1779 BGB von dessen persönlichen Bindungen zu machen.

Das Gericht hört in einem Verfahren, das die Personen- oder Vermögenssorge betrifft, das Kind persönlich an, wenn die Neigungen, Bindungen oder der Wille des Kindes für die Entscheidung von Bedeutung sind (§ 159 FamFG).

Ein Problem stellt die Tatsache dar, dass sowohl Richter als auch Sozialarbeiter, die nicht über besondere fachliche Qualifikationen in der Gesprächsführung mit Kindern verfügen, mit der Erkundung des Willens besonders bei kleinen Kindern oft überfordert sind. Hier liegt ein Vorteil bei Ämtern, die einen Fachdienst für Pflegekinder haben. Die Mitarbeiter dieser Fachdienste verfügen in der Regel über fachspezifische Erfahrungen mit Kindern, und über Weiterbildungsangebote können sie spezialisierte zusätzliche Qualifikationen erwerben, die ihnen helfen, auch kleine Kinder zu verstehen.

Jugendlichen ab dem 14. Lebensjahr steht nach § 1887 (2) BGB zudem das Recht zu, die Entlassung des Amtsvormundes zu beantragen, wenn sie dem Gericht eine geeignete Person zur Übernahme der Vormundschaft vorschlagen können. Ein Jugendlicher ab 14 Jahren muss vom Gericht in jedem Falle bei der Bestellung eines Vormundes gehört werden.

Die Pflegeeltern sind gem. § 161 (2) FamFG anzuhören, wenn das Kind schon längere Zeit in ihrer Familie lebt. Hier heißt es:

§ 161 Mitwirkung der Pflegeperson

> (1) „Das Gericht kann in Verfahren, die die Person des Kindes betreffen, die Pflegeperson im Interesse des Kindes als Beteiligte hinzuziehen, wenn das Kind seit längerer Zeit in Familienpflege lebt. Satz 1 gilt entsprechend, wenn das Kind auf Grund einer Entscheidung nach § 1682 des Bürgerlichen Gesetzbuchs bei dem dort genannten Ehegatten, Lebenspartner oder Umgangsberechtigten lebt.
>
> (2) Die in Absatz 1 genannten Personen sind anzuhören, wenn das Kind seit längerer Zeit in Familienpflege lebt."

Das Gericht hat bei der Auswahl des Vormunds unter mehreren Personen nach § 1779 BGB Folgendes zu beachten:

- die persönliche Eignung,
- den Willen des Kindes,
- die Bindungen des Kindes,
- das religiöse Bekenntnis,
- der mutmaßliche Wille des (verstorbenen) Sorgeberechtigten und
- die Verwandtschaft.

An dieser Stelle zeigt sich, wie auch an verschiedenen anderen Stellen des Bürgerlichen Gesetzbuchs (BGB), dass der Gesetzgeber anfangs des vergangenen Jahrhunderts von Kindern ausging, deren Eltern verstorben sind und in der Verwandtschaft stets geeignete Personen waren, die das Mündel in ihrer Familie aufnahmen und versorgten wie ein eigenes Kind. Ein großer Teil des BGBs ist auch der Bestimmung des Nachlasses und der Vermögenssorge gewidmet. Die Vermögenssorge spielt heute bei Pflegekindern in der Regel keine Rolle.

Zur persönlichen Eignung als Vormund gehört, dass dieser in der Lage ist, eine langfristige persönliche Beziehung zu dem Mündel herzustellen und er die Bereitschaft und Fähigkeit mitbringt, für die Person des Kindes zu sorgen und es rechtlich zu vertreten.

Es ist keine Frage, dass die Pflegeeltern für die Übernahme der Vormundschaft am besten geeignet sind, weil sie eine langfristige Bindung zum Kind eingegangen sind und Tag und Nacht unter Beweis stellen, dass sie die volle Verantwortung für das Kind tragen.

Voraussetzung ist jedoch, dass das Kind die Pflegefamilie als seine Familie erlebt und dass die Pflegeeltern für das Kind Elternverantwortung übernommen haben. Wenn ein Kind die Pflegeeltern und die gesamte Familie in seinem Erleben zu seinen Eltern und zu seiner Familie gemacht hat, entspricht es dem Willen und den Bindungen des Kindes, dass es von den Pflegeeltern auch rechtlich vertreten werden kann. In der Begleitung von Pflegekindern ist fast ausnahmslos zu erleben, dass das Kind, wie andere Kinder sein möchte, dass es Eltern hat, die ihm Sicherheit geben und Entscheidungen mit ihm zusammentreffen dürfen.

Das Vormundschaftsrechtsreformgesetz bestimmt, dass sich der Amtsvormund einmal im Monat persönlich im Umfeld des Kindes von seinem Wohlergehen überzeugt. Das Kind erlebt, dass Menschen, die seine Eltern geworden sind, über wichtige Fragen in seinem Leben nicht entscheiden dürfen. Dies liegt außerhalb der Normalität und das Erleben nicht „normal" zu sein, kann in Krisensituationen dazu führen, dass es sich von den Pflegeeltern verlassen fühlt und es zu Abwehrreaktionen kommen kann.

Es kommt noch ein weiterer Aspekt hinzu. Pflegeeltern, die ihre Elternverantwortung gegenüber dem Pflegekind tagtäglich unter Beweis stellen, können als Einzige die Interessen des Pflegekindes in vollem Umfang vertreten. Nur sie kennen das Kind mit allen Stärken und Schwächen. Selbst wenn das Kind unter einer Amtsvormundschaft steht, ist der Amtsvormund auf die Informationen der Pflegeeltern zwingend angewiesen, weil der Amtsvormund das Kind im besten Fall wenige Male im Jahr sieht, manchmal aber erheblich seltener. Bei den meisten Vereins- oder Berufsvormündern ist es nicht anders.

In diesem Zusammenhang zeigt sich, dass ein Amtsvormund die Aufgaben des Vormunds zwar vorübergehend wahrnehmen kann und muss, diese aber für die weitere Zukunft des Kindes, welches in einer Pflegefamilie lebt und beheimatet ist, nie in der Realität wahrnehmen kann. Eine Amtsvormundschaft stellt somit zwar eine notwendige Regelung dar in den Fällen, in denen schnell gehandelt werden muss und in diesem Moment keine geeignete Person als Vormund zur Verfügung steht, also als Ausfallbürgschaft des Staates für eine Übergangszeit. Eine Amtsvormundschaft ist notwendig und sinnvoll in Krisensituationen, unter Umständen für eine längere Zeitdauer. Leider zeigt sich aber auch hier in der Praxis, dass die Haltung des Jugendamtes meistens eine andere ist und immer wieder Argumente gegen eine Einzelvormundschaft, insbesondere gegen die Pflegeeltern, angeführt werden, die einer näheren Prüfung nicht Stand halten. Hier drängt sich der Verdacht auf, dass die Pflegeeltern zwar vom Jugendamt den Auftrag haben, das Kind optimal zu versorgen, ihnen aber die rechtlichen Grundlagen dazu abgesprochen werden.

9.6 Gesetzliche Bestimmungen zu Pflichten und Rechten des Vormundes

In § 1793 BGB werden die Aufgaben des Vormunds genannt. Diese sind durch Verweise auf die Paragrafen, die das Verhältnis und die Pflichten zwischen Eltern und Kindern betreffen, der elterlichen Sorge nachgebildet:

(1) Der Vormund hat das Recht und die Pflicht, für die Person und das Vermögen des Mündels zu sorgen, insbesondere das Mündel zu vertreten. § 1626 Abs. 2 gilt entsprechend. Ist das Mündel auf längere Dauer in den Haushalt des Vormundes aufgenommen, so gelten auch die §§ 1618a, 1619, 1664 entsprechend. (…)

Der § 1618a BGB legt fest, dass Eltern und Kinder einander die Pflicht zu Beistand und gegenseitiger Rücksicht schuldig sind.

In § 1619 Abs. 2 BGB wird Folgendes ausgesagt:

Das Kind ist, solange es dem elterlichen Hausstand angehört und von den Eltern erzogen oder unterhalten wird, verpflichtet, in einer seiner Kräfte und seiner Lebensstellung entsprechenden Weise den Eltern in ihrem Hauswesen und Geschäft Dienste zu leisten.

In § 1626 Abs. 2 BGB heißt es:

(…) Bei der Pflege und Erziehung berücksichtigen die Eltern die wachsende Fähigkeit und das wachsende Bedürfnis des Kindes zu selbstständigem verantwortungsbewusstem Handeln. Sie besprechen mit dem Kind, soweit es nach dessen Entwicklungsstand angezeigt ist, Fragen der elterlichen Sorge und streben Einvernehmen an. (…)

In § 1664 BGB unter dem Thema Haftung der Eltern lesen wir:

(1) Die Eltern haben bei der Ausübung der elterlichen Sorge dem Kind gegenüber nur für die Sorgfalt einzustehen, die sie in eigenen Angelegenheiten anzuwenden pflegen.

(2) Sind für einen Schaden beide Eltern verantwortlich, so haften sie als Gesamtschuldner.

Inhalt und Grenzen der Personensorge gelten sowohl für Eltern als auch für Vormünder.

§ 1631 BGB:

(1) Die Personensorge umfasst insbesondere die Pflicht und das Recht, das Kind zu pflegen, zu erziehen, zu beaufsichtigen und seinen Aufenthalt zu bestimmen.

(2) Kinder haben ein Recht auf gewaltfreie Erziehung. Körperliche Bestrafungen, seelische Verletzungen und andere entwürdigende Maßnahmen sind unzulässig. (…)

Somit haben Vormünder grundsätzlich die gleichen Pflichten wie Eltern. Zu der Personensorge gehören die Pflege und die Erziehung des Mündels. Die Rechte des

Vormunds sind insofern eingegrenzt, als dass er die Pflicht hat, die Interessen des Mündels zu vertreten. Genauso wie Eltern den jungen Menschen bei allen Entscheidungen, die seine Person betreffen, in die Entscheidungsfindung einzubeziehen haben, hat das ein Vormund auch zu tun. Es kann nicht über den Kopf des Kindes und Jugendlichen hinweg entschieden werden. Gehorsam um jeden Preis ist in der Erziehung nicht mehr gefordert. Der Vormund hat jedoch, genauso wie Eltern, nicht in jedem Punkt dem Willen des jungen Menschen zu folgen.

Der Vormund hat zu beachten, dass bestimmte Rechtsgeschäfte der vormundschaftsgerichtlichen Genehmigung bedürfen. Es ist ratsam, dass der Vormund das Gericht bittet, ihm einen Katalog der genehmigungspflichtigen Rechtsgeschäfte auszuhändigen.

Die Pflichten und Rechte des Vormunds sind also explizit durch die Verweise auf die §§ 1626 ff. BGB, welche die Pflichten und Rechte der Eltern und der Kinder regeln, bis auf wenige Ausnahmen (religiöses Bekenntnis, Namensangelegenheiten, bestimmte Rechtsgeschäfte) identisch mit denen der Eltern.

Im Folgenden werden die Begriffe, welche in den Paragrafen genannt werden, inhaltlich beleuchtet.

Pflege: Die Pflege umfasst die Sorge für das leibliche Wohl, also Nahrung, Kleidung, Unterkunft, Körperpflege und Gesundheit. Die Erfüllung der körperlichen Grundbedürfnisse ist die Voraussetzung der Erziehung des Mündels und Teil der Erziehung.

Erziehung: Die Erziehung ist im § 1631 Abs. 1 BGB ausdrücklich genannt. Im § 1800 BGB wird auf diesen Paragrafen verwiesen. Das Ziel ist, dem Mündel dazu zu verhelfen, ein lebenstüchtiger Erwachsener, eine selbstverantwortliche Persönlichkeit zu werden. Der Vormund muss ihm Orientierung, Unterweisung, Anregung zukommen lassen, ihm Vorbild sein, ihm Gelegenheit zur Übung und zum Sammeln von Erfahrungen geben.[10] Er hat die wachsende Reife des Mündels zu beachten, seine Fähigkeiten und Begabungen.

Aufenthaltsbestimmungsrecht: Das ist ein wichtiges Recht des Vormundes oder Pflegers. Er kann bestimmen, ob das Mündel in seine Familie aufgenommen wird, in ein Heim oder in eine Pflegefamilie gegeben wird. Allerdings hat er dabei auch auf die Bedürfnisse und die Wünsche des Kindes Rücksicht zu nehmen.

Aufsicht: Der Vormund ist verpflichtet, für die Aufsicht des Mündels zu sorgen. Diese ist Teil der Erziehung. Im Rahmen der Aufsicht ist der Vormund verpflichtet, das Mündel vor körperlichen und seelischen Gefahren zu schützen. Auch hier hat der Vormund die Möglichkeit, die Aufsichtspflicht auf andere Personen, z. B. auf Pflegeeltern, zu übertragen.

---

10 Vgl. Oberloskamp 1998, S. 87

Umgang mit Dritten: Mit welchen Personen das Mündel Umgang hat, bestimmt allein der Vormund. Dabei hat dieser die wachsende Reife und Urteilsfähigkeit des Mündels zu beachten. Der Vormund hat Einfluss auf den Briefwechsel des Mündels und er kann Umgangsverbote aussprechen. Dass diese Umgangsverbote nicht willkürlich verhängt werden können, ergibt sich aus dem demokratischen Grundverständnis von Erziehung.

Religiöse Erziehung: Der Vormund hat das religiöse Bekenntnis des jungen Menschen zu achten. In welchem Bekenntnis das Mündel erzogen wird, ist im Gesetz über die religiöse Kindererziehung vom 15.07.1921 geregelt. Ein von den Eltern bestimmtes Bekenntnis ist auch dann nicht abzuändern, wenn ihnen das Sorgerecht gemäß § 1666 BGB entzogen ist. Der Vormund kann das Bekenntnis nur dann bestimmen, wenn die Eltern noch keine Bestimmung getroffen haben. Die Möglichkeit der Erstbestimmung durch den Vormund folgt aus § 3 Abs. 2 Satz 6 RelKEG. In den seltenen Fällen, in denen der Vormund das Bekenntnis bestimmen kann, benötigt er die vormundschaftsgerichtliche Genehmigung. Auch in diesem Fall hat das Gericht die Eltern und ab dem 10. Lebensjahr das Mündel anzuhören. Hat das Mündel das 14. Lebensjahr vollendet, kann es nach § 5 Satz 1 RelKEG selbst entscheiden. Auch wenn das Kind eine Änderung des religiösen Bekenntnisses noch so sehr wünscht, kann dies ohne Einwilligung der leiblichen Eltern nicht vor dem 14. Lebensjahr erfolgen.

Bei Pflegekindern, die einer anderen Konfession angehören und in einer katholischen Familie aufwachsen, kann z. B. bei der Erstkommunion ein großes Problem für die Kinder entstehen, vor allem wenn sie in einer Schulklasse mit überwiegend katholischen Klassenkameraden sind.

Dass das Gesetz über die religiöse Kindererziehung dem Kindeswillen vor dem 14. Lebensjahr überhaupt keine Bedeutung beimisst und auf die Gefühle der Kinder keine Rücksicht nimmt, zeigt, dass dieses Gesetz, das 1921 entstand, bis heute nie der gesellschaftlichen Entwicklung angepasst wurde. Warum ist das so? Hat die Religion in unserer Gesellschaft so wenig Bedeutung, dass man in diesem Punkt immer noch von der „elterlichen Gewalt" ausgeht?

Sorge für Ausbildung und Beruf: Der Vormund hat die Sorge für eine passende Schul- und Berufsausbildung zu tragen. Er hat dabei auf die Eignung und Neigung des Mündels Rücksicht zu nehmen. Für den Abschluss von Berufsausbildungs- und Arbeitsverträgen benötigt der Vormund die vormundschaftsgerichtliche Genehmigung.

Namensfragen: Die Namensfrage ist Sache des Personensorgeberechtigten. Dies kann die Festsetzung eines Vornamens sein, wenn das Kind von den Eltern keinen Namen bekommen hat, oder eine Namensänderung. Die Namensänderung bedarf der vormundschaftsgerichtlichen Genehmigung.

9 Die Bestellung von Pflegeeltern zu ehrenamtlichen Einzelvormündern

Statusfragen: An dieser Stelle wird auf diese Fragen nicht näher eingegangen. Vaterschaftsfeststellungen und Vaterschaftsprozesse sind in der Regel eine Überforderung für einen Einzelvormund, es sei denn, es handelt sich um einen Rechtsanwalt. Hier ist das Jugendamt als Beistand gefragt. Das Jugendamt hat auf diesem Gebiet über Jahrzehnte eine hohe Fachkompetenz erworben, die ein Einzelvormund in der Regel nicht haben kann. Diesen Bereich einem Einzelvormund zu überlassen ist unklug und nicht ratsam.

Vermögensfragen: Die Vermögenssorge spielt bei Pflegekindern in der Regel kaum eine Rolle. Wenn Rentenanträge oder Anträge nach dem Opferentschädigungsgesetz gestellt werden müssen, so hat der Einzelvormund Anspruch auf Unterstützung und Beratung durch das Jugendamt.

Für Pflegeeltern ist es wichtig zu wissen, dass sie vorsichtig sein müssen, wenn sie Geldanlagen für ihr Pflegekind tätigen, die Herkunftseltern aber noch Inhaber der Vermögenssorge sind. Hier ist die Beratung durch den Bankfachmann nötig. Wenn Herkunftseltern in einer finanziellen Notlage sind, kommt es nicht selten vor, dass sie auf das Sparkonto ihres Kindes zurückgreifen, das in einer Pflegefamilie lebt.

9.7 Pflegeeltern als Einzelvormünder/Pfleger

9.7.1 Vormundschaft als Nachbildung der elterlichen Sorge

Die Vormundschaft ist gemäß den §§ 1793 und 1800 BGB den Vorschriften der elterlichen Sorge nachgebildet. Der Vormund übt die Personensorge, die Vermögenssorge und die rechtliche Vertretung für das Mündel aus. Für die Pflegschaft sind das die Teile der elterlichen Sorge, für die ein Pfleger bestellt wurde. Die Hauptpflicht des Vormundes/Pflegers ist es, die Interessen des Mündels wahrzunehmen und für das Wohl des Kindes zu sorgen.

Der Gesetzgeber hat den Vorrang der Einzelvormundschaft vor der Amtsvormundschaft eingeräumt. Dies hat er in § 1887 BGB wie auch in § 53 SGB VIII festgelegt. In § 53 Abs. 1 SGB VIII wird das Jugendamt verpflichtet, dem Familiengericht Personen vorzuschlagen, die im Einzelfall zur Führung der Vormundschaft geeignet sind. Dies gilt auch für die Pflegschaft.

In § 1887 BGB wird bestimmt, dass das Familiengericht das Jugendamt als Amtsvormund zu entlassen hat, wenn dies dem Wohl des Mündels dient und eine andere geeignete Person als Vormund/Pfleger vorhanden ist. Die Entscheidung ergeht von Amts wegen oder auf Antrag. Zum Antrag ist das Mündel berechtigt, wenn es das 14. Lebensjahr vollendet hat sowie jede andere Person, die ein berechtigtes Interesse geltend macht. Das Jugendamt soll den Antrag bei dem Familiengericht stellen, sobald es erfahren hat, dass die Voraussetzungen des § 1887 Abs. 1 BGB vorliegen.

Das Jugendamt hat gemäß § 56 Abs. 4 SGB VIII in der Regel jährlich zu prüfen, ob im Interesse des Kindes seine Entlassung als Amtspfleger oder Amtsvormund und die Bestellung einer Einzelperson oder eines Vereins angezeigt sind, und hat dies dem Familiengericht mitzuteilen.

Die Pflegeeltern gehören ohne Zweifel zu den Personen, die ein berechtigtes Interesse an der Antragsstellung nach § 1887 BGB haben.

Wenn das Kind für längere Zeit in der Pflegefamilie untergebracht ist und seine Zukunftsperspektive dort liegt, gehören Pflegeeltern ebenfalls ohne Zweifel zu den Personen, die vom Jugendamt vorzuschlagen sind, es sei denn, es liegen Gründe vor, die dagegen sprechen. Sollten tatsächlich schwerwiegende Gründe vorliegen, die gegen eine Eignung der Pflegeeltern als Vormünder sprechen, stellt sich konsequenterweise die Frage, ob das Kind in der Familie überhaupt eine Zukunft haben kann.

9.7.2 Vorläufige Gründe für ein Jugendamt, die Pflegeeltern nicht als Vormünder vorzuschlagen

Aus folgenden Gründen kann es sinnvoll sein, die Pflegeeltern vonseiten des Jugendamtes nicht als Einzelvormünder vorzuschlagen:

- Das Kind ist erst kurze Zeit in der Pflegefamilie und die Lebensperspektive ist ungeklärt.
- Die Beziehung zwischen Pflegeeltern und Kind hat sich nicht so entwickelt, wie dies erhofft wurde. Dann stellt sich die dringende Frage, ob das Kind in dieser Pflegefamilie bleiben kann.
- Ein Rechtsstreit ist nicht abgeschlossen.
- Das Kind kommt älter in die Pflegefamilie und die Wahrscheinlichkeit, dass ein echtes Eltern-Kind-Verhältnis entstehen kann, ist eher unwahrscheinlich.
- Die Besuchsregelung verläuft sehr konfliktreich. Hier kann entweder ein Amtsvormund oder ein geeigneter Einzelvormund zunächst günstiger sein.

Bis heute habe ich in meiner langjährigen Praxis im Pflegekinderdienst keine anderen Gründe kennengelernt, die gegen eine Umwandlung einer Amtsvormundschaft/Amtspflegschaft in eine Einzelvormundschaft/Pflegschaft der Pflegeeltern sprechen können. Es ist schwer zu verstehen, warum viele Jugendämter große Probleme haben, die Pflegeeltern als Vormünder vorzuschlagen und somit geltende Rechtsnormen ignorieren. Die Pflegeeltern üben täglich die Personensorge aus. Ich erlebe als Beistand für Pflegeeltern, dass die Behörden große Sorgen haben, die Kontrolle über Pflegeeltern zu verlieren. Die Frage, warum diese Pflegeeltern die Erziehung tatsächlich leisten, jedoch nicht in der Lage sein sollen, die rechtliche Vertretung des Kindes auszuüben, wurde mir niemals schlüssig beantwortet.

Ein Argument, das ich immer wieder hören musste, ist, dass das Kind in der Pubertät Schwierigkeiten bekommen kann und vielleicht einen therapeutischen Heimaufenthalt braucht. Dieses Argument gilt als Gegenargument für mich, weil gerade in diesem Fall die Verantwortlichkeit der Pflegeeltern gestärkt werden muss. Es kommt nicht selten vor, dass Pflegeeltern, bei denen das Kind jahrelang gelebt hat, wie fremde Personen behandelt werden, keine Auskunft über die Person des Kindes bekommen und an der Hilfeplanung oder an gerichtlichen Entscheidungen generell nicht beteiligt werden. Sie sind juristisch fremde Personen. Wenn sie jedoch Vormund oder Pfleger sind, steht ihre Beteiligung am Hilfeprozess oder am Gerichtsverfahren außer Frage.

9.7.3 Stärkung der Erziehungskompetenz und Verantwortlichkeit der Pflegeeltern

In der Regel sind Pflegeeltern bereit und fähig zur Ausübung des Amtes des Vormundes. Die häufige Äußerung, Pflegeeltern wollen die Vormundschaft nicht ausüben, gründet wohl eher darauf, dass sie weder bei der Vorbereitung noch dann, wenn ein Pflegekind in ihrer Familie sein Zuhause gefunden hat, umfassend beraten werden. Die Vormundschaft ist keine zusätzliche Belastung, sondern eher eine Stärkung ihrer Erziehungskompetenz. In der Alltagspädagogik ist es wichtig für die Kinder zu erleben, dass die Pflegeeltern Entscheidungen treffen können, die ihre Person betreffen. Pflegekinder möchten nichts mehr als ganz normale Kinder in ganz normalen Familien sein. Sie möchten, dass die Pflegeeltern, die zu ihren Eltern geworden sind, vor anderen Eltern nicht erklären müssen, dass sie sich ohne Zustimmung anderer Personen nicht in den Elternbeirat wählen lassen dürfen oder dass die Pflegeeltern nicht selbst entscheiden können, ob es mit auf die Klassenfahrt ins Ausland gehen darf. Allein der Umstand, dass die Pflegeeltern sich selbst immer wieder fragen müssen, ob diese anstehende Entscheidung mit der Alltagssorge abgedeckt ist, schafft Unsicherheit in der Erziehung und wird auch von dem Kind so erlebt.

In § 1793 BGB sieht der Gesetzgeber ausdrücklich vor, dass der Vormund sein Mündel in seinen Haushalt aufnehmen kann. Gibt es da einen Unterschied zu Pflegeeltern? Die Pflegeeltern haben das Kind in ihren Haushalt aufgenommen und das Kind hat sie zu seinen Eltern gemacht. Es hat eine gute Bindung zu ihnen entwickelt. Der Gesetzgeber betont, dass der Wille und die Bedürfnisse des Kindes Beachtung finden müssen. Dass der Gesetzgeber die Pflegeeltern als rechtliche Vertreter des Kindes für geeignet hält, lässt sich auch an § 1630 Abs. 3 BGB ablesen, demzufolge die Pflegeeltern zu Pflegern für ihr Pflegekind bestellt werden können.

Ein wichtiger Grund für die Bestellung der Pflegeeltern zu Vormündern/Pflegern ist die Stärkung der Verantwortlichkeit dem Kind gegenüber. Bei Kindern, die in ihrer frühen Kindheit schwere Entwicklungsbeeinträchtigungen hinzunehmen hatten, kann es z. B. in der Pubertät zu der Notwendigkeit von stationären therapeutischen Aufenthalten kommen. Es ist nicht selten zu beobachten, dass Pflegeeltern, wenn sie keine rechtliche Stellung haben, in diesen schwierigen Situationen ausgegrenzt werden. Gerade in Krisenzeiten ist es wichtig, dass der junge Mensch von den Menschen begleitet wird, zu denen er eine tragfähige und konstante Bindung entwickelt hat.

9.7.4 Beratung und Kontrollfunktion des Jugendamtes gegenüber den Pflegeeltern als Vormünder

Sowohl das Jugendamt wie auch das Familiengericht behalten nach der Übertragung der Vormundschaft/Pflegschaft auf die Pflegeeltern wichtige Aufgaben. Sie haben die Vormünder/Pfleger zu beraten, zu unterstützen, und sie haben auch Aufsichtspflichten. Das Jugendamt hat nach § 53 Abs. 3 SGB VIII darauf zu achten, dass die Vormundschaft zum Wohle des Mündels ausgeübt wird[11]. Das Familiengericht hat nach § 1837 BGB die gleichen Aufgaben.

Der Vormund/Pfleger handelt in eigener Verantwortung. Wenn er jedoch seine Pflichten nicht erfüllt, kann er vom Familiengericht entlassen werden.

Kann dieser Fall bei einem Pflegekind, bei dem die Pflegeeltern zum Vormund oder zum Personenrechtspfleger bestellt sind, eintreten? Dies ist schwer vorstellbar, denn dann wären die Pflegeeltern auch nicht in der Lage, dem Kind das zu geben, was es für seine Entwicklung braucht.

In diesem Zusammenhang hat das Jugendamt bei Pflegekindern noch ein weiteres Instrument der Einflussnahme. Das Jugendamt gewährt in der Regel Hilfe zur Erziehung gemäß § 27 SGB VIII. Die offensichtlich mancherorts vorhandene Sorge bei Jugendämtern, Einflussnahme auf Pflegeeltern zu verlieren, ist deshalb unbegründet, weil der Vormund unter der Aufsicht des Jugendamtes und des Familiengerichtes sein Amt ausübt.

Wichtig ist, die Frage der Vormundschaft mit dem zuständigen Sozialarbeiter zu klären und zu erreichen, dass der Antrag bei Gericht gestellt wird.

Wo kein Einvernehmen hergestellt werden kann, bleibt der Weg zur eigenen Antragstellung auf Übertragung der Vormundschaft/Pflegschaft den Pflegeeltern immer offen.

Es zeugt jedoch von einem tiefen Misstrauen gegenüber Pflegeeltern, wenn vom Jugendamt eine ablehnende Stellungnahme zum Antrag der Pflegeeltern auf Übertragung der Vormundschaft/Pflegschaft an das Gericht abgegeben wird.

---

11 Vgl. Zenz in Hansbauer (Hrsg.), 2002, S. 113

9.8 Rückblick über berufliche Erfahrungen im Hinblick von Pflegeeltern als Vormünder

In meiner Berufspraxis im Pflegekinderwesen war es üblich, dass nach Abschluss des Gerichtsverfahrens und nachdem Klarheit in der Hilfeplanung über eine dauerhafte Lebensperspektive in der Pflegefamilie erreicht wurde, die Pflegeeltern dem Familiengericht als geeignete Einzelvormünder vorgeschlagen wurden.

Dies ist kein Einzelfall, es gibt auch andere Jugendämter, die so handeln. In einem Seminar äußerte eine Amtsvormündin: „Wenn wir die Kuh vom Eis geholt haben, ist es selbstverständlich, dass wir die Pflegeeltern als Vormünder vorschlagen."

Ich habe in keinem Fall erlebt, dass das Gericht diesem Vorschlag nicht nachgekommen wäre. In den Fällen, in denen die Vermögenssorge eine Rolle spielte, bezog sich der Vorschlag auf die Personensorge und nicht auf die Vermögenssorge.

Das Ziel dieser Handlungsweise war in zweierlei Hinsicht wichtig. Zum einen hat der Zuwachs an Kompetenzen den Zustand der Normalität in der täglichen Wahrnehmung der Pflichten bestätigt und zum anderen die Verantwortlichkeit der Pflegeeltern gestärkt. Bei dieser Aussage wird an Kinder gedacht, die relativ jung in die Pflegefamilie kamen und bei denen die Pflegeeltern die sozialen, faktischen Eltern wurden. Es gibt Kinder, die auch im Schulalter genau in diese Familie hineinpassen und die in den Pflegeeltern soziale, faktische Eltern gefunden haben. In diesen Fällen ist es ebenfalls nur konsequent, dass diese Pflegeeltern auch, wenn sie nach objektiver Beratung durch das Jugendamt dazu bereit sind, die rechtliche Elternverantwortung übernehmen.

Die in der Fachöffentlichkeit oft geäußerte Feststellung, dass Pflegeeltern genug Aufgaben mit der täglichen Auseinandersetzung im Erziehungsalltag hätten und deshalb nicht mit der Vormundschaft/Pflegschaft belastet werden sollten, ist in keiner Weise nachvollziehbar. Das Gegenteil ist der Fall. Wenn Kinder die Pflegeeltern zu ihren Eltern gemacht haben, werden die Pflegeeltern durch Übernahme der mit der Vormundschaft/Pflegschaft übernommenen Verantwortung darin bestärkt, dass sie Elternverantwortung für die Kinder haben und z. B. bei Schwierigkeiten nicht davonlaufen. Die Kinder sehen, dass die Pflegeeltern Kompetenz haben, über wichtige Fragen in ihrem Leben mit ihnen zusammen zu entscheiden. Vor allem in der Pubertät ist dies von großer Bedeutung.

Als Beistand für Pflegeeltern habe ich mehrfach von Jugendämtern in ablehnenden Stellungnahmen zur Übernahme von Pflegschaften durch Pflegeeltern gehört, dass es voraussichtlich in der Pubertät zu Schwierigkeiten kommen wird, weil das Kind sich mit der Herkunft auseinandersetzt. Ja, das tut es – nur was hat dies mit der Ausübung des Sorgerechts zu tun?

Ein Beispiel:

Charlotte war 14 Jahre alt, fand die Pflegeeltern einfach unmöglich, weil sie gewisse Forderungen im Alltag an sie stellten. Sie sah nicht mehr ein, dass sie Schulaufgaben machen sollte, sie sah nicht mehr ein, dass sie nicht erst nach Mitternacht nach Hause kommen konnte und gar noch ihr Zimmer selbst aufzuräumen und einige Handgriffe im Haushalt zu erledigen hatte. In ihrer Gruppe besprachen die Jugendlichen diese Probleme und alle fanden, dass Charlotte es als Pflegekind eigentlich im Gegensatz zu ihnen gut hätte. Sie müsste sich das alles nicht gefallen lassen. Ihre Pflegeeltern hätten gar kein Recht, ihr irgendetwas zu befehlen.

Charlotte kam heim und erklärte selbstsicher, dass es von jetzt an ganz anders weiter gehen würde. Die Pflegeeltern hätten kein Recht, ihr irgendetwas zu sagen. Nun, die Pflegeeltern waren Pfleger für die Personensorge und erklärten ihr, sie möge mit ihren Schulkameraden besprechen, dass sie gleichwohl Rechte hätten, weil sie die Personensorge für sie übertragen bekommen hätten. Dies tat sie auch – und siehe – sie kam heim und sagte, dass ihre Kameraden dies nun anders sehen würden. Sie sähen, dass es ihr nicht besser ginge wie ihnen – nämlich die Pflegeeltern hätten doch die gleichen Rechte wie ihre leiblichen Eltern.

Mit diesem Beispiel möchte ich aufzeigen, dass es für die Entwicklung eines jungen Menschen wichtig ist, Konflikte mit seinen Bezugspersonen durchzustehen. Dadurch kann der junge Mensch die positive Konfliktbewältigung erleben. Dies ist eine wichtige Lebenserfahrung in dieser Entwicklungsphase für jeden jungen Menschen und Pflegekinder haben ein Recht darauf, diese Erfahrung machen zu können.

Wenn ein Amtsvormund, der dem Pflegekind fremd oder wenig bekannt ist, wichtige Dinge entscheiden darf, kann das für das Kind zu einer Krisensituation führen.

Noch gravierender ist es, wenn die Herkunftseltern das volle Sorgerecht haben und somit alle wichtigen Entscheidungen treffen können. Wenn diese Eltern dem Pflegekind innerlich fremd geworden sind, das Pflegekind die Pflegeeltern zu seinen Eltern gemacht hat und es erleben muss, dass Menschen über es entscheiden, mit denen es eventuell schwer belastende Erinnerungen verbindet, kann dies zu Ohnmachtsgefühlen führen. Es kann sich das Bewusstsein beim Kind verfestigen, dass es keinen Sinn hat, sich zu wehren, was für das Kind eine Retraumatisierung bedeutet. Wenn das Pflegekind erleben muss, dass seine Pflegeeltern nicht entscheiden können und es sie daher als schwach erlebt, kann dies zu einem Vertrauensverlust führen.

Der Vormund hat die Funktion von „Ersatz-Eltern". Die Pflegeeltern haben diese Funktion ebenfalls. Die notwendigen Entscheidungen für das körperliche, geistige und seelische Wohl des Kindes kann nur die Person fällen, die aufgrund der persönlichen Kenntnis der Lebensumstände des Kindes und der persönlichen Überzeugung in der Verantwortung steht.

Bei Pflegekindern ist es die Regel, dass dies die Pflegeeltern sind. Im Ausnahmefall können das andere nahe Vertrauenspersonen des Kindes sein.

Eine Forderung lautet daher, dass die Regel eingehalten wird und nur im Ausnahmefall andere Einzelpersonen zu Pflegern und Vormündern bestellt werden.

9.9 Interessenkonflikt: Vertretung des Kindes und Leistungserbringer?

Das Jugendamt muss auf Antrag der Personensorgeberechtigten Hilfe zur Erziehung gewähren. Hier gibt es keinen Interessenkonflikt zwischen dem, der die Hilfe beantragt und demjenigen, der die Hilfe gewährt, wenn der Personensorgeberechtigte ein Elternteil ist. Wenn das Jugendamt Amtsvormund oder Amtspfleger ist, ist ein Interessenkonflikt vorgegeben. Obwohl der Vormund innerhalb des Amtes ausschließlich den Interessen des Kindes verpflichtet ist, untersteht er dem gleichen Dienstherrn. Beispielsweise bei der Vertretung von ausländischen Mündeln kann es verwaltungsintern zu Konflikten kommen, wenn der Leiter einer Gebietskörperschaft dem Amtspfleger/Amtsvormund verbieten möchte, gegen das eigene Ausländeramt zu klagen. Hier war es in meiner Berufspraxis in einigen Fällen nötig, einen geeigneten Einzelvormund von Anfang an zu bestellen. Dieser kann dann die nötigen rechtlichen Schritte gegen das Ausländeramt einleiten.

Am Anfang eines Pflegeverhältnisses ist eine qualifizierte Hilfeplanung und eine enge Zusammenarbeit mit den Pflegeeltern und der Herkunftsfamilie sowie die rechtliche Klärung der elterlichen Sorge das oberste Gebot, damit eine Lebensperspektive entweder in der Herkunftsfamilie oder in der Pflegefamilie erarbeitet werden kann. In dieser Phase des Hilfeprozesses ist es in der Regel nicht sinnvoll, einen Einzelvormund vorzuschlagen.

In der Veröffentlichung „Neue Wege der Vormundschaft?"[12] wird die bisherige Praxis in vielen Jugendämtern hinterfragt, in denen keine klaren Aussagen darüber getroffen werden, wer die Personensorge und wer die Vermögenssorge ausübt. Es wird auch gefragt, ob das Jugendamt als Vormund und als Leistungserbringer für das Mündel nicht in einem Interessenkonflikt steht.

Aus meiner Erfahrung heraus ergibt sich, dass es in der Regel in der Anfangsphase eines Pflegeverhältnisses günstig ist, wenn eine Amtsvormundschaft oder Amtspflegschaft besteht. Wenn die Konfliktsituation des Anfangs etwas geglättet ist, steht sowieso die Prüfung an, ob die Pflegeeltern oder im Ausnahmefall eine

---

12 Hansbauer (Hrsg.) 2002

andere Einzelperson zur Übernahme der Vormundschaft/Pflegschaft zur Verfügung stehen.

9.10 Einzelvormundschaft/Pflegschaft versus Amtsvormundschaft/ Amtspflegschaft in der aktuellen Rechtsprechung

Wo das Jugendamt seiner Pflichtaufgabe gem. §§ 53,56 SGB VIII in Verbindung mit § 1887 BGB nachkommt und jährlich prüft, ob ein geeigneter Einzelvormund vorhanden ist und diesen dem Familiengericht vorschlägt, wird es diesem Vorschlag folgen und den Einzelvormund bestellen.

Wo dies nicht der Fall ist und es in der Beratungssituation den Pflegeeltern ausgeredet wird, einen Antrag zu stellen, was häufig vorkommt, gibt es zwei Möglichkeiten für die Pflegeeltern:

1. Sie resignieren oder
2. Sie stellen trotzdem einen Antrag auf Übertragung der Vormundschaft/Pflegschaft beim Familiengericht. Wenn nun das Jugendamt jedoch die Haltung vertritt, dass Pflegeeltern generell zum Führen der Einzelvormundschaft für ihr Pflegekind ungeeignet sind, ohne den Einzelfall zu prüfen, wird es eine negative Stellungnahme an das Familiengericht senden. Das Familiengericht muss sich ein eigenes Bild vom Einzelfall machen. Wenn das Familiengericht zu einem ablehnenden Beschluss kommt, haben die Pflegeeltern ein Recht auf Berufung.

Durch die Beratung und Begleitung der verschiedenen Pflegeelternverbände werden Pflegeeltern bestärkt, ihr Recht auf Berufung, im Interesse des Kindes, zu realisieren und Beschwerde gegen den ablehnenden Beschluss des Familiengerichts einzulegen.

Zahlreiche ablehnende Beschlüsse wurden in der nächsten Instanz durch die Oberlandesgerichte aufgehoben. Nachfolgend werden zwei Beschlüsse aufgeführt:

Das Kammergericht Berlin hat in seiner Entscheidung vom 17.04.2001, 18 UF 6804/00,[13] in der Urteilsbegründung ausdrücklich klargestellt, dass die

Vormundschaft am besten ihren Sinn erfüllt, wenn das Kind (Mündel) erlebt, dass, die Person, die es täglich erzieht, auch rechtlich befugt ist, es zu erziehen.

Das OLG Stuttgart hat am 05.11.2012 (17 UF 158/12; 13 F 611/09) [14] beschlossen:
... „3. Die Beschwerde ist auch begründet.

---

13 BAG KiAP Pilotprojekt 2012
14 Paten Ausgabe 4/2012, S. 31ff

9 Die Bestellung von Pflegeeltern zu ehrenamtlichen Einzelvormündern

Die Beteiligten Ziffer 3 und 4 waren als Ehepaar (Pflegeeltern) gemäß §§ 1887, 1791b, 1775 BGB als Vormund für (Pflegekind) zu bestellen und der Amtsvormund zu entlassen.

Das Gesetz geht in §§ 1791b und 1887 Abs. 1 BGB klar und eindeutig vom Vorrang der Einzelvormundschaft gegenüber der Vormundschaft des Jugendamts oder eines speziellen Vereins aus. Das Jugendamt oder ein Verein ist zum Vormund nur zu bestellen, wenn kein geeigneter Einzelvormund zur Verfügung steht (ständige Rechtsprechung LG Flensburg Fam RZ 2001,445 f.; LG Wiesbaden FamRZ 2009,2103 f; LG Dortmund FamRZ 2010,1170 f; OLG Düsseldorf FamRZ 2011,742 ff.). Findet sich ein geeigneter anderer Vormund, so ist gemäß § 1887 BGB der Amtsvormund zu entlassen.

Die Pflegeeltern sind auch geeignet, die Vormundschaft zu übernehmen. In Rechtsprechung und Literatur wird die Bestellung von Pflegeeltern zu Vormündern befürwortet, wenn sich eine vertrauensvolle Bindung zwischen Pflegeperson und Pflegekind herausgebildet hat. Die Übertragung der Vormundschaft auf die Pflegeeltern entspricht damit auch dem Wohl des Kindes, da es damit jedenfalls aus subjektiver Sicht eine größere Sicherheit dafür hat, dass es bei den Pflegeeltern bleiben kann und diese Entscheidungen für das Kind treffen können."

© Silvio Valent/123rf.com

Die ideologische Ausrichtung im Beratungsprozess wirkt sich auch in der Übertragung von Teilen des Sorgerechts gem. §1630 Abs. 3 BGB aus. So hat in jüngster Zeit ein Familienrichter die ablehnende Haltung des Jugendamtes übernommen. Er hat jedoch in der Anhörung klar zum Ausdruck gebracht, dass er keine andere Wahl hat, als dem Antrag der Herkunftseltern und dem Antrag der Pflegeeltern zu folgen und den Pflegeeltern, wie beantragt, die Personensorge zu übertragen.

10 Umgangskontakte bei Pflege- und Adoptivkindern

> Umgangskontakte müssen immer im Zusammenhang mit der Lebensplanung für dieses Kind gesehen werden. Das Kind hat – wie in allen anderen Fragen des täglichen Lebens auch – hierbei die Möglichkeit der Einwirkung und Gestaltung.
> Es darf kein Zwang gegen das Kind ausgeübt werden, wie es in § 90FamFG und in § 1631 BGB festgeschrieben steht.
> Nach Kindeswohlgefährdung darf nicht unterstellt werden, dass der Umgang generell dem Kindeswohl dient. Die ergebnisoffene Prüfung des Einzelfalls muss stattfinden.[1]
> Die Achtung vor der Würde des Kindes und seiner grundgesetzlich verankerten Rechtsposition muss gewährleistet sein.
> Die Situation von Pflegekindern und Trennungs-/Scheidungskindern ist grundverschieden. Vergleiche sind unzulässig.
> Obwohl bei Adoptivfamilien keine rechtliche Verpflichtung zum Umgang mit den leiblichen Eltern besteht, ist die pädagogische Auswirkung sowohl mit der offenen als auch mit der halboffenen Adoption vergleichbar.

10.1 Einleitung

Jedes Kind hat ein Recht auf Umgang mit beiden Elternteilen. § 1684 BGB verpflichtet die Eltern auch dann zum Umgang mit dem Kind, wenn sie nicht das Sorgerecht haben. Das Kind hat jedoch nicht die Pflicht zum Umgang mit seinen Eltern.

Der Verfassungsbeschwerde[2] eines nicht umgangswilligen Vaters, der vom Oberlandesgericht zum Umgang mit dem Kind unter Androhung von Zwangsmitteln verurteilt wurde, ist mit folgender Begründung stattgegeben worden: Die durch Art. 6 Abs. 2 Satz 1 GG den Eltern auferlegte Verantwortung für ihr Kind und dessen Recht auf Pflege und Erziehung durch seine Eltern rechtfertigt zwar den Anspruch auf den Umgang des Kindes mit seinen Eltern, dieser Umgang muss jedoch dem Kindeswohl dienen. Der erzwungene Umgang dient jedoch in der Regel nicht dem Wohl des Kindes. Der Gesetzgeber geht davon aus, dass generell dem Umgang zwischen Eltern und Kindern eine herausragende Bedeutung für die positive Entwicklung des Kindes zukommt. Das Urteil führt aus, dass das Kind eine eigene Würde und eigene Rechte hat. Als Grundrechtsträger hat es Anspruch auf Schutz durch den Staat und auf die Gewährleistung seiner grundgesetzlich ver-

---

1 Vgl. Salgo 2013
2 Vgl. 1 BvR 1620/04 v. 1. April 2008

bürgten Rechte. Bei einem erzwungenen Umgang unter Androhung von Zwangsmitteln ist davon auszugehen, dass dies dem Kindeswohl nicht dient und deshalb ist der Eingriff in die Persönlichkeitsrechte des Vaters nicht gerechtfertigt.

Dieses Urteil bezieht sich nicht auf ein Pflegekind, sondern auf ein Kind nach einer Trennung der Eltern. Der Unterschied zwischen dem Umgang bei Trennungs- und Scheidungskindern und Pflegekindern ist in regierungsamtlichen Begründungen kaum zu finden. In der Praxis werden Konflikte beim Umgang sowohl von Jugendämtern wie auch von Gerichten oftmals mit Kindern gleichgestellt, deren Eltern sich getrennt haben, das Kind jedoch in der Regel bei beiden Elternteilen keine belastenden Vorerfahrungen machen musste. Der Konflikt liegt beim Pflegekind in der gestörten Eltern-Kind-Beziehung und nicht auf der Paarebene. Hier liegt der Unterschied zwischen Kindern aus Trennungssituationen der Eltern und Pflegekindern.

Es wird in statistischen Auswertungen nicht selten angegeben, dass finanzielle Probleme oder Wohnungsprobleme die Ursache der Fremdplatzierung sind. Tatsache ist, dass sehr oft finanzielle und äußere Probleme vorhanden sind, wenn Kinder in Pflegefamilien untergebracht werden. Dies ist jedoch fast ohne Ausnahme eine Begleiterscheinung der tiefer liegenden Schwierigkeiten der Eltern. Der Staat ist gemäß § 1666a BGB dazu verpflichtet, alle geeigneten Hilfen zu geben, um eine Trennung von Eltern und Kindern zu verhindern. Die Gründe der Unterbringung eines Kindes in einer Pflegefamilie sind Suchtprobleme, psychische Störungen der Eltern, Erziehungsunfähigkeit, emotionale Ablehnung des Kindes, Vernachlässigung, Misshandlung und/oder sexueller Missbrauch. Aus diesen Unterbringungsgründen ergibt sich allein schon, dass die Verknüpfung zwischen Rechten und Pflichten der Eltern bei Fremdplatzierungen von Kindern problematisch ist. Das Bundesverfassungsgericht hat festgestellt, dass der Grundrechtsschutz der Eltern nach Art. 6 GG nur für ein Handeln in Anspruch genommen werden kann, das bei weitester Anerkennung der Selbstverantwortlichkeit der Eltern noch als Pflege und Erziehung gewertet werden kann. Es stellt fest, dass die Pflichtbindung das Elternrecht von allen anderen Grundrechten unterscheidet.[3] Der realistische Blick auf die Vorgeschichte des Kindes ist unerlässlich bei der Beurteilung, welchen Stellenwert die Umgangskontakte für dieses konkrete Kind haben. Es gibt hier keine generellen Vorgaben. Die Einzelfallprüfung und nicht ideologische Vorgaben sind Grundlage der Beurteilung, ob das Kind die Besuche unbeschadet und auch mit Gewinn wahrnehmen kann.

Die Gestaltung der Umgangskontakte bei Pflege- und Adoptivkindern ist ein wichtiger Faktor für das Gelingen oder Scheitern eines Pflegeverhältnisses oder eines offenen Adoptivverhältnisses. Die rechtlichen Ausgangslagen bei einem Pflegeverhältnis und bei einer Adoption in Bezug auf Umgangskontakte sind unterschied-

---

3 Salgo 1996

lich. Pädagogisch betrachtet können sie jedoch die gleiche Wirkung haben. Das bei der Inkognitoadoption übliche völlige Ausgrenzen der Herkunftsfamilie hat sich nicht in jedem Fall bewährt. Es hat sich bei vielen Adoptivkindern als großes Problem bei dem Finden einer eigenen Identität herausgestellt, jedoch kann bei der offenen Adoption mit häufigen Umgangskontakten das Kind verunsichert werden. Halboffene Adoptionen hingegen lassen dem Kind und später dem jungen Erwachsenen die Freiheit, entweder Kontakt aufzunehmen oder diesen auch zu verweigern, wenn der junge Mensch diesen Kontakt nicht verkraften kann, wie beispielsweise bei psychischen Einbrüchen der abgebenden Eltern.

Ein Beispiel:

Seit 24 Jahren bis heute begleite ich eine abgebende Mutter, die an einer schweren Psychose leidet. Ihre Tochter ist jetzt 24 Jahre alt und steht kurz vor dem Abschluss ihres Studiums. Wie immer vor Geburtstagen und vor Feiertagen ruft mich die Mutter an und verlangt ein Foto von ihrer Tochter und ein Treffen. Ich berichte von der Tochter und ihrer gegenwärtigen Situation und bestärke die leibliche Mutter darin, dass ihre Entscheidung, damals die Adoptionsfreigabe erteilt zu haben, richtig war. Sie erzählt dabei, in all den Jahren, wirre Geschichten über den Vater ihrer Tochter. Für sie ist der wirkliche Vater die Traumfigur eines Abtes in Südfrankreich. Realität ist, dass der Vater ein Obdachloser ist.

Die Herkunftsmutter und die Adoptiveltern kennen sich. Einmal im Jahr trafen sie sich und sprachen über die Entwicklung des Kindes, in einer gegenseitig wertschätzenden Atmosphäre. Sie bekam Fotos, aber es wurden nie persönliche Begegnungen mit dem Kind gewagt, weil nicht absehbar war, ob durch die Wahnvorstellungen der leiblichen Mutter eine Kindeswohlgefährdung eintreten könnte.

Diese Treffen zwischen Adoptiveltern und der leiblichen Mutter endeten, als das Mädchen ca. 10 Jahre alt war. Ab diesem Zeitpunkt erfolgte der Austausch über mich.

Jetzt habe ich die junge Frau gefragt, ob es ihr möglich ist, mir ein Foto zur Weiterleitung an die leibliche Mutter zu geben. Sie sagte zunächst ja, rief jedoch am Folgetag an, und sagte, dass sie mir doch kein Foto geben kann, weil sie sich sonst in der Universitätsstadt in der Nähe der Mutter nicht mehr sicher fühlen würde.

Nicht auszudenken, was mit der jungen Frau geschehen wäre, hätte die leibliche Mutter ihre Adresse gekannt und die Anrufe, die jetzt bei mir eingehen, wären bei ihr gelandet.

Es ist mir wichtig, dass den Betroffenen die Entscheidung überlassen wird, wie viel Kontakt möglich ist. Dabei möchte ich ausdrücklich erwähnen, dass auf der Erwachsenenebene vieles möglich ist, was für das Kind nicht möglich ist. Ideologien sind kontraproduktiv.

Vor 24 Jahren wurde in der Fachdiskussion die offene Adoption als die einzig mögliche Form der Adoption angesehen. Wer dagegen Einwände hatte, galt als unmodern. Ich bin froh, dass ich die halboffene Adoption gelebt habe und es dadurch den Beteiligten ermöglicht habe, Entscheidungen gemäß ihrer Lebensentwicklung selbst zu treffen.

Umgangskontakte bei Pflegekindern werden von vielen Jugendämtern generell eingefordert, unabhängig davon, ob diese Umgangskontakte speziell diesem Kind gut tun oder nicht. Die frühere Abschottung gegen die Herkunftsfamilie hat sich in vielen Ämtern ins Gegenteil verkehrt.

Dabei werden Umgangskontakte vielfach zu einer Ideologie erhoben, die dem einzelnen Kind nicht gerecht werden kann. Oft werden Umgangskontakte, die dem Kind nicht gut tun, aufrechterhalten unter dem Hinweis, dass ein Kind seine Herkunftseltern braucht. Weiterhin ist häufig zu beobachten, dass Kinder, sowohl vom Jugendamt als auch von Familienrichtern, als „Trost" für die leiblichen Eltern eingesetzt werden. Wenn das Kind nicht zurück kann, soll den Eltern als ausgleichende Gerechtigkeit Umgangskontakt gewährt werden, auch wenn sich das Kind gegen diese Kontakte wehrt. Nach der Behebung der Notsituation des Kindes, durch die Unterbringung des Kindes in die Pflegefamilie, geht nicht selten die Empathie der Fachkraft auf die Herkunftseltern über.

Auch wenn die Herkunftseltern keinen Wunsch nach Verdichtung der Umgangskontakte haben, kommt es vor, dass durch die Vorgabe des Sozialarbeiters alle Beteiligten unter Druck geraten: Herkunftseltern, Pflegeeltern und nicht zuletzt das Kind. Die Folge davon ist, dass das Kind stark verunsichert wird und die vorhandene Bindung zu den Pflegeeltern infrage gestellt wird. Aus ideologischen Überlegungen heraus wird den Herkunftseltern nicht zugestanden, dass sie dem Kind ein unbelastetes Aufwachsen in der Pflegefamilie gönnen und auch mit diesem Weg ihrer Elternverantwortung gerecht werden, wie das auch in der Bundesdrucksache zu § 37 SGB VIII ausgeführt ist.

In Fortbildungen wird dem systemischen Beratungsansatz eine hohe Bedeutung beigemessen. Dabei sind die Kinder zwischen den beiden Familien angesiedelt und haben keinen sicheren Lebensmittelpunkt. Wer diese Gedankengänge als nicht zu hinterfragende Glaubensüberzeugungen verinnerlicht hat, hat es schwer, sich innerlich auf die Not des Kindes einzulassen. Die Bedeutung traumatischer Ereignisse und kindzentrierter Betrachtung geraten in den Hintergrund. Die Folge davon ist eine nicht auf das Wohl des Kindes ausgerichtete Besuchsregelung.

Eine Studie der Universität Bamberg[4] aus dem Jahr 2001 über Pflege- und Adoptivkinder, die in Heimen leben, belegt, dass das Scheitern des Pflege- oder Adoptivverhältnisses nicht auf eine einzelne Ursache zurückgeführt werden kann, sondern auf das Zusammenwirken mehrerer Bedingungen. Es gibt Schutzfaktoren, die dem einzelnen Kind helfen, die Risikofaktoren zu mindern. Gleichfalls gibt es

---

4   Kasten, Kunze, Mühlfeld 2001

10 Umgangskontakte bei Pflege- und Adoptivkindern

beim Fehlen von geeigneten Schutzfaktoren für dieses Kind Risikofaktoren, welche die Entwicklung des Kindes ungleich schwerer beeinträchtigen.

Umgangskontakte und die Rahmenbedingungen, unter denen sie stattfinden, haben erhebliche Auswirkungen auf die Entwicklung eines Pflege- und Adoptivkindes. Umgangskontakte müssen immer im Zusammenhang mit der Lebensplanung für dieses Kind gesehen werden. Aber auch in dem Bewusstsein, dass das Kind nicht hilflos einem mehr oder weniger bekannten Amtsträger ausgeliefert sein darf, sondern dass es – wie in allen anderen Fragen des täglichen Lebens auch – hierbei die Möglichkeit der Einwirkung und der Gestaltung hat.

Schon ein Säugling kann sehr genau signalisieren, was Angst auslöst und was Freude macht. Diese Signale haben im Normalfall Auswirkungen auf das elterliche Verhalten. Eltern werden ihr Baby z. B. nicht bei einer Betreuungsperson lassen, wenn es eine heftige Abwehrhaltung und Angst zeigt.

Allgemein gelten mit zunehmendem Alter die Bestimmungen in der Erziehung, die in § 1626 Abs. 2 BGB formuliert sind. Wörtlich heißt es hier:

> (…) (2) Bei der Pflege und Erziehung berücksichtigen die Eltern die wachsende Fähigkeit und das wachsende Bedürfnis des Kindes zu selbstständigem verantwortungsbewusstem Handeln. (…)

Dieses vom Gesetzgeber vorgesehene sensible Eingehen auf den Willen des Kindes unter Berücksichtigung des Kindeswohles gilt generell in der Erziehung. So ist diese Bestimmung, welche für Eltern und Vormünder gilt, auch von den Fachkräften bei der Gestaltung der Umgangskontakte entsprechend zu beachten.

Das BGB bestimmt in § 1631, dass Gewalt in der Erziehung unzulässig ist. Dies gilt auch für die Gestaltung der Umgangskontakte.

Hier ist eine interessante Entwicklung festzustellen. Die elterliche Gewalt hat sich im Jahr 1980 in die elterliche Sorge gewandelt. Es gibt seither ein zähes Ringen im Parlament um die Formulierung eines Gewaltverzichtes gegen Kinder. Was ist Gewalt gegen Kinder? Kann auch gegen ein kleines Kind Gewalt ausgeübt werden, wenn es sich gegen einen Umgangskontakt schreiend wehrt? Ist es legitim, dass ein Gerichtsbeschluss ergeht, in dem Pflegeeltern verpflichtet werden, das sich heftig wehrende Kind „über den Zaun zu reichen", um es den leiblichen Eltern zum Umgangskontakt zu übergeben? Was ist mit dem Kind, das gelernt hat, dass auch seine engsten Bezugspersonen, nämlich die Pflegeeltern, es nicht schützen werden und es sich deshalb willenlos zu einem Umgangskontakt zwingen lässt? Das sind leider keine theoretischen Fragen, sondern das Schicksal von nicht wenigen kleinen Kindern. Was bedeuten gesetzliche Bestimmungen, die den Gewaltverzicht propagieren, wenn gerade den hilflosesten Wesen, nämlich den Säuglingen und den Kleinkindern nicht zugestanden wird, dass sie einen eigenen Willen haben und dass das Brechen dieses Willens Gewalt ist?

Im Verfahrensrecht ist nach heutigem Stand in § 90 FamFG festgelegt, dass Gewalt gegen ein Kind zum Zwecke des Umgangs nicht angewandt werden darf.

In § 90 FamFG heißt es:

> (…) (2) Anwendung unmittelbaren Zwangs gegen ein Kind darf nicht zugelassen werden, wenn das Kind herausgegeben werden soll, um das Umgangsrecht auszuüben. (…)

Trotz geltenden Rechts und den Grundsatzbeteuerungen ist die Ausübung körperlicher und psychischer Gewalt gegen das Kind immer noch an der Tagesordnung, wenn es um die Durchsetzung des Umgangs geht. Es fallen nicht selten Sätze wie zum Beispiel: „Da muss das Kind einfach durch. Das kann man ihm nicht ersparen. Das ist nun einmal das Schicksal eines Pflegekindes. Es ist das Schicksal des Kindes, in so eine Familie hineingeboren zu sein."

Es muss nicht betont werden, dass sich dabei ein Mangel an Empathie dem Kind gegenüber zeigt und auch das Unverständnis, was Gewalt dem Kind gegenüber bedeutet.

Die Unkenntnis von entwicklungspsychologischen Gegebenheiten, im Besonderen bei Säuglingen und Kleinkindern und das Wissen über das Bindungsgeschehen und die Trennungsempfindlichkeit ist sowohl bei Familienrichtern, Gutachtern als auch Sozialarbeitern in Jugendämtern anzutreffen. Als Beispiel möchte ich die Geschichte von Stefan schildern:

Die Eltern von Stefan haben sich in einer Behinderteneinrichtung kennengelernt. Der Vater ist geistig leicht behindert, spricht gelegentlich dem Alkohol zu und reagiert nicht selten – trotz seiner generellen Gutmütigkeit mit Gewaltausbrüchen. Die Mutter hat in ihrer Kindheit einen schweren Unfall erlitten und hat eine spastische Lähmung. Sie ist ebenfalls geistig leicht behindert und hat ein hohes Aggressionspotenzial. Wenn sie unter Stress gerät, verliert sie die Kontrolle über ihre Körperfunktionen und es kommt zu unkontrollierten Wutausbrüchen.

Der Mutter wurde vor der Geburt vom Jugendamt eine Hilfe in einem Mutter-Kind-Heim angeboten. Die Eltern, die damals noch nicht verheiratet waren, lehnten dies entschieden ab. Das Jugendamt kam zu der Einschätzung, dass das Kind nicht ohne Kindeswohlgefährdung den Eltern überlassen werden kann, und brachten es in einer Pflegefamilie, bei zunächst täglichen Besuchen – unter der Anleitung einer Hebamme –, unter. Es handelte sich um eine Bereitschaftspflegefamilie, die jedoch bei Scheitern der Rückkehroption auch als Dauerpflegefamilie zur Verfügung stand. Die Hebamme legte nach ca. vier Wochen ihr Amt nieder, weil der Vater alles besser wusste und sich nichts sagen ließ und die Mutter gegen die Hebamme handgreiflich wurde. Daraufhin setzte das Jugendamt die Besuche unter Begleitung des Pflegevaters auf einmal wöchentlich fest. Dies ging zunächst gut und die Eltern suchten in vielen persönlichen Angelegenheiten den Rat des Pflegevaters. Die Atmosphäre war jedoch sehr unterschiedlich, bei einem Treffen war von Anfang an eine freundschaftliche Atmosphäre und beim nächsten Mal kam die Mutter ohne sichtlichen Grund wütend auf den Pflegevater zu und beschimpfte ihn. Der Höhepunkt war, als die Mutter in einem spastischen Anfall das Kind aus dem Kinderwagen reißen wollte und der Kinderwagen vom Pflegevater nur mit Mühe vor dem Umfallen gerettet werden konnte. Daraufhin wurden die Besuche neu geordnet. Es gab eine Umgangsbegleiterin. Stefan war damals ca. fünf Monate alt. Es verlief zunächst recht gut. Er war zwar nach den Besuchen etwas unruhig, zeigte aber im Essverhalten und beim Schlafen keine besonderen Auffälligkeiten. Das dauerte bis ca. zum siebten Lebensmonat. Danach schrie er heftig, wenn die Umgangsbegleiterin ihn abholte. Er klammerte sich an die Pflegemutter und konnte nur mit Gewalt von ihrem Arm gerissen werden. Wenn die Umgangsbegleiterin ihn wieder nach Hause brachte, schlief er erschöpft ein und verweigerte das Essen. Stefan bekam im Alter von neun Monaten Krampfanfälle. Die Pflegeeltern suchten verschiedene Ärzte auf, die keine hirnorganischen Ursachen für die Krampfanfälle finden konnten und die von psychogenen Anfällen ausgingen. Die Essensverweigerung verstärkte sich so, dass Stefan, mittlerweile knapp zwei Jahre alt, keine Kartoffeln, keine Nudeln, kein Gemüse und Salat, kein Marmeladebrot aß. Wenn Versuche in dieser Hinsicht unternommen wurden, schluckte er die Nahrung nicht. Er ernährte sich von Nutellabrot, Müsli, Pommes und Schnitzel.

Die Pflegeeltern wussten sich keinen Rat mehr und holten die Hilfe eines Beistandes, der mit den Pflegeeltern zusammen versuchte, die Not des Kindes deutlich zu machen und darauf hinzuwirken, dass die Pflegeeltern bei den Besuchen zugegen sind, weil das Kind offensichtlich unter heftigen Trennungsängsten litt und die Anfälle immer öfter auftraten. Da die Eltern das Beisein der Pflegeeltern während der Besuche ablehnten und die Besuchsbegleitung berichtete, dass das Kind gar nicht lange schreien würde und sie sonst keine ungewöhnlichen Reaktionen während des Besuches erleben würde, ordnete das Jugendamt weiterhin die Besuche an, bis die Pflegeeltern sich weigerten, dies weiterhin mitzutragen. In der darauf folgenden gerichtlichen Auseinandersetzung wurde in zwei Gutachten einmal die Erziehungsunfähigkeit der Eltern und zum anderen die hohe Trennungsempfindlichkeit und -ängstlichkeit von Stefan bestätigt. Eine einfühlsame Richterin sah die Not des Kindes und empfahl den Eltern, therapeutische Hilfen in Anspruch zu nehmen, um den Aufenthalt des Kindes bei den Pflegeeltern akzeptieren zu lernen. Erst wenn sie die schmerzliche Einsicht für sich annehmen könnten, dass Stefan in der Pflegefamilie groß werden würde, könnten Besuche stattfinden und das nur im Beisein der Pflegeeltern.

Ob die Schäden, die durch die Gewaltanwendung gegen Stefan wieder durch die liebevolle Betreuung der Pflegeeltern ausgeglichen werden können, bleibt abzuwarten. Gravierend ist der Mangel an kindzentriertem Denken bei der Umgangsbegleiterin, die die Not des Kindes nicht sah und lediglich froh war, wenn es mit dem Schreien aufhörte und es sich der Situation willenlos anpasste. Das Kind erlebte, dass es der Situation ohnmächtig ausgeliefert war und die Pflegeeltern es nicht schützen konnten. Jene „mütterliche Feinfühligkeit" musste Stefan zunächst auch bei den Pflegeeltern vermissen, weil sie sich auch hilflos fühlten und erst durch die Hilfe des Beistands den Mut bekamen, sich schützend vor das Kind zu stellen.

Wenn Kinder in Notsituationen in einer Kurzzeitpflege untergebracht werden müssen, weil z. B. die betreuende Bezugsperson krank wird und im Ausnahmefall aus der Verwandtschaft oder Nachbarschaft niemand für die Betreuung des Kindes infrage kommt, wird das Kind Sehnsucht nach der geliebten mütterlichen/väterlichen Bezugsperson haben. Es wird die Besuche genießen und Trennungsschmerz, je nach Alter und Empfinden, auch zum Ausdruck bringen. In diesen Ausnahmefällen ist es wichtig, dass von Anfang an häufige Besuche bei der mütterlichen/väterlichen Bezugsperson stattfinden. Das Alter des Kindes ist zu berücksichtigen.

Was ist jedoch, wenn das Kind von Vater oder Mutter vernachlässigt oder misshandelt wurde und schwere Ängste entwickelt hat? Was hat das Kind erlebt und erlitten, wenn es von wechselnden Bezugspersonen betreut wurde und somit keine sicheren Bindungen entwickeln konnte? Wenn keine sicheren Bindungen an eine Bezugsperson entstehen, sondern vielmehr krankmachende Bindungen oder, was die Entwicklung eines Kindes am meisten schädigt, überhaupt keine Bindungen entstehen, sind diese Kinder mit hohen Risiken behaftet. Gisela Zenz schreibt:[5]

> „Die neue Bindungsforschung hat – wie bereits erwähnt – hinreichend belegt, wie entscheidend die jeweilige Qualität der Bindung für die Entwicklung von Kindern ist. Die Bindung von Kindern etwa an misshandelnde Eltern ist ja deswegen als pathogen, also krankmachend einzustufen, weil hier in Ermangelung anderer Bindungspersonen emotionale Nähe gesucht wird, die zugleich massive Ängste bis hin zu Todesangst (Westermann, in 1.Jahrbuch des Pflegekinderwesens 1998, S. 32 ff) hervorruft. Solche hochambivalente Bindungswünsche bei den Kindern immer wieder durch Besuche bei den Eltern zu beleben, muss zu einer fortgesetzten Verwirrung des ohnehin meist bereits schwer geschädigten, nämlich „desorientierten" Bindungsverhaltens führen und damit auch die Entwicklung neuer, positiv getönter sicherer Bindungen an die Pflegefamilie verhindern. Erste empirische Untersuchungen zu Besuchskontakten bestätigen inzwischen diese Überlegungen, die aus der allgemeinen Bindungsforschung längst ableitbar waren.

Es bedarf im Übrigen wohl kaum eines tiefenpsychologisch oder sonst wie geschulten Einfühlungsvermögens, um zu begreifen, welche Bedrohung ständige Besuche leiblicher Eltern in einer Pflegefamilie für schwer traumatisierte Kinder bedeuten müssen. Wie soll ein Kind begreifen, dass die Eltern, die es misshandelt oder verlassen haben, von den Pflegeeltern freundlich empfangen werden? Wie soll es da sicher sein, dass den Eltern nicht auch erlaubt wird, es wieder mitzunehmen? Auch das Argument, Kinder brauchten zur Herausbildung einer starken Identität die Auseinandersetzung mit ihrer Herkunft, zu der die leiblichen Eltern, wie auch im-

---

5   Zenz 2001, S. 22ff

mer sie waren, nun einmal gehören, ändert an der Problematik der Besuche nichts. Es beruht vielmehr auf einem tief greifenden Missverständnis entwicklungspsychologischer Zusammenhänge. Richtig ist, dass Menschen ihre Herkunft begreifen wollen, dass sie – wie es oft heißt – nach ihren Wurzeln suchen, und richtig ist auch, dass dieses Bedürfnis in Wissenschaft und Praxis lange Zeit wenig wahrgenommen worden ist. Die Auseinandersetzung mit der eigenen Geschichte ist also ein durchaus ernst zu nehmendes Thema geworden, das Rechtspolitik und Jugendhilfe wohl auch in Zukunft weiter beschäftigen wird. Zu behaupten aber, dass diese Auseinandersetzung mit der eigenen Geschichte nur in Form realer Konfrontation mit den zu dieser Geschichte gehörenden Personen vor sich gehen könnte und vor sich gehen müsse, ist eine durch nichts zu belegende Idee. Sie beruft sich meist recht abstrakt auf die Erhaltung des familialen Systems ohne Rücksicht auf die destruktiven Auswirkungen auf seine schwächsten Mitglieder, die Kinder, die von ihren Eltern in der Vergangenheit Leid, Gewalt und Zurückweisung erfahren haben, welche durch den fortlaufenden Kontakt mit ihnen immer wieder aufleben. Keinem Traumatologen würde es einfallen, in der Arbeit mit traumatisierten Menschen das Opfer immer wieder mit seinem Peiniger zu konfrontieren, um dadurch die Aufarbeitung dieser Erfahrungen zu ermöglichen.

Jörg Fegert führt aus:[6]

> „Die Auseinandersetzung mit traumatisierenden Erfahrungen setzt voraus, dass das einmal oder mehrfach überwältigte Ich sich nicht real bedroht fühlt, dass es genügend Sicherheit in der Distanz und in einer haltgebenden Beziehung hat, um sich den angstauslösenden Erfahrungen in der Erinnerung – oder auch in der Übertragung – aussetzen zu können."

Es ist leider immer noch nicht Allgemeingut in der Ausbildung von Sozialarbeitern, aber auch von Psychologen und Richtern, was Traumatisierung für ein Kind bedeutet. Es wird verharmlost und behauptet, dass Besuche nun einmal sein müssen und die Herkunftseltern in jedem Fall ein Recht auf Besuche haben. Es ist mancherorts zu beobachten, dass diese Behauptung zu einer feststehenden Glaubensüberzeugung geworden ist, die durch nichts zu hinterfragen ist. Wenn Kinder auf Umgangskontakte mit heftigen Ängsten und Verhaltensauffälligkeiten reagieren, wird nicht selten den Pflegeeltern die Schuld dafür angelastet.

10.2 Die Resilienzforschung – Risiko- und Schutzfaktoren bei Umgangskontakten

Neben den persönlichen Risiken eines Kindes gilt es, bei der Planung von Umgangskontakten auch allgemeine Schutz- und Risikofaktoren zu beachten. Bei Kin-

---

6 Vgl. Fegert 1998, S. 20

dern mit einem hohen Entwicklungsrisiko bedarf es einer besonders sorgfältigen Planung der Umgangskontakte und der Ausbildung eines Systems von Schutzfaktoren. Trotzdem muss man erleben, dass das eine Kind in eine tiefe Krise gestürzt wird, während das andere bei gleich erscheinenden Umständen den Umgangskontakt ohne besondere Belastungen verkraftet.

Bei der Planung der Umgangskontakte hat sich die Fachkraft mit den folgenden Fragen auseinanderzusetzen:

- Wurden die Pflegeeltern genügend auf ihre Aufgabe vorbereitet?
- Stehen die Pflegeeltern Umgangskontakten grundsätzlich positiv gegenüber?
- Spüren Pflegeeltern, wenn Besuche das Kind emotional stark belasten?
- Was berichten die Pflegeeltern von dem Verhalten des Kindes vor und nach den Besuchen?
- Welche Qualität der Bindung besteht zu den leiblichen Eltern?
- Wurde das Kind vernachlässigt, misshandelt, sexuell missbraucht, emotional abgelehnt oder wechselnden Bezugspersonen ausgesetzt?
- Wie wird der Umgang gestaltet und wer führt Regie beim Umgangskontakt?
- Ist im Hilfeplan genau festgelegt, was in welcher Zeit geschehen muss, um die Erziehungsbedingungen in der Herkunftsfamilie so zu verändern, dass das Kind zurückkehren kann? Dazu gehört die Klärung, ob es möglich ist, das notwendige erhöhte Einfühlungsvermögen in die Bedürfnisse des Kindes, bei den Herkunftseltern, herzustellen.

Ein Säugling hat keine Zeit. Das natürliche Bindungsbedürfnis bestimmt die Entwicklung. Auch die Bereitschaftspflege hat sich diesem biologischen Bindungsbedürfnis des Kindes unterzuordnen. Bei einem Säugling ist die Bereitschaftspflege auf wenige Wochen zu beschränken. Es gibt sensible Phasen, in denen die Trennung für das Kind eine Katastrophe bedeutet. Generell wird von allen Humanwissenschaften angenommen, dass die Zeit zwischen dem achten Lebensmonat und dem sechsten Lebensjahr eine hochsensible Phase ist, in der Trennungen lebenslange Folgeschäden hinterlassen.

Wenn eine Rückkehr eines Säuglings und Kleinkindes möglich ist, so reichen wöchentliche Besuche nicht aus. Die Einbeziehung in die Pflege ist erforderlich.

Wurde die Frage nach der dauerhaften Lebensperspektive, falls die Rückkehr in einem dem kindlichen Zeitbegriff entsprechenden Rahmen nicht möglich ist, klar beantwortet? Es gibt Fallkonstellationen, in denen die Perspektive von Anfang an klar ist, weil sich die Erziehungsbedingungen für dieses Kind in einem angemessenen Zeitrahmen nicht verändern lassen. Wenn dies der Fall ist, muss konsequent danach gehandelt werden. Die oft vorgebrachte Frist von zwei Jahren, die aus § 86 Abs. 6 SGB VIII abgeleitet wird, beruht auf einem Missverständnis.

Diese Frist ist verwaltungstechnisch gemeint und es geht hier um den Übergang der Fallzuständigkeit vom Bezirk der Herkunftseltern auf den Wohnort der Pflegeeltern. Diese Frist von zwei Jahren sagt nichts über das Bindungsgeschehen beim einzelnen Kind aus.

Wichtig ist, dass zwischen Fachbehörden, Pflegeeltern und Herkunftseltern die Frage nach dem Lebensmittelpunkt in einem dem kindlichen Zeitempfinden angemessenen Rahmen geklärt wird. Das Kind kann sich nur positiv entwickeln, wenn es weiß, dass sein Zuhause nicht infrage gestellt wird. Wenn dies bei Umgangskontakten geschieht, bedeutet das für das Kind ein hohes Entwicklungsrisiko und ist daher mit dem Kindeswohl nicht zu vereinbaren.

10.3 Risikofaktoren, die zum Misslingen der Umgangskontakte beitragen

Risikofaktoren im Hinblick auf das Gelingen der Umgangskontakte, deren Nichtbeachtung nicht selten auch zum Scheitern des Pflegeverhältnisses insgesamt führen können, sind:

- Vor der Unterbringung des Kindes wurden die Pflegeeltern nur mangelhaft über die bisherige Entwicklung und über die bisherigen Erziehungseinflüsse des Kindes informiert. Insbesondere die Frage, wer für das Kind eine positive oder negative Bedeutung hatte, ist hierbei von großer Bedeutung.
- Ein Hilfeplan vor der Unterbringung des Kindes in der Pflegefamilie fehlt oder es fehlen im Hilfeplan Aussagen darüber, was sich in welchem Zeitraum bei den Herkunftseltern in welcher Weise verändern muss, damit das Kind zu ihnen zurück kann. Das Alter des Kindes, die Vorerfahrungen und der jeweilige Entwicklungsstand müssen dabei sorgfältig beachtet werden.
- Die Ängste des Kindes werden nicht erkannt und nicht benannt.
- Von den Gerichten, den Jugendämtern, den Herkunftseltern oder den Pflegeeltern wird bei Besuchen psychische oder gar körperliche Gewalt ausgeübt, die Gefühle und die Angst des Kindes werden nicht beachtet. Es wird auf die „Wohlverhaltensklausel" verwiesen[7]. Salgo spricht von einer „Doppelmoral" (2003, S. 366), die den Pflegeeltern abverlangt wird und die sich verheerend auf das Kind auswirken könne, weil sich damit ein für das Pflegekind bekanntes Muster – der Verleugnung bedrohlicher Situationen – fortsetzen würde und das Vertrauen des Kindes in die Pflegefamilie enttäuscht würde."[8]
- Die Besuche dienen der „sanften Umgewöhnung" des Kindes mit dem Ziel der Rückführung des Kindes zu den Herkunftseltern gegen seinen Willen.
- Die Fachbehörde nimmt die Beobachtungen der Pflegeeltern nicht ernst, sondern unterstellt, bei von außen nicht nachvollziehbaren Widerständen des Kin-

---

[7] Vgl. Kindler et al. 2011, S. 568
[8] Kindler et al. 2011, S. 568, Fußnote 11

des gegen Besuche, dass dies auf die Haltung der Pflegeeltern zurückzuführen ist.
- Das Alter des Kindes und der Entwicklungsstand, insbesondere die Trennungsangst des Kindes, findet nicht die gebührende Beachtung. Ein gesunder Säugling und ein Vorschulkind können eine Trennung von der Bindungsperson nur eine eng begrenzte Stundenzahl unter besonders günstigen Umständen verkraften.[9] Je mehr Risiken ein Kind mitbringt, umso geringer sind seine Verarbeitungsmöglichkeiten.

Bei einem gesunden Säugling ist die Bindungsperson, bei der er Schutz sucht, das Zentrum seiner Welt.[10] Hat ein Kind eine Bindung zu einer bestimmten Bindungsperson aufgebaut, was ab vier bis sechs Monaten der Fall ist, so wird es bei einer Trennung von ihr leiden. Kommt es zu einer längeren Trennung oder gar zu einem Verlust, so senden alle Kinder eine typische Sequenz aus:
1. Betäubtsein
2. Protest und Sehnsucht (Trennungsangst und starkes Bemühen um das Wiedererlangen der Person der Sehnsucht)
3. Verzweiflung und Desorganisation (Kummer, Trauer und eventueller Realitätsverlust)
4. Entfremdung

Folgende Gefühle sind während der ersten drei Phasen zu erwarten: Eine Sehnsucht nach der Rückkehr der verlorenen Person; eine verzweifelte Hoffnung, dass die Person plötzlich wieder da sein wird, die Wut, im Stich gelassen worden zu sein und zornige Vorwürfe gegen alle, die mit diesem Verlust in Verbindung gebracht werden können. Die vierte Phase führt im Kindesalter zur Entfremdung und Ablösung von der Bindungsperson, was im Erwachsenenalter einer Reorganisation entspricht.[11]

Aus den Ausführungen im vorhergehenden Abschnitt ergibt sich, dass bei Kleinkindern und Säuglingen Übernachtungen bei Umgangskontakten in der Herkunftsfamilie ein nicht abzuschätzendes Risiko bedeuten. Das Kind hat keine Möglichkeit, bei Verlustängsten zu der vertrauten Bezugsperson zu fliehen.

---

9 Vgl. Grossmann/Grossmann 2005
10 Vgl. Grossmann/Grossmann 2005, S. 74
11 Vgl. Bowlby 1976

10.4 Schutzfaktoren, die zum Gelingen der Umgangskontakte beitragen

1. Sorgfältige Vorbereitung der Pflegeeltern auf die Aufnahme eines Pflegekindes

Die Biografie des Kindes und die Veränderung des eigenen Familiensystems wurden reflektiert, gegenseitige Erwartungshaltungen wurden bedacht und die Notwendigkeit der Offenheit und Wertschätzung der Herkunftsfamilie gegenüber wurden erkannt. Die Pflegeeltern stehen Umgangskontakten positiv gegenüber. Neben Einzelgesprächen haben sie an einem Vorbereitungsseminar teilgenommen. Die bereits in der Familie lebenden Kinder sind in die Entscheidung miteinbezogen worden.

2. Beschaffung und Weitergabe von umfassenden Informationen über das Kind vor der Aufnahme als Pflegekind

Nur durch die Beschaffung und Weitergabe von umfassenden Informationen über das Pflegekind vor der Aufnahme ist es möglich, dass das passende Kind auf die passenden Pflegeeltern trifft. Weiterhin ist es notwendig, die Pflegeeltern realistisch einschätzen zu können und ob sie den zu erwartenden Belastungen gewachsen sind.

Wichtig ist, dass bereits im Vorfeld Vertrauen zwischen der Fachkraft und den Pflegeeltern besteht. Pflegeeltern müssen auch rational nicht zu begründende Gefühle und Abneigungen oder Abwehr gegen Verhaltensweisen (z. B. sexualisiertes Verhalten eines sexuell missbrauchten Kindes oder gegen alkoholkranke Herkunftseltern), äußern können, ohne als ungeeignete und nicht belastbare Pflegeeltern abgestempelt zu werden, wenn sie die Aufnahme dieses konkreten Kindes mit seinen Eigenschaften und Belastungen ablehnen.

Ebenfalls relevant ist, dass nicht nur über vorhandene Informationen, sondern auch über die Informationslücken gesprochen und dabei festgelegt wird, wer welche Informationen besorgt, z. B. medizinische Untersuchung, Abklären eines Verdachtes auf sexuellen Missbrauch oder körperliche oder seelische Misshandlungen, mögliche Behinderungen, Erziehungsverhalten der bisherigen Betreuer, Wechsel der Bezugspersonen sowie Informationen über Spielsachen, Gegenstände, Gerüche, Bettdecken, Kissen, die dem Kind lieb sind.

Eine wohlmeinende Selektion und Zurückhaltung von Informationen durch die Fachkraft, um die Pflegeeltern zu schonen, kann nicht zielführend sein. Pflegeeltern müssen alle verfügbaren Informationen erhalten, um aus der Norm fallende Verhaltensweisen des Pflegekindes und auch der Herkunftseltern einordnen und damit umgehen zu können.

Der oft zitierte Datenschutz greift hier nicht, weil diese Informationen für die Pflegeeltern erforderlich sind, damit sie das Kind verstehen können. Im Erziehungsalltag können dadurch unnötige Stresssituationen vermieden und die Erziehungsaufgabe besser bewältigt werden.

3. Kennenlernen der Erwachsenen ohne Beteiligung des Kindes als günstige Voraussetzung und zu bevorzugende Konstellation vor Stattfinden der Umgangskontakte

Gemeinsame Gespräche zwischen Pflegeeltern, Sozialarbeiter und Herkunftseltern haben das Ziel, im Interesse des Kindes zu erarbeiten, was für das Kind jetzt und in der Zukunft wichtig ist. Im Mittelpunkt steht dabei die Frage, was die Herkunftseltern jetzt, bezogen auf das Alter des Kindes, verändern müssen, damit das Kind zurückkommen kann. Falls die Erziehungsbedingungen nicht in dem für dieses Kind angemessenen Zeitrahmen verändert werden können oder das Kind traumatisiert wurde, ist von Anfang an eine auf Dauer angelegte Lebensperspektive zu erarbeiten.

Die Herkunftseltern sind über den kindlichen Zeitbegriff umfassend zu informieren. Dies geschieht in der Praxis auch heute immer noch nicht oft, weil die Unterschrift unter den Antrag „Hilfe zur Erziehung" leichter zu erhalten ist, wenn die Herkunftsmutter von der irrigen Annahme ausgeht, dass sie das Kind unabhängig von den Bindungen, die es an die Pflegeeltern eingegangen ist, jederzeit wieder zu sich nehmen kann und die Bestimmungen des § 1632 Abs. 4 BGB (Verbleibensanordnung) nicht deutlich gemacht werden. Wenn hier der vielleicht zunächst beschwerlich erscheinende, aber ehrlichere Weg gegangen wird, erspart dies allen Beteiligten, und nicht zuletzt auch den Herkunftseltern bzw. der Herkunftsmutter, viele Belastungen und Vertrauensbrüche.

In vielen Fällen, insbesondere dann, wenn Misshandlungen und Vernachlässigung des Kindes, verbunden mit dem Mangel an Einsicht bei den Herkunftseltern vorliegen, kann dieses Kennenlernen vor der Aufnahme des Kindes nicht stattfinden. Wenn die Herkunftseltern den Verbleib des Kindes nicht akzeptieren können, ist der Sozialarbeiter gefordert, klare Strukturen aufzuzeigen. Erst dann sind Umgangskontakte mit dem Kind möglich.

4. Vorbereitung des Kindes auf den Umgangskontakt

Von großer Wichtigkeit ist, dass der betreuende Sozialarbeiter ein Vertrauensverhältnis zum Kind aufbauen kann. Dazu sind fachliche Standards der Vermittlungsstelle erforderlich.

Die Fachkräfte der Pflegekinderdienste brauchen nicht nur eine spezialisierte und fundierte Weiterbildung in den theoretischen Grundlagen des Pflegekinderwesens, sondern auch im Umgang mit Kindern, im Besonderen mit bindungsgestörten und traumatisierten Kindern.

Neben der kontinuierlichen Weiterbildung und Spezialisierung im Pflegekinderbereich ist die Kontinuität des Sozialarbeiters für das Kind wichtig. Nicht „das Jugendamt", sondern Frau Mayer oder Herr Schmidt vom Jugendamt sind Vertrauenspersonen. Das Kind muss wissen, dass seine Interessen, Wünsche, Ängste und Erwartungen von der Fachkraft ernst genommen werden. Das Kind braucht das

Erleben, dass es Schutz bekommt und dass die Sozialarbeiter ein positives Verhältnis zu seinen Bezugspersonen, im Besonderen zu den Pflegeeltern, haben. Wenn das Kind zu einem Gespräch allein auf das Jugendamt eingeladen wird, damit es unbeeinflusst von den Pflegeeltern seine Meinung sagen kann, wird dem Kind die Botschaft übermittelt, dass ihm die Pflegeeltern letztendlich nichts zu sagen haben, was sich besonders in der Pubertät und in Krisensituationen verhängnisvoll auswirken kann. Dieses Vorgehen ist ein Zeichen dafür, dass Pflegeeltern in ihrer Verantwortung nicht ernst genommen werden und kein Vertrauensverhältnis zwischen Amt und Pflegefamilie besteht. Der Sozialarbeiter kann bei kleinen Kindern im Spiel im eigenen Kinderzimmer mehr über das Kind erfahren als bei einer angeblich neutralen Befragung auf dem Amt.

Wenn der Sozialarbeiter in ein spezialisiertes Pflegekinderteam eingebunden ist, besteht eine gute Chance, dass das Fachwissen in dieser Abteilung gebündelt wird und allen Beteiligten zur Verfügung steht. Bei einer geeigneten Struktur der Abteilung und nicht zuletzt, wenn der Pflegekinderdienst regelmäßig gesellige Zusammenkünfte mit den Pflegefamilien pflegt, sind dem Kind, den Herkunftseltern und den Pflegeeltern nicht nur ein einzelner Mitarbeiter, sondern zumindest zwei oder drei Fachkräfte bekannt. Wenn ein Vertrauensverhältnis zwischen Fachkraft und Kind besteht, wird das Kind der Fachkraft auch sagen, wenn es Besuche wünscht oder ablehnt.

5. Notwendigkeit der Begleitung der ersten Besuche durch den zuständigen Sozialarbeiter
Die ersten Besuche sind immer durch den zuständigen Sozialarbeiter zu begleiten. Nur so kann er sich ein eigenes Bild über die Möglichkeiten und Grenzen der Umgangskontakte machen. Der Sozialarbeiter kann die Reaktionen vor und nach den Besuchen beobachten. Die Pflegeeltern sind die Einzigen, die z. B. die Nacht nach dem Besuch erleben und darüber berichten können. Diesen Berichten ist Beachtung zu schenken.

Nur dann, wenn der Sozialarbeiter nahe am Kind ist, kann er die Ängste und Sehnsüchte des Kindes beurteilen. Dies ist vom Schreibtisch aus schlecht möglich.

In der Praxis wird oft dazu übergegangen, begleitete Besuche an Honorarkräfte zu vergeben. Dadurch verpasst der zuständige Sozialarbeiter eine einmalige Gelegenheit, sich eine sorgfältige eigene Einschätzung der Situation des Kindes zu verschaffen. Eine Arbeitsersparnis bedeutet dies in der Anfangsphase nicht, weil die Vorbereitung und die Nachbesprechung der Besuche bei Konflikten sehr zeitaufwendig sind. Wenn der Sozialarbeiter die Situation selbst miterlebt, kann er im Vorfeld manchen Konflikt entschärfen oder er erlebt, dass das Kind mit der Situation tatsächlich überfordert ist.

6. Grundbedürfnis nach sicherer Zugehörigkeit

Von der Verletzung des Grundbedürfnisses nach Sicherheit und Geborgenheit sind fast alle Pflegekinder betroffen. Die Verletzung entsteht dann, wenn die existenziellen Grundbedürfnisse durch eine geliebte Bezugsperson nicht befriedigt wurden. Dadurch bestehen in Stresssituationen wenige Verarbeitungsmöglichkeiten. Deswegen muss mit Trennungserfahrungen und Stresssituationen besonders sorgfältig umgegangen werden. Dies ist durch die Hirnforschung eindeutig belegt.[12]

Bei Säuglingen und Vorschulkindern ist der wichtigste Schutz der Kinder, dass sie bei Umgangskontakten nicht weggegeben oder mitgegeben werden, sondern dass Pflegefamilie und Herkunftsfamilie gemeinsame Unternehmungen machen. Mit etwas Fantasie können Situationen geschaffen werden, die von vornherein Spannungen vermindern. So können ein Besuch im Zoo, in einem Wildgehege, zu einem Grillplatz und andere Möglichkeiten, die bei genauem Nachdenken immer gefunden werden können, eine entspanntere Atmosphäre schaffen. Das Kind hat einerseits die Möglichkeit, wenn es beunruhigt ist oder Trost sucht, zu der Schutz gewährenden Pflegeperson zu gehen. Andererseits hat es die Möglichkeit, das Spiel mit der Herkunftsfamilie zu suchen.

Solange keine Einigkeit über den Lebensmittelpunkt des Kindes besteht und das Kind durch Bemerkungen und Andeutungen über eine bevorstehende Trennung von der Pflegefamilie verängstigt wird, sind diese lockeren Besuche nicht möglich. In diesem Fall muss der zuständige Sozialarbeiter den Besuch so vor- und nachbereiten, dass Klarheit darüber besteht, dass die Besuche nur fortgeführt werden können, wenn sich die innere Haltung dem Kind gegenüber verändert hat und der Lebensmittelpunkt des Kindes in der Pflegefamilie akzeptiert wird. Die Praxis zeigt, dass durch diese Klarheit des Sozialarbeiters Veränderung möglich ist.

Ein Beispiel:

Die sehr junge Mutter hatte im Mutter-Kind-Heim das Kind in einer Überforderungssituation mit circa drei Monaten misshandelt und schließlich verlassen. Die Mutter war selbst wegen Überforderung ihrer Mutter über einen längeren Zeitraum in einem Kinderheim untergebracht gewesen. Die junge Mutter konnte dahin geführt werden, dass sie den Verbleib des Kindes in einer Pflegefamilie akzeptieren konnte. Damit waren schon in der Säuglingszeit gemeinsame Besuche zusammen mit den Pflegeeltern an einem neutralen Ort möglich. Die Schwierigkeit begann, als die Großmutter Rechte anmeldete und beim ersten Besuch in Anwesenheit des Kleinkindes keine Gelegenheit versäumte zu sagen, dass sie nicht zulasse, dass die Pflegeeltern ihr Enkelkind für sich beanspruchen und dieses mit Sicherheit nicht bei ihnen groß werden würde. Die Sozialarbeiterin beendete daraufhin den Besuch und lud Mutter und Großmutter zu klärenden Gesprächen ein, bevor der Großmutter ein weiterer Besuch

---

12 Hüther 2001

gestattet werden konnte. Da die Großmutter die klare Haltung der Sozialarbeiterin erlebte und bei der Pflegemutter jemanden fand, der den Schmerz der Großmutter verstehen konnte, waren Besuche mit gemeinsamen Unternehmungen, die von der Pflegemutter geplant wurden und daher auch für den Jungen interessant waren, über nunmehr 14 Jahre ohne besondere Belastungen möglich.

7. Rechte und Pflichten gehören zusammen

Die Verantwortlichkeit der Pflegeeltern muss im Interesse des Kindes gestärkt werden. Der Gesetzgeber hat den Pflegeeltern gemäß § 1630 Abs. 3 BGB das Antragsrecht für Teile des Sorgerechtes eingeräumt und in § 1887 BGB bestimmt, dass der Amtspfleger/Vormund zu entlassen ist, wenn ein geeigneter Einzelvormund zur Verfügung steht. Die gesetzlichen Vorgaben sind klar, die Praxis jedoch ist oft weit davon entfernt, diese gesetzlichen Vorgaben zu verwirklichen. Wenn Pflegeeltern eine klare Rechtsposition haben, trägt dies viel zum Gelingen von Umgangskontakten bei.

10.5 Bedingungen, die zum Gelingen oder zum Misslingen der Umgangskontakte führen

Gelingen und Misslingen von Umgangskontakten hängen einerseits von allgemeingültigen Bedingungen und andererseits von individuellen Persönlichkeitsmerkmalen, der Geschichte der Kinder und deren Familien ab.

Ich beziehe mich auf eine Fallanalyse von 178 Pflegekindern.[13] Die Untersuchung bezieht sich auf die Erhebungen in einem einzelnen Landkreis und somit auf die Lebenswirklichkeit dieser Kinder. Die Zahlen zur Häufigkeit der Umgangskontakte sprechen eine eigene Sprache. An diesem Stichtag war die Häufigkeit der Umgangskontakte zu den leiblichen Eltern/einem Elternteil wie folgt:

- 24 % dieser Kinder hatten mindestens monatlich einen Kontakt
- 21 % haben weniger als 6 Kontakte im Jahr
- 39 % hatten keinen Kontakt
- 16 % der Mütter waren verstorben

Von den 30 Kindern, die im Alter von null bis acht Monaten in Pflegefamilien untergebracht wurden, hatten sechs Kinder noch nach Jahren monatlichen Kontakt zu ihren leiblichen Müttern/Eltern, sieben Kinder hatten weniger als sechs Kontakte im Jahr und bei 15 Kindern bestand kein Kontakt zwischen leiblichen Eltern und Kind. Dazu kamen zwei Kinder, deren leibliche Mütter/Eltern verstorben waren.

---

13 Zwernemann 2004, S. 239ff

In der Praxis im Pflegekinderwesen können im Laufe der Kindheit ursprünglich geplante Besuche unmöglich werden, aber auch anfänglich nicht mögliche Besuche möglich werden und für alle Beteiligten gut sein.

Als Beispiel werden im Folgenden die Umgangskontakte der 30 Kinder näher betrachtet, die im Alter von null bis acht Monaten untergebracht wurden.

Bei einem Jungen, der als Neugeborener von den leiblichen Eltern bei Bekannten untergebracht wurde und dort ein gutes Zuhause fand, fanden bis zum Alter von 12 Jahren häufige Besuche statt. Der Junge spielte mit den Geschwistern und hatte keine Probleme mit der Herkunftsfamilie, bis diese mit 12 Jahren die Rückkehr einforderten. Ab diesem Zeitpunkt verweigerte er heftig jeden Kontakt mit der Herkunftsfamilie.

Ein anderer Junge, der wegen einer schweren Erkrankung der Mutter ebenfalls als Neugeborener in die Pflegefamilie kam, hatte unbeschwerten Kontakt zu der Herkunftsfamilie. Die beiden Familien waren sich freundschaftlich zugetan. Der Einbruch kam, als die Umgangskontakte bei dem Vorschulkind mit dem Ziel der Rückführung ausgedehnt wurden. Der Junge verstand die Absicht der leiblichen Eltern und reagierte mit heftigen Ängsten. Besuche waren nur noch mit Zwang möglich, dies führte zu noch heftigerer Abwehr des Kindes.[14]

Bei einem Mädchen, das zunächst Besuche ohne Widerstände annahm, führte die aggressive Haltung der leiblichen Mutter gegenüber den Pflegeeltern zu einer völligen Verweigerungshaltung der inzwischen jungen Frau, die bis heute anhält.

Fünf der Kinder, die als Neugeborene bis zum Alter von acht Monaten in die Pflegefamilie kamen, sind behindert und wurden deshalb von den leiblichen Eltern abgelehnt. Zwei dieser Kinder sind durch Misshandlungen der leiblichen Eltern behindert. Zwei der leiblichen Mütter, welche beide seit vielen Jahren in Kliniken bzw. in Wohngemeinschaften für psychisch Kranke leben, konnten sich bisher nicht entschließen, Kontakt zu ihren Kindern aufzunehmen, weil sie Angst haben, dass während des Besuchs die Wahnvorstellungen durchbrechen könnten und sie den beiden Mädchen schaden könnten. Bei zwei Elternteilen, die ebenfalls psychisch krank sind und keine Krankheitseinsicht haben, wurden die Besuche durch Gerichtsbeschluss untersagt. Drei Mütter verabschiedeten sich von den Kindern und verzogen in weit entfernte Städte.

Bei Kindern, die im Schulalter untergebracht werden mussten, war die Situation unterschiedlich. Ich denke dabei an vier Kinder, die zunächst von ihren Müttern gut versorgt wurden und dann von den neuen Lebenspartnern der Mütter abgelehnt und teilweise misshandelt wurden. Diese Mütter hatten sich den Partnern untergeordnet und waren trotz der Bemühungen des Sozialarbeiters nicht zu Besuchen bereit. Diese Kinder litten sehr darunter, dass die Mütter sich nicht um sie

---

14 Zwernemann 2004, S. 269

kümmerten. Therapeutische Hilfen für die Kinder konnten etwas Hilfe bringen, aber der tiefsitzende Schmerz und später auch die Wut konnte nicht aufgearbeitet werden.

Eine Mutter aus der Praxisanalyse lehnte das Kind, das aus einer Vergewaltigung stammte, heftig ab. Sie konnte im Laufe von einigen Jahren die Probleme aufarbeiten, und gelegentliche Besuche wurden für alle Beteiligten möglich und gut. Zwei Mütter, die unter einer Psychose leiden, konnten mit therapeutisch/medizinischer Hilfe soweit hergestellt werden, dass die Besuche den Kindern wenig Belastung brachten. Ein Mädchen, dessen Mutter sich bis zum Alter von circa 14 Jahren nicht interessiert hatte, nahm auf Wunsch des Mädchens den Kontakt auf. Nach zunächst heftiger Zuneigung zwischen leiblicher Mutter und dem Kind ist eine Ernüchterung eingetreten, weil das Mädchen den Lebensstil der leiblichen Mutter nicht akzeptieren kann. Gelegentliche Besuche finden weiterhin statt.

10.6 Günstige Voraussetzungen für langfristig gut verlaufende Umgangskontakte

1. Bei den Kindern, die als Säugling in der Pflegefamilie untergebracht werden, entsteht eine sichere Bindung zwischen Pflegefamilie und Kind.
2. Die Kinder erleben, dass die Pflegeeltern mit den Herkunftseltern zusammen Spaziergänge und gemeinsame Unternehmungen machen.
3. Es besteht Einigkeit über den Lebensmittelpunkt des Kindes. Die Grundbedürfnisse des Kindes werden altersgerecht beachtet, besonders das Bedürfnis nach sicherer Zugehörigkeit, Geborgenheit und Liebe. Die Erkenntnisse der Trauma- und Bindungsforschung werden von allen Erwachsenen beachtet. Die Fachkraft hat die Aufgabe, ihnen die Wichtigkeit dieser Erkenntnisse für das Kind deutlich zu machen.
4. Der zuständige Sozialarbeiter bringt sich besonders in der Anfangsphase des Pflegeverhältnisses intensiv ein und hilft den Herkunftseltern bei der Verarbeitung der Trennung von dem Kind und der Verarbeitung der Schuldgefühle. Den Pflegefamilien hilft er bei der Verarbeitung der Veränderungen in ihrer Familie und bei der Bewältigung von auftretenden Problemen.
5. Sowohl der Sozialarbeiter wie auch die Pflegeeltern bringen den Herkunftseltern als Personen – unabhängig davon, ob sie ihr Handeln billigen können – Wertschätzung entgegen. Die Herkunftseltern akzeptieren die Pflegeeltern als soziale Eltern, bei denen das Kind groß werden darf.
6. Es wird kein Druck und Zwang, auch nicht von Jugendamt und Gericht, ausgeübt. Der Wille des Kindes findet Beachtung. Dies zeigt sich schon dann, wenn ein Säugling oder Kleinkind von den Herkunftseltern nicht geküsst werden

will. Falls dies die Herkunftseltern nicht erkennen können, hat die Fachkraft die Aufgabe, diese zur Haltung der Achtung vor dem Willen und den Gefühlen des Kindes hinzuführen.
7. Das Kind wird nicht in Trennungsängste gestürzt. Der bei negativ verlaufenden Umgangskontakten mit Druck und Zwang oft zu hörende Satz: „Ein Pflegekind muss da einfach durch" findet bei keinem der Beteiligten (Fachkräfte, Gericht, Herkunftseltern und Pflegeeltern) Raum.
8. Die rechtliche Situation ist geklärt, Rechte und Pflichten liegen möglichst nah beieinander, was bedeutet, dass bei fehlender Rückkehroption Teile der elterlichen Sorge oder die Vormundschaft nach einer angemessenen Zeitdauer des Pflegeverhältnisses auf die Pflegeeltern übertragen werden.
9. Die Bedürfnisse des Kindes in den verschiedenen Alters- und Entwicklungsstufen finden Beachtung. Die Fachkraft muss hier genügend Kapazität für die Beratung haben. Die unterschiedlichen individuellen Risikofaktoren des Kindes werden ergründet und beachtet. Auch und insbesondere die Beobachtungen der Pflegeeltern finden Beachtung. Wenn das Kind Ängste entwickelt, werden diese von allen Erwachsenen sehr ernst genommen, auch wenn diese für Erwachsene manchmal nicht nachvollzogen werden können.
10. Das Kind hat keine Traumatisierung erfahren.
11. Misshandlungen, sexueller Missbrauch und Vernachlässigung werden von den Herkunftseltern und den Fachkräften nicht geleugnet oder bagatellisiert. Dies ist die Voraussetzung, dass das Kind Zugang zu seiner eigenen Geschichte bekommt. Durch das Anerkennen der Realität kann beim Kind ein therapeutischer Prozess möglich werden.

© Paul Rommer/123rf.com

10.7 Fazit

- Umgangskontakte haben dem Kind zu dienen. Wenn ein Kind Widerstände gegen Begegnungen mit der Herkunftsfamilie zeigt, so hat dies seine Vorgeschichte, die wir nur unvollständig kennen. Es ist nicht von Bedeutung, was die Erwachsenen verstehen oder welche Ideologie sie vertreten („Ein Pflegekind braucht seine Herkunftseltern"), sondern das, was das Kind signalisiert. Das Kind hat ein Recht auf Schutz. Zwang, sei es psychisch oder gar körperlich, ist unzulässig und steht im Widerspruch zu geltendem Recht.
- Pflegeeltern und Herkunftseltern müssen etwas zusammen unternehmen können, unter dem Motto: Zwei Familien begegnen sich und unternehmen etwas. Wo dies nicht möglich ist, sind Umgangskontakte für das Kind eine schwere Belastung und nicht an seinem Wohl orientiert.
- Wenn diese gemeinsamen Unternehmungen nicht möglich sind, kann nicht daraus geschlossen werden, dass dann die Herkunftseltern mit dem Kind alleine Umgang haben können, weil der angebliche Loyalitätskonflikt der Grund für das Scheitern sei. Es liegt in der Regel kein Loyalitätskonflikt vor, sondern das Kind ist mit der Umgangssituation überfordert und die Gefahr der Retraumatisierung ist gegeben, wenn es trotz offener oder innerer Widerstände zu den Besuchen überredet oder gar gezwungen wird.
- Für eine Übergangszeit kann es erforderlich sein, dass begleitete Umgangskontakte durchgeführt werden. Diese Begleitung erfolgt möglichst durch den fallführenden Sozialarbeiter oder einen spezialisierten Umgangskontaktbegleiter für Pflegekinder. Die Begleitung durch die Pflegeeltern, von Anfang an, sollte außer Frage stehen, damit das Kind zu ihnen Vertrauen aufbauen kann.
- Begleiteter Umgang ist immer eine Notlösung. Das Ziel ist, dass Pflegeeltern und Herkunftseltern lernen, spannungsarm miteinander umzugehen. Voraussetzung für das Gelingen von Umgangskontakten ist, dass die Pflegeeltern den Herkunftseltern Wertschätzung entgegenbringen und die Herkunftseltern die Autorität der Pflegeeltern während des Umgangskontaktes weder verbal noch nonverbal infrage stellen ebenso wenig wie den Lebensmittelpunkt des Kindes.
- Begleiteter Umgang kann nicht, wie dies mancherorts geschieht, so verstanden werden, dass der Umgangskontaktbegleiter das Kind abholt, den Herkunftseltern übergibt und das Kind allein lässt, um es danach den Pflegeeltern wieder zu übergeben. Diese bei Trennungs- und Scheidungskindern geübte Praxis kann nicht auf die Situation der Pflegekinder übertragen werden.
- Der Umgangskontaktbegleiter verfügt über ein spezialisiertes Fachwissen verbunden mit der Fähigkeit, „in die Haut des Kindes schlüpfen zu können" (Empathie). Er hat sensibel auf die Befindlichkeit des Kindes zu achten und erkennt Ängste auch dort, wo sie verschlüsselt gesendet werden. Er hat in der Bindungstheorie Kenntnisse, im Besonderen erkennt er desorganisierte Bin-

dungsmuster. Dies erfordert vom Umgangskontaktbegleiter eine auf das Pflegekinderwesen abgestimmte Weiterbildung. Pflegevereinigungen bieten Fortbildungen in diesem Bereich an und können in der Regel geeignete Fachkräfte vorschlagen.
- Der Schutz des Kindes kann vom Umgangsbegleiter im Einzelfall einfordern, ein – das Kind offensichtlich belastendes – Treffen abzubrechen. Er hat für das Kind parteilich zu sein. Wichtig ist, dass das Kind ein Vertrauensverhältnis zum Umgangsbegleiter hat. Der Umgangsbegleiter hat die Aufgabe, während des Kontaktes eine freundliche Atmosphäre zu schaffen. Konflikte sind beim Umgangskontakt kein Thema. Der Umgangskontaktbegleiter soll während der ganzen Besuchszeit anwesend sein.
- Auch die nicht seltene Aufforderung von Fachkräften, die Umgangskontakte in der häuslichen Umgebung bei den Pflegeeltern oder der Herkunftsfamilie stattfinden zu lassen, ist sehr kritisch zu hinterfragen und kann nur gelingen, wenn keine Traumatisierung des Kindes stattgefunden hat, und der Verbleib des Kindes geklärt und somit eine sichere Basis vorhanden ist.
- Das Mitgeben oder Abgeben eines kleinen Kindes, aber in der Regel auch eines Schulkindes, ist nicht vertretbar. Ein verletztes Kind braucht einen erhöhten Schutz.
- Die Beobachtungen der Pflegeeltern nach Umgangskontakten haben Beachtung zu finden. Diese sind von der Fachkraft abzufragen. Bemerkungen wie: „Pflegeeltern müssen kooperativ sein, auch deswegen, weil Herkunftseltern es nicht sind" oder Feststellungen wie: „Pflegeeltern wollen nur nicht die Unbequemlichkeiten der Umgangskontakte tragen" oder „Es liegt an den Pflegeeltern, wenn das Kind massiv auf die Kontakte reagiert und es sind die Verlustängste der Pflegeeltern, die hier deutlich werden" sind fehl am Platz.
- Pflegekinder können nicht mit Kindern aus geschiedenen Ehen verglichen werden. Die Situation von Scheidungs- und Pflegekindern ist grundverschieden und Vergleiche sind unzulässig. Im Normalfall haben Kinder aus geschiedenen Ehen zu beiden Elternteilen eine gewachsene Bindung. Wenn nun miteinander verfeindete Elternteile, bei einem Kontakt zusammentreffen, kann das Kind in einen Loyalitätskonflikt geraten.
- Bei Pflegekindern ist die Situation völlig anders. Sie mussten von den Herkunftseltern getrennt werden, weil sie elementar bedroht waren, durch Vernachlässigung, Verwahrlosung, Misshandlung, Missbrauch oder weil die Herkunftseltern nicht in der Lage waren, die Bedürfnisse des Kindes angemessen zu befriedigen. Der Konflikt liegt nicht auf der Paarebene, sondern in der Mutter/Eltern-Kind-Beziehung.
- Jedes Pflegekind bringt Risiken mit sich, die einen erhöhten Schutz einfordern. Längere Trennungen bei Säuglingen und Vorschulkindern bedeuten für die

Entwicklung des Kindes ein hohes Risiko. Übernachtungen bei den Herkunftseltern sind in der Regel auszuschließen.
- Das Festlegen der Umgangskontakte erfordert ein stetes Anpassen an die sich verändernden Bedürfnisse des Kindes. Die Aufgabe der Erwachsenen ist es, zu reflektieren und notwendige Änderungen vorzunehmen.
- Es ist möglich, dass durch zwangloses Eingehen auf die Bedürfnisse des Kindes Ängste abgebaut werden können und umgekehrt, dass das Kind Ängste entwickelt, z. B. dann, wenn Rückführungsforderungen deutlich werden.
- Das Kind hat nach all den Verletzungen, die es erfahren musste, ein Recht auf Normalität und ein Recht auf Selbstbestimmung. Achtung und Respekt dem Kind gegenüber werden von allen Erwachsenen gefordert ebenso wie die Verantwortung für dieses spezielle Kind zu tragen. Es hat ein im Grundgesetz verankertes Recht auf Unversehrtheit. Dies wird von den Fachkräften gesehen und vorbehaltlos vertreten. Auch wenn in Relation zu den oft als hochstehend zitierten Elternrechten gewichtet werden muss, ist zugunsten der Unversehrtheit des Kindes an Leib und Leben zu entscheiden, und zwar insbesondere auch deswegen, weil dieses Kind, welches unter der Obhut des Jugendamtes steht, eben keine unbelastete Vergangenheit hat.
- Wenn das Kind eine frühere Bezugsperson besuchen möchte, ist dies zu prüfen und zu unterstützen, insofern es den kindlichen Bedürfnissen entgegenkommt und seinem Wohl dient. Auch wenn das Kind vorübergehend in einer therapeutischen Einrichtung oder in einem Heim untergebracht ist, hat es das Recht mit seinen Pflegeeltern regelmäßigen Kontakt zu halten. § 1685 BGB bestimmt dazu Folgendes:

§ 1685 Umgang des Kindes mit anderen Bezugspersonen
(1) Großeltern und Geschwister haben ein Recht auf Umgang mit dem Kind, wenn dieser dem Wohl des Kindes dient.
(2) Gleiches gilt für enge Bezugspersonen des Kindes, wenn diese für das Kind tatsächliche Verantwortung tragen oder getragen haben (sozial-familiäre Beziehung). Eine Übernahme tatsächlicher Verantwortung ist in der Regel anzunehmen, wenn die Person mit dem Kind längere Zeit in häuslicher Gemeinschaft zusammengelebt hat.
(3) § 1684 Abs. 2 bis 4 gilt entsprechend.

Ob von Ideologien oder kindzentriertem Denken und Handeln in einem Team eines Jugendamtes ausgegangen wird oder nicht, hat erhebliche Auswirkungen auf das Schicksal des einzelnen Kindes, der Pflegefamilie und der Herkunftsfamilie. Das bei Pflegeeltern nicht selten anzutreffende Gefühl der Abhängigkeit vom zuständigen Jugendamt hindert diese oft, ein kritisches Hinterfragen der Haltungen des Mitarbeiters oder des gesamten Teams zu wagen. Hier haben Pflegeelternvereinigungen eine wichtige Aufgabe auch im Hinblick darauf, dass nicht nur den

Pflegeeltern, sondern auch den Jugendamtsmitarbeitern entsprechende Fortbildungsangebote gemacht werden.

10.8 Kinder zwischen zwei Familien – ein Erlebnisbericht eines Kindes, das zwischen zwei Familien leben musste

Wochenpflege – die Woche bei der Pflegefamilie – das Wochenende bei der Mutter. Mit fünf Jahren kam ich in die fünfte Pflegefamilie

Meine Geschichte begann mit meiner Geburt im Sommer 1963. Meine Eltern, beide erst knapp 20 Jahre alt, waren gerade in den „Westen" gekommen. Meine Mutter trennte sich kurz darauf von meinem Vater, sie wollte beruflich vorankommen und selbstständig sein. So begann meine Karriere als Pflegekind.

Früh wechselte ich immer wieder die Pflegefamilien und war, wie sich später herausstellte, zu meinem Leidwesen, an den Wochenenden immer bei meiner Mutter. Sie war meistens schon hier überfordert, weil sie die ganze Woche gearbeitet hatte und mich ja nur dann sehen konnte. Sie war gereizt und meistens schlechter Laune, wie gesagt, sie war einfach noch zu jung.

Für mich war das Wochenende immer eine komplizierte Angelegenheit. Da wenig Seele meiner Mutter für mich übrig war, kam ich regelmäßig in merkwürdige Gefühlsschwankungen. Meist war ich der Annahme, es stimmt mit mir etwas nicht, ich bin nicht in Ordnung. Ich lief bei meiner Mutter so nebenher. Sicherlich hat sich meine Mutter, für ihre Verhältnisse damals, so gut sie konnte, Mühe gegeben die Mutter-Kind-Beziehung aufmerksam zu gestalten. Ihre Launenhaftigkeit war für mich das Schlimmste. Ich konnte sie nicht einschätzen und musste dauernd alle Antennen ausfahren. Ständige Alarmstimmung für mich – unter Daueranspannung!

Wie traurig war es, als ich mit fünfeinhalb Jahren in eine Pflegefamilie mit drei Kindern kam und jedes Wochenende in eine andere, für mich nicht fühlbare und nicht geliebte, Welt musste, weil es meine Mutter so wollte, und die Gesetze es so vorschrieben! Vor meiner Abreise am Wochenende schrie und tobte ich regelmäßig. Lauthals gab ich meinem Unmut freien Lauf, leider ohne Erfolg. Ich wollte nicht in eine Welt, die mir nicht vertraut war, die mir fremd und kalt erschien. Ich wollte mein Leben, die vertrauten Menschen um mich herum, nicht verlassen. Nicht mein Zimmer, meine Pflegeeltern, meine vertraute Umgebung, welche nun, nach einer kurzen, schwierigen Eingewöhnungszeit, auch mein gefühltes Zuhause war.

Es war immer wieder eine schwierige Heimkehr in die Pflegefamilie zurück, da ich Dinge erlebt hatte, über die ich meistens nicht sprach oder einfach noch nicht sprechen konnte, da ich zu diesem Zeitpunkt zu loyal meiner Mutter gegenüber war. Damit meine ich, z. B. einen neuen Lebenspartner meiner Mutter, Launen ihrerseits, etc. Welch ein andauerndes Gefühlschaos in mir, mit meinen Mitmenschen, meinen

Spielkameraden usw. Hier sehe ich ganz klar die Entstehung aller somatischen Beschwerden, der Albträume, welche ich noch heute einige Male im Jahr durchlebe, dem Gefühl, nicht in Ordnung zu sein.

Meine Pflegemutter führte eine kräftezehrende, langjährige Auseinandersetzung mit meiner Mutter, mit dem Jugendamt usw. Sie bekam ja hautnah mit, wie ich jedes Mal aufs Neue verstört und verschlossen in die Familie zurückkam. Sie hatte ich an meiner Seite, was mir zu diesem Zeitpunkt jedoch nicht bewusst war, lange glaubte ich, sie steckt mit meiner Mutter unter einer Decke und will mich auch nicht mehr (weil ich ja wieder ins Wochenende zu meiner Mutter musste). Ich verstand nicht, warum ich immer wieder Abschied nehmen musste, obwohl meine Pflegemutter doch mitbekam, wie schlecht es mir geht, dass ich da nicht hin wollte! Andauernd, kaum war Mittwoch und alle kamen mit mir einigermaßen zurecht, war das Wochenende schon nicht mehr weit und alles begann von vorne!

Ich weiß noch, wie ich ganz sicher war, dass ich nicht so bin, wie die anderen Kinder, denn die durften ja an einem Ort bleiben und mussten nicht packen und geliebte Dinge zurücklassen. Ich war mir sicher, dass ich es verdiene, weil ich nicht gut bin, nicht in Ordnung bin!

An dieser Stelle nahm meine spätere Erkrankung ihren Lauf. Ich glaubte, bis vor ein paar Jahren immer, ich sei schuld an irgendwelchen Auseinandersetzungen, welche Menschen in meiner Nähe führten. Ich bin nicht in Ordnung, weil bei mir nicht alles so glatt lief, wie bei manchen meiner Freunde. Mir fehlte oft die Kraft, das zu tun, was andere in der Zeit schon bewältigt hatten, wie z. B. Ausbildung und später Beruf.

Dadurch, dass meine Kräfte immer mehr begannen nachzulassen, kam ich zunehmend in körperliche Defizite, die mir zeitweise nicht erlaubten, den Alltag ohne krank zu sein, zu leben. In meiner dritten Lebensdekade wurde mein Zustand für mich unerträglich und ich spürte, dass ich jetzt handeln musste. Ich hatte Angst, den Arbeitsplatz zu verlieren. Erst als mir in der Therapie richtig klar wurde, aus welchem Grunde ich nicht richtig „funktioniere", ging es mir schon etwas besser.

Viel später erst war klar, dass ich unter einer schweren posttraumatischen Belastungsstörung litt. So bekamen Dauerkopfschmerzen, Tinnitus, Schlafstörungen, Rückenschmerzen und all die anderen Symptome einen Namen, es war wie eine Erlösung. Nun begann eine lange Zeit des Lernens, wie ich damit besser umgehen konnte. In der Folge hatte ich mich lange Jahre mit den Folgen des Wechselns des Zuhauses auseinanderzusetzen. Ab hier begann eigentlich, so nenne ich es, mein zweites Leben.

An dieser Stelle möchte ich meinen persönlichen Beitrag zu diesem Thema beenden. Dank der vielen Menschen, die zu jedem Zeitpunkt an mich und meine Fähigkeiten geglaubt haben, einschließlich meiner Pflegemutter wurde der Abstand zu tiefster Verzweiflung und andauernder Suizid-Gedanken immer größer. Ursprüngliche Lebenskräfte kehrten allmählich zurück, die Energie, welche mir in meiner Kindheit durch die anfangs beschriebene Situation, genommen wurde. Ich schreibe diese Zeilen, weil ich glaube: Alles hat seinen Sinn. Ich möchte mit meiner Erfahrung Menschen ein Bild verschaffen, wie es in einem so gequälten/zerrissenen Kind aussieht. Vielleicht bleibt manchem Kind, das wie ich damals noch nicht darüber sprechen kann, so manche schwere Stunde in seinem Leben erspart, kann als Kind seine Lebensenergie, welches es als Erwachsener benötigt, für sich nutzen. Ich habe Schlimmes überstanden und wünsche allen anderen Menschen (Kindern), dass ihnen dieser leidvolle Weg erspart wird.

11 Bürgerschaftliches Engagement

> Pflegeeltern und Adoptiveltern sind ehrenamtlich Tätige.
> Pflegeeltern haben den gesetzlich einklagbaren Rechtsanspruch auf ortsnahe Beratung und Unterstützung (§ 37 Abs. 2 SGB VIII). Sie haben ein Wunsch- und Wahlrecht zwischen fachlich qualifizierten Anbietern in der Pflegekinderhilfe sowohl in der Beratung wie auch in der Fortbildung (§ 5 SGB VIII)
> Um optimale Rahmenbedingungen für die Pflegekinderhilfe zu entwickeln, ist der Dialog zwischen dem Jugendhilfeausschuss, der Verwaltung und den Interessenvertretern der Pflegeeltern erforderlich.
> Erfahrene Pflegeeltern bilden sich weiter zu Beiständen. Die ehrenamtlich tätigen Beistände gem. § 13 SGB X erfüllen eine wichtige gesellschaftliche Aufgabe bei der Stützung und Begleitung von Pflegefamilien.
> Pflegeeltern, Beistände und ehrenamtliche Vormünder/Pfleger leisten wertvolle Arbeit innerhalb des bürgerschaftlichen Engagements.

Pflegeeltern und Adoptiveltern sind ehrenamtlich tätig. Sie sind bereit, ihre Familie zu öffnen und einem zunächst fremden Kind eine Heimat anzubieten. Sie sind eine wertvolle Ressource in unserer Gesellschaft. Wie wird ihr bürgerschaftliches Engagement in der Gesellschaft wahrgenommen? Wird ihnen mit Respekt begegnet? Trifft ihr Tun auf Wertschätzung? Wird ihr Fachwissen anerkannt? Welche Rahmenbedingungen brauchen Pflege-und Adoptivfamilien? Ist es Schicksal, in welcher Stadt oder in welchem Landkreis die Pflegefamilie lebt?

11.1 Rahmenbedingungen in der Pflegekinderhilfe

Wie verhält es sich prinzipiell mit der Weiterentwicklung der Hilfen zur Erziehung? In § 79 SGB VIII wird ganz allgemein die Gesamtverantwortung für die Erfüllung der Aufgaben innerhalb der Jugendhilfe festgelegt. Insbesondere wird dem Träger der öffentlichen Jugendhilfe aufgegeben, dass er dafür zu sorgen hat, dass geeignete Einrichtungen, Dienste und Veranstaltungen den verschiedenen Grundrichtungen der Erziehung entsprechend rechtzeitig und ausreichend zur Verfügung stehen. Hierzu zählen insbesondere auch ehrenamtliche Einzelvormünder – und Pfleger und Pflegepersonen. Die Träger der öffentlichen Jugendhilfe haben für eine ausreichende Ausstattung der Jugendämter und der Landesjugendämter zu sorgen (§ 79 Abs. 3 SGB VIII); dazu zählt auch eine dem Bedarf entsprechende Anzahl von Fachkräften. Der Hinweis auf eine dem Bedarf entsprechende Zahl von Fachkräften (§ 72 SGB VIII) ist gerade für die Pflegekinderhilfe von großer Bedeutung.[1] Im Rahmen dieser Gesamtverantwortung hat der öffentliche Träger demnach die Pflicht zur sorgfältigen Prüfung und Einschätzung dessen, was an Angeboten und Leistungen auf dem Gebiet der Jugendhilfe notwendig ist.[2]

Trotz dieser Vorgabe gibt es bis heute auch in der fachlichen Ausstattung der Pflegekinderdienste keine einheitlichen Standards, zumal die Landesjugendämter nach der Föderalismusreform lediglich Empfehlungen herausgeben können und keinerlei Weisungsbefugnisse den kommunalen Jugendämtern gegenüber haben.

Trotz der günstigen Voraussetzungen in den Jahren nach 1965 ist es nicht gelungen, die Wichtigkeit der Familienerziehung in der Fachwelt zu verdeutlichen. Die Privatheit und der Mangel an Lobbyarbeit für diese stille Arbeit in der Familie dürften ein Grund dafür sein, dass man auch heute noch zwischen professionell geleisteten Hilfen zur Erziehung und nicht professioneller Hilfe unterscheidet.

Mit professioneller Hilfe wird in der Regel ein nachprüfbarer Qualitätsstandard verbunden, der von einem beruflichen Erzieher geleistet wird. Nicht zuletzt deshalb ist durch die Nähe zur Heimerziehung in diesem Bereich eine Verbesserung der Beratung der Erziehungsstellen durch qualifizierte und spezialisierte Pflegekinderdienste erfolgt, während diese notwendige Beratung den „nicht professionellen" Pflegefamilien in der Regel nicht gewährt wird.

Martin Textor[3] fordert im Pflegekinderwesen eine doppelte Professionalisierung, und zwar sowohl aufseiten der Fachkräfte als auch aufseiten der Pflegeeltern. Er meint hier offensichtlich, dass gut vorbereitete und begleitete Pflegeeltern eine besondere „Profession" haben. Diese Meinung wird durch die Praxis in der Pflegekinderhilfe voll bestätigt.

Reinhard Wiesner[4] nimmt wie folgt zur Qualitätsentwicklung Stellung. Er schreibt:

> „Betrachtet man die fachliche Diskussion über die Weiterentwicklung der Hilfen zur Erziehung in den letzten Jahren, so wird deutlich, dass die Vollzeitpflege davon so gut wie unberührt bleibt. Freilich hat es auch hier neue Ansätze und Entwicklungen gegeben. So haben sich unter dem Dach des Pflegekinderwesens verschiedene professionelle und semiprofessionelle Sonderformen entwickelt, und auch die Abgrenzung zur Heimerziehung ist fließend geworden, was bei sogenannten Erziehungsstellen bzw. Erziehungsfamilien besonders deutlich wird.
>
> Dennoch hat das Pflegekinderwesen an der fachlichen Diskussion um seinen Standard innerhalb des Systems der Kinder- und Jugendhilfe nicht teilgenommen. Der Grund dafür dürfte in der Sonderstellung liegen, die das Pflegekinderwesen im Gesamtkonzept der Hilfen zur Erziehung einnimmt. Diese Sonderstellung ergibt sich einmal aus der spezifischen Struktur der Leistungserbringer, zum anderen aus der begrenzten Steuerungsfähigkeit dieser Hilfeart. (…) Die Vorzüge und Stärken die-

---

1 Vgl. Münder et al. 2006, S. 945
2 Vgl. Münder et al. 2006, S. 939
3 Textor 1995, S. 507
4 Wiesner 2001, S. 19ff

ser privaten, lebensweltorientierten Hilfe brauchen hier nicht eigens betont werden. Die individuelle private Ausrichtung der Pflegekindschaft birgt auch die Nachteile. Insbesondere erschwert sie eine angemessene Repräsentanz und Interessenvertretung nach außen. (…)
Es ist bezeichnend, dass ein im Jahre 1999 erschienenes Standardwerk zum Thema „Qualität in der Jugendhilfe" sich mit verschiedenen Hilfeformen befasst, zum Pflegekinderwesen aber kein Wort verliert. Eine solche Qualitätsdiskussion muss auf der Seite der „Leistungserbringer" von Anwälten und Repräsentanten des Pflegekinderwesens, also Verbänden oder Institutionen geführt werden, um sich im Konzert der professionellen Leistungsanbieter gegenüber den kommunalen Gebietskörperschaften als Kostenträger das notwendige Gehör zu verschaffen."

11.1.1 Historischer Rückblick auf die „rechtlosen Jugendamtskinder"

Heute ist zu hören, dass die Ersatzfamilie das ältere Konzept in der Praxis der Vollzeitpflege ist und dieses auf der Vorstellung beruht, dass das Kind auf Dauer in einer Pflegefamilie untergebracht wird und erst dann gute Beziehungen zu den neuen Pflegeeltern entwickeln kann, wenn es die Beziehungen zu den Herkunftseltern aufgeben konnte.[5] War das Konzept der Ersatzfamilie zumindest seit der Nachkriegszeit, wirklich das Handlungsmuster der Jugendhilfe?

Ulrich Gudat (1987) stellt die Bindung des Kindes an seine Herkunftsfamilie in den Mittelpunkt seiner konzeptionellen Überlegungen. Die Kooperation zwischen Herkunftseltern und Pflegeeltern sieht er unabhängig von der Vorgeschichte des Kindes als den zentralen Punkt für eine gesunde Entwicklung des Kindes an. Folgerichtig sind aus Gudats Sicht Umgangskontakte zur Herkunftsfamilie generell einzufordern, und das Kind wird als Teil der Herkunftsfamilie gesehen.[6] Die Bindungstheorie kam in den Hintergrund und die systemische Sichtweise des Pflegeverhältnisses wurde und wird vielerorts zum zentralen Anliegen in der Pflegekinderhilfe.

Ich kann mich ab dem Jahr 1945 an Pflegekinder erinnern. Diese Kinder waren „Jugendamtskinder". Sie waren rechtlos.[7] Die Geschichte von Heini, die im 2. Jahrbuch des Pflegekinderwesens (2001) beschrieben wurde, ist für diese Zeit die Regel gewesen.

Er kam als Baby zu einer älteren Frau, die verstarb, als er in das Schulalter kam. Ab diesem Zeitpunkt war er bei einem Bauern als Arbeitskraft. Er gehörte nie zu der Familie. Er war allein auf sich gestellt. Weder Lehrer, Pfarrer noch Sozialarbeiter erkannten seine Not. Der Satz von Heini: „Wenn die nur einmal mit mir reden würden

---

5 Vgl. Entwicklungspsychologie für die Jugendhilfe 2004, S. 226, 227
6 Gudat 1987
7 Zwernemann 2001, S. 181ff

und nicht nur mit den anderen" war ausschlaggebend für meine Berufswahl. Sein Leben ist die Geschichte eines verlorenen Menschen. Er wurde straffällig, flüchtete in die Fremdenlegion als Söldner, kam als gebrochener und alkoholkranker Mann zurück, versuchte einen neuen Start mithilfe der alten Schulkameraden, die seine Schulden übernahmen und persönlich Hilfe leisteten, wurde wieder rückfällig und beendete schließlich mit 45 Jahren sein Leben.

Ein weiteres Beispiel:

Ein heute siebzig Jahre alter Mann, der als Pflegekind in einer Bauernfamilie lebte, sagte zu mir: „Das Schlimmste an meiner Kindheit war nicht die schwere Arbeit, die ich als Schulkind leisten musste, sondern diese große Einsamkeit, weil ich nicht zur Familie gehörte."

Auch noch in den Jahren nach 1960 begegneten mir diese rechtlosen „Jugendamtskinder". Das Schicksal eines Mädchens geht mir besonders nahe. Sie ist jetzt dreißig Jahre alt, und sie schildert ihre Kindheit wie folgt:

Sie kam mit sechs Jahren in eine Familie, die einen Bauernhof und ein Gasthaus bewirtschafteten. Es waren drei ältere leibliche Söhne in der Pflegefamilie. Der Unterbringungsgrund war die psychische Erkrankung der Mutter und die Unfähigkeit des Vaters, das Kind zu versorgen.

Die Situation in der Pflegefamilie schildert die Frau so: Sie musste arbeiten, wenn sie aus der Schule kam, wurde völlig anders behandelt als die Söhne der Familie, bekam kein Spielzeug, wurde geschlagen, wenn sie die ihr aufgetragenen Arbeiten nicht richtig erfüllt hatte, war völlig allein. Sie erinnert sich, dass sie in die Pflegefamilie kam, ohne irgendein Kleidungsstück zu haben außer dem, was sie auf dem Leib trug, und dass sie mit 14 Jahren genauso von der Pflegefamilie wegging. Der einzige Unterschied beim Weggang war, dass sie an einer Puppe festhielt und sich diese nicht nehmen ließ. Diese Puppe hat sie zusammen mit einem Puppenwagen mit zwölf Jahren zu Weihnachten geschenkt bekommen. Weder die Puppe noch der Puppenwagen waren neu. Sie erinnert sich, wie tief verletzt sie war, dass ihr erst jetzt mit zwölf Jahren eine Puppe mit Puppenwagen geschenkt wurde. In ihrer Einsamkeit klammerte sie sich jedoch an diese Puppe. Ihr konnte sie sagen, was ihr Schlimmes passierte. Außer ihr hatte sie niemanden, dem sie sich anvertrauen konnte. Die Sozialarbeiterin, die sie einige Male im Jahr besuchte, hatte sie nie alleine gesehen. Sie erinnert sich, dass sie in Anwesenheit der Sozialarbeiterin auf den Schoß der Pflegemutter genommen wurde und liebevolle Worte hörte – was sonst nie vorkam, sie jedoch nie die Möglichkeit gehabt hat zu sagen, was wirklich geschieht.

Zu ihrer Einsamkeit kam, dass der älteste Sohn der Familie sie ab dem zwölften Lebensjahr regelmäßig vergewaltigte. Sie konnte mit niemandem darüber sprechen, am allerwenigsten mit der Pflegemutter, weil dieser Sohn zugleich der Lieblingssohn der Pflegemutter war.

Mit 14 Jahren bekamen die leiblichen Eltern das Sorgerecht wieder. Sie kam zurück zu einer Mutter, die ihr völlig fremd war. Diese war zwar zuvor einige Male im Jahr zu einem Besuch in die Pflegefamilie gekommen, aber es bestand keine innere Verbindung zwischen Mutter und Kind. *Nach der Rückkehr zu der Mutter kam der psychische Zusammenbruch, und sie musste über einen längeren Zeitraum in einer psychiatrischen Klinik behandelt werden. Glück hatte sie, dass sie danach einen Partner fand, der sie verstand und mit ihr bis heute einen Weg durch das Leben bis heute geht.*

Dieser Rückblick zeigt, dass bis heute viele positive Entwicklungen in der Pflegekinderhilfe erreicht werden konnten. Kinder werden als Kinder wahrgenommen. Wenn Kinder zur Familie gehören und eben nicht rechtlose „Jugendamtskinder" sind, dann stellt sich die Frage nach „Ersatzfamilie" oder „Ergänzungsfamilie" nicht. Kinder brauchen das Gefühl, dass sie gehalten werden und dass sie zu der Familie, in der sie leben, dazugehören.

Die Nähe zu den ehemaligen „Jugendamtskindern" ist gegeben, wenn in der Familie eine deutliche Unterscheidung zwischen den „eigenen" Kindern und den Pflegekindern erfolgt. In der Arbeit als Beistand wurde ich beratend bei einer schwierig gewordenen 16-jährigen Pflegetochter tätig. Als ich bei den Pflegeeltern von ihrer Tochter sprach, wurde ich sofort berichtigt. Das sei nicht ihre Tochter, sondern die Pflegetochter. Mit den eigenen Kindern kämen sie gut zurecht. Diese Distanzierung spürt der junge Mensch als Kränkung.

In einem anderen Bereich ist die Gefahr des Nicht-sicher-Zugehörigfühlens ebenfalls groß. Wenn Pflegeeltern als Erziehungsstellen wirtschaftlich von der Belegung durch das Jugendamt abhängig sind, besteht die Gefahr, dass Besuchswünsche oder Rückführungswünsche auch dort widerspruchslos hingenommen werden, wo sie eindeutig gegen das Kindeswohl verstoßen. Auch hier können sich Kinder rechtlos und ohnmächtig ausgeliefert fühlen.

11.1.2 Gibt es einheitliche Standards in der Pflegekinderhilfe?

In den letzten Jahrzehnten haben Jugendämter unterschiedlich Qualitätsstandards entwickelt.[8] Manche Beschreibungen beschränken sich auf äußere Rahmenbedingungen, andere bemühen sich auch um inhaltliche Ausgestaltung. Kennzeichnend ist, dass diese Standards nicht miteinander vergleichbar sind, sowohl die inhaltliche Seite als auch die Rahmenbedingungen betreffend.

11.1.2.1 Pflegevertrag

Zunehmend berichten Pflegeeltern davon, dass sie von ihrem Jugendamt aufgefordert werden Pflegeverträge zu unterschreiben. Dies ist offenbar der Versuch einiger Jugendämter, äußere einheitliche Rahmenbedingungen zu schaffen. Die Jugendämter haben mit stationären und ambulanten Einrichtungen ihr Verhältnis

---

8   Zwernemann 2001, S. 187ff

vertraglich geregelt. Pflegefamilien sind in dem Bereich Hilfen zur Erziehung ein Sonderfall, weil sie eine ehrenamtliche Hilfe leisten und diese nicht durch privatrechtliche Verträge geregelt werden kann. Ein Vertrag zwischen Jugendamt und Pflegefamilie hat keine rechtliche Grundlage. Aussagen wie beispielsweise über ein gegenseitiges Kündigungsrecht mit anschließender Herausgabe des Kindes ist überdies gesetzes-und sittenwidrig. Dies ergibt sich allein aus dem Recht der Antragstellung auf Verbleib gem. § 1632 Abs. 4 BGB.

Im Handbuch Pflegekinderhilfe ist dazu Folgendes ausgeführt:[9]

> „In der Praxis ist weit verbreitet, Pflegeverträge zwischen Jugendamt und Pflegeeltern abzuschließen. Wie und warum es dazu gekommen ist, kann jedoch weder aus rechtlicher noch aus fachlicher Sicht nachvollzogen werden. …"

Und weiter[10]

> „Nicht wirklich geklärt scheint in Rechtsprechung und Literatur, ob überhaupt und wenn ja, welche Art von rechtlichen Beziehungen im Verhältnis zwischen Jugendamt und Pflegefamilie besteht. Nach der jüngeren Rechtsprechung soll weder ein Dienstvertrag noch ein Auftrag zwischen ihnen zustande kommen …"

Ich rate dazu, sich wieder auf die geltenden Gesetze im BGB und SGB VIII zu besinnen. Sie sind die Grundlagen und hiervon leiten sich sämtliche Rechte und Pflichten ab.

Insbesondere verweise ich auf § 36 SGB VIII, in dem sich die Erziehungswirklichkeit des betroffenen Kindes widerspiegeln soll. Erziehung lässt sich nicht statisch festschreiben und kann durch Verträge nicht geregelt werden.

11.1.3 Beispiel einer Leistungsbeschreibung für Hilfen zur Erziehung in Familien nach §§ 33 und 34 SGB VIII

In einer Veröffentlichung hat ein Initiativkreis eine Leistungsbeschreibung für Hilfen zur Erziehung in Familien nach §§ 33 und 34 SGB VIII erstellt.[11] Das erzieherische Milieu ist nach der Überzeugung der Arbeitsgruppe gekennzeichnet durch:

- Verfügbarkeit einer konstanten, nicht austauschbaren Betreuungsperson für das Kind,
- Anhaltendes Interesse am Entwicklungsweg des Kindes über den Zeitraum der Unterbringung hinaus,
- Bereitschaft der Pflegefamilie, bedarfsgerechte Bindungs- bzw. Beziehungserfahrungen zu ermöglichen,
- Ermöglichen sozialen Lernens am Modell Familie. Familie wird als das auf Dauer angelegte Zusammenleben von Menschen verschiedener Generationen beschrieben,

---

9 Handbuch Pflegekinderhilfe, S. 73
10 Handbuch Pflegekinderhilfe, S. 75
11 Zeitschrift Pflegekinder 2001, S. 27ff

- Würdigung und Förderung der Interessen jedes einzelnen Familienmitgliedes,
- Emotionale Sicherheit jedes Familienmitgliedes,
- Herstellen von Normalität im Sinne von
  1. Integration des Kindes in ein dauerhaftes soziales System
  2. eindeutige Zugehörigkeit des Kindes – auch in der Außendarstellung
  3. Vermeidung von Stigmatisierung des Kindes,
- Konzentration auf die Individualität und die besondere Lebenserfahrung des Kindes als Maßstab erzieherischen Handelns,
- Die Übernahme persönlicher Verantwortung,
- Das Vermitteln von Geborgenheit,
- Die Nichtaustauschbarkeit der Beziehungen in der Familie.

Der Arbeitsausschuss hat zu Mindeststandards für die Familienpflege Stellung genommen und hat zur zeitlichen und inhaltlichen Vorbereitung der Pflegeeltern einheitliche Vorgaben gefordert, ebenso für die Vermittlungsphase und die Begleitung der Pflegefamilien und die Fortbildung der Pflegeeltern.

Die Initiativgruppe sagt, dass es keine Berufsgruppe gibt, die speziell für das Pflegekinderwesen ausgebildet ist und auch für Pädagogen und Psychologen eine spezielle Zusatzausbildung nötig ist. Sie gehen allerdings nicht den weiteren notwendigen Schritt, dass es einen Fachdienst im Jugendamt geben muss, deren Mitarbeiter ein spezielles Zusatzstudium brauchen, und dass jeweils ein Mitarbeiter fallverantwortlich die Pflegefamilie betreut.

In den letzten dreißig Jahren wurde viel für die Qualifizierung von Pflegeeltern getan. Bei den Fachkräften, die für Pflegekinder verantwortlich sind, ging und geht man immer noch davon aus, dass das normale Studium der Sozialarbeit und Sozialpädagogik für die verantwortliche Arbeit in der Pflegekinderhilfe genügt.

Wer in diesem sensiblen Bereich mit Kindern arbeitet, die nicht in ihrer Herkunftsfamilie aufwachsen können und zum großen Teil traumatische Erlebnisse verkraften müssen, braucht ein auf diese Probleme spezialisiertes Studium oder spezielles Erfahrungswissen und Fortbildung. Nicht nur die Kenntnisse der Gesetze gehören zum Handwerkszeug des angehenden Sozialpädagogen im Pflegekinderbereich, sondern auch gründliche Kenntnisse in der Entwicklungspsychologie, Bindungsforschung, Traumaforschung und in der Methodik im Umgang mit Kindern. Diese Zusatzqualifikationen sollten an den Hochschulen für soziale Arbeit und Universitäten erworben werden können und Voraussetzung für die Beschäftigung im Pflegekinderwesen werden. Ein Masterstudium für Pflegekinderhilfe sollte aufbauend auf dem Grundstudium angeboten werden, damit die Aufgaben im Pflegekinderbereich für den einzelnen Sozialarbeiter zu bewältigen sind. Nur so treffen gut ausgebildete Pflegeeltern auch auf Fachkräfte, die angemessene Hilfsangebote anbieten können.

Dieses spezielle Fachwissen ist bei allen Fachgruppen erforderlich, die verantwortlich mit Pflegekindern arbeiten wie Verfahrensbeistand, Umgangsbegleiter für Pflegekinder, Fachanwälte für Familienrecht, Psychologen, Gutachter, Familienrichter und Kinderärzte.

11.1.4 Ein Blick über die deutsche Grenze

Es gibt im deutschsprachigen Bereich sehr gute Beschreibungen über Qualitätsstandards, allerdings kann von einer einheitlichen und vergleichbaren Entwicklung nicht gesprochen werden.

Auf einem Kongress in Zürich führte Rita Aemmer aus Bern aus, dass Qualitätsentwicklung heißt, die Qualität so zu entwickeln, dass sie den Anforderungen gemäß aktueller Erkenntnisse gerecht wird. Auch sie geht nicht so sehr auf formale Dinge ein, sondern auf die Erziehungswirklichkeit.

Die Fachstelle der Pflegekinder-Aktion Schweiz beschreibt in ihren Unterlagen für die Seminare für Fachpersonen aus dem Pflegekinderbereich das ‚Produkt' „unbefristete Pflegeverhältnisse" wie folgt:

> „Ein Kind, bei dem die Perspektivklärung eine dauerhafte Platzierung in einer Familie ergeben hat, soll in dieser Pflegefamilie die Möglichkeit zur Korrektur früherer Erfahrungen bekommen. Auch Pflegefamilien, Pflegeeltern sollen sich als Familie, als Eltern verstehen, bei denen ein Kind bis zur Verselbständigung im Erwachsenenalter verbleiben und eine neue Eltern-Kind-Beziehung aufbauen kann. Ein solches Kind sollte dann aber ein Recht auf die neue Familie, auf Geborgenheit und den Schutz der entstandenen Bindungen haben. Die Mitarbeitenden der Sozialen Dienste werden insbesondere zu fragen haben: „Was braucht dieses Kind?" Elternrecht sollte vor dem Kindesrecht zurückstehen, wenn dies der Schutz der Bindungen eines Kindes erfordert und fachlich verantwortungsvoll begründbar ist."[12]

Unter dem nächsten Produkt „zeitlich befristete Pflegeverhältnisse" ist folgende Grundaussage beachtlich:

> „Für Kinder mit zeitlich offener Perspektive muss unter konsequenter Berücksichtigung des kindlichen Zeitempfindens und der bei ihm vorhandenen Bindungsbereitschaft die Unterbringung in einer Übergangsfamilie bei gleichzeitig fachlich kompetent und zügig durchgeführter Klärung der Rückkehrmöglichkeit in die Ursprungsfamilie realisiert werden.
>
> Zu den Teilleistungen in einem solchen Fall zählt das Einholen eines psychologischen Gutachtens.
>
> Es darf nicht zugesehen und abgewartet werden: „Was machen Eltern jetzt nach der Unterbringung?" Angebote der zuständigen Stelle, ein Kind in einer zeitlich befristeten Form unterzubringen, werden ausschließlich unter der Bedingung gemacht, dass die Hilfeplanung in den Faktoren

---

[12] Kursunterlagen Seminar M6-2005 für Fachpersonen: „Standards in der Vorbereitung von Pflegeverhältnissen"

- Zielsetzung der Unterbringung
- geplanter Zeitraum und
- Folgen für das Kindeswohl

mit allen Beteiligten erörtert und geklärt ist.

Alle Beteiligten müssen wissen, dass ein Kind in einem bindungssensiblen Entwicklungsalter seine Übergangspflegeeltern zu psychologischen Ersatzeltern machen kann, dass hier Fakten erzeugt werden, die gegebenenfalls durch konsequentes, am Kindeswohl orientiertes Arbeiten der begleitenden Fachpersonen eine Bedeutung in der Abwägung Kindeswohl gegen Elternrecht bekommen können. Es darf nicht sein, dass Pflegeeltern durch den Verlauf der Perspektivenklärung in eine Situation gebracht werden, in der auf ihrem Rücken die diesbezüglich entstehende Problematik ausgetragen wird. Eine Fachstelle im Pflegekinderbereich kann als Anbieterin von zeitlich befristeten Unterbringungen in Pflegefamilien die Verantwortung für die von der Auftraggeberin (Vormundschaftsbehörde, Sozialer Dienst) zu koordinierende Teilleistungen zur Perspektivenklärung nicht übernehmen und wird in einem solchen Konfliktfall eine konsequent am Kindeswohl orientierte rasche Klärung fordern."[13]

Dieses Beispiel zeigt, dass Worte wie Produkt, Anbieter, Teilleistung nicht negativ besetzt sein müssen. Hier stimmt der Inhalt und es ist sofort klar, was mit Qualitätsentwicklung gemeint ist. Häufig trifft man bei konzeptionellen Erwägungen und bei Beschreibungen der Qualitätsentwicklung auf Schlagworte, die nicht mehr deutlich machen, dass es bei der Fremdplatzierung um das Kindeswohl geht und dass das Kind ein Recht auf Kontinuität und Zuverlässigkeit in der Beziehung zu seiner Bezugsperson hat.

Das Offenlassen der Perspektive zeugt von einem Mangel in der Qualität der Sozialen Dienste und Pflegekinderdienste.

11.1.5 Die Notwendigkeit der Weiterentwicklung von Qualitätsstandards

Der § 33 im SGB VIII hat die Unterscheidung zwischen zeitlich befristeten Hilfen zur Erziehung in Vollzeitpflege und Hilfen auf Dauer als Grundgedanken eingeführt.

Hier heißt es:

> Hilfe zur Erziehung in Vollzeitpflege soll entsprechend dem Alter und Entwicklungsstand des Kindes oder des Jugendlichen und seinen persönlichen Bindungen sowie den Möglichkeiten der Verbesserung der Erziehungsbedingungen in der Herkunftsfamilie Kindern und Jugendlichen in einer anderen Familie eine zeitlich befristete Erziehungshilfe oder eine auf Dauer angelegte Lebensform bieten. (...)

Schon bei der Interpretation des § 33 SGB VIII sind erhebliche Unterschiede festzustellen. Es gibt Konzeptionen, die lediglich den ersten Teil des Paragrafen zitieren. Der zweite Halbsatz, in dem steht: „Oder eine auf Dauer angelegte Lebensform bieten" bleibt unerwähnt.

---

13 ebenda

Diese Jugendämter geben als ihr Leitbild aus: entweder Rückkehr oder Adoption. Dazwischen gibt es keine Wahl. Wie sind hier die Qualitätsstandards der fachlichen Betreuung mit dem Kindeswohl zu vereinbaren? Eine Ideologie wird verfolgt, und diese beruht in nicht wenigen Fällen auf kurzfristigen Finanzplanungen. Die Rückführung eines Kindes kann durchaus kurzfristig eine Kostenersparnis einbringen. Hierbei werden mögliche Folgekosten durch eine erneut notwendige Heimunterbringung oder gar die Kosten für psychosomatische Kliniken und andere Einrichtungen, die zwar einen anderen Kostenträger haben, die aber die Gesellschaft insgesamt auf Dauer belasten, nicht beachtet.

Mit den möglichen weiteren Folgen, dass diese durch mehrfachen Wechsel ihrer Bezugspersonen vorgeschädigten jungen Erwachsenen Eltern werden, die die Liebe und Geborgenheit, die sie selbst nicht erfahren haben, auch nicht weiter geben können und damit eine neue Generation von gefährdeten Kindern die Gesellschaft belasten.

Das größte Hemmnis einer Qualitätsentwicklung in der Pflegekinderhilfe ist, dass die im SGB VIII vorgesehene ausreichende Einsetzung von Fachkräften in der Praxis keine Beachtung findet. Die Pflegekinderhilfe braucht nicht nur die theoretisch vorbereiteten Pflegeeltern, sondern den, auf diesem Gebiet vorbereiteten, Sozialarbeiter, der – wie im Adoptionswesen – im Team arbeitet und überwiegend mit der Arbeit mit Pflegekindern ausgelastet ist. Er hat somit die Möglichkeit die notwendigen Erfahrungen in diesem sensiblen Bereich zu sammeln.

11.1.6 Fakten, die eine Qualitätsentwicklung verhindern

Eine erfolgreiche Qualitätsentwicklung kann es nicht geben, wenn

1. das dauerhaft untergebrachte Pflegekind Teil des Sozialraumes der Herkunftseltern bleibt,
2. keine speziellen, auf diese Aufgabe vorbereiteten und weitergebildeten Fachkräfte in einem Pflegekinderdienst als Team zusammenarbeiten, wodurch somit auch keine kollegiale Supervision möglich ist,
3. keine klaren Vorgaben über die Vorbereitung und Begleitung der Pflegeeltern gegeben sind,
4. keine klare Konzeption erarbeitet wurde und als Hauptpunkt
5. die Grundbedürfnisse des Kindes altersangemessen nicht berücksichtigt werden.

Fazit: Pflegeeltern haben ein Recht, von Fachkräften betreut zu werden, die nicht nur die Gesetze kennen, sondern auch in der Entwicklungspsychologie, in der Bindungsforschung, in der Traumaforschung, in der Pflegekinderpädagogik und in den Methoden im Umgang mit Kindern (altersentsprechendes Spiel, Gespräch) Experten sind.

Wenn qualifizierte Pflegeeltern auf qualifizierte Fachkräfte treffen, kann ein Rahmen geschaffen werden, in dem das Kind gedeihen kann. Voraussetzung hierfür ist die Einsicht, dass die Weiterentwicklung in der Pflegekinderhilfe gemeinsam geschultert werden muss.

Es gelingt, wenn
1. im Jugendamt
2. bei Pflegeelternverbänden
3. im Jugendhilfeausschuss

Rahmenbedingungen geschaffen werden, die es möglich machen, in der Vorbereitung, Vermittlung und Begleitung des Pflegeverhältnisses fachliche Hilfestellung zu geben. Neben dem qualifizierten und spezialisierten Sozialarbeiter braucht dieser ausreichend Zeit für die Beratung aller Beteiligten, auch der Begleitung der Herkunftsfamilie, der er bei Umgangskontakten in der Regel immer wieder begegnet. Die Aussage zu den Fallzahlen für einen Sozialarbeiter kann bei der Qualitätsentwicklung in der Pflegekinderhilfe nicht umgangen werden.

11.1.7 Forderungen an die Veränderungen der gesetzlichen Rahmenbedingungen

Das Recht des Kindes auf Anerkennung seines Lebensmittelpunktes, sein Recht auf Kontinuität in seiner Entwicklung und die Beachtung des kindlichen Zeitempfindens, wie es im Achten Sozialgesetzbuch berücksichtigt ist (§§ 33,36,37 SGB VIII), sollte im BGB verankert werden. Durch diese Verankerung würde eine deutlichere Absicherung von Pflegekindern, die ihre Heimat in der Pflegefamilie gefunden haben, erfolgen. Dies ist aus meiner Sicht ein enorm wichtiger Schritt und steht als gesellschaftliche Aufgabe vor uns. Einen wichtigen Anteil daran haben die Pflegeelternverbände zu tragen. Ihre Aufgabe ist es, diese Forderungen zu thematisieren und auf einen parlamentarischen Weg zu bringen.

Ich möchte auf die rechts- und sozialpolitische Forderungen von Ludwig Salgo und Gisela Zenz hinweisen und auszugsweise zitieren:[14]

> „Kontinuitätssichernde Strukturen und Verfahren im Pflegekinderwesen
> **Rechtsreformen**
> Oberstes Ziel einer Reform des Pflegekinderrechts ist die Ermöglichung und Sicherung von Beziehungskontinuität. Sie muss ausschließlich kindzentriert erfolgen. Zu fordern sind folgende normative Änderungen:
> – Einführung einer zivilrechtlichen Absicherung der „auf Dauer angelegten Lebensperspektive" (im Sinne und unter den Voraussetzungen des § 37 SGB VIII) durch das Familiengericht auf Antrag von Personensorgeberechtigten, Pflegeeltern oder Jugendamt
> – Infragestellung dieser familiengerichtlich gesicherten dauerhaften Lebensperspektive" nur im Falle einer Gefährdung des Kindeswohls nach §§ 1666, 1666a BGB, d.h. für diesen Fall keine regelmäßige Überprüfung gemäß § 1696 BGB

---
14 Vgl. Salgo, Zenz 2010, S. 26ff.

- Differenzierung der Umgangsregelung für traumatisierte oder dauerhaft fremdplazierte Kinder. Keine generelle gesetzliche Vermutung der Kindeswohldienlichkeit von Umgang nach/bei Kindeswohlgefährdung (wie § 1626 Abs. 3 BGB für Kinder getrennt lebender Eltern annimmt), sondern ergebnisoffene Prüfung im Einzelfall, d. h. Außerkraftsetzung der Regelvermutung in diesen Konstellationen
- Einräumung einer förmlichen verfahrensrechtlichen Beteiligtenstellung für Pflegeeltern in allen das Pflegekind betreffenden Verfahren
- Ausdrückliche Berücksichtigung von Pflegeeltern als potentielle Einzelvormünder bei der anstehenden Neuregelung des Vormundschaftsrechts
- Zeitliche Begrenzung der Verweildauer von in Obhut genommenen Kleinkindern (§ 42 SGB VIII) in Bereitschaftspflege und Einrichtungen"

11.2 Wie können wir in der Pflegekinderhilfe Verbesserungen bewirken?

11.2.1 Die Bedeutung von Pflegeelterngruppen als stärkendes Netzwerk

1. Entwicklung der Pflegekinderhilfe in den vergangenen Jahrzehnten in der Öffentlichkeit

Durch die Heimkritik in den 60er- und 70er-Jahren des vergangenen Jahrhunderts ist die Pflegekinderhilfe in das Bewusstsein der Öffentlichkeit getreten. Es wäre hier die große Chance gewesen, dass die Jugendhilfe es fortan als ihr vorrangiges Ziel ansieht, dass Kinder, die nicht in ihrer Herkunftsfamilie aufwachsen können, in der Regel in einer geeigneten Pflegefamilie aufwachsen können und dort ihre Heimat finden. Dem war jedoch nicht so. Die Heime wurden reformiert und die großen Verbände verstanden es, ihre Fachlichkeit in der Öffentlichkeit überzeugend darzustellen, während die Pflegeeltern nicht organisiert waren, nicht geschlossen auftreten konnten und somit kein öffentliches Gehör und keine Lobby fanden. Die Pflegekinderhilfe führte in der Jugendhilfe auch weiterhin ein Schattendasein. Ein Zeichen dafür ist zum Beispiel in Baden-Württemberg die regelmäßig stattfindende Regionalkonferenz der Jugendamtsleiter für Hilfen zur Erziehung. Auch heute noch werden alle Heimträger der Region zu den Besprechungen eingeladen, die Vertreter der Pflegeeltern jedoch nicht. Wenn darauf aufmerksam gemacht wird, dass Hilfe zur Erziehung nicht nur in den Heimen, sondern zu fast gleichen Teilen in Pflegefamilien geleistet wird, löst das Erstaunen aus wie auch der berechtigte Hinweis, wen man denn einladen soll, weil es mehr zufällig ist, welche Pflegeelterngruppen in Erscheinung treten und ob diese auch die Mehrheit der Pflegeeltern berechtigt vertreten können. Hier zeigt sich, dass die Vereinzelung in der Pflegekinderhilfe und der Mangel an Lobbyarbeit in der Öffentlichkeit dazu geführt hat, dass der Heimerziehung Fachlichkeit zugeschrieben wird, die Pflegeeltern aber als Laien behandelt werden. Die besondere Fachlichkeit, die Pflegeeltern durch das enge Zusammenleben mit dem Kind und durch die Auseinandersetzung mit den Ängsten, Nöten und schwierigen Verhaltensweisen erwerben, wird weitgehend ignoriert. Vor allen Dingen ihre besondere Erfahrung mit traumatisierten Kindern und deren Bedürfnissen und Grenzen bleibt meist unerkannt und somit auch ungenutzt.

Beispielhaft dafür war die Präsenz der Pflegeeltern bei der großen Fachtagung zur Reform des Vormundschaftswesens im Dezember 2010. Von den 300 Teilnehmern waren nur vier Vertreter der Pflegeelternverbände anwesend, die Amtsvormünder waren in der Überzahl und darauf folgten die Berufsvormünder. In den Fachvorträgen wurden die Pflegekinder immer wieder erwähnt. Es war jedoch nur ein Referent, der sich dafür einsetzte, dass bei einem Kind mit einer auf Dauer angelegten Lebensperspektive in der Pflegefamilie in der Regel die Pflegeeltern die geeigneten Einzelvormünder sind.

Der Vorrang der persönlichen Einzelvormundschaft vor der Amtsvormundschaft, wie sie im BGB vorgegeben ist, wurde bei der Fachdiskussion weitgehend übersehen.

Die großen Wohlfahrtsverbände, die gleichzeitig Heimträger sind, vertreten in der Hilfe zur Erziehung weitgehend die Heimerziehung. Sie tun sich in der Regel schwer, die Erziehung von Kindern – auch traumatisierten Kindern – in ihrer besonderen heilenden, weil Heimat und Normalität gebende Wirkung in der Pflegefamilie anzuerkennen und zu vertreten. In Baden-Württemberg ist es gelungen, dass ein Wohlfahrtsverband der Vollzeitpflege neben den Heimträgern einen fast gleichwertigen Raum gegeben hat, in dem die Vertreter der Zusammenschlüsse der Pflegeeltern (Pfad, KiAP, Pflegeelternschule) zu Wort kommen können.

2. Was ist das Ziel von Veränderungsprozessen?

Ein zentrales Ziel ist, dass möglichst viele Kinder, die nicht in ihrer Herkunftsfamilie aufwachsen können, die Chance erhalten, in einer Pflegefamilie oder Adoptivfamilie eine Heimat zu finden.

Hat das Kind bei seinen Pflegeeltern die Heimat gefunden, sollen diese auch rechtlich die Interessen des Kindes als Vormund oder Pfleger vertreten können.

Die Feststellung, dass immer weniger Familien zur Aufnahme eines Pflegekindes bereit sind, muss hinterfragt werden. Was tragen das öffentliche Klima und der Umgang mit Pflegefamilien und Pflegekindern in Behörden, Schulen und Gesetzgebung sowie Rechtsprechung dazu bei? Werden die Themen und Bedürfnisse der Pflegefamilien ernst genommen? Werden Pflegeeltern von den Jugendhilfeträgern als Partner wahrgenommen oder zu Dienstleistern der Jugendhilfe herabgestuft? Wird die im Grundgesetz verankerte Intimsphäre der Pflegefamilie geachtet? Stehen genügend Hilfen für Pflegeeltern und Kinder vor Ort zur Verfügung? Werden die Rechte der Pflegeeltern gestärkt, z. B. durch Übertragung der Vormundschaft, wo immer dies möglich ist. Wird beim Hilfeplangespräch jährlich überprüft, ob eine geeignete Einzelperson, in der Regel die Pflegeeltern, als Pfleger oder Vormünder dem Gericht vorgeschlagen werden können? Wird das Recht des Kindes auf Kontinuität und Beheimatung geachtet? Stehen den Pflegeeltern als Berater Fachkräfte gegenüber, die die besondere Problematik von traumatisierten Kindern kennen? Stehen ihnen die Fachkräfte helfend zur Seite? Erkennen die Fachkräfte die unterschiedliche Situation von Pflegekindern und Scheidungskindern? Gibt es einen spezialisierten Pflegekinderdienst im Jugendamt oder läuft die Pflegekinderhilfe so nebenbei? Ebenfalls ist die ideologische Ausrichtung des Jugendamtes von großer Bedeutung. Haben Pflegekinder ein Recht, in der Familie eine Heimat zu finden oder gelten sie generell als „Kinder auf Zeit"?

Die Hilfe für das einzelne Kind steht immer im Vordergrund. Jedoch gibt es strukturelle Probleme, die nur im Gemeinwesen politisch zu lösen sind.

3. Die Methoden für Veränderungsprozesse

Gemeinwesenarbeit (GWA) ist neben der Sozialen Gruppenarbeit und der Einzelfallhilfe eine der grundlegenden Arbeitsformen der Sozialen Arbeit.

Der erste Schritt der Gemeinwesenarbeit ist die Mobilisierung der Betroffenen, damit sie sich selbst für die Verbesserung ihrer Situation einsetzen. Ein positives Verständnis von Streitkultur ist eine wichtige Voraussetzung für Veränderungsprozesse. Obrigkeitsdenken, Konfliktscheu und Anpassungsbereitschaft sind ebenso wie Konfrontationsbereitschaft um jeden Preis, kontraproduktiv.

Gemeinwesenarbeit sieht ihren zentralen Aspekt in der Aktivierung der Menschen in ihrer Lebenswelt[15]. Die Frage ist: "Was ist erforderlich zu tun? Was davon kann und will ich tun? Mit welcher Organisation und Person will und kann ich zur Problemlösung kooperieren?[16]

Das Prinzip der Einmischung ist bei Veränderungsprozessen von zentraler Bedeutung. Kappeler schreibt:" Wer eingeladen ist, sich zu beteiligen, muss sich nicht einmischen und umgekehrt, wer sich einmischt, ist nicht eingeladen, muss sich selbst den Zutritt verschaffen.[17]

Der Methode der Gemeinwesenarbeit liegen eine Grundhaltung und eine spezifische Herangehensweise an soziale Probleme zugrunde, die die Betroffenen ausdrücklich als „Spezialisten" für die eigene Situation einbezieht. Der Austausch untereinander und die aktive Teilnahme sind nicht nur der Weg zum erstrebten Ziel, sondern beziehen ihren eigenen Wert aus der damit verbundenen, sofort spürbaren Verbesserung der Lebensqualität. Auch hier ist der Weg das Ziel.

Um im Gemeinwesen erfolgreich aktiv werden zu können, bedarf es kleiner Schritte. Dies sollte im überschaubaren Bereich stattfinden, mit wenig Risiko für den

---

15 Oelschläger 2004, S. 413ff.
16 Krauß 2004, S. 67ff.r
17 Kappeler 2004, S. 215ff.

Einzelnen und der Gruppe, aber dafür mit kleinen sichtbaren Erfolgen und positiven Erfahrungen. Dabei kann nicht geleugnet werden, dass hin und wieder auch der Konflikt gewagt werden muss, wenn es darum geht, die Nöte und Bedürfnisse unserer Kinder sichtbar zu machen, um in ihrem Interesse Verbesserungen zu erreichen.

Für die Pflegekinderhilfe ist es vielerorts notwendig, sich einzumischen, auch wenn das von der Verwaltung nicht erwünscht ist. Als Einzelner kann man auf örtlicher und überörtlicher Ebene kaum etwas erreichen. Wenn sich jedoch Gruppen mit den gleichen Interessen zusammenschließen, kann kaum an ihnen vorbei geplant werden. Wenn gemeinwesenorientierte Fachkenntnisse vorhanden sind und auch angewandt werden, sind die Möglichkeiten zur Einflussnahme groß. So haben gerade in jüngster Zeit die Initiativen von Pflegeelternverbänden verhindern können, dass die Zuständigkeit der Jugendämter mit den Herkunftseltern wandert, was einen ständigen Zuständigkeitswechsel über die Entscheidungen für den jungen Menschen bedeutet hätte. Im Zuge der Einführung des FamFG konnte durch die Initiativen von Pflegeelternverbänden durchgesetzt werden, dass Pflegeeltern zu Beteiligten in Umgangs- und Sorgerechtsverfahren werden können und anzuhören sind. Dies konnte nur erreicht werden, weil Schlüsselpersonen in den Gemeinwesen für diese Themen und Anliegen gewonnen werden konnten.

4. Bestandsaufnahme

Wenn eine Gruppe oder ein Verein in einer Kommune aktiv werden will, sollte sie sich als mutiger Akteur im Gemeinwesen begreifen. Dazu müssen zunächst die entscheidenden Personen und Institutionen in ihrer Vorgehensweise erkannt und verstanden werden. Daraus ergeben sich die verschiedenen Ansatzpunkte für das wirkungsvolle Agieren der Gruppe. Zunächst sollte eine gründliche Bestandsaufnahme über die konkrete Situation vor Ort gemacht werden. Zunächst stellen sich auf örtlicher Ebene folgende Fragen:

- Was ist vor Ort in der Pflegekinderhilfe vorhanden?
- Wie wird der Beratungs- und Unterstützungsanspruch für Pflegefamilien erfüllt?
- Finden Vorbereitungskurse für Pflegeeltern statt, und von wem werden diese geleitet? Welche Inhalte werden vermittelt?
- Finden Fortbildungen für Pflegeeltern und Fachkräfte aus dem Jugendamt gemeinsam statt? Welche Inhalte werden vermittelt?
- Welche Amtsstrukturen sind vorhanden (Spezialdienst oder nicht, wer trifft die Entscheidungen?)
- Welche Philosophie oder Ideologie gibt es bei den Fachkräften der Jugendhilfe? Sind die Pflegeeltern Partner oder Dienstleister?
- Gibt es informelle oder vom Jugendamt oder einem Pflegeelternverband organisierte Pflegeelterngruppen?

- Sind Pflegeeltern über ihre Rechte und Pflichten im Allgemeinen informiert?
- Ist die Pflegekinderhilfe im Jugendhilfeausschuss ein geläufiges Thema und wer von den Mitgliedern des Ausschusses engagiert sich für die Pflegekinderhilfe?
- Werden die Pflegeelterngruppen im Jugendhilfeausschuss gehört?
- Wie steht das Jugendamt zur Übertragung der Pflegschaft/Vormundschaft auf die Pflegeeltern?

Individuelle Problemlagen der Pflegefamilien haben häufig einen strukturellen Hintergrund im Gemeinwesen. Daher ist es wichtig, Problemzusammenhänge zu erkennen und zu analysieren.

Ein wesentlicher Teil von Veränderungsprozessen ist es, die Beteiligten zu mobilisieren, damit sie sich selbst für die Verbesserung der Situation einsetzen. Hilfreich ist es, wenn die so entstandene Interessengemeinschaft sich die Hilfe eines in Gemeinwesenarbeit erfahrenen Sozialpädagogen einholt. Ziel ist die nachhaltige Verbesserung der Situation. Die Vernetzung mit den örtlichen Institutionen, Wohlfahrtsverbänden, Kirchen, Vereinen wie Kinderschutzbund, Frauenvereine und sonstigen sozialen Initiativen und aufgeschlossenen und engagierten Einzelpersonen, insbesondere Mitgliedern des Jugendhilfeausschusses leitet Bewusstseinsveränderung in einem Gemeinwesen ein. Es kann so sein, dass die Gruppe in den Jugendhilfeausschuss eingeladen wird. Auf eine Einladung untätig zu warten, führt nicht weiter. Hier gilt dann das Prinzip: Wenn wir nicht eingeladen sind, dann müssen wir uns einmischen.

Eine Gruppe, die vor Ort als vollwertige und fachkundige Gesprächspartner auf allen Ebenen eingebunden ist, trägt nachhaltig zur Weiterentwicklung der Pflegekinderhilfe bei. Dies ist kein utopisches Ziel, sondern ist mancherorts schon lange Wirklichkeit. Voraussetzung ist, dass sich in der Gruppe eine Handvoll aktiver Menschen mit Ausdauer, Hartnäckigkeit, Frustrationstoleranz und Humor zusammenfinden.

5. Die Rolle des Jugendhilfeausschusses und der Verwaltung des Jugendamtes

Im Gegensatz zu allen anderen kommunalen Behörden ist das Jugendamt eine zweigliedrige Behörde. Sie besteht aus der Verwaltung und dem Jugendhilfeausschuss. Der Jugendhilfeausschuss ist für alle generellen Entscheidungen zuständig. Die Verwaltung ist für den Einzelfall zuständig. Im Jugendhilfeausschuss sind die Grundlagen dafür gegeben, die bürgernahe Mitverantwortung zu stärken und die freie Jugendhilfe verantwortlich einzubeziehen.

Der Jugendhilfeausschuss ist im Verhältnis zur Verwaltung rechtlich das übergeordnete Gremium. Grundsätzliche Angelegenheiten bleiben allein dem Jugendhilfeausschuss vorbehalten, wie z. B. die konzeptionelle Ausrichtung des Jugendamtes.

Der Leiter der Verwaltung lädt zur Ausschusssitzung ein und leitet sie. Der Jugendhilfeausschuss ist eine demokratische Institution, die nicht hierarchisch – wie alle anderen Verwaltungen – aufgebaut ist. Deshalb ist es möglich, dass der Ausschuss Entscheidungen fällt, die von der Verwaltung nicht vorgesehen waren. Die Verwaltung ist an die Beschlüsse des Jugendhilfeausschusses gebunden.

Kurz soll an dieser Stelle noch auf die Zusammenarbeit mit den Trägern der freien Jugendhilfe und in der Jugendhilfe ehrenamtlich tätiger Vereine eingegangen werden. In § 73 SGB VIII wird bestimmt, dass in der Jugendhilfe tätige ehrenamtliche Personen angeleitet, beraten und unterstützt werden sollen. Dies ist eine Soll-Vorschrift und beinhaltet die Förderpflicht.

Ein weiteres wichtiges Prinzip ist, dass freie Initiativen, in denen sich Betroffene zusammenschließen um Verbesserungen zu erzielen Vorrang haben. Der Träger der öffentlichen Jugendhilfe soll die freiwillige Tätigkeit auf dem Gebiet der Jugendhilfe anregen und sie fördern (Subsidiaritätsprinzip).

6. Die Bedeutung von Lobbyarbeit bei Veränderungsprozessen

Bei vielen Jugendämtern gilt der Grundsatz: Pflegeeltern kommen als ehrenamtliche Vormünder nicht infrage! Dazu werden unterschiedliche Gründe genannt wie z. B., dass Pflegeeltern parteiisch wären, Besuchskontakte unterbinden würden und in der Pubertät sowieso Schwierigkeiten auf diese zukommen würden, die sie nicht mehr meistern könnten. Auf die Gründe, warum die Pflegeeltern die berufenen Vormünder/Pfleger für ihre Kinder, die dauerhaft bei ihnen leben, sind, verweise ich auf das Kapitel 9 Vormundschaft in diesem Buch.

Wenn zu erkennen ist, dass vor Ort die Verwaltung des Jugendamtes grundsätzlich eine negative Haltung gegenüber der Bestellung der Pflegeeltern als Einzelvormünder/Pfleger einnimmt, so ist dies in mehrfacher Hinsicht gesetzeswidrig. Zum einen gibt es den gesetzlichen Vorrang der Einzelvormundschaft vor der Amtsvormundschaft und zum anderen sind generelle Aussagen Angelegenheiten des Jugendhilfeausschusses.

Hier gilt wiederum, dass sich Pflegeelterngruppen einmischen und auf die Entscheidungsträger Einfluss nehmen.

Lobbyismus ist der Versuch auf die Entscheidungsträger Einfluss zu nehmen, hier auf die Mitglieder des Jugendhilfeausschusses. Zunächst gilt es zu erkunden, wer in den Jugendhilfeausschuss berufen wurde. Diese Personen sind kontinuierlich und persönlich von den örtlich tätigen Pflege-und Adoptivelterngruppen über die Situation von Pflege-und Adoptivkindern zu informieren.

Wichtig ist die Beziehungspflege zwischen einzelnen Gruppenmitgliedern und einzelnen Ausschussmitgliedern, mit dem Ziel, diese für die Pflegekinderhilfe zu gewinnen. Die Jugendhilfeausschussmitglieder sind – wie andere Politiker und Abgeordnete, die in dichter Abfolge über schwierige Sachverhalte entscheiden müssen –, darauf angewiesen, dass sie sich im Vorfeld das nötige Fachwissen aneignen können. Wenn zwei oder drei Mitglieder des Ausschusses das Problem wirklich verstehen und dies auch engagiert vertreten, können zum Wohle der Pflegekinder in einem Gemeinwesen große Fortschritte erreicht werden.

Ein weiterer Vorteil ist, dass der Jugendhilfeausschuss öffentlich tagt, die Bürger jederzeit als Zuhörer an diesem teilnehmen können, die Presse präsent ist und in den örtlichen Zeitungen darüber berichtet wird.

Wichtig ist dabei, Anlässe zu schaffen, bei denen Problembewusstsein in Hoffnung und Erfolg umgemünzt wird. Dies kann die Einladung der Pflegeelterngruppe zu einer Information über die vorhandenen Probleme und das Suchen nach Lösungsansätzen im Jugendhilfeausschuss sein, es kann eine Seminarreihe oder auch ein Pflegefamilienfest, ein Wandertag sowie andere erlebnispädagogische Aktionen oder gar eine Ferienfreizeit für die ganze Pflegefamilie sein. Die bloße Möglichkeit für Eltern und Kinder, sich mit anderen, die in derselben Situation sind, auszutauschen, ist bereits sehr wertvoll und führt zu gegenseitiger Unterstützung.

Dabei soll man nicht nur Gutes tun, sondern auch darüber sprechen. Das mag nicht jedermanns Sache sein. Wichtig ist jedoch, dass ein positives Interesse in der Öffentlichkeit dafür geweckt wird, zu sehen, dass Pflegekinder Kinder mit eigenen Rechten sind und Pflegeeltern als Eltern wahrgenommen werden, die nicht nur Pflichten, sondern, wie andere Eltern auch Rechte haben.

© Edyta Linck/123rf.com

11.2.2 Beistände als Begleiter der Pflegefamilien

Die Mitarbeiter der Pflegeelternschule Baden-Württemberg e.V. Akademie für Pflege/Adoptivfamilien und Fachkräfte machen in den Seminaren für Pflege- und Adoptiveltern immer wieder die Erfahrung, dass Pflegeeltern vielerorts nicht die Vorbereitung auf ihre Aufgabe als Pflegeeltern bekommen und auch die Begleitung und Beratung nicht im notwendigen Ausmaß bei ihrem Jugendhilfeträger finden. Nicht selten fühlen sich Pflegeeltern alleingelassen und über mögliche Unterstützung für ihr schwer vorbelastetes Pflegekind schlecht informiert. Auch das Kind belastende Besuchssituationen mit der Herkunftsfamilie bringen Pflegefamilien oft an ihre Grenze.

Als Konsequenz aus dieser Erkenntnis ist ein Ausbildungsprogramm für erfahrene Pflegeeltern entstanden, welche die Aufgabe eines Beistandes gemäß § 13 SGB X fachkompetent übernehmen können. Mittlerweile sind 70 Teilnehmer in vier Ausbildungsgängen in Baden-Württemberg auf diese Aufgabe vorbereitet worden. Somit stehen in Baden-Württemberg flächendeckend ausgebildete Beistände zur Verfügung. Seit 2005 wurden knapp 20.000 Stunden ehrenamtlich geleistet. Durch diese Arbeit wurde und wird nachhaltig ein Veränderungsprozess auf mehreren Ebenen ermöglicht. Das Projekt wurde von der Stiftung zum Wohle des Pflegekindes im Jahr 2010 mit dem Förderpreis ausgezeichnet. Mit dieser Würdigung ist die Hoffnung verbunden, dass das Beistands-Projekt auch in anderen Bundesländern Schule macht.

Beistände haben Anspruch auf Praxisanleitung durch in der Pflegekinderhilfe erfahrene Fachkräfte, regelmäßige Fortbildung, den Austausch in den Regio-Gruppen und sie sind an eine Institution angebunden.

Eine umfassende Konzeption ist die Grundlage der Ausbildung und Arbeit der Beistände.

In der Konzeption werden die Ziele der Beistandsausbildung wie folgt beschrieben: Ausgangspunkt für jede Handlung eines Beistandes ist es, die Bedürfnisse des Pflegekindes in den Mittelpunkt zu stellen und das Kindeswohl – insbesondere sein Recht auf dauerhafte Beheimatung – als Richtschnur der Beratung anzusehen und engagiert zu vertreten. Von dieser Grundannahme ausgehend kann in Konfliktsituationen eine gemeinsame Basis zwischen Pflegefamilien, Herkunftsfamilien und Jugendhilfeträgern gesucht werden.

Die Arbeit des Beistandes gliedert sich zum einen in die Prävention und Begleitung, dies können eine Patenschaft für neue Pflegefamilien sein, die Unterstützung bei der Antragstellung zur Übertragung der Pflegschaft/Vormundschaft und auch die Übernahme einer Pflegschaft/Vormundschaft in besonderen Situationen sein. Zum anderen besteht die Arbeit der Beistände in Konflikt- und Krisenbegleitung. Beispielsweise in Situationen, in denen die Pflegefamilie mutlos wird und Hilfe und Stärkung benötigt, wenn die Umgangskontakte die Pflegefamilie und insbesondere das Kind überfordern oder, wenn Rückführungswünsche der Herkunftsfamilie oder des Jugendamtes im Raume stehen und das Pflegekind in schwere Trennungsängste stürzen.

Auch im gerichtlichen Verfahren kann ein besonders qualifizierter Beistand für die Pflegeeltern eine große Hilfe sein (§ 12 FamFG). Er hilft, fundierte Anträge z. B. einen Antrag auf Verbleib gemäß § 1632 Abs. 4 oder die Übertragung von Teilen der elterlichen Sorge gemäß § 1630 Abs. 3 zu stellen und die Hemmschwelle und Angst vor gerichtlichen Auseinandersetzungen im Interesse des Kindes zu mildern. Da er ehrenamtlich arbeitet, ist dies gerade in der ersten Instanz, auch unter Kostengesichtspunkten, eine wichtige Hilfe. Pflegeeltern sind in der Regel über der Einkommensgrenze, in der sie Prozesskostenhilfe bekommen können, haben jedoch oft durch einen Hausbau und nur einen Verdiener in der Familie einen engen finanziellen Rahmen.

Der Beistand vertritt in erster Linie die Interessen des Pflegekindes. Dies geschieht im Rahmen des § 13 SGB X im Auftrag der Pflegeeltern. Die gesetzlichen Grundlagen für die Beistände sind in § 13 SGB X festgelegt. Dort heißt es:

(…) (4) Ein Beteiligter kann zu Verhandlungen und Besprechungen mit einem Beistand erscheinen. Das von dem Beistand Vorgetragene gilt als von dem Beteiligten vorgebracht, soweit dieser nicht unverzüglich widerspricht.

(5) Bevollmächtigte und Beistände sind zurückzuweisen, wenn sie geschäftsmäßig fremde Rechtsangelegenheiten besorgen, ohne dazu befugt zu sein. Befugt im Sinne des Satzes 1 sind auch die in § 73 Abs. 6 Satz 3 des Sozialgerichtsgesetzes bezeichneten Personen, sofern sie kraft Satzung oder Vollmacht zur Vertretung im Verwaltungsverfahren ermächtigt sind.

(6) Bevollmächtigte und Beistände können vom Vortrag zurückgewiesen werden, wenn sie hierzu ungeeignet sind; vom mündlichen Vortrag können sie nur zurückgewiesen werden, wenn sie zum sachgemäßen Vortrag nicht fähig sind. Nicht zurückgewiesen werden können Personen, die zur geschäftsmäßigen Besorgung fremder Rechtsangelegenheiten befugt sind.

(7) Die Zurückweisung nach den Absätzen 5 und 6 ist auch dem Beteiligten, dessen Bevollmächtigter oder Beistand zurückgewiesen wird, schriftlich mitzuteilen. Verfahrenshandlungen des zurückgewiesenen Bevollmächtigten oder Beistandes, die dieser nach der Zurückweisung vornimmt, sind unwirksam.

In welchen Situationen suchen Pflegeeltern Hilfe?

Im Vorfeld der Unterbringung werden Pflegeeltern in der Regel für die Aufnahme eines Kindes vorbereitet. Auch in der Unterbringungsphase erhalten sie vielleicht noch die erforderliche Hilfe. Das Gefühl, allein gelassen zu werden, stellt sich meist nach der Unterbringung des Kindes ein. Für die Pflegefamilie ist jedoch die erste

Zeit nach der Aufnahme des Kindes die schwierigste Phase. Das Kind ist zunächst fremd, sein Verhalten ist schwer zu verstehen.

Hier ist es wichtig, dass ein gutes Vertrauensverhältnis zwischen dem zuständigen Mitarbeiter des Jugendamtes und der Pflegefamilie vorhanden ist. Die Pflegefamilie muss jedoch nicht selten feststellen, dass der Mitarbeiter des Amtes, mit dem sie bisher Kontakt hatte, für das Pflegekind nicht zuständig ist. Hier treten oft gravierende Schwierigkeiten auf, die Hilfe von außen erforderlich machen. Der Beistand kann bei auftretenden Schwierigkeiten eine wertvolle Unterstützung sein. Er kann Hilfestellung geben, bei der Bewältigung des Alltags mit dem Kind und beim Verstehen der schwierigen Verhaltensweisen des Kindes. Er kann den Pflegeeltern helfen zu verstehen, welche Nöte und Ängste hinter dem Verhalten des Kindes möglicherweise stehen. Der Beistand kann auch helfen, im Umgang mit dem Jugendhilfeträger, eine partnerschaftliche Atmosphäre herzustellen und zur Klarheit und Transparenz in der Hilfeplanung zu kommen.

Wenn der Datenschutz so interpretiert wird, dass die Pflegeeltern möglichst wenig Informationen zur Vergangenheit des Kindes erhalten sollen, ist dies für das Verstehen des Kindes ein großes Problem. Die Pflegeeltern erkennen aus dem Verhalten des Kindes, dass ihnen vieles aus dem bisherigen Erleben des Kindes unbekannt ist. Sie stellen fest, dass sie mehr über die Vorgeschichte erfahren müssen, um dem Kind gerecht werden zu können. Welche Belastungen hat das Kind in welcher Umwelt und von welchen Personen erfahren? Wer hatte einen positiven, wer einen negativen Einfluss auf das Kind und in welcher Ausprägung? Welche Bindungen sind für das Kind bedeutsam und warum? Vor wem oder was hat es Angst? Wurde das Kind misshandelt, allein gelassen, nicht versorgt, geschüttelt, bestand der Verdacht auf sexuellen Missbrauch? Dies sind einige von vielen Fragen, die für den Erziehungsalltag wichtig sind, und hier stoßen Pflegeeltern bei vielen Jugendämtern auf Widerstand. Es wird auf den Datenschutz verwiesen. Hier kann der Beistand die Pflegeeltern beraten, indem er aufzeigt, was der Sinn des Datenschutzes ist. Er kann sie bestärken, ihr Recht auf alle Informationen, die zur Erfüllung der Erziehungsaufgabe notwendig sind, einzufordern. Dazu gehört alles, was das Kind bisher erlebt und auch belastet hat. Diese Kenntnis der Vorgeschichte ist die Grundlage für eine verständnisvolle Erziehung. Wenn es den Pflegeeltern nicht gelingt, den zuständigen Sozialarbeiter von dem Sinn und der Rechtmäßigkeit der Weitergabe von Daten, die das Kind betreffen, zu überzeugen, ist die Begleitung des Beistandes in der Auseinandersetzung über den Datenschutz sinnvoll.

Als positives Beispiel möchte ich aus der Konzeption zur Vollzeitpflege des Rhein-Sieg-Kreises wie folgt zitieren:

> „Pflegeeltern gehören zu den Personen, die in § 78 SGB X mit „Personen oder Stellen" (...) gemeint sind, die nicht in § 35 SGB I genannt wurden und denen die Sozialdaten ihrer Pflegekinder und deren Eltern übermittelt wurden. Zweck der über-

mittelten Daten ist die Sicherstellung des Kindeswohls in der Pflegefamilie. Diese Daten dürfen von den Pflegeeltern ausschließlich zum Zwecke der Erziehung, der Gesundheitsfürsorge usw. an Dritte weitergegeben werden. Das bedeutet vor allem, dass Pflegeeltern bestimmte anvertraute Sozialdaten an Erzieher/innen im Kindergarten, Lehrer/innen in der Schule oder Ärzte/Ärztinnen weitergeben dürfen, wenn diese Datenweitergabe erforderlich ist. Eine darüber hinausgehende Weitergabe von Sozialdaten ist untersagt. Das Sozialgeheimnis behält seine Verbindlichkeit auch für die Zeit nach der Inpflegegabe (...).

Falls sich Pflegeeltern im Verwaltungsverfahren durch einen Beistand unterstützen lassen, kann es erforderlich sein, diesem bestimmte Sozialdaten anzuvertrauen. Diese Datenweitergabe unterliegt jedoch auch dem Grundsatz der Erforderlichkeit."[18]

Die Hilfeplanung kann zu einem Konfliktpunkt zwischen Jugendhilfeträger und Pflegeeltern werden. Die Information über die Unterbringungsgründe und die geforderte Klärung der Lebensperspektive des Kindes gem. §§ 33 und 37 SGB VIII ist keinesfalls die Regel. Hier kann der Beistand den Pflegeeltern beim Einfordern der notwendigen Klarheit in der Hilfeplanung eine wichtige Stütze sein.

Die Klarheit hilft nicht nur dem Kind und den Pflegeeltern, sondern auch den Herkunftseltern. Diese müssen wissen, was genau mit welchen Mitteln und mit welchen Hilfen in welchem Zeitrahmen verändert werden muss, und es muss ihnen die Hilfe gewährt werden, die realisierbar ist. In vielen Hilfeplänen von Pflegefamilien, die sich hilfesuchend an einen Beistand wenden, steht z. B. trotz der Diagnose einer schweren psychischen Erkrankung der Herkunftseltern, dass

- eine andere Wohnung gesucht
- Arbeit nachgewiesen
- ein Erziehungskurs besucht

werden muss und ähnliche äußere Gegebenheiten.

Der Beistand weiß um die Notwendigkeit, die Herkunftseltern nicht hinzuhalten. Wenn eine Rückkehr in dem angemessenen Zeitrahmen nicht möglich ist, hat die Hilfe für die Herkunftsfamilie sich fortan darauf auszurichten, sie davon zu überzeugen, dass sie ihrer Elternverantwortung in der konkreten Situation am besten dadurch gerecht werden können, indem sie einem dauerhaften Verbleib in der Pflegefamilie, ggf. auch einer Adoption zustimmen.[19]

Die Umgangskontakte sind ein weiterer Konfliktpunkt, in dem die Hilfe des Beistandes angefragt wird. Pflegeeltern erfahren im täglichen Umgang mit dem Kind, ob dieses sich auf Umgangskontakte freut oder mit Ängsten reagiert.

Hier fühlen sich Pflegeeltern oft hilflos und überfordert, wenn ihnen kein Einfluss auf die Gestaltung der Umgangskontakte zugestanden wird. Der Beistand kann Besuchsbegleitung anbieten, um im Umgang mit allen Beteiligten nach einem Weg

---

18 www.rhein-sieg-kreis.de S. 210
19 BT-Drucksache 11/5948, S. 71ff

zu suchen, wie Umgangskontakte kindgerechter gestaltet werden können. Er kann auch durch die Verhaltensbeschreibung des Kindes bei den Umgangskontakten und vor allen Dingen nach den Umgangskontakten auf die Ängste und die Not des Kindes hinweisen und auf die erforderlichen Maßnahmen drängen. Wenn Pflegeeltern unterstellt wird, sie würden ihre eigenen Ängste auf das Kind übertragen, das Kind gegen die Herkunftseltern beeinflussen oder sich den Herkunftseltern gegenüber ungeschickt oder feindlich verhalten, kann der Beistand einerseits viel zur Entspannung der Situation, aber andererseits auch zur Klärung der Situation beitragen.

Gerade in der Anfangssituation des Pflegeverhältnisses bedürfen die Pflegeeltern – besonders wenn keine quantitativ und qualitativ gut ausgestatteten Fachdienste vorhanden sind – der Stützung durch erfahrene Pflegeeltern, die in pädagogischen und rechtlichen Fragen die entsprechende Weiterbildung haben.

Das Herausgabeverlangen und die Besuchsausweitung mit dem Ziele der Rückführung ist die häufigste und schwierigste Aufgabe in der Beratung der Pflegeeltern durch den Beistand. Oft wissen die Pflegeeltern nichts über ihre eigenen Rechte oder sie sind völlig verunsichert, weil ihnen eingeredet wird, das Kind würde durch ihr Verhalten leiden, da sie es nicht loslassen können. Es wird immer wieder behauptet, dass das Kind keine Trennungsängste hätte, wenn sie als Pflegeeltern positiv mitwirken würden. Die Verzweiflung, hier alleine zu stehen, ist für viele Pflegeeltern kaum auszuhalten. Der Beistand, der das Kind genau kennt, wird auch den Pflegeeltern helfen können, Mut zu fassen, auch gerichtliche Schritte einzuleiten, wenn sie sehen, dass das Kind eine sichere Bindung an sie entwickelt hat und nicht ohne Schaden zu nehmen, von ihnen weggegeben werden kann.

Im außergerichtlichen Verfahren, wo dem Kind der Schutz des Verfahrensbeistands in der Regel nicht gewährt wird, kommt es vielfach zu Abbrüchen von Pflegeverhältnissen, weil die Pflegeeltern nicht damit zurechtkommen, dass man ihnen die Schuld zuweist, wenn das Kind mit elementaren Verlassenheitsängsten und mit zunehmenden Verhaltensstörungen auf die Ausweitung der Umgangskontakte mit dem Ziel der Rückführung reagiert. Hier brauchen die Pflegeeltern Bestärkung und Begleitung. So manchem Kind konnte geholfen werden, weil die Pflegeeltern wieder Mut schöpfen konnten und somit auch bereit waren, die gerichtliche Auseinandersetzung zum Schutze des Kindes zu wagen.

Hier braucht der Beistand allerdings die Möglichkeit, seinen Praxisanleiter zurate zu ziehen, der eventuell bei der Formulierung

- des Antrages der Pflegeeltern gemäß § 1632 Abs. 4 BGB auf eine Verbleibensanordnung,
- der Übertragung der Pflegschaft nach § 1630, Abs. 3 BGB oder
- der Beantragung der Übertragung der Pflegschaft oder Vormundschaft auf die Pflegeltern als Einzelvormund behilflich ist.

Eine nicht unwesentliche Bereicherung erfahren die einzelnen Teilnehmer der Ausbildung durch die entstandene Solidarität in der Ausbildungsgruppe und der Bereitschaft, Selbsthilfegruppen zu unterstützen und zu initiieren.

Die Stützung und Begleitung der Pflegefamilien

Die ehrenamtlich tätigen Beistände gem. § 13 SGB X erfüllen eine gesellschaftlich wichtige Aufgabe bei der Stützung und Begleitung von Pflegefamilien innerhalb des bürgerschaftlichen Engagements.

11.2.3 Ehrenamtliche Einzelvormünder/Pfleger

Als Pilotprojekt hat die Bundesarbeitsgemeinschaft für Kinder in Adoptiv- und Pflegefamilien e.V. (BAG KiAP) in Kooperation mit der Landesarbeitsgemeinschaft Baden-Württemberg einen Ausbildungsgang für ehrenamtliche Einzelvormünder/Pfleger gestartet und erfolgreich beendet. Diese Ausbildung stößt auf reges Interesse. 30 Teilnehmer haben an dem Pilotprojekt teilgenommen und ein weiterer Ausbildungsgang startet im Herbst 2013.

Dies ist neben der Beistandsarbeit ein wichtiger Beitrag innerhalb des bürgerschaftlichen Engagements. Beistände und Vormünder sind in Baden-Württemberg in den Regio-Gruppen gemeinsam vor Ort tätig.

© firewings/123rf.com

12 Rechtliche Wege in der Pflegekinderhilfe

> Gerichtliche Schritte können zur Klärung der Situation des Kindes notwendig und hilfreich sein.

12.1 Verwaltung

12.1.1 Verwaltungsakt

Antragsberechtigt ist der Personensorgeberechtigte oder der Pfleger, der das Recht auf Antragstellung bei Behörden hat (z. B. Beantragung eines Schwerbehindertenausweises, Reisepass, individuelle Leistungen gem. § 39 SGB VIII, Namensänderung).

Die Eingliederungshilfe gem. § 35a SGB VIII ist eine Ausnahme, da das Kind selbst antragsberechtigt ist und die Pflegeperson im Interesse des Kindes Antragsteller sein kann.

Zitat aus dem Beistände-Arbeitspapier[1]

> „Im Unterschied zur Hilfe zur Erziehung haben Kinder und Jugendliche selbst den Rechtsanspruch auf Eingliederungshilfe. Der Antrag wird bis zum 15. Lebensjahr durch die gesetzlichen Vertreter gestellt."

Vor 1993 umfasste die Hilfe zur Erziehung auch die Maßnahmen der Eingliederungshilfe. Bis dato war sie also ein Teil der Hilfen zur Erziehung – was aus unserer Sicht konsequent und richtig war im Bezug auf Pflegekinder, da somit gewährleistet war, dass individuell ein für dieses Kind und seine Bedürfnisse abgestimmte Hilfeplanung erfolgte, und zwar aus einer Hand.

Laut Münder et al. (2006) fordert die Ausgliederung von seelisch behinderten Kindern und Jugendlichen aus dem Leistungsbereich der Hilfen zur Erziehung bereits im Ansatz Abgrenzungen, die durchaus als problematisch anzusehen sind. So stellt sich die Frage, inwiefern

a. ein erzieherischer Bedarf,
b. eine Krankheit oder
c. eine Behinderung

besteht.

---

[1] Script, S. 3 ff, Script von Paula Zwernemann und Claudia Kobus/BIII/Juni 2009/§§ 34, 35, 39 SGB VIII, § 35a SGB VIII Eingliederungshilfe für seelisch behinderte Kinder und Jugendliche. Betrachtungen dieser gesetzlichen Grundlage unter dem Aspekt: Was braucht ein Pflegekind?

„Seelische Behinderung bezieht sich immer, welche Ursache hier auch im Einzelfall ausschlaggebend sein mag, auf eine gefährdete bzw. misslungene soziale Integration". Interessanterweise ist dies der gleiche Sachverhalt, der auch dem § 27 und vor allem dem § 1 SGB VIII zugrunde liegt. Außerdem zählen zu den Leistungen der Jugendhilfe nicht allein pädagogische Maßnahmen. Von Bedeutung sind auch materielle Absicherung, therapeutische Hilfen, Angebote zur beruflichen Integration usw. „Jede pädagogische Mangelsituation geht mit hoher Wahrscheinlichkeit mit seelischen Beeinträchtigungen einher. Weiterhin erklärt Münder, dass seelische Behinderung (im Sinne des § 35a) auf der Grundlage von zwei Voraussetzungen bestimmt wird: „Es muss die individuelle seelische Störung (impairment) gegeben sein, die über individuelle Einschränkungen (disability) zu sozialen Beeinträchtigungen (handicap) führt. Damit wird deutlich, dass in diesem Feld medizinisch-psychiatrische und sozialpädagogische Kompetenzen zusammenwirken müssen, um eine notwendige und angemessene Hilfe zu planen".[2]

Sowohl bei den Hilfen zur Erziehung nach §§ 27 ff als auch bei den Hilfen nach § 35a SGB VIII besteht die Notwendigkeit, alle sozialen und individuellen Umstände zu berücksichtigen, welche die Entwicklung und auch die Erziehung des Kindes oder des Jugendlichen beeinträchtigen können.

Die derzeitige Situation führt zu Kämpfen einzelner Abteilungen einer Kommune, die kräfteraubend sind und dem Wohl des einzelnen Kindes nicht dienen. Es bleibt zu hoffen, dass eine Gesamtschau kommt.

Wenn bei entsprechenden Entscheidungen kein Einvernehmen erreicht werden kann, ist der Verwaltungsgerichtsweg möglich. Verfahren vor dem Verwaltungsgericht in den Bereichen der Jugendhilfe und Sozialhilfe sind kostenfrei.

12.1.2 Namensänderung bei Pflegekindern – die Bedeutung des Namens

Der Familienname ist ein wichtiger Baustein für die Entwicklung einer eigenen Identität des Kindes. Mit dem Namen verbindet sich ab dem erinnerungsfähigen Alter die Zugehörigkeit zu einer Familie. Bei einem Kind, das sich bereits mit dem Namen der Herkunftsfamilie identifiziert, ist eine Namensänderung in der Regel nicht im Interesse des Kindes.

Wenn das Kind sehr jung in die Pflegefamilie kommt, stellt sich die Situation anders dar. Das Kind wird von den anderen Kindern mit dem Familiennamen der Pflegeeltern verbunden. Wenn dies nicht so ist, kommt es immer wieder zu Verletzungen des Kindes. Das Pflegekind kommt leicht in eine Außenseiterrolle. Bei einem Pflegekind ist der Status des Kindes unsicher und es kommt nicht selten zu Hänseleien: „Du hast gar keine richtigen Eltern, Du hast gar keinen Vater". Die Namensungleichheit des Pflegekindes kann so immer wieder zur Verunsicherung des Kindes beitragen.

---

[2] ebenda

Der Wunsch des Kindes nach Namensgleichheit kommt in der Regel bei der Einschulung. Wenn das Kind mit einem anderen Namen als die (Pflege)Eltern in der Schule geführt werden muss, ist es wichtig zu ergründen, ob das Kind selbst den Wunsch nach Namensgleichheit mit der Pflegefamilie hat. Wenn dies der Fall ist, sollten Pflegeeltern auch diesem Wunsch nachgehen und die Namensänderung anstreben.

Nicht nur dort, wo das Kind im nicht erinnerungsfähigen Alter in die Pflegefamilie kam, kann die Namensgleichheit mit der Pflegefamilie ein wichtiger Stabilisierungsfaktor für das Kind sein, sondern auch dort, wo schwer belastende Erinnerungen mit dem Namen der Herkunftsfamilie verbunden sind.

Ich denke an ein Mädchen, das in der Herkunftsfamilie schwer traumatisiert wurde und im Alter von ungefähr sieben Jahren in die Pflegefamilie kam. Nachdem die leibliche Mutter dem Kind bei einem Umgangskontakt in ihrer Landessprache gesagt hatte, dass sie den Pflegeeltern wünsche, sie mögen auf der Heimfahrt an einen Baum fahren und tot sein, lehnte das Mädchen bis heute – in der Zwischenzeit ist es bald volljährig – jeden Kontakt zur Mutter ab und erträgt es nicht, wenn man die leibliche Mutter als ihre Mutter bezeichnet. Als die Frage erörtert wurde, ob ein Ersetzungsantrag zur Annahme als Kind gemäß § 1748 BGB gestellt werden soll oder nicht, scheiterte dies – trotz des Vorliegens der rechtlichen Gründe für einen Ersetzungsantrag – an der Weigerung des Mädchens, weil sie Angst hatte, bei einer Anhörung mit der leiblichen Mutter zusammenzutreffen. Sie wollte lieber warten, bis sie als Volljährige selbst den Antrag zur Annahme als Kind stellen kann. In diesem Gespräch meinten die Pflegeeltern, dass es ja eigentlich egal sei, wie man heiße. Sie hätten auf jeden Fall nichts dagegen, dass die Tochter anders heiße als sie selbst. Diese sagte jedoch sehr betroffen und leise: „Aber ich"!

Das Argument, dass immer wieder gegen eine Namensänderung ins Feld geführt wird, dass ja viele Scheidungskinder auch andere Namen als ihre Eltern tragen, greift bei Pflegekindern nicht generell. Wenn ein kleines Kind in eine Familie kommt und dann erlebt, dass es bei ihm anders ist als bei den anderen Kindern, wenn ihm vielleicht von anderen Kindern sogar gesagt wird, dass es gar keine richtigen Eltern hat, kommt es in große Not. Diese Not zeigt sich darin, dass viele Pflegekinder sich in der Schule weigern, mit dem Namen der Herkunftsfamilie aufgerufen zu werden. Nicht selten kommt es zur Leistungsverweigerung, wenn ein Lehrer auf dem amtlichen Namen besteht.

Kinder können in eine schwerwiegende Krise gestürzt werden, wenn sie nach außen immer wieder begründen müssen, warum sie anders heißen als ihre geliebten (Pflege-)Eltern. Das Gefühl, nicht zur Familie zu gehören, wird durch die gegebenen rechtlichen Faktoren oft verstärkt. Umgangskontakte, Hilfeplangespräche, die nicht immer kindgerecht ablaufen, Anhörungen vor Gericht bei Konflikten um Umgangskontakte oder gar Rückführungsanträge bei einem sicher an die Pflegeeltern gebundenen Kind sowie die Tatsache, dass das Kind weiß, dass die Pflegeeltern nicht Vormund sind, sondern ein Amt oder eine fremde Einzelperson über es bestimmen kann, verunsichern Pflegekinder zusätzlich. Dies ist völlig anders als bei Scheidungskindern. Da weiß das Kind, dass derjenige Elternteil, bei dem es wohnt, auch die entsprechenden Rechte hat und zumindest den Namen, den es jetzt trägt, selbst einmal getragen hat oder der getrennt lebende Vater diesen trägt. Auch die Tatsache, dass in der Zwischenzeit eine Scheidung in der Gesellschaft nicht mehr mit einem Makel behaftet ist, wohl aber die Tatsache, dass ein Kind aus einer Familie stammt, die den gesellschaftlichen Normen offensichtlich nicht entsprochen hat, trägt dazu bei.

Das Gefühl, nach außen dokumentieren zu können, dass es ein Teil der Familie Schulze oder Schmidt ist, kann für das einzelne Kind und seine störungsfreie Entwicklung von großer Bedeutung sein.

Die rechtlichen Voraussetzungen für eine Namensänderung bei einem Pflegekind

Das Namensänderungsgesetz nimmt auf die Gefühlslage von Kindern Rücksicht und ermöglicht bei Vorliegen bestimmter Voraussetzungen die Namensänderung. Nach § 3 Abs. 1 des Gesetzes über die Änderung von Familiennamen und Vornamen (NamÄndG) darf ein Familienname oder ein Vorname nur geändert werden, wenn „ein wichtiger" Grund vorliegt. In der Rechtsprechung hat der Begriff des wichtigen Grundes im Zusammenhang mit der Änderung des Nachnamens eines Pflegekindes in den Familiennamen seiner Pflegeeltern eine Konkretisierung erfahren: Nachdem früher Namensänderungen grundsätzlich nur dann zulässig waren, wenn das Kindeswohl sie erfordert, entschied das BVerwG im Jahre 1987[3], dass der Familienname eines Pflegekindes dem der Pflegeeltern bereits dann anzugleichen ist, wenn dies das Wohl des Kindes fördert und überwiegende Interessen an die Beibehaltung des Namens nicht entgegenstehen, ferner das Pflegeverhältnis auf Dauer angelegt ist und eine Annahme als Kind nicht oder noch nicht infrage kommt.

Der 1. Senat des Verwaltungsgerichtshofs Baden-Württemberg hat am 11. Februar 2003 beschlossen, dass der Antrag der Kläger (leibliche Eltern) auf Zulassung der Berufung gegen das Verwaltungsgericht Freiburg vom 11. Juli 2001 abgelehnt wird. Zu den Gründen der Verwerfung der Zulassung der Klage führt es Folgendes aus:[4]

> „Das Verwaltungsgericht hat angenommen, dass ein die Änderung des Familiennamens der Beigeladenen von ... in ... rechtfertigender wichtiger Grund im Sinne

---

3 BVerwG, Urteil v. 24.04.1987, NJW 1988, S. 85
4 VG Darmstadt, Urt.v.3.2.1998, StAZ 1998, S. 347; VG Arnsberg, Besch. V. 28.5.1999, DAVorm 1999. S. 649; Loos NamÄndG 2. Aufl., § 3, S. 77; vergl. auch Ziff.42 AmÄndVwV, abgedruckt bei Loos, aaO, S. 12ff

des § 3 Namensänderungsgesetzes vorliegt. Es hat seiner Prüfung dabei die vom Bundesverwaltungsgericht in seinem Urteil vom 24.04.1987 –7 C 120.86 (Buchholz 402.10 § 3 NÄG Nr. 60) aufgestellten Grundsätze zugrunde gelegt, wonach der Familienname des Pflegekindes dem der Pflegeeltern nach § 3 Abs. 1 NÄG bereits dann anzugleichen ist, wenn dies das Wohl des Kindes fördert und überwiegende Interessen an der Beibehaltung des Namens nicht entgegenstehen, ferner das Pflegeverhältnis auf Dauer angelegt ist und eine Annahme als Kind durch die Pflegeeltern nicht oder noch nicht in Frage kommt (S. 6 des UA; vgl. auch Nr. 42 NamÄndVwV).

Das Antragsvorbringen erschöpft sich der Sache nach in dem Einwand, das Verwaltungsgericht habe zu Unrecht angenommen, dass die vom Bundesverwaltungsgericht für in Dauerpflege stehenden Kinder aufgestellten Voraussetzungen im Fall der Beigeladenen vorliegen, weshalb eine Namensänderung gegen den Willen der Kläger (leibliche Eltern) unzulässig sei. Hiermit werden beim Senat keine ernstlichen Zweifel an der Richtigkeit der angegriffenen Entscheidung geweckt.

Soweit die Kläger geltend machen, als „natürliche Eltern" seien sie mit der „schlechten Mutter", die in der Entscheidung des Bundesverwaltungsgerichts vorausgesetzt werde, nicht vergleichbar, geht dies an den entscheidungstragenden Erwägungen des angegriffenen Urteils ebenso vorbei wie an der in Bezug genommenen Entscheidung des Bundesverwaltungsgerichts. Weder das Verwaltungsgericht noch das Bundesverwaltungsgericht haben maßgeblich darauf abgestellt, ob die Gründe für die Unterbringung des Kindes in der Pflegefamilie der leiblichen Mutter bzw. den leiblichen Eltern subjektiv vorgeworfen werden können. Das Verwaltungsgericht hat es vielmehr als entscheidend angesehen, dass das Pflegeverhältnis der nunmehr nahezu 15 Jahre alten Beigeladenen zu ihren Pflegeeltern, bei denen sie seit 1989 ununterbrochen lebt, auf Dauer angelegt ist. Zur Begründung hat es unter Bezugnahme auf den Beschluss des Oberlandesgerichts Karlsruhe vom 02.05.2000 betreffend einen Antrag auf Rückübertragung der elterlichen Sorge ausgeführt, dass bei einer Herausnahme der Beigeladenen aus ihrer Pflegefamilie, zu der sie eine gewachsene elterngleiche Bindung entwickelt habe, und eine Rückführung zu ihren leiblichen Eltern der Verlust ihrer sozialen Bezüge und damit eine völlige Bindungslosigkeit und eine schwere und nachhaltige psychische Schädigung des Kindes zu erwarten wäre, so dass eine Aufhebung der Sorgerechtsentziehung das Wohl der Beigeladenen in hohem Maße gefährdete.

Dies gilt auch für das Vorbringen der Kläger, sie fühlten sich ihrem einzigen leiblichen Kind emotional eng verbunden, hätten sich der Elternverantwortung nie entzogen, sondern seit Jahren um sie gekämpft, und seien „materiell und psychisch in der Lage, das Kind bei sich in ordentlichem Lebensstandard zu halten". Denn auch damit werden die letztlich entscheidenden, auf eine Vielzahl von Umständen gestützten tatsächlichen Feststellungen des Verwaltungsgerichts zur Dauer des Pflegeverhältnisses und zur Förderlichkeit der Namensänderung für das Kindeswohl nicht erschüttert. Vielmehr spricht gerade der Vortrag der Kläger: ihr einziges Ziel sei es immer gewesen, durch viele Aktionen den Kontakt zum Kind aufrecht zu erhalten und das Kind letztlich in die Familie zurückzubekommen, wodurch sie ihr natürliches Elternrecht betont hätten, für die Richtigkeit der Beurteilung des Verwaltungsgerichts. Daran wird insbesondere deutlich, dass die Kläger offenbar nicht zu überwindende Schwierigkeiten haben, zu erkennen, dass ihre bisherige Vorgehensweise zu einer massiven Verunsicherung und Verängstigung der Beigeladenen insoweit geführt hat, als sie ständig befürchtet, gegen ihren Willen von ihrer Pflegefamilie getrennt zu werden und damit ihre Sicherheit und Geborgenheit zu verlieren, was letztlich dazu geführt hat, dass sie jeden Kontakt mit den Klägern ablehnt. Dem entspricht die Darstellung des Oberlandesgerichts Karlsruhe in seinem Beschluss v. 02.05.2000, dass die Kläger nicht in der Lage sind, die Beigeladene als eigenständige Persönlichkeit wahrzunehmen und auf ihre Bedürfnisse einzugehen, und sie ohne Rücksicht auf die psychische Befindlichkeit des Mädchens, insbesondere dessen elterngleiche Bindung an die Pflegeeltern, auf ihrem Elternrecht beharren und die Auffassung vertreten, dass „ein minderjähriges Kind gegenüber seinen leiblichen Eltern kein Ablehnungsrecht habe". Vor diesem Hintergrund geht der Senat davon aus, dass den Klägern nach wie vor der Blick auf das Wohl ihres Kindes in einer Weise verstellt ist, dass sie daran gehindert sind, ihrer elterlichen Verantwortung gerecht zu werden."

Im Urteil des VerwG Arnsberg v. 28.05.1999 ist zu lesen:

Auf der Grundlage des bisherigen Sach- und Streitstandes ist davon auszugehen, dass eine Änderung des Familiennamens der Beigeladenen (Pflegekind) für ihr Wohl förderlich ist. (...) Der Familiennamen K. (Pflegefamilie) ist somit inzwischen für sie (Geschwister) zu einem Integrationsfaktor geworden. Grundsätzlich kann sich ein Elternteil, dem das Sorgerecht für sein Kind entzogen wurde und dessen Kind unter Vormundschaft und unter pflegeelterliche Betreuung gestellt wurde, nicht auf ein eigenes Interesse am Fortbestand des bisherigen Namens des Kindes berufen. Ein derartiges namensrechtliches Interesse ist in der Elternverantwortung begründet. Dieser Verantwortung wird aber derjenige, der unfähig oder unwillig ist, für sein Kind zu sorgen, deshalb gerade die Ursache für die Errichtung der Vormundschaft und für die Begründung eines Pflegeverhältnisses gesetzt hat, nicht gerecht. Wer aber den Verpflichtungen einer Elternschaft nicht gerecht wird, kann auch nicht den aus Art. 6 des Grundgesetzes fließenden Schutz des Elternrechtes, der auch – wie bereits erläutert- die namensrechtlichen Belange gegen eine Umbenennung umfasst, in Anspruch nehmen.[5]

Diese beiden Urteile zitiere ich hier deshalb wörtlich, weil in der Urteilsbegründung alle wesentlichen Aspekte für eine Namensänderung bei Pflegekindern enthalten sind.

Kinder, die in Dauerpflege aufwachsen, können den Namen der Pflegeeltern annehmen, wenn es dem Wohle des Kindes förderlich ist und überwiegende Interessen an der Beibehaltung des Namens nicht entgegenstehen. Die leiblichen Eltern werden zwar regelmäßig angehört und können Einwände vorbringen. Diese Einwände verhindern die Namensänderung jedoch nicht, wenn es sich ergibt, dass die Namensänderung dem Wohle des Kindes förderlich ist. Häufig wird sich diese Förderlichkeit bereits daraus ergeben, dass eine Namensänderung die weitere ge-

---

5 Vgl. BVerwG, Urteil v. 24.4.1987 – 7 C120/86 – NJW 1988, 85,86

sunde Entwicklung von Pflegekindern unterstützt. Die nach außen bekundete Zugehörigkeit zu seiner Pflegefamilie und die Verminderung der Verlustängste sind ein Grund zur Namensänderung.

Welche Schritte sind erforderlich, wenn eine Namensänderung eingeleitet werden soll?
Der Inhaber der Personensorge stellt einen Antrag beim zuständigen Ordnungsamt der Kommune. Es handelt sich um ein Verwaltungsverfahren.

Antragsberechtigt ist nur das Kind, daher muss für einen Minderjährigen der gesetzliche Vertreter den Antrag stellen.

Steht das Kind unter Vormundschaft oder Pflegschaft, so hat der Vormund oder Pfleger für die Antragstellung beim Ordnungsamt die vormundschaftsgerichtliche Genehmigung zur Antragstellung (§ 2 NÄG) einzuholen.

Am Verfahren beteiligt sind die Eltern des Kindes und die Pflegeeltern. Das Jugendamt nimmt zum Antrag des Kindes Stellung.

Sollte der Inhaber der elterlichen Sorge oder derjenige, der Teile der elterlichen Sorge, insbesondere das Recht auf Antragstellung bei Behörden und Gerichten oder die Vormundschaft hat, sich gegen eine Beantragung einer Namensänderung aussprechen, so besteht keine Möglichkeit der Antragstellung. Hier muss zuerst die Pflegschaft/Vormundschaft geändert werden.

Sind Pflegeeltern Vormund oder Pfleger, so müssen sie damit rechnen, dass sie als Antragssteller die Gebühren zu bezahlen haben. Diese richten sich nach ihrem Einkommen.

Der Antrag ist zu begründen und muss beinhalten, warum die Namensangleichung zwischen Kind und Pflegeeltern dem Kindeswohl förderlich ist.

Am Verfahren beteiligt sind nach der Namensänderungsverwaltungsvorschrift (Nr. 11 NamÄndVwV) die Herkunftseltern des Kindes und seine Pflegeeltern. Das Jugendamt nimmt zu dem Antrag Stellung (Nr. 18 c NamÄndVwV).

Danach fällt die Behörde die Entscheidung. Das Verfahren richtet sich nach dem Verwaltungsrecht, und Beschwerden sind innerhalb der Gerichtsbarkeit auf dem Verwaltungsweg einzuleiten. Beschwerdeberechtigt sind der Personensorgeberechtigte sowie die leiblichen Eltern.

Dem Antrag sind folgende Unterlagen beizufügen:
- eine Bescheinigung der Meldebehörde,
- beglaubigte Abschrift des Geburtseintrages,
- für über 14-jährige Personen ein Führungszeugnis und
- die Genehmigung des Familiengerichtes, wenn ein Vormund oder Pfleger die Namensänderung beantragt.

12.2 Verfahren vor dem Familiengericht

Folgende Verfahren sind möglich:

Sorgerechtsverfahren: §§1630 Abs 3 BGB, 1887 BGB

Antrag auf Verbleib: §1632 Abs 4 BGB

Annahme als Kind:

- **Annahme Minderjähriger:** §§ 1741 BGB, 1744 BGB
  Einwilligung des Kindes in § 1746 BGB, **Einwilligung der Eltern** in § 1747 BGB
  Die Ersetzung zur Einwilligung in die Annahme als Kind eines Elternteils möglich, wenn grobe Pflichtverletzung oder anhaltende Gleichgültigkeit dem Kind gegenüber vorliegt und das Unterbleiben der Annahme als Kind zum unverhältnismäßigen Nachteil für dieses Kind gereichen würde.
- **Annahme Volljähriger mit Minderjährigen-Wirkung:**
  Ist ein Pflegekind volljährig, erlischt die Vormundschaft/Pflegschaft. Eine rechtliche Verbindung zur Pflegefamilie besteht somit nicht mehr. Hier besteht die Möglichkeit, einen Adoptionsantrag ohne Einwilligung der leiblichen Eltern zu stellen. § 1772 Abs 1 b BGB ermöglicht, dass der Anzunehmende, der bereits als Minderjähriger in der Familie des Annehmenden aufgenommen worden ist, die Rechte der Minderjährigen-Adoption für sich in Anspruch nehmen kann. Somit erlischt die Verwandtschaft zu den Herkunftseltern und im Gegensatz zur Erwachsenenadoption, auch die Unterhaltspflicht den leiblichen Eltern gegenüber.

Fam FG
Antragsrechte, Beteiligungsrechte, Beschwerderecht der Pflegeeltern:

In Umgangs- u. Sorgerechtsverfahren können Pflegeeltern den Beteiligtenstatus einfordern, da sie vom Ausgang des Verfahrens unmittelbar betroffen sind (§ 7 Abs. 2 FamFG).

§ 59 Fam FG stellt klar, dass derjenige der vom Ausgang des Verfahrens in seinen Rechten betroffen ist, ein Beschwerderecht hat unabhängig davon, ob er den Beteiligtenstatus eingefordert hat.

Pflichten des Gerichts im Hinblick auf die Pflegeeltern:
Die Anhörung der Pflegeperson ist in § 161 Abs. 2 FamFG geregelt.

§ 161 FamFG

(1) Das Gericht kann in Verfahren, die die Person des Kindes betreffen, die Pflegeperson im Interesse des Kindes als Beteiligte hinzuziehen, wenn das Kind seit

längerer Zeit in Familienpflege lebt. Satz 1 gilt entsprechend, wenn das Kind auf Grund einer Entscheidung nach § 1682 des Bürgerlichen Gesetzbuchs bei dem dort genannten Ehegatten, Lebenspartner oder Umgangsberechtigten lebt.

(2) Die in Absatz 1 genannten Personen sind anzuhören, wenn das Kind seit längerer Zeit in Familienpflege lebt.

§ 155 FamFG bestimmt, dass innerhalb eines Monats nach Antragstellung eine Anhörung der Beteiligten zu erfolgen hat.

Pflicht des Gerichts bei Kindeswohlgefährdung und anderen schwerwiegenden Beeinträchtigungen des Kindeswohls von Amts wegen tätig zu werden:
Die §§ 24, 26 FamFG stellen klar, dass die Einleitung eines Verfahrens, das von Amts wegen zu betreiben ist, nicht nur in Folge einer Mitteilung durch eine andere Stelle, sondern auch aufgrund des Antrages eines Bürgers eingeleitet werden kann. Da Pflegeeltern auch Bürger sind, steht es ihnen frei, eine Mitteilung an das Gericht zu machen, wegen einer von ihnen beobachteten Gefährdung des Kindes z. B. durch Umgangskontakte.

Das Gericht hat demjenigen, der die Mitteilung an das Gericht macht, mitzuteilen, ob ein Verfahren eingeleitet wird oder warum dieses nicht eingeleitet wird.

Kosten des Verfahrens
Gerichtskosten:
Bei Verwaltungsgerichtsverfahren fallen generell in jugend- und sozialhilferechtlichen Angelegenheiten keine Kosten an.

Normalerweise werden die Kosten in den Verfahren der Freiwilligen Gerichtsbarkeit den Beteiligten jeweils zur Hälfte auferlegt. In Verfahren, in denen Pflegeeltern Beteiligte sind, kommt es gelegentlich vor, dass Gerichtskosten und Gutachterkosten in der ersten Instanz den Pflegeeltern auferlegt werden. Pflegeeltern klagen jedoch nicht im eigenen Interesse, sondern im Interesse des Kindes. Das OLG Düsseldorf hat z. B. in seinem Beschluss vom 5.7.2001, Az. 10 WF 12/01 eine Entscheidung des Familiengerichtes aufgehoben. Auch das OLG Köln hat in seinem Beschluss vom 23.10.200, FamRZ 2001, 1471 festgestellt, dass Pflegeeltern keine Gutachterkosten zu tragen haben. Das Antragsrecht der Pflegeeltern auf Verbleib soll wesentlich dazu beitragen, rechtzeitigen Schutz des Pflegekindes zu gewährleisten.

Es ist Pflegeeltern anzuraten, auf keinen Fall auf ein Vergleichsangebot bei der Anhörung beim Gerichtstermin einzugehen, weil sie sich dann damit einverstanden erklären, die Hälfte der Kosten zu bezahlen.

Wenn Pflegeeltern Vormund oder Pfleger für Teile des Sorgerechtes sind, ist zu prüfen, ob sie einen Anspruch an das Gericht auf Auslagenersatz haben.

12.2.1 Gutachten bei strittigen Verfahren

> **Die innere Haltung des Beurteilenden – Zum Umgang mit wissenschaftlichen Erkenntnissen**
> Was versteht man unter einem Gutachten?
> Einen Sachverhalt „begutachten" bedeutet im Wortsinn, eine plausible Argumentation vorzulegen, was ein Experte auf der Grundlage ausgewählter Fakten „für gut erachtet". Jedes Gutachten besteht folglich aus zwei sorgfältig auseinanderzuhaltenen Teilen.
> 1. aus einer Zusammenstellung als wesentlich erachteter Fakten, die für die Beurteilung von Bedeutung sind, sowie
> 2. aus einer wertenden Gewichtung dieser Fakten und einer Handlungsempfehlung vor dem Hintergrund von Wissen, Erfahrung und der Einstellung des Gutachters.

Jeder von uns kennt diese beiden Aspekte aus der täglichen Lektüre der Tageszeitung. Eine gute Zeitung zeichnet sich dadurch aus, dass sie mit vergleichbarer Sorgfalt zwischen Information (Nachrichten) und Meinung (Kommentar) trennt. Das hört sich allerdings einfacher an, als es ist. Schon die Entscheidung, welche Einzelinformationen ein Journalist zu einer Nachricht zusammenstellt, ist von seiner Einstellung beeinflusst („gefärbt"), selbst dann, wenn dies zumeist gar nicht bewusst geschieht.

Dazu ein Beispiel aus der deutschen Geschichte:[6]

Am 15. August 1963, zwei Tage nach dem Mauerbau in Berlin, kam der damalige Bundeskanzler Konrad Adenauer zu einer Wahlkundgebung nach Göttingen. Es ging ziemlich turbulent zu. Über weite Strecken hatte Adenauer keine Möglichkeit, sich verständlich zu machen. Das Interessanteste an dem Ereignis waren allerdings die Berichte am Tag darauf in den beiden örtlichen Zeitungen.

Das eher SPD-nahe Blatt berichtete von knapp 300 Teilnehmern, von kritischen Sprechchören und von Pfeifkonzerten, von Transparenten mit Parolen wie „Adenauer löscht keinen Brandt" und von Zwischenrufen „Hagen! Hagen!". In Hagen hatte Adenauer anlässlich einer Wahlkundgebung am Tag zuvor den Verdacht geäußert, die DDR habe mit dem Mauerbau eine gezielte Wahlhilfe für die SPD inszenieren wollen.

Der Journalist des eher CDU-nahen Blattes schien auf einer völlig anderen Veranstaltung gewesen zu sein. Er berichtete von rund 400 Teilnehmern, von überwältigendem Applaus für den Bundeskanzler und von einer rundum gelungenen Veranstaltung,

---

6 Mit freundlicher Genehmigung von Harm Kühnemund

auch wenn es am Rande ein paar jugendliche Randalierer gegeben habe, die aber in der Minderheit geblieben seien.

Man kann beiden Journalisten unterstellen, dass sie nach bestem Wissen und Gewissen berichtet haben. An dem Beispiel wird deutlich, welchen gravierenden Einfluss die innere Einstellung (das Gewissen) des Beobachters auf seine Wahrnehmung haben kann. Jeder sieht – legitimerweise – vor allem das, was in sein Weltbild passt. Insofern stellt bereits die Auswahl der Informationen, die man für eine Nachricht für wesentlich hält, einen (meist unbewussten) Akt der Meinungsäußerung dar. Genau genommen ist auch die Nachricht selber immer schon „meinungsgesättigt".

Zurück von der Tageszeitung zu unserer Frage, was beim Lesen eines Gutachtens zu beachten ist. Auch Gutachter sind Menschen aus Fleisch und Blut und keine unfehlbaren Wahrheitsfindungs-Automaten. Ihre Wahrnehmung (ihre innere Einstellung, ihr Gewissen, ihr Weltbild) ist geprägt durch ihre Biografie, durch ihre fachliche und berufliche Sozialisation sowie durch ihren jeweiligen familienpolitischen Standort. Schließlich sind die psychologischen Wissenschaften nicht etwa ein einheitliches Fachgebiet, sie bestehen vielmehr aus einer Vielfalt von Fachrichtungen, die sich in ihrem Verständnis von der Wirklichkeit des Menschen nicht selten widersprechen.

Grundsätzliches zum Aussagewert von Gutachten
Aufgabe des Gutachters ist es, plausible Fingerzeige für mögliche Handlungsentscheidungen zu geben. Das Gutachten soll dem Entscheider bei der Aufgabe helfen, sich ein eigenes Urteil zu bilden. Aufgabe des Entscheiders ist es, die Plausibilität dieser Fingerzeige auf ihre Nachvollziehbarkeit zu überprüfen und sie nach seinem eigenen Urteil in die Entscheidung einzubeziehen.

Man unterliegt einem groben Missverständnis und einem Abgeben der eigenen Verantwortung, wenn man von einem Gutachten ein vollständiges 1:1-Abbild der Wirklichkeit und eine unumstößliche Handlungsanweisung erwartet.

Das kann ein Gutachten in den seltensten Fällen leisten.

Was ist beim Lesen eines Gutachtens bzw. einer Stellungnahme zu beachten?
Fragenkatalog zur Beurteilung eines Gutachtens in der Pflegekinderhilfe
Der hier vorgelegte Fragenkatalog beruht auf jahrzehntelanger Praxiserfahrung mit Gutachten in der Pflegekinderhilfe. Es gibt sowohl Gutachten, die sich in ihrer Prognose als völlig unzutreffend herausgestellt haben, als auch Gutachten, die sensibel auf die Gefühlswelt des Kindes eingehen und sich in der Rückschau dieser Kinder, die inzwischen zum Teil erwachsen sind, als richtige Wegweiser herausgestellt haben.

1. **Fragestellung des Gutachtens:** Wie geht der Gutachter mit der vorgegebenen Fragestellung um? Wird in der Fragestellung unkritisch die Rückkehr des Kindes in die Herkunftsfamilie vorausgesetzt? Schließt sich der Gutachter einer solchen Vorgabe an?

2. **Angewandte Methoden:** Mit welchen Methoden arbeitet der Gutachter? Führt er neben dem psychodiagnostischen Gespräch auch projektive Tests durch? Oder setzt er allein auf Verhaltensbeobachtungen und Leistungstests?

Manche Sachverständige lehnen projektive Tests grundsätzlich ab, weil sie diese nicht für aussagekräftig halten oder weil sie keinen Sinn darin sehen, nach den Ursachen eines Verhaltens zu fragen und Antworten stattdessen allein im Hier und Jetzt suchen. Bei traumatisierten Kindern kommt es nicht in erster Linie auf die Feststellung objektiver Verhaltensweisen an, sondern auf deren subjektive Bedeutung für das Kind.[7]

Um ein Kind mit seinen emotionalen Störungen (massive Ängste, unbändige Wut, starkes Misstrauen gegenüber erwachsenen Bezugspersonen) verstehen zu können, ist es unumgänglich, aus der Perspektive des Kindes und entsprechend seiner altersgemäßen Bedürfnisse und seines Entwicklungsstandes seine bisherige Lebenserfahrung und seine Lebensgeschichte zu verstehen.[8] Um zu dieser emotionalen Situation des Kindes vorzudringen, sind projektive Tests unbedingt erforderlich.

3. **Vorgeschichte des Kindes:** Welche Bedeutung räumt der Gutachter der Vorgeschichte des Kindes ein? Werden medizinische Gutachten, Stellungnahmen des Jugendamts, Berichte von Familienhelfern usw. beachtet? Liegt Vernachlässigung oder Misshandlung des Kindes vor? Wie wird „Vernachlässigung" gewertet? Wird beachtet, dass emotionale oder körperliche Vernachlässigung, Misshandlung oder sexueller Missbrauch zu einer Traumatisierung des Kindes führen kann? Besteht eine Tendenz zur Verharmlosung oder gar Verleugnung sowohl bei den Fachkräften als auch bei den Herkunftseltern („Ich habe das Baby lediglich manchmal geschüttelt")?

4. **Vorgeschichte der Unterbringung:** Werden die vorausgegangenen ambulanten Hilfen berücksichtigt? Wird analysiert, warum diese nicht ausgereicht haben, die erzieherische Notlage des Kindes zu beheben? Werden die konkreten Unterbringungsgründe beachtet? Wird, zum Beispiel bei drogen- oder suchtabhängigen Eltern, die Dauer der Schädigung beachtet? Werden die Ängste des Kindes gesehen und Möglichkeiten der Retraumatisierungen ernst genommen?

---

7 Vgl. Zeitschrift „Pflegekinder-Entwicklungshilfen" 2001, S. 145
8 Vgl. Hardenberg 2001, S. 18

5. Alter und Bindungen des Kindes: Wird das Alter des Kindes zum Zeitpunkt der Unterbringung berücksichtigt? Werden die Dauer der Unterbringung und die Qualität der Bindung des Kindes beachtet?

6. Erziehungsfähigkeit der Eltern: Wird die Erziehungsfähigkeit der leiblichen Eltern einschließlich ihrer Achtsamkeit und Feinfühligkeit gegenüber dem Kind eingehend beobachtet und untersucht? Wie gehen sie auf die Bedürfnisse des Kindes ein? Wie interpretieren sie das Verhalten des Kindes? Sehen sie ihre eigenen Anteile am Geschehen – oder weisen sie generell den Pflegeeltern die Schuld an bestehenden Spannungen zu? Nehmen sie leichthin in Kauf, dass dem Kind durch die Trennung Schmerz zugefügt wird?

7. Logische Nachvollziehbarkeit: Sind die Schlüsse, die der Gutachter zieht, logisch nachvollziehbar? Wenn das Kind nach dem Besuch wahrheitsgemäß berichtet, die Mutter habe es auf den Kopf geschlagen, der Gutachter aber meint, das passe nicht zu seinem Bild von der Mutter, und die Aussage des Kindes leichthin auf die Spannungen zwischen den Erwachsenen zurückführt, ist das eine laienhafte Privatmeinung dieses Gutachters.

8. Verhaltensbeschreibung der Pflegeeltern: Werden die Verhaltensbeschreibungen der Pflegeeltern beachtet und erscheinen sie im Gutachten?

9. Nachfolgende Erziehungsbedingungen: Wird den nachfolgenden Erziehungsbedingungen mit den hohen Anforderungen der kindgerechten Umsetzung die nötige Aufmerksamkeit geschenkt?

Erfahrungen des Gutachters aus der Praxis der Pflegekinderhilfe

Zu welchem Ergebnis ein Gutachter kommt, entscheidet sich vor allem daran, von welcher theoretischen Orientierung er ausgeht. Wenn er die Bindungen des Kindes, das Alter bei der Unterbringung, die – oft traumatischen – Vorerfahrungen mit seinen Herkunftseltern nicht beachtet und stattdessen nur das Hier und Jetzt sieht und daraufhin eine Technik vorschlägt, wie Bindungen „abgewöhnt" werden können, kommt er zu ganz anderen Handlungsvorschlägen als ein Gutachter, der sich wirklich auf dieses konkrete Kind einlässt und die Biografie des Kindes und seine Bindungen und Bedürfnisse beachtet.

Es ist wichtig, dass der Leser eines Gutachtens erkennt, ob das Gutachten für das Kind wirklich zutrifft oder ob stattdessen theoretische Konstrukte aufgestellt werden, die mit dem Kind wenig zu tun haben. Ich möchte dies an einem Beispiel verdeutlichen:

Martina kam mit drei Monaten in die Pflegefamilie. Die Mutter war bei ihrer Geburt 16 Jahre alt, der Vater 17 Jahre alt. Der Vater lebte seit seiner Pubertät in Jugendhilfeeinrichtungen und zeitweise in erlebnispädagogischen Maßnahmen im Ausland. In den Heimen konnte er nicht mehr gehalten werden, weil er sowohl Gruppenmitglieder als auch Erzieher körperlich angriff und bedrohte. Er war mehrfach straffällig geworden. In einem Heim hatte er die spätere Mutter des Kindes kennengelernt. Sie

selbst hat ebenfalls eine schwierige Biografie, neigte zur Magersucht und geriet sehr schnell in ein Abhängigkeitsverhältnis zum Vater des Kindes.
Nach der Geburt des Kindes lebte sie mit dem Kind in einem Mutter-Kind-Heim. Ihr und dem Vater des Kindes war es wichtig, zusammen zu sein. Da dies im Mutter-Kind-Heim nur begrenzt möglich war, ging sie mit dem Vater zu „Kumpels". Die Einrichtung kam zu dem Schluss, dass sie nicht mehr in der Lage seien, die Verantwortung für das Kind zu übernehmen, zumal das Kind auch in körperlicher Hinsicht die anfängliche positive Entwicklung nicht fortsetzte, sondern zusehends an Gewicht verlor.

Nach der Aufnahme in der Pflegefamilie entwickelte es sich langsam zu einem rundum zufriedenen und sicher gebundenen Säugling. Die Mutter besuchte das Kind wöchentlich einen Nachmittag bei den Pflegeeltern, führte es spazieren und spielte wie ein älteres Geschwister mit dem Mädchen. Als Martina neun Monate alt wurde, beschloss das „Team" im Jugendamt, dass die Rückführung ansteht, nachdem die jungen Eltern inzwischen eine Wohnung hatten. Das Mädchen musste von nun an einmal in der Woche bei den leiblichen Eltern übernachten. Sie reagierte auf längere Trennungen heftig, während sie einige Stunden mit der Mutter zusammen gut leben konnte.

Mit elf Monaten ordnete das Jugendamt an, dass sie nun eine Woche ganz bei den leiblichen Eltern leben sollte. Die Pflegeeltern berichten, dass nach dieser Woche eine völlige Veränderung mit dem Kind vor sich ging. Das zuvor zufriedene und neugierige Kind war nicht wieder zu erkennen. Es hatte Schlafstörungen, schlug mit dem Kopf auf den Boden und an die Wände und schaukelte mit dem Kopf hin und her, um sich zu beruhigen.

Die Gutachterin führt dazu aus:

> Nach Ainsworth (1978) entwickelt ein Kind personenspezifische Bindung im ersten Lebensjahr in vier Stufen:
>
> (1) In einer Vorphase ist das Kind allgemein sozial ansprechbar ohne Unterschiede der Personen und richtet auch seine „Signale" ohne Unterschied an die Umwelt. In der Interaktion lernt es dann, seine Partner zu unterscheiden, sodass ab etwa drei Monaten die Phase
>
> (2) der personenunterscheidenden Ansprechbarkeit zu beobachten ist. Das Kind wendet nun bevorzugt seine Signale einer spezifischen Person oder wenigen vertrauten Personen zu und erweitert auch sein aktives Repertoire an Bindungsverhaltensweisen (z. B. greifen). Von
>
> (3) eigentlicher Bindung spricht Ainsworth, wenn das Kind sich ab etwa dem siebten Monat aktiv in die Nähe der Bezugsperson bringen kann (Lokomotion), sie bei Abwesenheit vermisst (Objektpermanenz/Personenpermanenz) und flexibel sein Verhalten auf das Ziel, Mutter (oder Vater) in die Nähe zu bringen, einsetzen kann. Die letzte Stufe

(4) dürfte erst nach drei Jahren wesentlich werden und wird als „zielkorrigierte Partnerschaft" bezeichnet.

Aus dieser Darstellung wird deutlich, dass sich die Trennung des Kindes von seinen Eltern innerhalb einer besonders sensiblen Phase seiner Entwicklung vollzogen hat. Vor diesem Hintergrund sind auch die von den Eltern und Pflegeeltern geschilderten Verhaltensauffälligkeiten des Kindes zu verstehen.

Soweit die gutachterliche Äußerung. Wie sehen dagegen die Fakten aus? Das Kind war gerade in der ersten Phase der Entwicklung in die Pflegefamilie gekommen. Das Mädchen war sehr bald ein sicher gebundenes Kind und zeigte keine Trennungsreaktionen. Die Mutter, die sie regelmäßig im Hause der Pflegeeltern besuchte, wurde von ihr wie jede andere Bekannte oder Verwandte der Pflegefamilie erlebt. Erst als dem Mädchen die Trennung von den Pflegeeltern zugemutet wurde, begann ein tiefer Bruch in der Entwicklung des Kindes. Diese Worte sind allerdings völlig unzureichend, wenn man das Leid des Kindes selber begleiten musste.

Wie kann die Gutachterin von der „Trennung von den leiblichen Eltern" in einer besonders sensiblen Phase reden? Das Mädchen war gerade noch in der von Ainsworth beschriebenen undifferenzierten ersten Phase in der Pflegefamilie untergebracht worden. Die einwöchige Trennung von den engsten Bezugspersonen – und das waren die Pflegeeltern – erfolgte im Alter von elf Monaten. Wie nur konnte die Gutachterin darauf kommen, dass sich die Trennung von den „leiblichen Eltern", mit denen sie nie zusammengelebt hat, in einer sensiblen Phase vollzogen hat? Wie konnte sie übersehen, dass dieses leidvolle Trennungserlebnis gerade bei den Pflegeeltern in einer besonders sensiblen Phase erfolgte?

Bei der Interpretation von Gutachten haben Beistände von Pflegeeltern nach § 13 SGB X die Aufgabe, Gutachten kritisch zu hinterfragen. Die unkritische Gläubigkeit Gutachten gegenüber, sei es bei Verfahrenspflegern, Gerichten, Rechtsanwälten und Jugendämtern, ist manchmal erschreckend. Ein Gutachten muss in sich logisch sein, die Biografie des Kindes in den Mittelpunkt stellen, die Grundbedürfnisse des Kindes erfassen, die Verhaltensbeobachtungen der Pflegeeltern ernst nehmen und logisch, nachvollziehbare Schlüsse ziehen.

Was Pflegeeltern als Grundlage für ein Gutachten erbringen müssen, ist eine genaue Verhaltensbeobachtung. Es ist wichtig, dass Pflegeeltern konkret beschreiben, welche Schwierigkeiten sich in welcher Situation für das Kind ergeben haben, und mit welchen Verhaltensweisen es reagiert hat. Dies gilt insbesondere bei Umgangskontakten und ihren Auswirkungen auf das Kind.

Ein Beistand kann dabei eine große Hilfe sein. Vielen Pflegeeltern, die so unmittelbar von der Not des Kindes betroffen sind, fällt es schwer, eine genaue Schilderung der Fakten zu geben und die Gefühlslage des Kindes deutlich zu machen. Hier kann der Beistand mit seinen theoretischen Kenntnissen helfen, das, was sich zugetragen hat, auch konkret zu schildern. Das hilft dem Richter, die Situation des

Kindes realistisch und konkret zu erfassen und zu einem angemessenen Ergebnis zu kommen.

Zur Verknüpfung von „Erkenntnis und Interesse"
Hier möchte ich mich den Ausführungen von Gisela Zenz anschließen:[9]

„Zum Abschluss noch eine Bemerkung zum Umgang mit wissenschaftlichen Erkenntnissen. Wissenschaft wird bekanntlich von Menschen betrieben, und Menschen haben außer wissenschaftlichen auch persönliche Motive oder auch Gruppeninteressen, die mehr oder weniger bewusst ihre Arbeit beeinflussen.

So muss es nicht verwundern, wenn eine Zeit, in der Familienkonflikte offenkundig sind, eher solche – wissenschaftlich begründete – Lösungen in einem günstigen Licht erscheinen lässt, die niemandem wehtun und die Konfliktparteien immer und überall freundschaftlich zusammenarbeiten lassen. In gleicher Weise ist es verständlich, dass das Ideal sozialarbeiterischer Tätigkeit bestimmte Strategien eingreifender, kontrollierender und entscheidender Art mit wissenschaftlicher Begründung als unzweckmäßig erscheinen lässt gegenüber anderen Strategien, bei denen es eher um Beraten, Anbieten und Aushandeln geht.

Die praktische Erfahrung lehrt hier freilich etwas anderes. Es ist deshalb eine vordringliche Aufgabe, diese Erfahrungen aus wissenschaftlicher Perspektive zu bündeln, zu benennen und überall dort Konsequenzen zu ziehen, wo Wunsch und Realität auseinander klaffen.

Weniger Nachsicht scheint mir angebracht mit anderen, sehr handfesten finanziellen und politischen Interessen, die gerne wissenschaftliche Erkenntnisse für sich in Anspruch nehmen. So werden etwa kostengünstigere Lösungen gern pauschal als wissenschaftlich besser ausgewiesen präsentiert: die Familienpflege gegenüber der Heimerziehung, die sozialpädagogische Familienhilfe gegenüber der Familienpflege.

Leider lassen PsychotherapeutInnen, FamilenberaterInnen und MediatorInnen manchmal nicht nur den Bedarf für Psychotherapie und Beratung, sondern auch die Erfolgsaussichten in allzu günstigem Licht erscheinen, das angeblich auf ihrer wissenschaftlich erwiesenen Qualität beruht. Die Finanzverantwortlichen lassen sich natürlich gern von der wissenschaftlichen Seriosität neuer Therapie- oder Trainingsverfahren überzeugen, die auch schwierigste Fälle in kürzester Frist – und damit kostengünstiger als alle anderen – zu erledigen versprechen.

Diese enge Verbindung von „Erkenntnis und Interesse" sollte man bei wissenschaftlichen Auseinandersetzungen nicht aus dem Blick verlieren. Das gilt ganz besonders, wenn sie sich, etwa im Zusammenhang mit rechtspolitischen Reformen, im öffentlichen Raum abspielen, wo es immer auch um Macht und nicht zuletzt um Geld geht."

---

9   Zenz 2001, S. 34ff

13 Resümee

1. Das Kind hat eigene Grundrechte

Jeder Mensch – jedes Kind – genießt den Schutz des Grundgesetzes. Artikel 1 und 2 des Grundgesetzes haben zur Folge, dass das Kindeswohl Grundlage jeglichen Handelns der Jugendhilfe und der Familiengerichte ist.

Artikel 6 des Grundgesetzes beschreibt das Recht und die Pflicht der Eltern auf Erziehung und das staatliche Wächteramt. Wörtlich heißt es:

> (…) (2) Pflege und Erziehung der Kinder sind das natürliche Recht der Eltern und die zuvörderst ihnen obliegende Pflicht. Über ihre Betätigung wacht die staatliche Gemeinschaft. (…)

Das Wächteramt des Staates wurde in § 8a SGB VIII verdeutlicht.

Das Bundesverfassungsgericht hat 1968 festgestellt, dass als Folge eines länger andauernden Pflegeverhältnisses gewachsene Bindungen zwischen Pflegekind und Pflegeeltern dazu führen können, dass folglich auch die Pflegefamilie unter den Schutz des Art. 6 Abs. 1 und 3 GG gestellt ist.[1]

Die Folge der Anerkennung der Pflegefamilie als Familie, die den verfassungsrechtlichen Schutz nach Art. 6 GG genießt bei einer auf Dauer angelegten Pflege eines Kindes und der dadurch entstandenen Bindungen ist, dass die Intimsphäre der Pflegefamilie zu achten ist. Das hat praktische Auswirkungen auf Eingriffe in die Pflegefamilie; so kann z. B. kein Umgangskontakt in Zeiten gelegt werden, in denen die Pflegefamilie in Ferien ist oder Familienfeste anstehen. Es kann auch nicht verordnet werden, dass die Pflegeeltern bei einem Berater, der für sie nicht akzeptabel ist, eine Familienberatung annehmen. Die Wahlfreiheit muss auch der Pflegefamilie zugestanden werden.

2. Gewaltfreie Erziehung

Die gewaltfreie Erziehung ist in § 1631 Abs. 2 BGB festgelegt. Kinder haben ein Recht auf gewaltfreie Erziehung. Körperliche Bestrafungen, seelische Verletzungen und andere entwürdigende Maßnahmen sind zu unterlassen.

Der § 1631 Abs. 2 BGB ist in Verbindung mit § 90 FamFG zu sehen, in dem zum Zwecke des Umgangs eine Gewaltanwendung untersagt wird.

Hier stellt sich die Frage nach der Realität in der Jugendhilfe. Immer noch wird es als die Pflicht der Pflegeeltern angesehen, dass sie auch bei schweren Ängsten und bei traumatischen Vorerfahrungen die Kinder so vorbereiten, dass diese „freiwillig" zu Umgangskontakten gehen.

---

[1] Salgo 1996, BverfGE 68

Pflegeeltern, die vom Gericht oder Jugendamt gezwungen werden, durch die Androhung eines Zwangsgeldes, das Kind gegen seinen Willen zum Umgang zu zwingen, muten dem Kind schweren seelischen Schaden zu, was mit dem Kindeswohl nicht zu vereinbaren ist.

Das Kind fühlt sich auch von den Pflegeeltern verlassen und es kann die Fantasie entwickeln, dass Pflegeeltern und Herkunftseltern unter einer Decke stecken. Siehe Erfahrungsbericht Wochenpflege in Kapitel 10.8 Umgangskontakte in diesem Buch.

In Verbindung zur gewaltfreien Erziehung ist auch § 1626 Abs. 2 BGB zu berücksichtigen:

> (…) (2) Bei der Pflege und Erziehung berücksichtigen die Eltern die wachsende Fähigkeit und das wachsende Bedürfnis des Kindes zu selbstständigem verantwortungsbewusstem Handeln. Sie besprechen mit dem Kind, soweit es nach dessen Entwicklungsstand angezeigt ist, Fragen der elterlichen Sorge und streben Einvernehmen an. (…).

3. Das Recht des Kindes auf Kontinuität und Sicherheit in der Erziehung

Es gibt keine „Kinder auf Zeit", wie das immer wieder in Verlautbarungen von Jugendämtern zu hören ist. Das Recht auf freie Entfaltung der Persönlichkeit, wie dies das Grundgesetz festlegt, ist nur dann gegeben, wenn das Kind die Sicherheit hat, bei den geliebten Bezugspersonen bleiben zu können und dort in Ruhe und Sicherheit leben zu können.

Für das Kind ist es verhängnisvoll, wenn sich die Pflegeeltern einreden lassen, keine elterngleichen Bindungen zu ihm einzugehen und die Elternstelle nicht anzunehmen, die das Kind aufgrund seines biologisch festgelegten Bindungsbedürfnisses von ihnen einfordert.

Wenn selbst in Veröffentlichungen von Pflegeelternverbänden zu lesen ist, dass Pflegekinder jederzeit aus der Pflegefamilie herausgenommen werden können, zeugt das von Unwissenheit. Der Gesetzgeber hat in § 1632 Abs. 4 BGB und in drei für die Pflegekinder wichtigen Verfassungsurteilen den Bindungsschutz und das Kindeswohl als Grundsatz festgelegt.

Der immer wiederholte Satz „Kinder lieben ihre Eltern immer" ist richtig, wenn die Eltern gemeint sind, die ihrem Kind liebevolle und feinfühlige Fürsorge zukommen lassen. Die Qualität der Bindungen ist die Grundlage der Entscheidungen. Desorganisierte und krankmachende Bindungen sind zu beenden. Die Heilung des Kindes kann hier nur durch Trennung erfolgen.

Wenn das Kind zu den leiblichen Eltern krankmachende oder keine Bindungen eingehen durfte und es die Pflegeeltern zu seinen Eltern gemacht hat, so ist dies die Grundlage seiner Sicherheit und Geborgenheit und somit seine Lebensgrundlage.

Dem Recht des Kindes auf Sicherheit und Kontinuität wird in der Bundesdrucksache zum § 37 SGB VIII[2] Rechnung getragen.
Hier ist zu lesen:
> „Kommt das Jugendamt nach einer sorgfältigen Prüfung der Situation in der Herkunftsfamilie zu der Überzeugung, das Bemühungen zur Verbesserung der Erziehungsbedingungen in der Herkunftsfamilie mit dem Ziel der Rückführung des Kindes innerhalb eines angemessenen Zeitraumes offensichtlich erfolglos oder sein werden, dann ändert sich der Auftrag. Fortan hat es seine Bemühungen darauf auszurichten, die Eltern davon zu überzeugen, dass sie ihre Erziehungsverantwortung in der konkreten Situation am besten dadurch gerecht werden können, dass sie einem dauerhaften Verbleib des Kindes in der Pflegefamilie, ggf. auch einer Adoption durch die Pflegeeltern zustimmen."

4. Der kindliche Zeitbegriff

Das Verfassungsgericht hat 1968 erstmals die Wichtigkeit der Bindungen des Kindes aufgrund einer länger andauernden Familienpflege anerkannt. Der kindliche Zeitbegriff hat sowohl im Bürgerlichen Gesetzbuch, jedoch im Besonderen im Achten Sozialgesetzbuch (SGB VIII), Eingang gefunden.

Der Gesetzgeber hat mit gutem Grunde keine objektiv festzulegenden Fristen genannt. Wer Kinder begleitet, weiß, dass dies nur einer Einzelfallprüfung Stand hält. Ein Kind von sechs Monaten, das bisher noch keine Bindungen eingehen konnte, weil es von Hand zu Hand gereicht wurde, wird sich innerhalb von wenigen Wochen so an die Pflegeeltern binden können, dass es nicht mehr ohne Schaden aus der Pflegefamilie herausgelöst werden kann, während ein als Schulkind untergebrachtes Kind eventuell noch nach Jahren mit einem Elternteil positive Erinnerungen verbindet und sich an ihn gebunden fühlt.

Ich halte eine Fristenregelung mit dem Kindeswohl nicht vereinbar, weil es nur im Einzelfall überprüft werden kann. Hier stellt sich das Problem der Bereitschaftspflegefamilien bei Säuglingen und Kleinkindern. Nicht selten werden, trotz gegenteiliger Konzeptionen, Säuglinge und Kleinkinder monatelang in Bereitschaftspflegefamilien untergebracht. Im ungünstigsten Falle werden sogar die Bereitschaftspflegefamilien ausgetauscht.

Für das Kind ist es unerheblich, ob die Bezugsperson als Bereitschaftspflegestelle deklariert ist. Für das Kind ist es wichtig, dass es seine lieb gewonnene Bezugsperson nicht verliert.

Es liegt in der Verantwortung der Bereitschaftspflegefamilien, rechtzeitig zu erkennen, wenn das Kind es zu seinen Eltern machen will. Das Jugendamt muss unverzüglich die Lebensperspektive klären oder es muss dem Kind Schutz gewährt

---

[2] BT Drucksache 11/5948, S. 71

werden, indem die Bereitschaftspflegeeltern einen Antrag nach § 1632 Abs. 4 BGB stellen, wenn sie erleben, dass das Kind sich an sie gebunden hat.

5. Die Klärung der Rechtssituation

Wenn sich eine Kindeswohlgefährdung bestätigt hat und die Mitwirkungsbereitschaft im Sinne des § 36 SGB VIII nicht sichergestellt werden kann – und das ist es in nicht seltenen Fällen – so ist die Rechtssituation entweder über den § 1666 BGB oder über § 1630 Abs. 3 zu klären.

Die Möglichkeit, dass ein Kind durch das Jugendamt gemäß § 42 SGB VIII in Obhut genommen werden kann, hat für Pflegekinder besondere Bedeutung. Wenn die Sorgerechtsinhaber von ihrem Recht auf Herausnahme aus der Pflegefamilie Gebrauch machen oder das Kind entführen, kann das Jugendamt aufgrund der Kompetenz aus dem § 42 SGB VIII sofort handeln und das Kind in die Pflegefamilie zurückbringen.

6. Einzelvormundschaft durch die Pflegeeltern

Pflegeeltern sind die berufenen Vormünder, weil die Grundaussage des BGB lautet:

a) die Vormundschaft ist der elterlichen Sorge nachgebildet,
b) die Bindungen des Kindes sind zu berücksichtigen,
c) dem Willen des Kindes ist Beachtung zu schenken,
d) der Vormund ist bereit, langfristig die Sorge für das Kind zu tragen.

Der Vorrang der Einzelvormundschaft vor der Amtsvormundschaft ist in §§ 1887, 1779 BGB festgelegt. Für das Kind gibt es mehr an Sicherheit und Normalität, ein Grundbedürfnis, dass eine hohe Bedeutung für die gesunde Entwicklung des Kindes hat.

Wenn die Pflegeeltern neben der tagtäglichen Versorgung des Kindes und der Pflicht für das Kind zu sorgen auch die rechtliche Vertretung des Kindes haben, stärkt dies ihre Erziehungskompetenz und erleichtert ihren Auftrag, für das Kind Elternstelle einzunehmen.

Der Handlungsbedarf richtet sich auch nach außen. Wenn Handlungsbedarf ansteht und die Pflegeeltern keine Entscheidungsbefugnisse haben, z. B. bei Operationen, bei schulischen Angelegenheiten, bei stationären therapeutischen Maßnahmen, werden sie nicht selten als juristisch fremde Personen behandelt und es werden plötzlich, ohne ihre Beteiligung, wichtige Entscheidungen für das Kind getroffen.

Zur Bedeutung der freiwilligen Übertragung von Teilen des Sorgerechts auf die Pflegeeltern ist Folgendes interessant:

Der § 1630 Abs. 3 BGB kann nun auch auf Antrag der Pflegeeltern in Gang gebracht werden. Die Herkunftseltern sind bei entsprechender Beratung durch das Jugendamt – und wo dies nicht erfolgt, durch den Familienrichter – immer wieder bereit, Teile der elterlichen Sorge auf die Pflegeeltern zu übertragen.

Es kommt wesentlich auf die Einstellung des Beraters im Jugendamt an, ob er die Herkunftseltern im Sinne des § 1630 Abs. 3 BGB berät oder ob er die Ideologie vertritt, dass dies ein Eingriff in die Rechte der biologischen Eltern ist, unabhängig davon, ob sie ihre Pflichten wahrnehmen.

7. Die Namensänderung

Pflegekinder, die unter der Namensungleichheit mit der Pflegefamilie leiden, ist durch das Namensänderungsgesetz ein Weg eröffnet. Das BVerwG hat die Namensänderung für Pflegekinder erleichtert.[3] Die Namensänderung ist möglich, wenn dies für das Kind förderlich ist und wenn keine überwiegenden Interessen an dem Namenserhalt geltend gemacht werden können. Die Eltern sind am Verwaltungsverfahren beteiligt. Ihre Zustimmung ist jedoch nicht erforderlich, wenn die übrigen Voraussetzungen vorliegen.

Grundsätzlich kann sich ein Elternteil, dem das Sorgerecht für sein Kind entzogen ist und dessen Kind unter Vormundschaft und unter pflegeelterlicher Betreuung gestellt wurde, nicht auf eigene Interessen am Fortbestehen des Namens berufen.[4]

8. Die Schonung traumatisierter Kinder

Traumatische Erlebnisse beeinflussen nachhaltig das Erleben des Kindes. Heilung kann nur erfolgen, wenn das Kind langfristig erleben kann, dass es in Sicherheit lebt, Schutz erfährt und nicht Situationen ausgesetzt wird, die es als bedrohlich erlebt und die seine Verarbeitungsmöglichkeiten übersteigen.

Ein Kind, das vernachlässigt, misshandelt und/oder missbraucht wurde, braucht eine sichere Lebensperspektive, um seelisch überleben zu können.

Vielfach wird die Not des Kindes verharmlost. Ein Kind, das erleben muss, dass seine Not nicht wahrgenommen wird – resigniert. Es hat die Hoffnung verloren, dass es Schutz und Sicherheit erwarten kann.

Das Harmoniemodell besagt, dass diese Kinder gefahrlos Umgangskontakte auch dann wahrnehmen können, wenn sie sich nicht dagegen wehren, sondern freudig auf die Eltern zugehen und nach dem Besuch mit heftigen Verhaltensauffälligkeiten und Ängsten reagieren. Dies ist eine immer wieder zu beobachtende Falle für Umgangsbegleiter.

---

3   Bverw G v. 24.4.87, NJW 88, S. 85
4   Urteil des Verwaltungsgerichtes Arnsberg v. 28.5.99 in Verbindung mit dem BVerwG vom 24.4.87

Sie haben vielfach als Überlebensstrategie ein Verhalten erworben, dass sie sich schnell den Erwartungen der Umwelt anpassen.

Traumatisierte Kinder versuchen, ihre Angst durch verschiedene Verhaltensweisen zu bewältigen. Kinder, die sich ohnmächtig ausgeliefert fühlen, die nicht fliehen können und auch keine Möglichkeit des Angriffs haben, versinken entweder in Erstarrung oder Lähmung.

Sie versuchen sich unsichtbar zu machen, indem sie sich den Erwartungen der jeweiligen Umwelt völlig preisgeben. Dieses Verhalten kann oftmals in Umgangssituationen zu Fehlinterpretationen führen, wenn diese Kinder sich scheinbar erfreut über einen Besuch zeigen, in Wirklichkeit jedoch nur sehen, dass es keinen Sinn hat, die eigene Meinung zu äußern.

9. Die Hilfeplanung

Ehrlichkeit, Klarheit und Transparenz sind die Grundlagen jeglicher Planung für die Hilfen für ein Kind, das fremduntergebracht werden muss.

„Gute professionelle Arbeit erfordert in gleicher Weise Menschlichkeit und Fachlichkeit.
Der gute Professionelle muss im Kindesunterbringungsverfahren sowohl einfühlsam als auch realistisch sein. Diese Eigenschaften widersprechen sich nicht, sondern ergänzen einander.
Ein Professioneller, dessen flinke Sympathie die Durchführung unangenehmer, aber notwendiger Entscheidungen behindert, ist weder realistisch noch einfühlsam. Ein Experte, der harte Entscheidungen trifft und sie mit Güte und Verständnis dem betroffenen Erwachsenen und Kind gegenüber durchsetzt, ist beides. Das einfühlende Element beruht auf der Fähigkeit professionell Handelnder, Emotionen zuzulassen, ohne sich selbst oder jene, denen sie dienen, auszubeuten – und sie versprechen nicht mehr, als sie einhalten können oder wollen."[5]

Das Kind ist nach § 36 SGB VIII an der Hilfeplanung zu beteiligen. Wie das zu erfolgen hat, wird im § 36 SGB VIII nicht genannt.

Wenn der fallverantwortliche Sozialarbeiter des Jugendamtes ein Vertrauensverhältnis zum Kind aufgebaut hat, so wird er es nicht nötig haben, das Kind in die Runde der Erwachsenen aufzunehmen. Er wird sich sehr genau überlegen, welche Fakten, die das Kind oder die Pflegeeltern ihm anvertraut haben, im Hilfeplanprotokoll festgehalten werden.

Wie fühlt sich das Kind, wenn es wieder eingenässt hat, wenn es wieder etwas geklaut hat, wenn es wieder schlechte Noten bekommen hat, wenn es wieder geschlägert hat und dies alles in der großen Runde besprochen wird. Welches normale Kind wird diesen Stresssituationen ausgesetzt?

---

5 Goldstein, Freud, Solnit 1988, S. 107

Das Kind schämt sich. Es fühlt die Scham, als ob ihm ein Kübel Wasser über den Kopf geschüttet wird und ihm in der Folge die Luft zum Atmen wegbleibt.

Die Unterbringungsgründe müssen im ersten Hilfeplan genau aufgelistet werden, damit die Pflegeeltern ihre pädagogische Aufgabe erfüllen können. Datenschutzgründe stehen dem nicht entgegen, weil die Pflegeeltern alle Daten brauchen, die sie zur Erfüllung ihrer Aufgaben erhalten müssen. Sie selbst sind wiederum nur befugt, Daten an diejenigen Personen und Institutionen weiterzugeben, die diese brauchen, um ihre Aufgaben erfüllen zu können (Ärzte, Erzieherinnen, Lehrer, Beistände, Therapeuten). Diese stehen ebenso wie die Pflegeeltern unter Schweigepflicht.

10. Pflegekinder sind keine Scheidungskinder
Scheidungskinder, die in einer Gewaltbeziehung der Eltern leben mussten, erleben große Not. In der Regel erhalten sie von einem Elternteil Schutz und dieser übernimmt nach der Trennung auch die Betreuung des Kindes. Für dieses Kind können Umgangskontakte auch unmöglich sein und es ist zu hoffen, dass es nicht aus einer falschen Ideologie heraus zu erzwungenen Kontakten mit dem Vater/der Mutter kommt.

Der Unterschied zu einem Pflegekind ist der, dass in diesem Fall kein Elternteil dem Kind den notwendigen Schutz gewähren konnte. Es muss sich völlig neu orientieren und hat die Erfahrung hinter sich, dass auf die Erwachsenen kein Verlass ist. Es hat nicht erfahren können, dass es als Person wichtig ist und dass seine Grundbedürfnisse erfüllt wurden. Es wurde vernachlässigt, misshandelt oder missbraucht, sonst wäre es nicht zum Pflegekind geworden. Der Konflikt bei Scheidungskindern liegt in der Regel auf der Paarebene, bei Pflegekindern liegt ein gestörtes Eltern-Kind-Verhältnis vor.

11. Die Umgewöhnungsideologie
Die Einzelschicksale, die in diesem Buch beschrieben werden, beweisen: Es gibt keine sanfte Umgewöhnung eines Kindes. Das Kind gerät in dem Moment, in dem es spürt, dass es von seinen geliebten Menschen getrennt werden soll, in existenzielle Ängste, die seine Verarbeitungsmöglichkeiten übersteigen.

Diese Stresssituation entsteht nicht erst, wenn das Kind die Trennung verstandesmäßig erfasst, sondern schon dann, wenn durch Ausdehnung der Umgangskontakte eine Verunsicherung des Kindes eintritt und es die Trennung von seinen geliebten Pflegeeltern und seiner gesamten sozialen Welt erahnt und es dadurch in tiefe Ängste gestürzt wird. Dies belegen die Praxis und die Hirnforschung.

12. Pflegeeltern brauchen eine gründliche Vorbereitung und Begleitung durch Fachdienste

Dies ist eine Tatsache, die in der Zwischenzeit nicht mehr angezweifelt wird. § 37 Abs. 2 SGB VIII verdeutlicht den ortsnahen Beratungsanspruch für Pflegeeltern.

Pflegeeltern können unter qualifizierten Anbietern sowohl die Fortbildung als auch die Begleitung gem. § 5 SGB VIII auswählen.

13. Gut vorgebildete Pflegeeltern müssen auf einen Fachdienst treffen, der spezialisierte Kenntnisse im Pflegekinderbereich hat und auf Erfahrungen in diesem Bereich zurückgreifen kann

Die doppelte Qualifizierung der Pflegeeltern und der Fachkräfte ist einzufordern. Das ist in der Regel mit dem Studium der Sozialarbeit oder der Sozialpädagogik an einer Hochschule für soziale Arbeit oder einer Universität nicht gegeben.

Es bedarf hier eines zusätzlichen gründlichen Studiums in den gesetzlichen Vorgaben der Pflegekinderhilfe, in der Entwicklungspsychologie, in der Bindungsforschung, in der Traumaforschung und in dem methodischen Umgang mit der Erforschung der Bedürfnislagen von Kindern.

14. Selbsthilfevereinigungen der Pflegefamilien

Pflegeeltern haben im Gegensatz zu den Heimen wenig Lobby. Es ist wichtig, dass sich die Pflegeeltern in Selbsthilfegruppen und Vereinen örtlich und überörtlich organisieren, um politisch Gehör zu finden. Die Jugendämter sind gemäß SGB VIII verpflichtet, diese Initiativen zu fördern und zu unterstützen.

15. Verfahrensbeistände brauchen Zeit, um fachgerecht helfen zu können

Wenn dem Verfahrensbeistand, durch die Ausführungsbestimmungen des FamFG, die fachlich notwendige Zeit verweigert wird, stellt sich die Frage, ob die Pflegeelternverbände Verfahrensbeistände zusätzlich zu der Grundqualifikation ausbilden und diese überörtlich zur Verfügung stellen. Der diskutierte Geldersatz für die Leistung wäre als ehrenamtliche Aufwandsentschädigung zu werten.

Ich durfte viele Menschen begleiten, die – als sie Kinder waren – keine guten Startbedingungen in ihr Leben hatten.

Durch Menschen, die sich für diese Kinder eingesetzt haben, ist es gelungen, dass sie heute ein selbstbestimmtes Leben führen können.

Dieses Gelingen wünsche ich allen Menschen, denen Kinderschicksale ans Herz gehen.

14 Für Pflegekinder bedeutsame Gesetze und Rechtsprechungen

Auszug aus dem Grundgesetz für die Bundesrepublik Deutschland (GG)
Artikel 1:
(1) Die Würde des Menschen ist unantastbar. Sie zu achten und zu schützen ist Verpflichtung aller staatlichen Gewalt. (…)

Artikel 2:
(1) Jeder hat das Recht auf die freie Entfaltung seiner Persönlichkeit, soweit er nicht die Rechte anderer verletzt und nicht gegen die verfassungsmäßige Ordnung oder das Sittengesetz verstößt.
(2) Jeder hat das Recht auf Leben und körperliche Unversehrtheit. Die Freiheit der Person ist unverletzlich. In diese Rechte darf nur auf Grund eines Gesetzes eingegriffen werden. (…)

Artikel 6:
(1) Ehe und Familie stehen unter dem besonderen Schutz der staatlichen Ordnung.
(2) Pflege und Erziehung der Kinder sind das natürliche Recht der Eltern und die zuvörderst ihnen obliegende Pflicht. Über ihre Betätigung wacht die staatliche Gemeinschaft.
(3) Gegen den Willen der Erziehungsberechtigten dürfen Kinder nur aufgrund eines Gesetzes von der Familie getrennt werden, wenn die Erziehungsberechtigten versagen oder wenn die Kinder aus anderen Gründen zu verwahrlosen drohen.
(4) Jede Mutter hat Anspruch auf den Schutz und die Fürsorge der Gemeinschaft.
(5) Den unehelichen Kindern sind durch die Gesetzgebung die gleichen Bedingungen für ihre leibliche und seelische Entwicklung und ihre Stellung in der Gesellschaft zu schaffen, wie den ehelichen Kindern.

Das Übereinkommen über die Rechte des Kindes (UN-Kinderrechts-Konvention)
Artikel 3 Wohl des Kindes
(1) Bei allen Maßnahmen, die Kinder betreffen, gleichviel ob sie von öffentlichen oder privaten Einrichtungen der sozialen Fürsorge, Gerichten, Verwaltungsbehörden oder Gesetzgebungsorganen getroffen werden, ist das Wohl des Kindes ein Gesichtspunkt, der vorrangig zu berücksichtigen ist.
(2) Die Vertragsstaaten verpflichten sich, dem Kind unter Berücksichtigung der Rechte und Pflichten seiner Eltern, seines Vormunds oder anderer für das Kind gesetzlich verantwortlicher Personen den Schutz und die Fürsorge zu gewährleisten, die zu seinem Wohlergehen notwendig sind; zu diesem Zweck treffen sie alle geeigneten Gesetzgebungs- und Verwaltungsmaßnahmen.

(3) Die Vertragsstaaten stellen sicher, dass die für die Fürsorge für das Kind oder dessen Schutz verantwortlichen Institutionen, Dienste und Einrichtungen den von den zuständigen Behörden festgelegten Normen entsprechen, insbesondere im Bereich der Sicherheit und der Gesundheit sowie hinsichtlich der Zahl und der fachlichen Eignung des Personals und des Bestehens einer ausreichenden Aufsicht

Artikel 12 Berücksichtigung des Kindeswillens
(1) Die Vertragsstaaten sichern dem Kind, das fähig ist, sich eine eigene Meinung zu bilden, das Recht zu, diese Meinung in allen das Kind berührenden Angelegenheiten frei zu äußern, und berücksichtigen die Meinung des Kindes angemessen und entsprechend seinem Alter und seiner Reife.

Artikel 19 Schutz vor Gewaltanwendung, Misshandlung, Verwahrlosung
(1) Die Vertragsstaaten treffen alle geeigneten Gesetzgebungs-, Verwaltungs-, Sozial- und Bildungsmaßnahmen, um das Kind vor jeder Form körperlicher oder geistiger Gewaltanwendung, Schadenszufügung oder Misshandlung, vor Verwahrlosung Oder Vernachlässigung, vor schlechter Behandlung oder Ausbeutung einschließlich des sexuellen Missbrauchs zu schützen, solange es sich in der Obhut der Eltern oder eines Elternteils, eines Vormunds oder anderen gesetzlichen Vertreters oder einer anderen Person befindet, die das Kind betreut.

Artikel 20 Von der Familie getrennt lebende Kinder; Pflegefamilie; Adoption
(1) Ein Kind, das vorübergehend oder dauernd aus seiner familiären Umgebung herausgelöst wird oder dem der Verbleib in dieser Umgebung im eigenen Interesse nicht gestattet werden kann, hat Anspruch auf den besonderen Schutz und Beistand des Staates.
(2) Die Vertragsstaaten stellen nach Maßgabe ihres innerstaatlichen Rechts andere Formen der Betreuung eines solchen Kindes sicher.
(3) Als andere Form der Betreuung kommt unter anderem die Aufnahme in eine Pflegefamilie, die Kafala nach islamischem Recht, die Adoption oder, falls erforderlich, die Unterbringung in einer geeigneten Kinderbetreuungseinrichtung in Betracht. Bei der Wahl zwischen diesen Lösungen sind die erwünschte Kontinuität in der Erziehung des Kindes sowie die ethnische, religiöse, kulturelle und sprachliche Herkunft des Kindes gebührend zu berücksichtigen.

14 Für Pflegekinder bedeutsame Gesetze und Rechtsprechungen

Auszug aus dem Bürgerlichen Gesetzbuch (BGB)
§ 1618a Beistand und Rücksicht
Eltern und Kinder sind einander Beistand und Rücksicht schuldig.

§ 1626 Elterliche Sorge, Grundsätze
(1) Die Eltern haben die Pflicht und das Recht, für das minderjährige Kind zu sorgen (elterliche Sorge). Die elterliche Sorge umfasst die Sorge für die Person des Kindes (Personensorge) und das Vermögen des Kindes (Vermögenssorge).
(2) Bei der Pflege und Erziehung berücksichtigen die Eltern die wachsende Fähigkeit und das wachsende Bedürfnis des Kindes zu selbständigem verantwortungsbewusstem Handeln. Sie besprechen mit dem Kind, soweit es nach dessen Entwicklungsstand angezeigt ist, Fragen der elterlichen Sorge und streben Einvernehmen an.
(3) Zum Wohl des Kindes gehört in der Regel der Umgang mit beiden Elternteilen. Gleiches gilt für den Umgang mit anderen Personen, zu denen das Kind Bindungen besitzt, wenn ihre Aufrechterhaltung für seine Entwicklung förderlich ist.

§ 1630 Bestellung eines Pflegers, Familienpflege
(1) Die elterliche Sorge erstreckt sich nicht auf Angelegenheiten des Kindes, für die ein Pfleger bestellt ist.
(2) Steht die Personensorge oder die Vermögenssorge einem Pfleger zu, so entscheidet das Familiengericht, falls sich die Eltern und der Pfleger in einer Angelegenheit nicht einigen können, die sowohl die Person als auch das Vermögen des Kindes betrifft.
(3) Geben die Eltern das Kind für längere Zeit in Familienpflege, so kann das Familiengericht auf Antrag der Eltern oder der Pflegeperson Angelegenheiten der elterlichen Sorge auf die Pflegeperson übertragen. Für die Übertragung auf Antrag der Pflegeperson ist die Zustimmung der Eltern erforderlich. Im Umfang der Übertragung hat die Pflegeperson die Rechte und Pflichten eines Pflegers.

§ 1631 Inhalt und Grenzen der Personensorge
(1) Die Personensorge umfasst insbesondere die Pflicht und das Recht, das Kind zu pflegen, zu erziehen, zu beaufsichtigen und seinen Aufenthalt zu bestimmen.
(2) Kinder haben ein Recht auf gewaltfreie Erziehung. Körperliche Bestrafungen, seelische Verletzungen und andere entwürdigende Maßnahmen sind unzulässig.
(3) Das Familiengericht hat die Eltern auf Antrag bei der Ausübung der Personensorge in geeigneten Fällen zu unterstützen.

§ 1632 Herausgabe des Kindes; Bestimmung des Umgangs; Verbleibensanordnung bei Familienpflege
(1) Die Personensorge umfasst das Recht, die Herausgabe des Kindes von jedem zu verlangen, der es den Eltern oder einem Elternteil widerrechtlich vorenthält.
(2) Die Personensorge umfasst ferner das Recht, den Umgang des Kindes auch mit Wirkung für und gegen Dritte zu bestimmen.
(3) Über Streitigkeiten, die eine Angelegenheit nach Absatz 1 oder 2 betreffen, entscheidet das Familiengericht auf Antrag eines Elternteils.
(4) Lebt das Kind seit längerer Zeit in Familienpflege und wollen die Eltern das Kind von der Pflegeperson wegnehmen, so kann das Familiengericht von Amts wegen oder auf Antrag der Pflegeperson anordnen, dass das Kind bei der Pflegeperson verbleibt, wenn und solange das Kindeswohl durch die Wegnahme gefährdet würde (neu: Hinweis auf § 1666 BGB ist entfallen).

§ 1666 Gerichtliche Maßnahmen bei Gefährdung des Kindeswohls
(1) Wird das körperliche, geistige oder seelische Wohl des Kindes oder sein Vermögen gefährdet und sind die Eltern nicht gewillt oder nicht in der Lage, die Gefahr abzuwenden, so hat das Familiengericht die Maßnahmen zu treffen, die zur Abwendung der Gefahr erforderlich sind.
(2) In der Regel ist anzunehmen, dass das Vermögen des Kindes gefährdet ist, wenn der Inhaber der Vermögenssorge seine Unterhaltspflicht gegenüber dem Kind oder seine mit der Vermögenssorge verbundenen Pflichten verletzt oder Anordnungen des Gerichts, die sich auf die Vermögenssorge beziehen, nicht befolgt.
(3) Zu den gerichtlichen Maßnahmen nach Absatz 1 gehören insbesondere
1. Gebote, öffentliche Hilfen wie zum Beispiel Leistungen der Kinder- und Jugendhilfe und der Gesundheitsfürsorge in Anspruch zu nehmen,
2. Gebote, für die Einhaltung der Schulpflicht zu sorgen,
3. Verbote, vorübergehend oder auf unbestimmte Zeit die Familienwohnung oder eine andere Wohnung zu nutzen, sich in einem bestimmten Umkreis der Wohnung aufzuhalten oder zu bestimmende andere Orte aufzusuchen, an denen sich das Kind regelmäßig aufhält.
4. Verbote, Verbindung zum Kind aufzunehmen oder ein Zusammentreffen mit dem Kind herbeizuführen,
5. die Ersetzung von Erklärungen des Inhabers der elterlichen Sorge,
6. die teilweise oder vollständige Entziehung der elterlichen Sorge.
(4) In Angelegenheiten der Personensorge kann das Gericht auch Maßnahmen mit Wirkung gegen einen Dritten treffen.

§ 1666a Grundsatz der Verhältnismäßigkeit; Vorrang öffentlicher Hilfen
(1) Maßnahmen, mit denen eine Trennung des Kindes von der elterlichen Familie verbunden ist, sind nur zulässig, wenn der Gefahr nicht auf andere Weise, auch nicht durch öffentliche Hilfen, begegnet werden kann. (...)
(2) Die gesamte Personensorge darf nur entzogen werden, wenn andere Maßnahmen erfolglos geblieben sind oder wenn anzunehmen ist, dass sie zur Abwendung der Gefahr nicht ausreichen.

§ 1684 Umgang des Kindes mit den Eltern
(1) Das Kind hat das Recht auf Umgang mit jedem Elternteil; jeder Elternteil ist zum Umgang mit dem Kind verpflichtet und berechtigt.
(2) Die Eltern haben alles zu unterlassen, was das Verhältnis des Kindes zum jeweils anderen Elternteil beeinträchtigt oder die Erziehung erschwert. Entsprechendes gilt, wenn sich das Kind in der Obhut einer anderen Person befindet.
(3) Das Familiengericht kann über den Umfang des Umgangsrechts entscheiden und seine Ausübung, auch gegenüber Dritten, näher regeln. Es kann die Beteiligten durch Anordnungen zur Erfüllung der in Absatz 2 geregelten Pflicht anhalten. (...)
(4) Das Familiengericht kann das Umgangsrecht oder den Vollzug früherer Entscheidungen über das Umgangsrecht einschränken oder ausschließen, soweit dies zum Wohl des Kindes erforderlich ist. Eine Entscheidung, die das Umgangsrecht oder seinen Vollzug für längere Zeit oder auf Dauer einschränkt oder ausschließt, kann nur ergehen, wenn andernfalls das Wohl des Kindes gefährdet wäre. Das Familiengericht kann insbesondere anordnen, dass der Umgang nur stattfinden darf, wenn ein mitwirkungsbereiter Dritter anwesend ist. Dritter kann auch ein Träger der Jugendhilfe oder ein Verein sein; dieser bestimmt dann jeweils, welche Einzelperson die Aufgabe wahrnimmt.

§ 1685 Umgang des Kindes mit anderen Bezugspersonen
(1) Großeltern und Geschwister haben ein Recht auf Umgang mit dem Kind, wenn dieser dem Wohl des Kindes dient.
(2) Gleiches gilt für enge Bezugspersonen des Kindes, wenn diese für das Kind tatsächliche Verantwortung tragen oder getragen haben (sozial-familiäre Beziehung). Eine Übernahme tatsächlicher Verantwortung ist in der Regel anzunehmen, wenn die Person mit dem Kind längere Zeit in häuslicher Gemeinschaft zusammengelebt hat.
(3) § 1684 Abs. 2 bis 4 gilt entsprechend (...)

§ 1688 Entscheidungsbefugnisse der Pflegeperson
(1) Lebt ein Kind für längere Zeit in Familienpflege, so ist die Pflegeperson berechtigt, in Angelegenheiten des täglichen Lebens zu entscheiden sowie den Inhaber

der elterlichen Sorge in solchen Angelegenheiten zu vertreten. Sie ist befugt, den Arbeitsverdienst des Kindes zu verwalten sowie Unterhalts-, Versicherungs-, Versorgungs- und sonstige Sozialleistungen für das Kind geltend zu machen und zu verwalten. § 1629 Abs. 1 Satz 4 gilt entsprechend.
(2) Der Pflegeperson steht eine Person gleich, die im Rahmen der Hilfe nach den §§ 34, 35 und 35a Abs. 1 Satz 2 Nr. 3 und 4 des Achten Buches Sozialgesetzbuch die Erziehung und Betreuung eines Kindes übernommen hat.
(3) Die Absätze 1 und 2 gelten nicht, wenn der Inhaber der elterlichen Sorge etwas anderes erklärt. Das Familiengericht kann die Befugnisse nach den Absätzen 1 und 2 einschränken oder ausschließen, wenn dies zum Wohle des Kindes erforderlich ist.
(4) Für eine Person, bei der sich das Kind auf Grund einer gerichtlichen Entscheidung nach § 1632 Abs. 4 oder § 1682 aufhält, gelten die Absätze 1 und 3 mit der Maßgabe, dass die genannten Befugnisse nur das Familiengericht einschränken oder ausschließen kann.

§ 1772 Annahme mit den Wirkungen der Minderjährigenannahme
(1) Das Familiengericht kann beim Ausspruch der Annahme eines Volljährigen auf Antrag des Annehmenden und des Anzunehmenden bestimmen, dass sich die Wirkungen der Annahme nach den Vorschriften über die Annahme eines Minderjährigen oder eines verwandten Minderjährigen richten (§§ 1754 bis 1756), wenn
a) ein minderjähriger Bruder oder eine minderjährige Schwester des Anzunehmenden von dem Annehmenden als Kind angenommen worden ist oder gleichzeitig angenommen wird oder
b) der Anzunehmende bereits als Minderjähriger in die Familie des Annehmenden aufgenommen worden ist oder
c) der Annehmende das Kind seines Ehegatten annimmt oder
d) der Anzunehmende in dem Zeitpunkt, in dem der Antrag auf Annahme bei dem Familiengericht eingereicht wird, noch nicht volljährig ist. Eine solche Bestimmung darf nicht getroffen werden, wenn ihr überwiegende Interessen der Eltern des Anzunehmenden entgegenstehen.
(2) Das Annahmeverhältnis kann in den Fällen des Absatzes 1 nur in sinngemäßer Anwendung der Vorschrift des § 1760 Abs. 1 bis 5 aufgehoben werden. An die Stelle der Einwilligung des Kindes tritt der Antrag des Anzunehmenden.

§ 1773 Voraussetzungen
(1) Ein Minderjähriger erhält einen Vormund, wenn er nicht unter elterlicher Sorge steht oder wenn die Eltern weder in den die Person noch in den das Vermögen betreffenden Angelegenheiten zur Vertretung des Minderjährigen berechtigt sind.
(2) Ein Minderjähriger erhält einen Vormund auch dann, wenn sein Familienstand nicht zu ermitteln ist.

§ 1775 Mehrere Vormünder
Das Familiengericht kann ein Ehepaar gemeinschaftlich zu Vormündern bestellen. Im Übrigen soll das Familiengericht, sofern nicht besondere Gründe für die Bestellung mehrerer Vormünder vorliegen, für das Mündel und, wenn Geschwister zu bevormunden sind, für alle Mündel nur einen Vormund bestellen.

§ 1779 Auswahl durch das Familiengericht
(1) Ist die Vormundschaft nicht einem nach § 1776 Berufenen zu übertragen, so hat das Familiengericht nach Anhörung des Jugendamts den Vormund auszuwählen.
(2) Das Familiengericht soll eine Person auswählen, die nach ihren persönlichen Verhältnissen und ihrer Vermögenslage sowie nach den sonstigen Umständen zur Führung der Vormundschaft geeignet ist. Bei der Auswahl unter mehreren geeigneten Personen sind der mutmaßliche Wille der Eltern, die persönlichen Bindungen des Mündels, die Verwandtschaft oder Schwägerschaft mit dem Mündel sowie das religiöse Bekenntnis des Mündels zu berücksichtigen.
(3) Das Familiengericht soll bei der Auswahl des Vormunds Verwandte oder Verschwägerte des Mündels hören, wenn dies ohne erhebliche Verzögerung und ohne unverhältnismäßige Kosten geschehen kann. Die Verwandten und Verschwägerten können von dem Mündel Ersatz ihrer Auslagen verlangen; der Betrag der Auslagen wird von dem Familiengericht festgesetzt.

§ 1793 Aufgaben des Vormunds, Haftung des Mündels
(1) Der Vormund hat das Recht und die Pflicht, für die Person und das Vermögen des Mündels zu sorgen, insbesondere den Mündel zu vertreten. § 1626 Abs. 2 gilt entsprechend. Ist der Mündel auf längere Dauer in den Haushalt des Vormunds aufgenommen, so gelten auch die §§ 1618a, 1619, 1664 entsprechend.
(1a) Der Vormund hat mit dem Mündel persönlichen Kontakt zu halten. Er soll den Mündel in der Regel einmal im Monat in dessen üblicher Umgebung aufsuchen, es sei denn, im Einzelfall sind kürzere oder längere Besuchsabstände oder ein anderer Ort geboten.

§ 1800 Umfang der Personensorge
Das Recht und die Pflicht des Vormunds, für die Person des Mündels zu sorgen, bestimmen sich nach §§ 1631 bis 1633. Der Vormund hat die Pflege und Erziehung des Mündels persönlich zu fördern und zu gewährleisten.

§ 1835a Aufwandsentschädigung
(1) Zur Abgeltung seines Anspruchs auf Aufwendungsersatz kann der Vormund als Aufwandsentschädigung für jede Vormundschaft, für die ihm keine Vergütung zusteht, einen Geldbetrag verlangen, der für ein Jahr dem Neunzehnfachen dessen

entspricht, was einem Zeugen als Höchstbetrag der Entschädigung für eine Stunde versäumter Arbeitszeit (§ 22 des Justizvergütungs- und -entschädigungsgesetzes) gewährt werden kann (Aufwandsentschädigung). Hat der Vormund für solche Aufwendungen bereits Vorschuss oder Ersatz erhalten, so verringert sich die Aufwandsentschädigung entsprechend.
(2) Die Aufwandsentschädigung ist jährlich zu zahlen, erstmals ein Jahr nach Bestellung des Vormunds.
(3) Ist der Mündel mittellos, so kann der Vormund die Aufwandsentschädigung aus der Staatskasse verlangen; Unterhaltsansprüche des Mündels gegen den Vormund sind insoweit bei der Bestimmung des Einkommens nach § 1836c Nr. 1 nicht zu berücksichtigen.
(4) Der Anspruch auf Aufwandsentschädigung erlischt, wenn er nicht binnen drei Monaten nach Ablauf des Jahres, in dem der Anspruch entsteht, geltend gemacht wird; die Geltendmachung des Anspruchs beim Familiengericht gilt auch als Geltendmachung gegenüber dem Mündel.
(5) Dem Jugendamt oder einem Verein kann keine Aufwandsentschädigung gewährt werden.

§ 1887 Entlassung des Jugendamts oder Vereins
(1) Das Familiengericht hat das Jugendamt oder den Verein als Vormund zu entlassen und einen anderen Vormund zu bestellen, wenn dies dem Wohl des Mündels dient und eine andere als Vormund geeignete Person vorhanden ist.
(2) Die Entscheidung ergeht von Amts wegen oder auf Antrag. Zum Antrag ist berechtigt der Mündel, der das 14. Lebensjahr vollendet hat, sowie jeder, der ein berechtigtes Interesse des Mündels geltend macht. Das Jugendamt oder der Verein soll den Antrag stellen, sobald sie erfahren, dass die Voraussetzungen des Absatzes 1 vorliegen.
(3) Das Familiengericht soll vor seiner Entscheidung auch das Jugendamt oder den Verein hören.

Auszug aus dem Sozialgesetzbuch (SGB) Achtes Buch (VIII) Kinder- und Jugendhilfegesetz
§ 1 Recht auf Erziehung, Elternverantwortung, Jugendhilfe
(1) Jeder junge Mensch hat ein Recht auf Förderung seiner Entwicklung und auf Erziehung zu einer eigenverantwortlichen und gemeinschaftsfähigen Persönlichkeit.
(2) Pflege und Erziehung der Kinder sind das natürliche Recht der Eltern und die zuvörderst ihnen obliegende Pflicht. Über ihre Betätigung wacht die staatliche Gemeinschaft.
(3) Jugendhilfe soll zur Verwirklichung des Rechts nach Absatz 1 insbesondere

1. junge Menschen in ihrer individuellen und sozialen Entwicklung fördern und dazu beitragen, Benachteiligungen zu vermeiden oder abzubauen,
2. Eltern und andere Erziehungsberechtigte bei der Erziehung beraten und unterstützen,
3. Kinder und Jugendliche vor Gefahren für ihr Wohl schützen,
4. dazu beitragen, positive Lebensbedingungen für junge Menschen und ihre Familien sowie eine kinder- und familienfreundliche Umwelt zu erhalten oder zu schaffen.

§ 4 Zusammenarbeit der öffentlichen Jugendhilfe mit der freien Jugendhilfe
(1) Die öffentliche Jugendhilfe soll mit der freien Jugendhilfe zum Wohl junger Menschen und ihrer Familien partnerschaftlich zusammenarbeiten. Sie hat dabei die Selbständigkeit der freien Jugendhilfe in Zielsetzung und Durchführung ihrer Aufgaben sowie in der Gestaltung ihrer Organisationsstruktur zu achten.
(2) Soweit geeignete Einrichtungen, Dienste und Veranstaltungen von anerkannten Trägern der freien Jugendhilfe betrieben werden oder rechtzeitig geschaffen werden können, soll die öffentliche Jugendhilfe von eigenen Maßnahmen absehen.
(3) Die öffentliche Jugendhilfe soll die freie Jugendhilfe nach Maßgabe dieses Buches fördern und dabei die verschiedenen Formen der Selbsthilfe stärken.

§ 5 Wunsch- und Wahlrecht
(1) Die Leistungsberechtigten haben das Recht, zwischen Einrichtungen und Diensten verschiedener Träger zu wählen und Wünsche hinsichtlich der Gestaltung der Hilfe zu äußern. Sie sind auf dieses Recht hinzuweisen.
(2) Der Wahl und den Wünschen soll entsprochen werden, sofern dies nicht mit unverhältnismäßigen Mehrkosten verbunden ist. Wünscht der Leistungsberechtigte die Erbringung einer in § 78a genannten Leistung in einer Einrichtung, mit deren Träger keine Vereinbarungen nach § 78b bestehen, so soll der Wahl nur entsprochen werden, wenn die Erbringung der Leistung in dieser Einrichtung im Einzelfall oder nach Maßgabe des Hilfeplanes (§ 36) geboten ist.

§ 8 Beteiligung von Kindern und Jugendlichen
(1) Kinder und Jugendliche sind entsprechend ihrem Entwicklungsstand an allen sie betreffenden Entscheidungen der öffentlichen Jugendhilfe zu beteiligen. Sie sind in geeigneter Weise auf ihre Rechte im Verwaltungsverfahren sowie im Verfahren vor dem Familiengericht und dem Verwaltungsgericht hinzuweisen.
(2) Kinder und Jugendliche haben das Recht, sich in allen Angelegenheiten der Erziehung und Entwicklung an das Jugendamt zu wenden.
(3) Kinder und Jugendliche haben Anspruch auf Beratung ohne Kenntnis des Personensorgeberechtigten, wenn die Beratung auf Grund einer Not- und Konfliktlage

erforderlich ist und solange durch die Mitteilung an den Personensorgeberechtigten der Beratungszweck vereitelt würde. § 36 des Ersten Buches bleibt unberührt.

§ 8a Schutzauftrag bei Kindeswohlgefährdung

(1) Werden dem Jugendamt gewichtige Anhaltspunkte für die Gefährdung des Wohls eines Kindes oder Jugendlichen bekannt, so hat es das Gefährdungsrisiko im Zusammenwirken mehrerer Fachkräfte einzuschätzen. Soweit der wirksame Schutz dieses Kindes oder dieses Jugendlichen nicht in Frage gestellt wird, hat das Jugendamt die Erziehungsberechtigten sowie das Kind oder den Jugendlichen in die Gefährdungseinschätzung einzubeziehen und, sofern dies nach fachlicher Einschätzung erforderlich ist, sich dabei einen unmittelbaren Eindruck von dem Kind und von seiner persönlichen Umgebung zu verschaffen. Hält das Jugendamt zur Abwendung der Gefährdung die Gewährung von Hilfen für geeignet und notwendig, so hat es diese den Erziehungsberechtigten anzubieten.

(2) Hält das Jugendamt das Tätigwerden des Familiengerichts für erforderlich, so hat es das Gericht anzurufen; dies gilt auch, wenn die Erziehungsberechtigten nicht bereit oder in der Lage sind, bei der Abschätzung des Gefährdungsrisikos mitzuwirken. Besteht eine dringende Gefahr und kann die Entscheidung des Gerichts nicht abgewartet werden, so ist das Jugendamt verpflichtet, das Kind oder den Jugendlichen in Obhut zu nehmen.

(3) Soweit zur Abwendung der Gefährdung das Tätigwerden anderer Leistungsträger, der Einrichtungen der Gesundheitshilfe oder der Polizei notwendig ist, hat das Jugendamt auf die Inanspruchnahme durch die Erziehungsberechtigten hinzuwirken. Ist ein sofortiges Tätigwerden erforderlich und wirken die Personensorgeberechtigten oder die Erziehungsberechtigten nicht mit, so schaltet das Jugendamt die anderen zur Abwendung der Gefährdung zuständigen Stellen selbst ein.

(4) In Vereinbarungen mit den Trägern von Einrichtungen und Diensten, die Leistungen nach diesem Buch erbringen, ist sicherzustellen, dass

1. deren Fachkräfte bei Bekanntwerden gewichtiger Anhaltspunkte für die Gefährdung eines von ihnen betreuten Kindes oder Jugendlichen eine Gefährdungseinschätzung vornehmen,
2. bei der Gefährdungseinschätzung eine insoweit erfahrene Fachkraft beratend hinzugezogen wird sowie
3. die Erziehungsberechtigten sowie das Kind oder der Jugendliche in die Gefährdungseinschätzung einbezogen werden, soweit hierdurch der wirksame Schutz des Kindes oder Jugendlichen nicht in Frage gestellt wird. In die Vereinbarung ist neben den Kriterien für die Qualifikation der beratend hinzuzuziehenden insoweit erfahrenen Fachkraft insbesondere die Verpflichtung aufzunehmen, dass die Fachkräfte der Träger bei den Erziehungsberechtigten auf die Inanspruchnahme von Hilfen hinwirken, wenn sie diese für erforderlich hal-

ten, und das Jugendamt informieren, falls die Gefährdung nicht anders abgewendet werden kann.
(5) Werden einem örtlichen Träger gewichtige Anhaltspunkte für die Gefährdung des Wohls eines Kindes oder eines Jugendlichen bekannt, so sind dem für die Gewährung von Leistungen zuständigen örtlichen Träger die Daten mitzuteilen, deren Kenntnis zur Wahrnehmung des Schutzauftrags bei Kindeswohlgefährdung nach § 8a erforderlich ist. Die Mitteilung soll im Rahmen eines Gespräches zwischen den Fachkräften der beiden örtlichen Träger erfolgen, an dem die Personensorgeberechtigten sowie das Kind oder der Jugendliche beteiligt werden sollen, soweit hierdurch der wirksame Schutz des Kindes oder des Jugendlichen nicht in Frage gestellt wird.

§ 8b Fachliche Beratung und Begleitung zum Schutz von Kindern und Jugendlichen
(1) Personen, die beruflich in Kontakt mit Kindern oder Jugendlichen stehen, haben bei der Einschätzung einer Kindeswohlgefährdung im Einzelfall gegenüber dem örtlichen Träger der Jugendhilfe Anspruch auf Beratung durch eine insoweit erfahrene Fachkraft.
(2) Träger von Einrichtungen, in denen sich Kinder oder Jugendliche ganztägig oder für einen Teil des Tages aufhalten oder in denen sie Unterkunft erhalten, und die zuständigen Leistungsträger, haben gegenüber dem überörtlichen Träger der Jugendhilfe Anspruch auf Beratung bei der Entwicklung und Anwendung fachlicher Handlungsleitlinien
1. zur Sicherung des Kindeswohls und zum Schutz vor Gewalt sowie
2. zu Verfahren der Beteiligung von Kindern und Jugendlichen an strukturellen Entscheidungen in der Einrichtung sowie zu Beschwerdeverfahren in persönlichen Angelegenheiten.

§ 27 Hilfe zur Erziehung
(1) Ein Personensorgeberechtigter hat bei der Erziehung eines Kindes oder eines Jugendlichen Anspruch auf Hilfe (Hilfe zur Erziehung), wenn eine dem Wohl des Kindes oder des Jugendlichen entsprechende Erziehung nicht gewährleistet ist und die Hilfe für seine Entwicklung geeignet und notwendig ist.
(2) Hilfe zur Erziehung wird insbesondere nach Maßgabe der §§ 28 bis 35 gewährt. Art und Umfang der Hilfe richten sich nach dem erzieherischen Bedarf im Einzelfall; dabei soll das engere soziale Umfeld des Kindes oder des Jugendlichen einbezogen werden. Die Hilfe ist in der Regel im Inland zu erbringen; sie darf nur dann im Ausland erbracht werden, wenn dies nach Maßgabe der Hilfeplanung zur Erreichung des Hilfezieles im Einzelfall erforderlich ist.
(2a) Ist eine Erziehung des Kindes oder Jugendlichen außerhalb des Elternhauses erforderlich, so entfällt der Anspruch auf Hilfe zur Erziehung nicht dadurch, dass

eine andere unterhaltspflichtige Person bereit ist, diese Aufgabe zu übernehmen; die Gewährung von Hilfe zur Erziehung setzt in diesem Fall voraus, dass diese Person bereit und geeignet ist, den Hilfebedarf in Zusammenarbeit mit dem Träger der öffentlichen Jugendhilfe nach Maßgabe der §§ 36 und 37 zu decken.
(3) Hilfe zur Erziehung umfasst insbesondere die Gewährung pädagogischer und damit verbundener therapeutischer Leistungen. Sie soll bei Bedarf Ausbildungs- und Beschäftigungsmaßnahmen im Sinne des § 13 Abs. 2 einschließen.
(4) Wird ein Kind oder eine Jugendliche während ihres Aufenthaltes in einer Einrichtung oder einer Pflegefamilie selbst Mutter eines Kindes, so umfasst die Hilfe zur Erziehung auch die Unterstützung bei der Pflege und Erziehung dieses Kindes.

§ 33 Vollzeitpflege
Hilfe zur Erziehung in Vollzeitpflege soll entsprechend dem Alter und Entwicklungsstand des Kindes oder des Jugendlichen und seinen persönlichen Bindungen sowie den Möglichkeiten der Verbesserung der Erziehungsbedingungen in der Herkunftsfamilie Kindern und Jugendlichen in einer anderen Familie eine zeitlich befristete Erziehungshilfe oder eine auf Dauer angelegte Lebensform bieten. Für besonders entwicklungsbeeinträchtigte Kinder und Jugendliche sind geeignete Formen der Familienpflege zu schaffen und auszubauen.

§ 35a Eingliederungshilfe für seelisch behinderte Kinder und Jugendliche
(1) Kinder oder Jugendliche haben Anspruch auf Eingliederungshilfe, wenn
1. ihre seelische Gesundheit mit hoher Wahrscheinlichkeit länger als sechs Monate von dem für ihr Lebensalter typischen Zustand abweicht, und
2. daher ihre Teilhabe am Leben in der Gesellschaft beeinträchtigt ist oder eine solche Beeinträchtigung zu erwarten ist. Von einer seelischen Behinderung bedroht im Sinne dieses Buches sind Kinder oder Jugendliche, bei denen eine Beeinträchtigung ihrer Teilhabe am Leben in der Gesellschaft nach fachlicher Erkenntnis mit hoher Wahrscheinlichkeit zu erwarten ist. § 27 Abs. 4 gilt entsprechend.
(1a) Hinsichtlich der Abweichung der seelischen Gesundheit nach Absatz 1 Satz 1 Nr. 1 hat der Träger der öffentlichen Jugendhilfe die Stellungnahme
1. eines Arztes für Kinder- und Jugendpsychiatrie und -psychotherapie,
2. eines Kinder- und Jugendpsychotherapeuten oder
3. eines Arztes oder eines psychologischen Psychotherapeuten, der über besondere Erfahrungen auf dem Gebiet seelischer Störungen bei Kindern und Jugendlichen verfügt, einzuholen. Die Stellungnahme ist auf der Grundlage der Internationalen Klassifikation der Krankheiten in der vom Deutschen Institut für medizinische Dokumentation und Information herausgegebenen deutschen Fassung zu erstellen. Dabei ist auch darzulegen, ob die Abweichung Krankheitswert hat oder auf einer Krankheit beruht. Die Hilfe soll nicht von der Per-

son oder dem Dienst oder der Einrichtung, der die Person angehört, die die Stellungnahme abgibt, erbracht werden.
(2) Die Hilfe wird nach dem Bedarf im Einzelfall
1. in ambulanter Form,
2. in Tageseinrichtungen für Kinder oder in anderen teilstationären Einrichtungen,
3. durch geeignete Pflegepersonen und
4. in Einrichtungen über Tag und Nacht sowie sonstigen Wohnformen geleistet.
(3) Aufgabe und Ziel der Hilfe, die Bestimmung des Personenkreises sowie die Art der Leistungen richten sich nach § 53 Abs. 3 und 4 Satz 1, den §§ 54, 56 und 57 des Zwölften Buches, soweit diese Bestimmungen auch auf seelisch behinderte oder von einer solchen Behinderung bedrohte Personen Anwendung finden.
(4) Ist gleichzeitig Hilfe zur Erziehung zu leisten, so sollen Einrichtungen, Dienste und Personen in Anspruch genommen werden, die geeignet sind, sowohl die Aufgaben der Eingliederungshilfe zu erfüllen als auch den erzieherischen Bedarf zu decken. Sind heilpädagogische Maßnahmen für Kinder, die noch nicht im schulpflichtigen Alter sind, in Tageseinrichtungen für Kinder zu gewähren und lässt der Hilfebedarf es zu, so sollen Einrichtungen in Anspruch genommen werden, in denen behinderte und nicht behinderte Kinder gemeinsam betreut werden.

§ 36 Mitwirkung, Hilfeplan

(1) Der Personensorgeberechtigte und das Kind oder der Jugendliche sind vor der Entscheidung über die Inanspruchnahme einer Hilfe und vor einer notwendigen Änderung von Art und Umfang der Hilfe zu beraten und auf die möglichen Folgen für die Entwicklung des Kindes oder des Jugendlichen hinzuweisen. Vor und während einer langfristig zu leistenden Hilfe außerhalb der eigenen Familie ist zu prüfen, ob die Annahme als Kind in Betracht kommt. Ist Hilfe außerhalb der eigenen Familie erforderlich, so sind die in Satz 1 genannten Personen bei der Auswahl der Einrichtung oder der Pflegestelle zu beteiligen. Der Wahl und den Wünschen ist zu entsprechen, sofern sie nicht mit unverhältnismäßigen Mehrkosten verbunden sind. Wünschen die in Satz 1 genannten Personen die Erbringung einer in § 78a genannten Leistung in einer Einrichtung, mit deren Träger keine Vereinbarungen nach § 78b bestehen, so soll der Wahl nur entsprochen werden, wenn die Erbringung der Leistung in dieser Einrichtung nach Maßgabe des Hilfeplans nach Absatz 2 geboten ist.
(2) Die Entscheidung über die im Einzelfall angezeigte Hilfeart soll, wenn Hilfe voraussichtlich für längere Zeit zu leisten ist, im Zusammenwirken mehrerer Fachkräfte getroffen werden. Als Grundlage für die Ausgestaltung der Hilfe sollen sie zusammen mit dem Personensorgeberechtigten und dem Kind oder dem Jugendlichen einen Hilfeplan aufstellen, der Feststellungen über den Bedarf, die zu gewährende Art der Hilfe sowie die notwendigen Leistungen enthält; sie sollen

regelmäßig prüfen, ob die gewählte Hilfeart weiterhin geeignet und notwendig ist. Werden bei der Durchführung der Hilfe andere Personen, Dienste oder Einrichtungen tätig, so sind sie oder deren Mitarbeiter an der Aufstellung des Hilfeplans und seiner Überprüfung zu beteiligen. Erscheinen Maßnahmen der beruflichen Eingliederung erforderlich, so sollen auch die für die Eingliederung zuständigen Stellen beteiligt werden.
(3) Erscheinen Hilfen nach § 35a erforderlich, so soll bei der Aufstellung und Änderung des Hilfeplans sowie bei der Durchführung der Hilfe die Person, die eine Stellungnahme nach § 35a Abs. 1a abgegeben hat, beteiligt werden.
(4) Vor einer Entscheidung über die Gewährung einer Hilfe, die ganz oder teilweise im Ausland erbracht wird, soll zur Feststellung einer seelischen Störung mit Krankheitswert die Stellungnahme einer in § 35a Abs. 1a Satz 1 genannten Person eingeholt werden.

§ 37 Zusammenarbeit bei Hilfen außerhalb der eigenen Familie
(1) Bei Hilfen nach §§ 32 bis 34 und § 35a Abs. 2 Nr. 3 und 4 soll darauf hingewirkt werden, dass die Pflegeperson oder die in der Einrichtung für die Erziehung verantwortlichen Personen und die Eltern zum Wohl des Kindes oder des Jugendlichen zusammenarbeiten. Durch Beratung und Unterstützung sollen die Erziehungsbedingungen in der Herkunftsfamilie innerhalb eines im Hinblick auf die Entwicklung des Kindes oder Jugendlichen vertretbaren Zeitraums so weit verbessert werden, dass sie das Kind oder den Jugendlichen wieder selbst erziehen kann. Während dieser Zeit soll durch begleitende Beratung und Unterstützung der Familien darauf hingewirkt werden, dass die Beziehung des Kindes oder Jugendlichen zur Herkunftsfamilie gefördert wird. Ist eine nachhaltige Verbesserung der Erziehungsbedingungen in der Herkunftsfamilie innerhalb dieses Zeitraums nicht erreichbar, so soll mit den beteiligten Personen eine andere, dem Wohl des Kindes oder des Jugendlichen förderliche und auf Dauer angelegte Lebensperspektive erarbeitet werden.
(2) Die Pflegeperson hat vor der Aufnahme des Kindes oder Jugendlichen und während der Dauer des Pflegeverhältnisses Anspruch auf Beratung und Unterstützung; dies gilt auch in den Fällen, in denen für das Kind oder den Jugendlichen weder Hilfe zur Erziehung noch Eingliederungshilfe gewährt wird oder die Pflegeperson nicht der Erlaubnis zur Vollzeitpflege nach § 44 bedarf. Lebt das Kind oder der Jugendliche bei einer Pflegeperson außerhalb des Bereichs des zuständigen Trägers der öffentlichen Jugendhilfe, so sind ortsnahe Beratung und Unterstützung sicherzustellen. Der zuständige Träger der öffentlichen Jugendhilfe hat die aufgewendeten Kosten einschließlich der Verwaltungskosten auch in den Fällen zu erstatten, in denen die Beratung und Unterstützung im Wege der Amtshilfe geleistet wird. § 23 Absatz 4 Satz 3 gilt entsprechend.

(2a) Die Art und Weise der Zusammenarbeit sowie die damit im Einzelfall verbundenen Ziele sind im Hilfeplan zu dokumentieren. Bei Hilfen nach den §§ 33, 35a Absatz 2 Nummer 3 und § 41 zählen dazu auch der vereinbarte Umfang der Beratung der Pflegeperson sowie die Höhe der laufenden Leistungen zum Unterhalt des Kindes oder Jugendlichen. Eine Abweichung von den dort getroffenen Feststellungen ist nur bei einer Änderung des Hilfebedarfs und entsprechender Änderung des Hilfeplans zulässig.
(3) Das Jugendamt soll den Erfordernissen des Einzelfalls entsprechend an Ort und Stelle überprüfen, ob die Pflegeperson eine dem Wohl des Kindes oder des Jugendlichen förderliche Erziehung gewährleistet. Die Pflegeperson hat das Jugendamt über wichtige Ereignisse zu unterrichten, die das Wohl des Kindes oder des Jugendlichen betreffen.

§ 39 Leistungen zum Unterhalt des Kindes oder des Jugendlichen

(1) Wird Hilfe nach den §§ 32 bis 35 oder nach § 35a Abs. 2 Nr. 2 bis 4 gewährt, so ist auch der notwendige Unterhalt des Kindes oder Jugendlichen außerhalb des Elternhauses sicherzustellen. Er umfasst die Kosten für den Sachaufwand sowie für die Pflege und Erziehung des Kindes oder Jugendlichen.
(2) Der gesamte regelmäßig wiederkehrende Bedarf soll durch laufende Leistungen gedeckt werden. Sie umfassen außer im Fall des § 32 und des § 35a Abs. 2 Nr. 2 auch einen angemessenen Barbetrag zur persönlichen Verfügung des Kindes oder des Jugendlichen. Die Höhe des Betrages wird in den Fällen der §§ 34, 35, 35a Abs. 2 Nr. 4 von der nach Landesrecht zuständigen Behörde festgesetzt; die Beträge sollen nach Altersgruppen gestaffelt sein. Die laufenden Leistungen im Rahmen der Hilfe in Vollzeitpflege (§ 33) oder bei einer geeigneten Pflegeperson (§ 35a Abs. 2 Satz 2 Nr. 3) sind nach den Absätzen 4 bis 6 zu bemessen.
(3) Einmalige Beihilfen oder Zuschüsse können insbesondere zur Erstausstattung einer Pflegestelle, bei wichtigen persönlichen Anlässen sowie für Urlaubs- und Ferienreisen des Kindes oder des Jugendlichen gewährt werden.
(4) Die laufenden Leistungen sollen auf der Grundlage der tatsächlichen Kosten gewährt werden, sofern sie einen angemessenen Umfang nicht übersteigen. Die laufenden Leistungen umfassen auch die Erstattung nachgewiesener Aufwendungen für Beiträge zu einer Unfallversicherung sowie die hälftige Erstattung nachgewiesener Aufwendungen zu einer angemessenen Alterssicherung der Pflegeperson. Sie sollen in einem monatlichen Pauschalbetrag gewährt werden, soweit nicht nach der Besonderheit des Einzelfalls abweichende Leistungen geboten sind. Ist die Pflegeperson in gerader Linie mit dem Kind oder Jugendlichen verwandt und kann sie diesem unter Berücksichtigung ihrer sonstigen Verpflichtungen und ohne Gefährdung ihres angemessenen Unterhalts Unterhalt gewähren, so kann der Teil des monatlichen Pauschalbetrags, der die Kosten für den Sachaufwand des Kindes oder Jugendlichen betrifft, angemessen gekürzt werden. Wird ein Kind oder ein

Jugendlicher im Bereich eines anderen Jugendamts untergebracht, so soll sich die Höhe des zu gewährenden Pauschalbetrages nach den Verhältnissen richten, die am Ort der Pflegestelle gelten.

(5) Die Pauschalbeträge für laufende Leistungen zum Unterhalt sollen von den nach Landesrecht zuständigen Behörden festgesetzt werden. Dabei ist dem altersbedingt unterschiedlichen Unterhaltsbedarf von Kindern und Jugendlichen durch eine Staffelung der Beträge nach Altersgruppen Rechnung zu tragen. Das Nähere regelt Landesrecht.

(6) Wird das Kind oder der Jugendliche im Rahmen des Familienleistungsausgleichs nach § 31 des Einkommensteuergesetzes bei der Pflegeperson berücksichtigt, so ist ein Betrag in Höhe der Hälfte des Betrages, der nach § 66 des Einkommensteuergesetzes für ein erstes Kind zu zahlen ist, auf die laufenden Leistungen anzurechnen. Ist das Kind oder der Jugendliche nicht das älteste Kind in der Pflegefamilie, so ermäßigt sich der Anrechnungsbetrag für dieses Kind oder diesen Jugendlichen auf ein Viertel des Betrages, der für ein erstes Kind zu zahlen ist.

(7) Wird ein Kind oder eine Jugendliche während ihres Aufenthaltes in einer Einrichtung oder einer Pflegefamilie selbst Mutter eines Kindes, so ist auch der notwendige Unterhalt dieses Kindes sicherzustellen.

§ 41 Hilfe für junge Volljährige, Nachbetreuung

(1) Einem jungen Volljährigen soll Hilfe für die Persönlichkeitsentwicklung und zu einer eigenverantwortlichen Lebensführung gewährt werden, wenn und solange die Hilfe aufgrund der individuellen Situation des jungen Menschen notwendig ist. Die Hilfe wird in der Regel nur bis zur Vollendung des 21. Lebensjahres gewährt; in begründeten Einzelfällen soll sie für einen begrenzten Zeitraum darüber hinaus fortgesetzt werden.

(2) Für die Ausgestaltung der Hilfe gelten § 27 Abs. 3 und 4 sowie die §§ 28 bis 30, 33 bis 36, 39 und 40 entsprechend mit der Maßgabe, dass an die Stelle des Personensorgeberechtigten oder des Kindes oder des Jugendlichen der junge Volljährige tritt.

(3) Der junge Volljährige soll auch nach Beendigung der Hilfe bei der Verselbständigung im notwendigen Umfang beraten und unterstützt werden.

§ 42 Inobhutnahme von Kindern und Jugendlichen

(1) Das Jugendamt ist berechtigt und verpflichtet, ein Kind oder einen Jugendlichen in seine Obhut zu nehmen, wenn
1. das Kind oder der Jugendliche um Obhut bittet oder
2. eine dringende Gefahr für das Wohl des Kindes oder des Jugendlichen die Inobhutnahme erfordert und
    a) die Personensorgeberechtigten nicht widersprechen oder

b) eine familiengerichtliche Entscheidung nicht rechtzeitig eingeholt werden kann oder
3. ein ausländisches Kind oder ein ausländischer Jugendlicher unbegleitet nach Deutschland kommt und sich weder Personensorge- noch Erziehungsberechtigte im Inland aufhalten. Die Inobhutnahme umfasst die Befugnis, ein Kind oder einen Jugendlichen bei einer geeigneten Person, in einer geeigneten Einrichtung oder in einer sonstigen Wohnform vorläufig unterzubringen; im Fall von Satz 1 Nr. 2 auch ein Kind oder einen Jugendlichen von einer anderen Person wegzunehmen.

(2) Das Jugendamt hat während der Inobhutnahme die Situation, die zur Inobhutnahme geführt hat, zusammen mit dem Kind oder dem Jugendlichen zu klären und Möglichkeiten der Hilfe und Unterstützung aufzuzeigen. Dem Kind oder dem Jugendlichen ist unverzüglich Gelegenheit zu geben, eine Person seines Vertrauens zu benachrichtigen. Das Jugendamt hat während der Inobhutnahme für das Wohl des Kindes oder des Jugendlichen zu sorgen und dabei den notwendigen Unterhalt und die Krankenhilfe sicherzustellen; § 39 Absatz 4 Satz 2 gilt entsprechend. Das Jugendamt ist während der Inobhutnahme berechtigt, alle Rechtshandlungen vorzunehmen, die zum Wohl des Kindes oder Jugendlichen notwendig sind; der mutmaßliche Wille der Personensorge- oder der Erziehungsberechtigten ist dabei angemessen zu berücksichtigen.

(3) Das Jugendamt hat im Fall des Absatzes 1 Satz 1 Nr. 1 und 2 die Personensorge- oder Erziehungsberechtigten unverzüglich von der Inobhutnahme zu unterrichten und mit ihnen das Gefährdungsrisiko abzuschätzen. Widersprechen die Personensorge- oder Erziehungsberechtigten der Inobhutnahme, so hat das Jugendamt unverzüglich

1. das Kind oder den Jugendlichen den Personensorge- oder Erziehungsberechtigten zu übergeben, sofern nach der Einschätzung des Jugendamts eine Gefährdung des Kindeswohls nicht besteht oder die Personensorge- oder Erziehungsberechtigten bereit und in der Lage sind, die Gefährdung abzuwenden oder
2. eine Entscheidung des Familiengerichts über die erforderlichen Maßnahmen zum Wohl des Kindes oder des Jugendlichen herbeizuführen. Sind die Personensorge- oder Erziehungsberechtigten nicht erreichbar, so gilt Satz 2 Nr. 2 entsprechend. Im Fall des Absatzes 1 Satz 1 Nr. 3 ist unverzüglich die Bestellung eines Vormunds oder Pflegers zu veranlassen. Widersprechen die Personensorgeberechtigten der Inobhutnahme nicht, so ist unverzüglich ein Hilfeplanverfahren zur Gewährung einer Hilfe einzuleiten.

(4) Die Inobhutnahme endet mit
1. der Übergabe des Kindes oder Jugendlichen an die Personensorge- oder Erziehungsberechtigten,
2. der Entscheidung über die Gewährung von Hilfen nach dem Sozialgesetzbuch.

(5) Freiheitsentziehende Maßnahmen im Rahmen der Inobhutnahme sind nur zulässig, wenn und soweit sie erforderlich sind, um eine Gefahr für Leib oder Leben des Kindes oder des Jugendlichen oder eine Gefahr für Leib oder Leben Dritter abzuwenden. Die Freiheitsentziehung ist ohne gerichtliche Entscheidung spätestens mit Ablauf des Tages nach ihrem Beginn zu beenden.
(6) Ist bei der Inobhutnahme die Anwendung unmittelbaren Zwangs erforderlich, so sind die dazu befugten Stellen hinzuzuziehen.

§ 44 Erlaubnis zur Vollzeitpflege
(1) Wer ein Kind oder einen Jugendlichen über Tag und Nacht in seinem Haushalt aufnehmen will (Pflegeperson), bedarf der Erlaubnis. Einer Erlaubnis bedarf nicht, wer ein Kind oder einen Jugendlichen
1. im Rahmen von Hilfe zur Erziehung oder von Eingliederungshilfe für seelisch behinderte Kinder und Jugendliche aufgrund einer Vermittlung durch das Jugendamt,
2. als Vormund oder Pfleger im Rahmen seines Wirkungskreises,
3. als Verwandter oder Verschwägerter bis zum dritten Grad,
4. bis zur Dauer von acht Wochen,
5. im Rahmen eines Schüler- oder Jugendaustausches,
6. in Adoptionspflege (§ 1744 des Bürgerlichen Gesetzbuchs)
über Tag und Nacht aufnimmt.
(2) Die Erlaubnis ist zu versagen, wenn das Wohl des Kindes oder des Jugendlichen in der Pflegestelle nicht gewährleistet ist. § 72a Absatz 1 und 5 gilt entsprechend.
(3) Das Jugendamt soll den Erfordernissen des Einzelfalls entsprechend an Ort und Stelle überprüfen, ob die Voraussetzungen für die Erteilung der Erlaubnis weiter bestehen. Ist das Wohl des Kindes oder des Jugendlichen in der Pflegestelle gefährdet und ist die Pflegeperson nicht bereit oder in der Lage, die Gefährdung abzuwenden, so ist die Erlaubnis zurückzunehmen oder zu widerrufen.
(4) Wer ein Kind oder einen Jugendlichen in erlaubnispflichtige Familienpflege aufgenommen hat, hat das Jugendamt über wichtige Ereignisse zu unterrichten, die das Wohl des Kindes oder des Jugendlichen betreffen.

§ 53 Beratung und Unterstützung von Pflegern und Vormündern
(1) Das Jugendamt hat dem Familiengericht Personen und Vereine vorzuschlagen, die sich im Einzelfall zum Pfleger oder Vormund eignen.
(2) Pfleger und Vormünder haben Anspruch auf regelmäßige und dem jeweiligen erzieherischen Bedarf des Mündels entsprechende Beratung und Unterstützung.
(3) Das Jugendamt hat darauf zu achten, dass die Vormünder und Pfleger für die Person der Mündel, insbesondere ihre Erziehung und Pflege, Sorge tragen. Es hat beratend darauf hinzuwirken, dass festgestellte Mängel im Einvernehmen mit dem Vormund oder dem Pfleger behoben werden. Soweit eine Behebung der Mängel

nicht erfolgt, hat es dies dem Familiengericht mitzuteilen. Es hat dem Familiengericht über das persönliche Ergehen und die Entwicklung eines Mündels Auskunft zu erteilen. Erlangt das Jugendamt Kenntnis von der Gefährdung des Vermögens eines Mündels, so hat es dies dem Familiengericht anzuzeigen.
(4) Für die Gegenvormundschaft gelten die Absätze 1 und 2 entsprechend. Ist ein Verein Vormund, so findet Absatz 3 keine Anwendung.

§ 56 Führung der Beistandschaft, der Amtspflegschaft und der Amtsvormundschaft

(1) Auf die Führung der Beistandschaft, der Amtspflegschaft und der Amtsvormundschaft sind die Bestimmungen des Bürgerlichen Gesetzbuchs anzuwenden, soweit dieses Gesetz nicht etwas anderes bestimmt.
(2) Gegenüber dem Jugendamt als Amtsvormund und Amtspfleger werden die Vorschriften des §§ 1802 Abs. 3 und des § 1818 des Bürgerlichen Gesetzbuchs nicht angewandt. In den Fällen des § 1803 Abs. 2, des § 1811 und des § 1822 Nr. 6 und 7 des Bürgerlichen Gesetzbuchs ist eine Genehmigung des Familiengerichts nicht erforderlich. Landesrecht kann für das Jugendamt als Amtspfleger oder als Amtsvormund weitergehende Ausnahmen von der Anwendung der Bestimmungen des Bürgerlichen Gesetzbuchs über die Vormundschaft über Minderjährige (§§ 1773 bis 1895) vorsehen, die die Aufsicht des Familiengerichts in vermögensrechtlicher Hinsicht sowie beim Abschluss von Lehr- und Arbeitsverträgen betreffen.
(3) Mündelgeld kann mit Genehmigung des Familiengerichts auf Sammelkonten des Jugendamts bereitgehalten und angelegt werden, wenn es den Interessen des Mündels dient und sofern die sichere Verwaltung, Trennbarkeit und Rechnungslegung des Geldes einschließlich der Zinsen jederzeit gewährleistet ist; Landesrecht kann bestimmen, dass eine Genehmigung des Familiengerichts nicht erforderlich ist. Die Anlegung von Mündelgeld gemäß § 1807 des Bürgerlichen Gesetzbuchs ist auch bei der Körperschaft zulässig, die das Jugendamt errichtet hat.
(4) Das Jugendamt hat in der Regel jährlich zu prüfen, ob im Interesse des Kindes oder des Jugendlichen seine Entlassung als Amtspfleger oder Amtsvormund und die Bestellung einer Einzelperson oder eines Vereins angezeigt ist, und dies dem Familiengericht mitzuteilen.

§ 86 Örtliche Zuständigkeit für Leistungen an Kinder, Jugendliche und ihre Eltern

(1) Für die Gewährung von Leistungen nach diesem Buch ist der örtliche Träger zuständig, in dessen Bereich die Eltern ihren gewöhnlichen Aufenthalt haben. An die Stelle der Eltern tritt die Mutter, wenn und solange die Vaterschaft nicht anerkannt oder gerichtlich festgestellt ist. Lebt nur ein Elternteil, so ist dessen gewöhnlicher Aufenthalt maßgebend.

(6) Lebt ein Kind oder ein Jugendlicher zwei Jahre bei einer Pflegeperson und ist sein Verbleib bei dieser Pflegeperson auf Dauer zu erwarten, so ist oder wird abweichend von den Absätzen 1 bis 5 der örtliche Träger zuständig, in dessen Bereich die Pflegeperson ihren gewöhnlichen Aufenthalt hat. Er hat die Eltern und, falls den Eltern die Personensorge nicht oder nur teilweise zusteht, den Personensorgeberechtigten über den Wechsel der Zuständigkeit zu unterrichten. Endet der Aufenthalt bei der Pflegeperson, so endet die Zuständigkeit nach Satz 1.

Auszug aus dem Gesetz über das Verfahren in Familiensachen und in den Angelegenheiten der freiwilligen Gerichtsbarkeit (FamFG)
§ 7 Beteiligte
(1) In Antragsverfahren ist der Antragsteller Beteiligter.
(2) Als Beteiligte sind hinzuzuziehen:
1. diejenigen, deren Recht durch das Verfahren unmittelbar betroffen wird,
2. diejenigen, die auf Grund dieses oder eines anderen Gesetzes von Amts wegen oder auf Antrag zu beteiligen sind.

(3) Das Gericht kann von Amts wegen oder auf Antrag weitere Personen als Beteiligte hinzuziehen, soweit dies in diesem oder einem anderen Gesetz vorgesehen ist.
(4) Diejenigen, die auf ihren Antrag als Beteiligte zu dem Verfahren hinzuzuziehen sind oder hinzugezogen werden können, sind von der Einleitung des Verfahrens zu benachrichtigen, soweit sie dem Gericht bekannt sind. Sie sind über ihr Antragsrecht zu belehren.
(5) Das Gericht entscheidet durch Beschluss, wenn es einem Antrag auf Hinzuziehung gemäß Absatz 2 oder Absatz 3 nicht entspricht. Der Beschluss ist mit der sofortigen Beschwerde in entsprechender Anwendung der §§ 567 bis 572 der Zivilprozessordnung anfechtbar.
(6) Wer anzuhören ist oder eine Auskunft zu erteilen hat, ohne dass die Voraussetzungen des Absatzes 2 oder Absatzes 3 vorliegen, wird dadurch nicht Beteiligter.

§ 12 Beistand
Im Termin können die Beteiligten mit Beiständen erscheinen. Beistand kann sein, wer in Verfahren, in denen die Beteiligten das Verfahren selbst betreiben können, als Bevollmächtigter zur Vertretung befugt ist. Das Gericht kann andere Personen als Beistand zulassen, wenn dies sachdienlich ist und hierfür nach den Umständen des Einzelfalls ein Bedürfnis besteht. § 10 Abs. 3 Satz 1 und 3 und Abs. 5 gilt entsprechend. Das von dem Beistand Vorgetragene gilt als von dem Beteiligten vorgebracht, soweit es nicht von diesem sofort widerrufen oder berichtigt wird.

14 Für Pflegekinder bedeutsame Gesetze und Rechtsprechungen

§ 13 Akteneinsicht
(1) Die Beteiligten können die Gerichtsakten auf der Geschäftsstelle einsehen, soweit nicht schwerwiegende Interessen eines Beteiligten oder eines Dritten entgegenstehen.
(2) Personen, die an dem Verfahren nicht beteiligt sind, kann Einsicht nur gestattet werden, soweit sie ein berechtigtes Interesse glaubhaft machen und schutzwürdige Interessen eines Beteiligten oder eines Dritten nicht entgegenstehen. Die Einsicht ist zu versagen, wenn ein Fall des § 1758 des Bürgerlichen Gesetzbuchs vorliegt.
(3) Soweit Akteneinsicht gewährt wird, können die Berechtigten sich auf ihre Kosten durch die Geschäftsstelle Ausfertigungen, Auszüge und Abschriften erteilen lassen. Die Abschrift ist auf Verlangen zu beglaubigen.
(4) Einem Rechtsanwalt, einem Notar oder einer beteiligten Behörde kann das Gericht die Akten in die Amts- oder Geschäftsräume überlassen. Ein Recht auf Überlassung von Beweisstücken in die Amts- oder Geschäftsräume besteht nicht. Die Entscheidung nach Satz 1 ist nicht anfechtbar.
(5) Werden die Gerichtsakten elektronisch geführt, gilt § 299 Abs. 3 der Zivilprozessordnung entsprechend. Der elektronische Zugriff nach § 299 Abs. 3 Satz 2 und 3 der Zivilprozessordnung kann auch dem Notar oder der beteiligten Behörde gestattet werden.
(6) Die Entwürfe zu Beschlüssen und Verfügungen, die zu ihrer Vorbereitung gelieferten Arbeiten sowie die Dokumente, die Abstimmungen betreffen, werden weder vorgelegt noch abschriftlich mitgeteilt.
(7) Über die Akteneinsicht entscheidet das Gericht, bei Kollegialgerichten der Vorsitzende.

§ 24 Anregung des Verfahrens
(1) Soweit Verfahren von Amts wegen eingeleitet werden können, kann die Einleitung eines Verfahrens angeregt werden.
(2) Folgt das Gericht der Anregung nach Absatz 1 nicht, hat es denjenigen, der die Einleitung angeregt hat, darüber zu unterrichten, soweit ein berechtigtes Interesse an der Unterrichtung ersichtlich ist.

§ 26 Ermittlung von Amts wegen
Das Gericht hat von Amts wegen die zur Feststellung der entscheidungserheblichen Tatsachen erforderlichen Ermittlungen durchzuführen.

§ 59 Beschwerdeberechtigte
(1) Die Beschwerde steht demjenigen zu, der durch den Beschluss in seinen Rechten beeinträchtigt ist.
(2) Wenn ein Beschluss nur auf Antrag erlassen werden kann und der Antrag zurückgewiesen worden ist, steht die Beschwerde nur dem Antragsteller zu.

(3) Die Beschwerdeberechtigung von Behörden bestimmt sich nach den besonderen Vorschriften dieses oder eines anderen Gesetzes.

§ 89 Ordnungsmittel

(1) Bei der Zuwiderhandlung gegen einen Vollstreckungstitel zur Herausgabe von Personen und zur Regelung des Umgangs kann das Gericht gegenüber dem verpflichteten Ordnungsgeld und für den Fall, dass dieses nicht beigetrieben werden kann, Ordnungshaft anordnen. Verspricht die Anordnung eines Ordnungsgelds keinen Erfolg, kann das Gericht Ordnungshaft anordnen. Die Anordnungen ergehen durch Beschluss.

(4) Die Festsetzung eines Ordnungsmittels unterbleibt, wenn der Verpflichtete Gründe vorträgt, aus denen sich ergibt, dass er die Zuwiderhandlung nicht zu vertreten hat. Werden Gründe, aus denen sich das fehlende Vertretenmüssen ergibt, nachträglich vorgetragen, wird die Festsetzung aufgehoben.

§ 90 Anwendung unmittelbaren Zwanges

(2) Anwendung unmittelbaren Zwanges gegen ein Kind darf nicht zugelassen werden, wenn das Kind herausgegeben werden soll, um das Umgangsrecht auszuüben. Im Übrigen darf unmittelbarer Zwang gegen ein Kind nur zugelassen werden, wenn dies unter Berücksichtigung des Kindeswohls gerechtfertigt ist und eine Durchsetzung der Verpflichtung mit milderen Mitteln nicht möglich ist.

§ 155 Vorrang- und Beschleunigungsgebot

(1) Kindschaftssachen, die den Aufenthalt des Kindes, das Umgangsrecht oder die Herausgabe des Kindes betreffen, sowie Verfahren wegen Gefährdung des Kindeswohls sind vorrangig und beschleunigt durchzuführen.

(2) Das Gericht erörtert in Verfahren nach Absatz 1 die Sache mit den Beteiligten in einem Termin. Der Termin soll spätestens einen Monat nach Beginn des Verfahrens stattfinden. Das Gericht hört in diesem Termin das Jugendamt an. Eine Verlegung des Termins ist nur aus zwingenden Gründen zulässig. Der Verlegungsgrund ist mit dem Verlegungsgesuch glaubhaft zu machen.

(3) Das Gericht soll das persönliche Erscheinen der verfahrensfähigen Beteiligten zu dem Termin anordnen.

(4) Hat das Gericht ein Verfahren nach Absatz 1 zur Durchführung einer Mediation oder eines anderen Verfahrens der außergerichtlichen Konfliktbeilegung ausgesetzt, nimmt es das Verfahren in der Regel nach drei Monaten wieder auf, wenn die Beteiligten keine einvernehmliche Regelung erzielen.

§ 158 Verfahrensbeistand

(1) Das Gericht hat dem minderjährigen Kind in Kindschaftssachen, die seine Person betreffen, einen geeigneten Verfahrensbeistand zu bestellen, soweit dies zur Wahrnehmung seiner Interessen erforderlich ist.

(2) Die Bestellung ist in der Regel erforderlich,
1. wenn das Interesse des Kindes zu dem seiner gesetzlichen Vertreter in erheblichem Gegensatz steht,
2. in Verfahren nach den §§ 1666 und 1666a des Bürgerlichen Gesetzbuchs, wenn die teilweise oder vollständige Entziehung der Personensorge in Betracht kommt,
3. wenn eine Trennung des Kindes von der Person erfolgen soll, in deren Obhut es sich befindet,
4. in Verfahren, die die Herausgabe des Kindes oder eine Verbleibensanordnung zum Gegenstand haben, oder
5. wenn der Ausschluss oder eine wesentliche Beschränkung des Umgangsrechts in Betracht kommt.

(3) Der Verfahrensbeistand ist so früh wie möglich zu bestellen. Er wird durch seine Bestellung als Beteiligter zum Verfahren hinzugezogen. Sieht das Gericht in den Fällen des Absatzes 2 von der Bestellung eines Verfahrensbeistands ab, ist dies in der Endentscheidung zu begründen. Die Bestellung eines Verfahrensbeistands oder deren Aufhebung sowie die Ablehnung einer derartigen Maßnahme sind nicht selbständig anfechtbar.

(4) Der Verfahrensbeistand hat das Interesse des Kindes festzustellen und im gerichtlichen Verfahren zur Geltung zu bringen. Er hat das Kind über Gegenstand, Ablauf und möglichen Ausgang des Verfahrens in geeigneter Weise zu informieren. Soweit nach den Umständen des Einzelfalls ein Erfordernis besteht, kann das Gericht dem Verfahrensbeistand die zusätzliche Aufgabe übertragen, Gespräche mit den Eltern und weiteren Bezugspersonen des Kindes zu führen sowie am Zustandekommen einer einvernehmlichen Regelung über den Verfahrensgegenstand mitzuwirken. Das Gericht hat Art und Umfang der Beauftragung konkret festzulegen und die Beauftragung zu begründen. Der Verfahrensbeistand kann im Interesse des Kindes Rechtsmittel einlegen. Er ist nicht gesetzlicher Vertreter des Kindes.

§ 159 Persönliche Anhörung des Kindes

(1) Das Gericht hat das Kind persönlich anzuhören, wenn es das 14. Lebensjahr vollendet hat. Betrifft das Verfahren ausschließlich das Vermögen des Kindes, kann von einer persönlichen Anhörung abgesehen werden, wenn eine solche nach der Art der Angelegenheit nicht angezeigt ist.

(2) Hat das Kind das 14. Lebensjahr noch nicht vollendet, ist es persönlich anzuhören, wenn die Neigungen, Bindungen oder der Wille des Kindes für die Entschei-

dung von Bedeutung sind oder wenn eine persönliche Anhörung aus sonstigen Gründen angezeigt ist.
(3) Von einer persönlichen Anhörung nach Absatz 1 oder Absatz 2 darf das Gericht aus schwerwiegenden Gründen absehen. Unterbleibt eine Anhörung allein wegen Gefahr im Verzug, ist sie unverzüglich nachzuholen.
(4) Das Kind soll über den Gegenstand, Ablauf und möglichen Ausgang des Verfahrens in einer geeigneten und seinem Alter entsprechenden Weise informiert werden, soweit nicht Nachteile für seine Entwicklung, Erziehung oder Gesundheit zu befürchten sind. Ihm ist Gelegenheit zur Äußerung zu geben. Hat das Gericht dem Kind nach § 158 einen Verfahrensbeistand bestellt, soll die persönliche Anhörung in dessen Anwesenheit stattfinden. Im Übrigen steht die Gestaltung der persönlichen Anhörung im Ermessen des Gerichts.

§ 161 Mitwirkung der Pflegeperson
(1) Das Gericht kann in Verfahren, die die Person des Kindes betreffen, die Pflegeperson im Interesse des Kindes als Beteiligte hinzuziehen, wenn das Kind seit längerer Zeit in Familienpflege lebt. Satz 1 gilt entsprechend, wenn das Kind auf Grund einer Entscheidung nach § 1682 des Bürgerlichen Gesetzbuchs bei dem dort genannten Ehegatten, Lebenspartner oder Umgangsberechtigten lebt.
(2) Die in Absatz 1 genannten Personen sind anzuhören, wenn das Kind seit längerer Zeit in Familienpflege lebt.

Auszug aus dem Gesetz über die religiöse Kindererziehung vom 15.07.1921
§ 1
Über die religiöse Erziehung eines Kindes bestimmt die freie Einigung der Eltern, soweit ihnen das Recht und die Pflicht zusteht, für die Person des Kindes zu sorgen. Die Einigung ist jederzeit widerruflich und wird durch den Tod eines Ehegatten gelöst.

§ 3 Abs. 2
Steht die Sorge für die Person eines Kindes einem Vormund oder Pfleger allein zu, so hat dieser auch über die religiöse Erziehung des Kindes zu bestimmen. Er bedarf dazu der Genehmigung des Vormundschaftsgerichts. Vor der Genehmigung sind die Eltern sowie erforderlichenfalls Verwandte, Verschwägerte und die Lehrer des Kindes zu hören, wenn es ohne erhebliche Verzögerung oder unverhältnismäßige Kosten geschehen kann. Der § 1779 Abs. 3 Satz 2 des Bürgerlichen Gesetzbuchs findet entsprechende Anwendung. Auch ist das Kind zu hören, wenn es das zehnte Lebensjahr vollendet hat. Weder der Vormund noch der Pfleger können eine schon erfolgte Bestimmung über die religiöse Erziehung ändern.

§ 5
Nach der Vollendung des vierzehnten Lebensjahres steht dem Kind die Entscheidung darüber zu, zu welchem religiösen Bekenntnis es sich halten will. Hat das Kind das zwölfte Lebensjahr vollendet, so kann es nicht gegen seinen Willen in einem anderen Bekenntnis als bisher erzogen werden.

§ 6
Die vorstehenden Bestimmungen finden auf die Erziehung der Kinder in einer nicht bekenntnismäßigen Weltanschauung entsprechende Anwendung.

§ 7
Für Streitigkeiten aus diesem Gesetz ist das Vormundschaftsgericht zuständig. Ein Einschreiten von Amts wegen findet dabei nicht statt, es sei denn, daß die Voraussetzungen des § 1666 des Bürgerlichen Gesetzbuches vorliegen.

Auszug aus dem Namensänderungsgesetz (NamÄndG)
§ 2
(1) Für eine beschränkt geschäftsfähige oder geschäftsunfähige Person stellt der gesetzliche Vertreter den Antrag; ein Vormund, Pfleger oder Betreuer bedarf hierzu der Genehmigung des Vormundschaftsgerichts. Für eine geschäftsfähige Person, für die in dieser Angelegenheit ein Betreuer bestellt und ein Einwilligungsvorbehalt nach § 1903 des Bürgerlichen Gesetzbuchs angeordnet ist, stellt der Betreuer den Antrag; er bedarf der Genehmigung des Vormundschaftsgerichts.
(2) Das Vormundschaftsgericht hat den Antragsteller in den Fällen des Absatzes 1 Satz 1, wenn er als beschränkt Geschäftsfähiger das sechzehnte Lebensjahr vollendet hat, sowie in den Fällen des Absatzes 1 Satz 2 zu dem Antrag zu hören.

§ 3
(1) Ein Familienname darf nur geändert werden, wenn ein wichtiger Grund die Änderung rechtfertigt.
(2) Die für die Entscheidung erheblichen Umstände sind von Amts wegen festzustellen; dabei sollen insbesondere außer den unmittelbar Beteiligten die zuständige Ortspolizeibehörde und solche Personen gehört werden, deren Rechte durch die Namensänderung berührt werden.

Die Rechtsprechung des Verfassungsgerichtes zum Pflegekind
Die Entscheidungen des Bundesverfassungsgerichtes binden alle Verfassungsorgane des Bundes und der Länder sowie alle Gerichte und Behörden.
Das Bundesverfassungsgericht hat im Jahr 1968 ein bahnbrechendes Urteil im Pflegekinderwesen gefällt. Es betonte in diesem Urteil, dass das Kind als selbst-

ständiger Grundrechtsträger einen Anspruch auf den Schutz des Staates hat.[1] Ein explizites Grundrecht des Kindes kennt die Verfassung zwar nicht, doch ist jedes Kind ein „Wesen mit eigener Menschenwürde und dem eigenen Recht auf Entfaltung seiner Persönlichkeit im Sinne des Art. 1 Abs. 1 und Art. 2 Abs. 1 GG". Während ein menschenwürdiges Dasein verlangt, dass der einzelne Mensch nicht zum bloßen Objekt herabgewürdigt wird, beinhaltet das Recht auf freie Persönlichkeitsentfaltung, dass eine Persönlichkeit im Rahmen einer gesunden körperlichen und seelischen Entwicklung gebildet werden kann.

Aus dem Recht auf körperliche Unversehrtheit (Art. 2 Abs. 2 Satz 1 GG) ergeben sich Schutzpflichten des Staates, die zusätzlich durch das in Art. 6 Abs. 2 Satz 2 GG verankerte „staatliche Wächteramt" zugunsten von Minderjährigen hervorgehoben werden. Die Misshandlung von Kindern ist eine Verletzung dieser verfassungsrechtlich gewährleisteten Rechte der Kinder.

Im Urteil des Bundesverfassungsgerichtes von 1968[2] wird erstmals festgestellt, dass unabhängig vom Unterbringungsgrund und den gegenwärtigen Erziehungsbedingungen in der Herkunftsfamilie allein das länger anhaltende Pflegeverhältnis und die entstandenen Bindungen des Kindes zu der Pflegefamilie dazu führen können, dass das Kind in der Pflegefamilie verbleiben kann. In diesem Urteil heißt es: „Dabei verkennt das Gericht keineswegs, dass solange das Kindeswohl oberste Priorität bleibt, § 1632 Abs. 4 auch solche Entscheidungen ermöglicht, die aus Sicht der Eltern nicht akzeptabel sind, weil sie sich in ihrem Elternrecht beeinträchtigt fühlen. Wenn eine schwere und nachhaltige Schädigung des körperlichen oder seelischen Wohlbefindens des Kindes bei seiner Herausgabe zu erwarten ist, kann allein die Dauer des Pflegeverhältnisses zu einer Verbleibensanordnung nach § 1632 Abs. 4 führen".

Bei Interessenkollision zwischen dem Elternrecht und dem Kindeswohl hat das Kindeswohl grundsätzlich den Vorrang, wie verschiedene Urteile des Bundesverfassungsgerichtes festgestellt haben. Allerdings können sich die Pflegeeltern nicht auf das Elternrecht des Art. 6 Abs. 2 Satz 1 GG berufen. Bei Interessenkollisionen zwischen dem Kind und seinen Eltern sowie seinen Pflegeeltern ist das Kindeswohl ausschlaggebend.

In einem weiteren Urteil des Bundesverfassungsgerichts[3] stellt das Gericht erhöhte Anforderungen an einen Wechsel der Pflegefamilien. Es folgt hier einem Gutachten von Reinhart Lempp. Danach hat die Trennung von Kleinkindern von ihren unmittelbaren Bezugspersonen als ein Vorgang mit erheblichen psychischen Belastungen zu gelten. Hier fordert das Verfassungsgericht, dass einem Wechsel nur stattzugeben ist „wenn mit hinreichender Sicherheit auszuschließen ist, dass die

---

1 Salgo 1996, BVerfGE 68
2 ebd.
3 Vgl. Kap. 6.4 Gutachten Lempp

Trennung des Kindes von seinen Pflegeeltern mit psychischen oder physischen Schädigungen verbunden sein kann".
Das Verhältnis von Pflegekindschaft und Adoption wird vom Verfassungsgericht[4] weiter ausgelegt. Es stellt die Frage, welche Risiken in Kauf genommen werden können, um den besseren Rechtsstatus des Kindes zu erreichen. Hier ist § 36 SGB VIII zu beachten, dass vor und während einer langfristigen Unterbringung die Frage zu prüfen ist, ob Adoption – und dies ist in fast allen Fällen durch die Pflegeeltern der Fall – infrage kommt. Wenn die Pflegeeltern nicht zur Adoption bereit sind, fordert das Verfassungsgericht eine Risikoabwägung für das Kind. Diese Risikoabwägung stellt eine hohe nur schwer zu überwindende Hürde dar: Mit Sicherheit müssen die schädlichen Folgen der Trennung aufgefangen werden können.[5]
Ein für Pflegefamilien bedeutsames Verfassungsgerichtsurteil gesteht der Pflegefamilie den verfassungsrechtlichen Schutz nach Art. 6 GG zu. Die Intimsphäre der Pflegefamilie ist zu achten.[6]

Die Rechtsprechung des Bundesverfassungsgerichts und des Europäischen Gerichtshof für Menschenrechte

Zitat aus einem Vortrag von Ludwig Salgo[7],
„BVerfG und EGHMR

Bei einem unüberbrückbaren Konflikt zwischen Elternrecht und Kindeswohl kommt dem Kindeswohl Vorrang zu. Letztendlich hatte auch der EGMR wiederholt diesen Standpunkt eingenommen: „Ein Elternteil aufgrund von Art. 8 EMRK (darf) unter keinen Umständen (staatliche) Maßnahmen verlangen, die die Gesundheit und seine (des Kindes) Entwicklung beeinträchtigen". Einzelne Kammerentscheidungen des BVerfG hatten zuweilen Zweifel aufkommen lassen, ob das BverfG – unter dem Druck des EGMR – seine Linie beibehalten würde. Mit der Entscheidung v. 29.11.2012 (FamRZ 2013, H. 5 mit Anm. Salgo) – wie auch schon mit der Entscheidung v. 31.03.2010 BVerfG (FamRZ 2010, 865 betr. OLG Hamm, FamRZ 2010, 40 mit Anm. Heilmann, FamRZ 2010, 41ff) – bekräftigt nummehr das BVerfG seine gefestigte Linie."

---

4 Salgo 1996, BVerfGE 79
5 Vgl. Salgo 2001, S. 43
6 Salgo 1996, BVerfGE 68
7 Vortrag gehalten am Arnolshainer Gerichtstag von Ludwig Salgo, Folie 17

15 Musteranträge

1. Musterantrag an das Jugendamt mit der Bitte die Pflegeeltern als geeignete ehrenamtliche Einzelvormünder vorzuschlagen
   – Musterantrag zur Übertragung der Vormundschaft auf die Pflegeeltern

2. Bei Einvernehmen zwischen Sorgeberechtigten und Pflegeeltern:
   Musterantrag für Vorlage zur Sorgerechtsübertragung nach § 1630 BGB für den Sorgerechtsinhaber und Pflegeeltern

   Um eine rechtliche Entscheidung in Gang zu setzen:
   – Musterantrag für Pflegeeltern auf Übertragung von Angelegenheiten der elterlichen Sorge gemäß § 1630 Abs. 3 BGB

3. Musterantrag für die vormundschaftsgerichtliche Genehmigung für die Antragsstellung zur Namensänderung beim Ordnungsamt
   – Musterantrag auf Namensänderung nach § 3 des NÄG beim Ordnungsamt der zuständigen Gebietskörperschaft

4. Musteranträge auf Verbleib des Kindes gemäß § 1632 Abs. 4 BGB und vorsorglich auf den Erlass einer einstweiligen Anordnung

Alle in den Musteranträgen aufgeführten Namen wurden geändert.

Nr. 1a
Musterantrag an das Jugendamt mit der Bitte die Pflegeeltern als geeignete ehrenamtliche Einzelvormünder vorzuschlagen

Name und Anschrift der Pflegeeltern	Datum

An das Jugendamt
an den Amtsvormund (zur Kenntnis an den Pflegekinderdienst)
in X
Amtsvormundschaft für Anna ..., geb. ...

Sehr geehrter Herr/Frau

Anna lebt bei uns seit ... und hat sich voll in unsere Familie integriert. Wovon Sie sich und auch der Pflegekinderdienst ein umfassendes Bild machen konnten.
Wir bitten Sie, dem Familiengericht uns als geeignete ehrenamtliche Einzelvormünder vorzuschlagen gem. § 1887 BGB in Verbindung mit § 56 Abs. 4 SGB VIII.

Mit freundlichen Grüßen
(Pflegeeltern)

Nr. 1b
Musterantrag zur Übertragung der Vormundschaft auf die Pflegeeltern

Name und Anschrift der Pflegeeltern	Datum

An das Amtsgericht
Familiengericht
in X

Vormundschaft: Anna, geb. ...
Sehr geehrte Damen und Herren,
wir sind seit ... Pflegeeltern für Anna und haben die volle Erziehungsverantwortung für sie übernommen. Wir beantragen die Umwandlung der Amtsvormundschaft gem. § 1887 BGB und bitte Sie, uns als ehrenamtliche Einzelvormünder zu bestellen.
Wir begründen unseren Antrag wie folgt:
1. Vorgeschichte:
2. Die Entwicklung des Kindes in unserer Familie:
3. Unsere Einschätzung
Anna hat sichere Bindungen an uns entwickelt und wir haben die volle Elternverantwortung im Alltag übernommen.

Mit freundlichen Grüßen
(Pflegeeltern)

2. Bei Einvernehmen zwischen Sorgeberechtigten und Pflegeeltern ist die Entscheidung darüber notwendig, ob die gesamte Personensorge oder Teile davon übertragen werden sollen

Nr. 2a
Musterantrag für Vorlage zur Sorgerechtsübertragung nach § 1630 BGB für den Sorgerechtsinhaber und die Pflegeeltern

Name und Anschrift des Sorgerechtsinhabers
Name und Anschrift der Pflegeeltern
                                                                                                                                  Datum

Antrag auf Übertragung von Teilen des Sorgerechtes gemäß § 1630 Abs. 3 BGB für meinen Sohn/meine Tochter ..., geb. am ...

Hiermit beantrage ich, folgende Teile des Sorgerechtes auf die Pflegeeltern, Frau/Herrn ... wohnhaft in ... zu übertragen:
die gesamte Personensorge
oder
1. Die Gesundheitsfürsorge mit den Entscheidungen über die notwendigen therapeutischen Hilfen für meinen Sohn/meine Tochter
2. Die Entscheidungsbefugnis in allen schulischen Angelegenheiten,
3. Das Recht auf Antragstellung bei Behörden.

Ich bin darüber informiert, dass mein Sohn/meine Tochter ... große schulische Probleme hat. Ich weiß auch, dass er/sie therapeutische Hilfen benötigt und die Pflegeeltern immer wieder gezwungen sind, schnell entscheiden zu können, um meinem Sohn/meiner Tochter...die erforderliche Hilfe geben zu können.
Wir, die Pflegeeltern, beantragen ebenfalls gem. § 1630 Abs. 3 BGB die Teile des Sorgerechts, die im Antrag des Sorgeberechtigten genannt sind, auf uns zu übertragen.

    ...., den ....

Unterschrift des Sorgerechtsinhabers   Unterschrift Pflegeeltern

Antragstellung um ein gerichtliches Verfahren in Gang zu setzen

Nr. 2b
Musterantrag für Pflegeeltern auf Übertragung von Angelegenheiten der elterlichen Sorge gemäß § 1630 Abs. 3 BGB

Name und Anschrift der Pflegeeltern

                                                                                                 Datum

An das Amtsgericht
- Familiengericht –
in X

Antrag auf Übertragung von Angelegenheiten der elterlichen Sorge gemäß § 1630 Abs. 3 BGB auf uns als die Pflegeeltern von Max, geb. ......

Personalien:
Kind:
Leibliche Eltern:
Vater:
Mutter:
Pflegeeltern:
Pflegemutter:
Pflegevater:
Hiermit beantragen wir gemäß § 1630 Abs. 3 BGB die Übertragung der Personensorge oder folgende Teile der elterlichen Sorge:
1. Das Aufenthaltsbestimmungsrecht
2. Die Gesundheitsfürsorge einschließlich aller notwendigen therapeutischen Hilfen
3. Die rechtliche Vertretung in allen schulischen und beruflichen Angelegenheiten
4. Das Recht auf Antragstellung bei Behörden

Wir begründen unseren Antrag wie folgt:
1. Vorgeschichte des Kindes.
2. Die Entwicklung von Max seit der Aufnahme in unserer Familie
3. Die schulische Entwicklung
4. Sein Verhältnis zu seinen leiblichen Eltern
5. Unsere Einschätzung

Wenn der Sorgerechtsinhaber dem Antrag nicht zustimmt, regen wir an, dass das Gericht von Amts wegen tätig wird.

Mit freundlichen Grüßen
(Pflegeeltern)

Nr. 3a
Musterantrag für die vormundschaftsgerichtliche Genehmigung für die Antragsstellung zur Namensänderung beim Ordnungsamt

Name und Anschrift der Pflegeeltern

Datum

An das Amtsgericht
- Familiengericht –
in X

Antrag auf vormundschaftsgerichtliche Genehmigung für die Antragstellung zur Namensänderung nach § 3 des Namensänderungsgesetzes beim Ordnungsamt des Landkreises X für Anna, geb. ...

Sehr geehrte Frau Richterin S.,

Sie haben uns mit dem Beschluss vom 15.08.2005 Aktenzeichen (...) zum Vormund von Anna bestellt. Als Vormund möchten wir beim Landratsamt X für sie den Antrag auf Namensänderung stellen.
Da das BVerwG am 24.4.1987 (FamRZ 1987,807) im Gegensatz zu Stiefkindern bei Pflegekindern die Namensänderung erleichtert hat, gehen wir davon aus, dass die Kreisverwaltung als zuständige Behörde dem Antrag stattgeben wird. Das Gericht stellt fest, dass der Name eines Kindes in Dauerpflege bereits dann geändert werden kann, wenn dies dem Wohl des Kindes förderlich ist und überwiegende Interessen an der Beibehaltung des Namens nicht entgegenstehen.
Wir sind davon überzeugt, dass die Voraussetzungen zur Namensänderung bei Anna vorliegen. Aus unserer bisherigen Erfahrung heraus glauben wir, dass die leibliche Mutter dem Antrag nicht zustimmen wird. Wir bitten die leibliche Mutter trotzdem, dies zu tun. Dies würde die Kinder etwas versöhnlicher ihr gegenüber stimmen.
Die Zustimmung ist zwar nicht erforderlich, weil die leibliche Mutter mit an Sicherheit grenzender Wahrscheinlichkeit keine überwiegenden Interessen an der Beibehaltung des Namens vorbringen kann. Die Einwilligung der Mutter würde jedoch das Verwaltungsverfahren beschleunigen.
Wir hoffen auf die baldige vormundschaftsgerichtliche Genehmigung zur Antragstellung.

Mit freundlichen Grüßen
(Pflegeeltern)

Nr. 3b
Musterantrag auf Namensänderung nach § 3 des NÄG beim Ordnungsamt der zuständigen Gebietskörperschaft

Name und Anschrift der Pflegeeltern

Datum

An das Landratsamt
- Ordnungsamt -
in X

Antrag auf Namensänderung nach § 3 NÄG für unser Pflegekind Anna, geb. ... in den Familiennamen der Pflegefamilie

Sehr geehrte Damen und Herren,

wir wurden am 15.8.2005 zum Vormund für unser Pflegekind Anna bestellt. Die Bestallungsurkunde legen wir bei. Wir haben für die Antragsstellung als Vormund für Anna die vormundschaftsgerichtliche Genehmigung beantragt. Wir werden Ihnen diese, sobald sie vorliegt, übersenden (wenn sie bereits erteilt ist, beilegen).

Wir begründen unseren Antrag wie folgt:
1. Vorgeschichte:
2. Die Entwicklung des Kindes in unserer Familie
Anna hat sich voll in unsere Familie integriert.
Insgesamt hat Anna eine sehr positive Entwicklung durchgemacht. Sie hat sich immer voll zu unserer Familie zugehörig gefühlt und sie hat uns zu ihren Eltern gemacht.

Individuell zu formulieren- ein Beispiel:
Sie weigert sich, mit dem Namen der Herkunftsmutter zu unterschreiben. Sie reagiert auf diesen Namen nicht. Es ist schon immer für das Mädchen eine große Not gewesen, dass sie einen anderen Namen wie wir hat. Sie wollte sich vor den Klassenkameraden nicht offenbaren, dass sie eine Geschichte hat, wie sie nun einmal ist. Sie schämt sich, obwohl sie die Einzelheiten der Misshandlungen von uns nicht gesagt bekommen hat. Sie wünscht sich, dass wir sie adoptieren, was wir auch sofort tun würden, wenn die rechtlichen Möglichkeiten vorhanden wären. Die Mutter wird nach unserer Einschätzung jedoch die Einwilligung zur Annahme als Kind durch uns nicht geben. Deshalb ist der zweitgrößte Wunsch von Anna, dass sie endlich den Namen auch zu Recht tragen darf, mit dem sie sich identifiziert.
3. Die rechtliche Situation und unsere Einschätzung
Der Mutter wurde das Sorgerecht im Dezember 1996 für Anna entzogen und dieses wurde auf das Kreisjugendamt X übertragen. Mit dem Beschluss vom 15.08.2005 wurden wir als Einzelvormund vom Vormundschaftsgericht X eingesetzt.
Wir legen das Protokoll von der Anhörung des Kindes beim Familiengericht X vom 30.06.2005 dem Antrag bei. Daraus können Sie die Haltung des Kindes ersehen.

Für uns steht außer Zweifel, dass die Namensänderung dem Wohl des Kindes förderlich ist (BVerwG vom 24.04.1987, FamRZ 1987, 807). Wir sind darüber hinaus zur Überzeugung gekommen, dass sie für das Wohl der Kinder erforderlich ist. Dass ein „wichtiger Grund" vorliegt, dürfte aus der Vorgeschichte des Kindes hervorgehen.

Gerade in der Pubertät und Vorpubertät ist es wichtig, dass die Kinder sich mit den Menschen, die sie zu ihren Eltern gemacht haben, auch nach außen, identifizieren können. Anna hat große Probleme, wenn sie auf ihre Geschichte angesprochen wird.

Wir möchten die Mutter bitten, dem Wunsch von Anna entgegenzukommen, damit könnte sie dem Kind zeigen, dass sie Anna als Persönlichkeit akzeptiert und ihrem Willen die erforderliche Bedeutung zumisst. Dass ihre Zustimmung unerheblich ist, wenn die beabsichtigte Einbenennung das Wohl des Kindes fördert und überwiegende Interessen an der Beibehaltung des Namens dem nicht entgegenstehen (§ 3 Abs. 1 NÄG), steht für uns außer Frage.

Wir bitten um baldige Entscheidung.

Mit freundlichen Grüßen

Die Kinder wurden nach Umgangskontakt mit den leiblichen Eltern nicht wieder zurückgebracht:

Nr. 4a
Musterantrag für eine Verbleibensanordnung gemäß § 1632 Abs. 4 BGB

Name und Anschrift der Pflegeltern

Datum

An das Amtsgericht
- Familiengericht –
in X

Antrag auf Verbleib gemäß § 1632 Abs. 4 BGB für unser Pflegekind Toni, geb. am ...

Sehr geehrte Damen und Herren,

wir gehen davon aus, dass das Kreisjugendamt X einen Antrag gemäß § 1666 BGB bei Ihnen gestellt hat und die Herausgabe des Kindes wegen Gefährdung des Kindeswohls gefordert hat. Wir wollen in Ergänzung dazu vorsorglich einen Antrag auf Verbleib des Kindes gemäß § 1632 Abs. 4 BGB stellen, weil wir ebenfalls das Kindeswohl gefährdet sehen und wir uns große Sorgen um unser Pflegekind Toni machen. Wir beantragen einen sofortigen Herausgabebeschluss mit folgender Begründung:

Zur Vorgeschichte:
Aktuelle Situation:
Am 13. November, also vorgestern, war ein begleiteter Umgang, zu dem wir Toni gegen seinen Willen gezwungen haben. Das Kind wurde von der Besuchsbegleiterin bei den Eltern abgegeben und als sie es wieder wie vereinbart abholen wollte, weigerten sich die Eltern, es wieder herauszugeben. Sie verwiesen darauf, dass sie das Sorgerecht haben. Im Bericht der Besuchsbegleiterin ist nachzulesen, dass es den Herkunftseltern vorrangig um ihre verletzte Elternliebe geht und sie Tonis Bedürfnisse nicht realitätsgerecht einschätzen können. Sie können auch die gewachsenen Bindungen an uns nicht realitätsgerecht einschätzen (siehe Bericht der Besuchsbegleiterin). Wie die Besuchsbegleiterin sehen wir, dass Toni im Augenblick durch das Verhalten der Eltern traumatisiert wird.
Die einzige Zeit seines Lebens, in der er verlässliche Bezugspersonen hatte, war bei uns. In seinem bewussten Leben hat Toni noch nie bei seinen Eltern gelebt. Es ist zu erwähnen, dass er vor der Aufnahme in unserer Familie bereits in zwei Bereitschaftspflegefamilien gelebt hat und dabei war er erst zwei Jahre alt. Er konnte nie verlässliche Bindungen eingehen.
Es ist jetzt zu beobachten, dass er bei uns durch geduldige Fürsorge und Liebe ein Bindungsverhalten entwickelt hat, das durch den Eingriff vor zwei Tagen wieder tief verletzt wurde. Dieses Bindungsverhalten ist sehr störungsanfällig.

Toni wurde abrupt von den engsten Bezugspersonen getrennt. Das bedeutet eine schwere Traumatisierung des gerade dreijährigen Kindes. Wir sehen darin eine schwere Kindeswohlgefährdung im Sinne des § 1666 BGB. Die vorhandene Bindungsstörung wird durch die Trennung von uns als den Menschen, die er in seinem bewussten Leben als Eltern erlebt hat, weiter verstärkt und damit dem Kind ein nicht wieder gutzumachender Schaden zugefügt.

Der kindliche Zeitbegriff ist zu beachten. Toni hat zum ersten Mal feste Bezugspersonen erlebt und beginnt Vertrauen zu entwickeln. Er hat sich in den letzten Monaten positiv entwickelt und beginnt, die Frühschäden zwar nicht auszugleichen, doch zu vermindern. Wenn er jetzt erneut in eine Krise gestürzt wird, sehen wir das Kind im Sinne des § 1666 BGB in seiner körperlichen, seelischen und geistigen Entwicklung gefährdet.

Wir sehen uns deshalb gezwungen, den Antrag gemäß § 1632 Abs. 4 BGB zu stellen. Gleichzeitig bitten wir wegen des kindlichen Zeitbegriffs die sofortige Herausgabe anzuordnen.

Im Interesse des Kindes bitten wir um sofortiges Handeln.

Mit freundlichen Grüßen

Die Pflegeeltern

Androhung Pflegestellenwechsel

Nr. 4b
Musterantrag auf Verbleib der Kinder gemäß § 1632 Abs. 4 und vorsorglich auf den Erlass einer einstweiligen Anordnung

Pflegeeltern

Datum

An das Amtsgericht
- Familiengericht –
in X.

Antrag auf Verbleib der Kinder und vorsorglich auf den Erlass einer einstweiligen Anordnung für
Maja, geb. ...
Jessica, geb. am ...
gemäß § 1632 Abs. 4 in unserer Familie
Personalien:
Kinder: Maja
       Jessica
Leibliche Eltern:
Mutter:
Vater:
Pflegeeltern:
Vormund:
Kreisjugendamt Y
Wir stellen den Antrag mit folgender Begründung:
1. Anlass des Antrages
Das Jugendamt hat uns mitgeteilt, dass Maja und Jessica von uns getrennt werden sollen und dass ihr Amtsvormund beschlossen hat, die Mädchen in eine andere Pflegefamilie zu bringen. Begründet wird dieser Schritt damit, dass wir mit der Erziehung der beiden Mädchen überfordert seien und insbesondere die Umgangskontakte mit den leiblichen Eltern nicht ausreichend positiv begleiten. Maja und Jessica leben seit dem ... in unserer Familie.
Zugrunde liegt ein Gutachten, das der Dipl. Psychologe, Herr Z. in den letzten Wochen erstellt hat. Wir haben dieses Gutachten bis heute nicht erhalten, ebenso wenig wie sein erstes Gutachten zu Beginn des Pflegeverhältnisses. Auch die uns betreffenden Gerichtsurteile zum Umgang der Kinder mit den Herkunftseltern wurden uns nicht ausgehändigt. Das Jugendamt berücksichtigt bei seiner Entscheidung unverständlicherweise nicht die ausführliche Diagnostik des Sozialpädiatrischen Zentrums (SPZ) der Universitätsklinik, wo die Kinder im Herbst 2006 zwei Tage beobachtet und untersucht wurden.

Herr Z. hat bei der Erstellung des letzten Gutachtens mit uns als Pflegeeltern nur insgesamt 15 Minuten gesprochen und mit der vierjährigen Jessica überhaupt nicht, weil sie sich verweigert hat. Mit der siebenjährigen Maja hat er 10 Minuten alleine gesprochen, dann war sie noch circa 5 Minuten mit den leiblichen Eltern zusammen im Sprechzimmer. Tests wurden keine durchgeführt.

Obwohl wir den Gutachter zuvor informiert hatten, dass die Umgangskontakte zu dieser Zeit ausgesetzt waren, ließ er durch die gleichzeitige Einbestellung von uns, den Kindern und den Herkunftseltern in sein Büro eine erneute Konfrontation zu. Dies und dass Herr Z. plötzlich einwarf, dass eine Rückführung der Kinder in die Herkunftsfamilie durchaus denkbar wäre, hat uns sehr beunruhigt. Dazu kam, dass wir in der kurzen Zeit keine Möglichkeit hatten, unsere Situation und unsere Sorge um die Kinder angemessen darzustellen. Herr Z. stellte infrage, dass ein sexueller Missbrauch in ihrer Herkunftsfamilie aufgrund bestimmter Verhaltensweisen der Mädchen angenommen werden muss. Auch zweifelte er an, dass die Kinder durch ihre frühen Erfahrungen traumatisiert seien. Unser Einwand, dass das SPZ der Universitätsklinik in einer gründlichen Untersuchung zu dem Ergebnis kam, dass die beiden Mädchen schwere Bindungsstörungen, Entwicklungsdefizite, posttraumatische Belastungsstörungen und Mangelversorgung in der Herkunftsfamilie erlitten hatten, beachtete er nicht. Ebenso wenig akzeptierte er die dringliche Empfehlung des SPZ, den Umgang mit den Eltern solange auszusetzen, bis sich die Kinder nachweislich stabilisiert haben.

Was uns nachdenklich gemacht hat, ist die Tatsache, dass die uns zugewiesene Familienberaterin, die sich für die regelmäßigen Umgangskontakte zur Herkunftsfamilie starkmacht, vor uns bei Herrn Z. im Sprechzimmer war. Der Gutachter nahm kaum Blickkontakt mit uns auf und er vermittelte uns von Anfang an den Eindruck, dass das Ergebnis seines Gutachtens bereits feststand.

Wir halten es für problematisch, wenn sich das Jugendamt nun bei einer für Maja und Jessica, so schwerwiegenden Entscheidung nach zweieinhalb Jahren intensiver und auch vertrauensvoller Zusammenarbeit auf ein so fragwürdig entstandenes Gutachten stützt und damit alle zuvor gewonnenen Einsichten über die Leidensgeschichte der Kinder und ihrer Bedürftigkeit außer Acht lässt.

Wir möchten feststellen, dass wir nichts gegen die Herkunftsfamilie haben und einer Zusammenarbeit zugunsten der Kinder immer offen gegenüberstanden. Wir haben allerdings im Laufe der Zeit verstanden, dass die Kinder so große Not bei ihren Eltern erlitten haben, dass sie die Umgangskontakte als existentielle Verunsicherung erleben. So wie wir, kamen auch die Fachkräfte mehrmals zu der Entscheidung, den Umgang zu verändern bzw. auszusetzen. Dies heißt nicht, dass wir die schwierigen Lebensverhältnisse der Herkunftsfamilie und auch ihre Sehnsucht nach den Kindern nicht anerkennen würden. Aber das Kindeswohl steht nach unserer Meinung und auch nach dem Gesetz im Mittelpunkt.

Die Fachliteratur über traumatisierte Menschen sagt heute eindeutig, dass eine Heilung eines traumatisierten Menschen (und eines Kindes!) nur möglich ist, wenn dieser in Sicherheit im Laufe der Zeit Abstand von dem Erlittenen gewinnen kann. Die Wiederbegegnung mit dem Verursacher des Traumas oder schon eine Situation, die die Erinnerung an ihn weckt, wirkt retraumatisierend und wirft das Opfer in die überwundene Seelennot zurück. Im Nachhinein wissen wir, dass der Umgangskontakt in der Wohnung der Eltern

und der Tante mit den damit verbundenen schweren Erinnerungen nie hätte stattfinden dürfen.
Darüber hinaus halten wir es für hochgradig riskant, wenn der in der Familie des leiblichen Vaters übliche sexuelle Missbrauch nicht als große Gefahr für die Mädchen gesehen wird. Der Vater muss sich wegen dieses Verbrechens in den nächsten Wochen einer über dreijährigen Haftstrafe stellen.
Es ist inzwischen allgemein bekannt, dass es sich bei den Tätern um Menschen handelt, die meist selbst als Kind Opfer waren und die auch bei gutem Willen und trotz Unterstützung von außen immer wieder rückfällig werden, gerade innerhalb der eigenen Familie. Wer Kinder diesem Umgang aussetzt, geht das Risiko ein, dass wieder eine neue Generation von Tätern und Täterinnen nachwächst.
Die Familienberater äußern derzeit die Einschätzung, dass eine Veränderung in der Erziehungshaltung der Eltern stattgefunden hat und diese gesprächsbereit sind. Wir wollen den guten Willen der Eltern nicht in Abrede stellen. Gesprächsbereitschaft der Eltern mag vielleicht den Familienberatern gegenüber signalisieren, dass die Eltern durchaus einsehen, dass Veränderungen notwendig wären. Mit der Erziehungswirklichkeit hat dies jedoch nichts zu tun. Es ist zu hoffen, dass die leibliche Mutter dem jüngsten Kind bessere Erziehungsbedingungen bieten kann.
Wir stellen die vom Jugendamt ausgesuchten neuen Pflegeeltern als Personen nicht infrage. Wenn das Jugendamt aber nun hofft, dass diese die Umgangskontakte widerspruchslos mittragen, zeugt das nicht von Fachlichkeit. Maja und Jessica dürfen als schwer traumatisierte Kinder keinen Umgang mit der Herkunftsfamilie haben, bevor sie sich stabilisiert haben.
In den letzten zwei Jahren sind wir mit diesen schwer geschädigten Kindern einen Weg gegangen, der nicht leicht war. Wir sehen die Not der Kinder und wir fühlen uns den Kindern gegenüber verantwortlich. Eine erneute Trennung würde den Kindern nochmals den Boden unter den Füßen wegziehen. Dies ist der Grund, dass wir diesen Antrag auf Verbleib bei uns stellen.
2. Die Vorgeschichte des Kindes ist an dieser Stelle zu beschreiben.
3. Der Verlauf der Umgangskontakte
Zunächst waren umfangreiche Umgangskontakte bei der Herkunftsfamilie geplant. Die Kinder übernachteten am Samstag bei den Eltern. Besonders Maja reagierte mit heftigen Verhaltensauffälligkeiten. Sie nässte mindestens 3 Tage auch tagsüber ein, zog sich zurück oder wurde aggressiv.
Wir haben zeitweise das Verhalten der Kinder in der Zeit nach den Umgangskontakten protokolliert und geben hier Auszüge wieder, die die durchgehenden Belastungsreaktionen zeigen.
Am 25.09.2005 stotterte Maja extrem. Sie brachte kaum ein Wort zustande. Das Stottern hielt circa eineinhalb Wochen an. Nach dem Besuch am 09.10.05 hatte Maja extreme Essstörungen. Sie aß kaum etwas, und wenn sie aß, brauchte sie sehr lange dazu. Am 16.10.2005 hatte Maja am Morgen vor dem Besuch leichtes Fieber. Nach dem Besuch stieg es auf 41,3 Grad an. Am Folgetag war sie wieder fieberfrei.
Jessica war nach den Besuchen drei Tage lang trotzig und aggressiv. Dieses Verhalten ist bei Jessica nach allen Besuchen gleichmäßig festzustellen.

Am 30.10.2005 erzählte Maja nach der Rückkehr, dass sie bei der Tante (Schwester des leiblichen Vaters) waren. Die folgenden zwei Wochen suchte Maja auffallend oft unsere Nähe. Sie wollte immer in den Arm genommen werden. Sie wirkte unsicher, war durcheinander und unkonzentriert. Diesmal zog es sich bis zum nächsten Besuch hin. Sie war kaum zum Spielen zu bewegen und wollte lieber bei mir, der Pflegemutter, sitzen und Heftchen anschauen. Auf Anweisungen und Regeln reagierte sie nicht. Die Essensprobleme waren ebenfalls heftig. Sie wechselte mit Aggression und Rückzug. Sie wirkte bedrückt. Auf die Frage, wie es ihr gehe, sagte sie: Es geht nicht gut. Sie konnte nicht sagen warum. Im Kindergarten gab es Probleme. Es kam zu sexuellen Spielen, die über das „Doktorspiel" weit hinausgingen.

Jessica war nach allen Besuchen aggressiv und konnte keine Regeln einhalten. Nach der Rückkehr am 30.10.2005 wollte sie nur auf dem Arm getragen werden. In den folgenden drei Tagen war sie extrem launisch, missmutig, sagte immer nur „Nein" und stritt mit den anderen Kindern.

Am 13.11.2005 holten die Eltern die Kinder bei uns ab. Als wir es den beiden Mädchen sagten, dass Mama und Papa sie abholen, wollten beide ganz nah bei mir, der Pflegemutter, sitzen und auf den Arm genommen werden. Nach der Rückkehr am Abend wechselte Maja zwischen der Suche nach Nähe und aggressiver Abwehr. Sie wirkte verunsichert. Jessica weinte (sie hatte keinen Mittagsschlaf und war müde). Sie war trotzig und warf sich auf den Boden.

Maja erzählte, dass sie den ganzen Tag bei der Tante gewesen wären und nicht bei Mama und Papa zu Hause. Die Tante habe mit Jessica und ihr Vater, Mutter und Kind gespielt. Mama und Papa hätten nicht mitgespielt. Jessica war noch Tage nach dem Besuch verheult und aggressiv. Sie biss sich immer wieder in die Finger und warf sich schreiend auf den Boden.

Maja machte wieder ihre sexuellen Spiele mit anderen Kindern. Maja sagte, dass ihre Mama gesagt hat, sie würden bald wieder bei ihnen wohnen. Maja kratzte sich das Gesicht auf, bis es blutete. Am 17.11.2005 (Donnerstag nach dem Besuch) erzählte Maja plötzlich beim Abendessen, dass sie bald bei ihrer Mama in den Kindergarten geht und dass sie bald bei ihrer Mama wohnen wird. Sie war die ganze Woche über anlehnungsbedürftig und suchte unsere Nähe. Jessica war aggressiv und biss sich selbst. Gleichzeitig suchte sie unsere Nähe und wollte kuscheln.

Von Januar 2006 bis Juni 2006 ordnete der Vormund aufgrund der Verhaltensauffälligkeiten eine Besuchspause an. Darauf trat zunehmend eine Beruhigung der Kinder ein, die mit der Aufnahme der Besuche im Juni 2006 wieder zerstört wurde. Die alten Verhaltensauffälligkeiten traten mit großer Heftigkeit wieder ein und brachten uns fast an die Grenzen unserer Durchhaltefähigkeit. Diese Besuche fanden bis zur Untersuchung im SPZ statt. Die Kinder waren tief verunsichert, orientierungslos und fühlten sich offensichtlich auch von uns verlassen und schutzlos.

Nach der Begutachtung durch das SPZ der Universitätsklinik kam es im Dezember 2006 zum Besuchsausschluss. Die Universitätsklinik gab die dringende Empfehlung, dass Besuche erst wieder stattfinden können, wenn sich die Kinder langsam stabilisiert haben.

4. Unsere Einschätzung

Wir haben uns vor mehr als vier Jahren entschlossen, Pflegekindern in unserer Familie eine Heimat zu geben. Wir waren immer zur Kooperation bereit und vertrauten auf das Wissen und die Fachlichkeit der Jugendamtsmitarbeiter. Auch als wir im letzten Jahr durch die großen Verhaltensprobleme der Kinder unter Druck gerieten, wandten wir uns vertrauensvoll an unsere Berater. Wir haben auch damals noch Zuspruch und Unterstützung erfahren. Damals hatte die Wiederaufnahme der Umgangskontakte mit den Eltern die Kinder völlig aus dem Ruder geworfen, sie wurden extrem anstrengend.

Die Ereignisse der letzten Monate haben uns schmerzhaft vor Augen geführt, dass die seelische Not von Maja und Jessica nicht gesehen und mitgefühlt wird. Wie sonst kommt man trotz all der bekannten, vielfach formulierten Folgen des Umgangs nicht zu der Erkenntnis, dass diese traumatisierten und immer wieder neu retraumatisierten Kinder erneut weiteren Begegnungen mit der Herkunftsfamilie, und das noch in der Wohnung der Eltern, ausgesetzt werden. Wer übernimmt die Verantwortung dafür, dass diesen beiden Mädchen immer wieder Leid zugefügt wird und dadurch eine langsame Heilung ihrer seelischen Verletzungen verhindert wird? Dies wäre die Aufgabe des Vormundes. Wir müssen erleben, dass der Vormund die Weisungen seines Dienstherrn befolgt und nicht zum Schutze der Kinder einschreitet, wo dies nötig wäre.

Kinder, die Schweres erlebt haben, machen es der Umwelt schwer. Wir stehen dazu, dass wir unter diesen Voraussetzungen manchmal an unsere Grenzen gekommen sind. Dies werden auch mögliche neue Pflegeeltern erfahren müssen, selbst wenn sie durch berufliche Erfahrung gut vorbereitet sind. Sie hätten es noch schwerer, weil die Kinder durch eine Trennung von uns wiederum schwer geschädigt würden und kaum noch in der Lage wären, neue Bindungen einzugehen.

Besonders Maja braucht die psychotherapeutische Behandlung, wie es im Gutachten des SPZ gefordert wird. Beide Kinder haben noch heute eine Bindungsstörung. Wie kann diese behoben werden, wenn die Kinder immer wieder erleben müssen, dass alles unsicher ist und sie keinen Schutz erwarten können? Jetzt will man die Kinder, die in ihrem bisherigen Leben keine sicheren Bindungen entwickeln konnten und die gerade im Begriff sind, sich an uns zu binden, wieder eine Trennung zumuten. Das wäre für beide Kinder eine weitere Katastrophe in ihrem Leben, die sie mit Sicherheit nicht ohne eine dauerhafte Beeinträchtigung ihrer Entwicklung und nachhaltigen Schädigung ihres Vertrauens in die Welt überstehen könnten.

Da wir davon ausgehen, dass Herr Z. in dieser kurzen Beobachtungszeit kein Gutachten erstellen konnte und wir dies deshalb nicht akzeptieren können, bitten wir, die Kinder in der Universitätsklinik nachuntersuchen zu lassen.

Wir haben bisher nur das Gutachten der Universitätsklinik gesehen. Die übrigen Gutachten wurden uns angeblich aus Datenschutzgründen nicht gegeben. In diesen Gutachten wird offensichtlich über uns gesprochen. Die Herkunftseltern erhalten unsere Daten, wir erhalten unsere eigenen Daten nicht. Die eine Seite ist, dass wir einen Anspruch darauf haben zu wissen, was über uns geschrieben wird und die andere Seite ist, dass wir auch wissen müssen, was die Kinder belastet und eventuell in diesen Gutachten steht, um unsere Aufgabe, nämlich den Erziehungsauftrag den Kindern gegenüber, erfüllen zu können. Wir bitten daher das Gericht, uns die vorhandenen Berichte und Gutachten zukommen zu lassen.

Wir wissen, dass das Verfassungsgericht an einen Wechsel der Pflegefamilien bei einem Kind weit höhere Anforderungen stellt als bei einem Wechsel zu den leiblichen Eltern.

> Das Verfassungsgericht hat festgestellt (BverfG 75, 201–220), dass, wenn es um einen Wechsel der Pflegeeltern geht, nur stattzugeben ist, „wenn mit hinreichender Sicherheit auszuschließen ist, dass die Trennung des Kindes von seinen Pflegeeltern mit psychischer und physischer Schädigung verbunden sein kann".
> Maja und Jessica haben sich an uns gebunden und erwarten zu Recht, dass wir sie als Eltern vor Schaden bewahren. Deshalb sehen wie uns in der Verantwortung, uns für ihren Verbleib in unserer Familie einzusetzen.
>
> Mit freundlichen Grüßen
>
> (Pflegeeltern)

Mutter stellt Antrag auf Sorgerecht mit dem Ziel der Herausnahme aus Pflegefamilie.

Nr. 4c
Musterantrag auf Verbleib des Kindes gemäß § 1632 Abs. 4 BGB und vorsorglich auf Erlass einer einstweiligen Anordnung.

> Pflegeeltern
>
> Datum
>
> An das
> Amtsgericht
> -Familiengericht-
> in X
>
> Aktenzeichen…
>
> Hiermit stellen wir den Antrag auf Verbleib und vorsorglich den Erlass einer einstweiligen Anordnung für Tim, geb. am … gemäß § 1632 Abs. 4 BGB, weil wir durch die Herausnahme aus unserer Familie das Kindeswohl für gefährdet ansehen.
>
> Personalien:
> Kind:
> Leibliche Eltern
> Pflegeeltern
> Vormund
>
> Der Anlass des Antrages ist, dass die Mutter, die bisher mit der Unterbringung in unserer Familie einverstanden war und es keine nennenswerten Konflikte zwischen uns gab, den Antrag auf das Sorgerecht mit dem Ziel der Herausnahme des Kindes aus unserer Familie stellte. Ebenfalls ging das Jugendamt davon aus, dass Tim in unserer Familie eine sichere Heimat gefunden hat.

Vorgeschichte
Tim kam am … im Alter von … in unsere Familie. Er musste wegen Kindeswohlgefährdung in Obhut genommen werden. Die Mutter war suchtabhängig und hatte eine Haftstrafe zu verbüßen.

Bei der Aufnahme war Tim 6 Monate alt.
Verhaltensbeschreibung und Integrationsprozess.
Kontaktgestaltung zu der Herkunftsfamilie ist zu beschreiben. Wie war die Bindungssituation bei der Aufnahme, wie ist sie jetzt. Wie war die soziale Integration in unsere Familie, in unserem sozialen Umfeld, im Kindergarten?

Besuchskontakte und Beziehung zu der Herkunftsfamilie

Unsere Einschätzung über die Gefährdung von Tim bei einem Verlust seiner bisherigen Welt. Folgerungen für die weitere Entwicklung des Kindes.

Wir bitten, zum Wohle von Tim zu entscheiden und ihn in seiner beschützten Welt zu belassen. Wenn er hier herausgerissen werden würde, würde mit an Sicherheit grenzender Wahrscheinlichkeit ein nachhaltiger Schaden für seine weitere Entwicklung eintreten.

Mit freundlichen Grüßen

(Pflegeeltern)

Literaturverzeichnis

Adler, Alfred (1927): Menschenkenntnis, Verlag Vandenhoeck & Ruprecht Göttingen
Ainsworth, Mary D. Salter (1973): Introductory remarks to the symposium on Anxious Attachment and Defensive Reaction; Symposium at the Biennial Meeting of the Society for Research in Child Development, Philadelphia, March 30, 1973
Ainsworth, Mary D. Salter (1985): Mutter-Kind-Bindungsmuster: Vorausgegangene Ereignisse und ihre Auswirkungen auf die Entwicklung, in: Grossmann, Karin/Grossmann, Klaus.-E. (Hrsg.) (2003): Bindung und menschliche Entwicklung, John Bowlby, Mary Ainsworth und die Grundlagen der Bindungstheorie und Forschung, Klett-Cotta Stuttgart
BAG KiAP (2011): Umfrage der BAG KiAP zur Verweildauer von Kindern in Bereitschaftspflege/Familiärer Bereitschaftsbetreuung (FBB), www.kiap.de/themen/fbb/186-bereitschaftspflegewannundwiegehtesweiter.html
BAG KiAP (2012): Pilotprojekt Ausbildung zum ehrenamtlichen Einzelvormund, Fortbildungsunterlagen zum Pilotprojekt ehrenamtlicher Einzelvormund, Script Böpple
Bartels, Klaus (1968): Die Pädagogik Herman Nohls in ihrem Verhältnis zum Werk Wilhelm Diltheys und zur heutigen Erziehungswissenschaft, in: Göttinger Studien zur Pädagogik Bd. 15
Baumrind, Diana (1996): Rearing competent children. In: Damon, William (Hrsg.): Child development today and tomorrow, Jossey-Bass San Francisco
Brazelton, T. Berry/Greenspan, Stanley I. (2002): Die sieben Grundbedürfnisse von Kindern, Beltz Verlag 2. Auflage Weinheim Basel
Bowlby, John (1991): Bindung, Kindler Verlag München
Bowlby, John (1979): Trennung, Kindler Verlag München
Bowlby, John (1978): Verlust, Trauer und Depression, Fischer Frankfurt a. M.
Bowlby, John (1976): Trennung. Psychische Schäden als Folge der Trennung von Mutter und Kind, Kindler Verlag München
Bowlby, John (1975): Bindung. Eine Analyse der Mutter-Kind-Beziehung, Kindler Verlag München
Bowlby, John (1973): Mütterliche Zuwendung und geistige Gesundheit, Kindler Verlag München
Brisch, Karl Heinz (2007): Bindung und Umgang, Brühler Schriften zum Familienrecht, Band 15, Gieseking Verlag Bielefeld, S. 90
Cohn, Ruth C. (1991): Lernen im Tun. Von der Psychoanalyse zur themenzentrierten Interaktion, Klett-Cotta Verlag Stuttgart
Coopersmith, Stanley (1967) in: Reitzle, Matthias (2011): Wat den Een sien Uhl, is den Annern sien Nachtigall – Über die Individualität der Selbstwertentwicklung, in: Stecher, Ludwig/Ittel, Angela/Merkens, Hans (Hrsg.): 11. Jahrbuch Jugendforschung 2011, Springer VS Wiesbaden, S. 77-112
Ebertz, Beate (1987): Adoption als Identitätsproblem. Zur Bewältigung der Trennung von biologischer Zugehörigkeit, Lambertus Verlag Freiburg
Erikson, Erik H. (1973): Identität und Lebenszyklus, Suhrkamp Taschenbuch Wissenschaft, Frankfurt a. M.

Faltermeier, Josef (2001): Verwirkte Elternschaft, Votum Verlag Münster
Fegert, Jörg M. (1998): Die Auswirkungen traumatischer Erfahrungen in der Vorgeschichte von Pflegekindern, in: Stiftung zum Wohl des Pflegekindes (Hrsg.): 1. Jahrbuch des Pflegekinderwesens, Schulz-Kirchner Verlag Idstein
Fröhlich-Gildhoff, Klaus (2002) (Hrsg.): Indikation in der Jugendhilfe, Juventa Verlag Weinheim und München
George, Carol C./Solomon, Judith (1996) in: Grossmann, Karin/Grossmann, Klaus-E.: Bindungen – das Gefüge psychischer Sicherheit, Klett-Cotta Stuttgart
George, Carol/Main, Mary (1979): Social Interactions of young abused children, in: Scheuerer-Englisch, Hermann: Auswirkungen traumatischer Erfahrungen auf das Bindungs- und Beziehungsverhalten, in: Stiftung zum Wohl des Pflegekindes (Hrsg.): 1. Jahrbuch des Pflegekinderwesens, Schulz-Kirchner Verlag Idstein, S. 78
Gernhuber, Joachim (1973): Kindeswohl und Elternrolle in FamRZ, S. 229-244
Goldstein, Josef/Freud, Anna/Solnit, Albert J. (1974): Jenseits des Kindeswohls, Suhrkamp Verlag Frankfurt a. M.
Goldstein, Josef/Freud, Anna/Solnit, Albert J. (1982): Diesseits des Kindeswohls, Suhrkamp Verlag Frankfurt a. M.
Goldstein, Josef/Freud, Anna/Solnit, Albert J. (1988): Das Wohl des Kindes, Suhrkamp Verlag Frankfurt a. M.
Grossmann, Klaus-E./Grossmann, Karin (1990): Entfremdung, Abhängigkeit und Anhänglichkeit im Lichte der Bindungstheorie, in: Praxis der Psychotherapie und Psychosomatik 35, S. 231-238
Grossmann, Klaus-E./Grossmann, Karin (2004): Bindungen – das Gefüge psychischer Sicherheit, 3. Aufl., Klett-Cotta Stuttgart
Gudat, Ulrich (1987): Entwicklungspsychologie der Eltern-Kind-Bindung, in: Deutsches Jugendinstitut München (Hrsg.): Handbuch Beratung im Pflegekinderbereich, DJI-Verlag München
Hardenberg, Oliver (2001): Psychologische Stellungnahme: Auftrag des Jugendamts Münster zur psychologischen Stellungnahme. Gegengutachten/Stellungnahme zum Umgangsrecht. Fachpraxis für Psychotherapie u. Forensische Psychologie
Harlow, Harry (1958): The nature of love, American Psychologist, Band 13, S. 673-685
Hassenstein, Bernhard/Hassenstein, Helma (1992): Über die Klugheit, Piper Verlag München Zürich
Hassenstein, Bernhard/Hassenstein, Helma (2001): Verhaltensbiologie des Kindes, 5. Aufl., Herder Verlag Freiburg
Hassenstein, Bernhard/Hassenstein, Helma (2004): Eltern-Kind-Beziehungen in der Sicht der Verhaltensbiologie – Folgerungen für Pflegeeltern und Pflegekinder, in: Stiftung zum Wohl des Pflegekindes, 3. Jahrbuch des Pflegekinderwesens, Schulz-Kirchner-Verlag Idstein
Haußer, Karl (1983): Identitätsentwicklung, UTB Harper & Row New York
Hellbrügge, Theodor/Döring, Gerhard (2003): Das Kind von 0-6. Herbig Verlag München
Helfer, Mary E./Kempe, Ruth S. /Krugmann, Richard D. (Hrsg.) (2002): Das misshandelte Kind, Suhrkamp Verlag Frankfurt a.M.
Hilger, Georg/Ritter, Werner H. (2006): Religionsdidaktik Grundschule. Kösel Verlag München

Hoch, Hans/Eckert-Schirmer, Jutta/Ziegler, Frank/Lüscher, Karl (2002) in: Familie im Recht, Konstanzer Beiträge zur sozialwissenschaftlichen Forschung, Band 10

Hüther, Georg (2001): Biologie der Angst. Wie aus Streß Gefühle werden, Sammlung Vandenhoeck & Ruprecht Göttingen

Jacobi, Gert (2008): Kindesmisshandlung und Vernachlässigung. Verlag Hans Huber, Bern

Johnson, Dana C. (2006): Internationales Adoptionsprojekt Team, in: Brisch, Karl Heinz/ Hellbrügge, Theodor (Hrsg.): Kinder ohne Bindung, Verlag Klett-Cotta Stuttgart

Kappeler, Manfred (2004) in: Odierna, Simone/Berendt, Ulrike (Hrsg.): Gemeinwesenarbeit Entwicklungslinien und Handlungsfelder, AG SPAK Verlag Neu-Ulm

Kasten, Hartmut/Kunze, Hans-Rainer/Mühlfeld, Claus (2001): Pflege und Adoptivkinder in Heimen, Staatsinstitut für Familienforschung an der Universität Bamberg (ifb) Bamberg

Kindler, Heinz/Helming, Elisabeth/Meysen, Thomas/Jurczyk, Karin (Hrsg.) (2010): Handbuch Pflegekinderhilfe, Deutsches Jugendinstitut e.V. DIJ Verlag München

Klußmann, Rudolf W./Stötzel, Berthold (1995): Das Kind im Rechtsstreit der Erwachsenen, 2. Aufl., Ernst Reinhardt Verlag München Basel

Knester, Heinrich (1999) in: Broschüre Adoption heute, Landesjugendamt Karlsruhe (Hrsg.)

Köckeritz, Christine (2004): Entwicklungspsychologie für die Jugendhilfe, Juventa Verlag Weinheim München

Köckeritz, Christine (2005): Vollzeitpflege zwischen Ideologie und Realität. Kritische Überlegungen und Perspektiven zum fachlichen Handeln in sozialen Diensten, Zentralblatt für Jugendrecht Köln, Bundesanzeiger Nr. 12, 92/2005

Kolb, Ursula (2002): Den Sozialraum öffnen. Erfahrungen aus der Praxis öffentlicher Träger, in: AFET Mitglieder-Rundbrief, Hannover: Arbeitsgemeinschaft für Erziehungshilfe e. V. AFET-2000, Nr. 2–3

Krauß, E. Jürgen (2004) in: Odierna, Simone/Berendt, Ulrike: Gemeinwesenarbeit Entwicklungslinien und Handlungsfelder, AG SPAK Verlag Neu-Ulm, Kursunterlagen Seminar M6-2005 für Fachpersonen: „Standards in der Vorbereitung von Pflegeverhältnissen" Fachstelle der Pflegekinder-Aktion Schweiz, Zürich

Leber, Aloys (1978): Die Sozialisation von Pflegekindern, in: Pflegekinder in der Bundesrepublik Deutschland, ein Forschungsbericht, (Hrsg.) (Eigenverlag) Deutscher Verein Frankfurt

Lutter, Elisabeth: Tagungsprotokoll des Fachkongresses Qualitätsentwicklung im europäischen Pflegekinder- und Adoptionswesen, Zürich, vom 1.–4. November 2000

Main, George, C./Main, Mary (1979): Social Interaction of Young Abused Children: Approach, Avoidance and Aggression, in: Child Development, Vol. 50, No. 2/1979, S. 306–318

Mehringer, Andreas (1985): Verlassene Kinder, Ernst-Reinhardt Verlag München Basel

Merchel, Joachim/Reismann, Hendrik (2004): Der Jugendhilfeausschuss, Juventa Verlag Weinheim München

Münder, Johannes/Baltz, Jochem/Kreft, Dieter (2006): Frankfurter Kommentar zum SGB XIII, Kinder- und Jugendhilfe, Juventa Verlag Weinheim München

Nienstedt, Monika/Westermann, Arnim (1998): Der Integrationsprozess, in: Pflegekinder – Psychologische Beiträge zur Sozialisation von Kindern in Ersatzfamilien, Votum Verlag Münster

Nohl, Herman (1926): Gedanken für die Erziehungstätigkeit des Einzelnen, in: Die pädagogische Bewegung in Deutschland und ihre Theorie, 6. Auflage (1963), Verlag G. Schulte-Bulmke Frankfurt a. M.

Nohl, Herman (1938): Charakter und Schicksal. Eine pädagogische Menschenkunde, Verlag G. Schulte-Bulmke Frankfurt a. M.

Oberloskamp, H. (1998) in: Zeitschrift „Paten 1/2005", PAN Pflege- und Adoptivfamilien NRW e.V. (Hrsg.)

Oberloskamp, Helga/Baloff, Rainer/Fabian, Thomas (2001): Gutachterliche Stellungnahme in der sozialen Arbeit, 6. Aufl., Luchterhand Neuwied

Oelschläger, Dieter (2004) in: Odierna, Simone/Berendt, Ulrike (Hrsg.): Gemeinwesenarbeit Entwicklungslinien und Handlungsfelder, AG SPAK Verlag Neu-Ulm

Paten, Ausgabe 1/2005, PAN Pflege- und Adoptivfamilien NRW e. V. (Hrsg)

Paten, Ausgabe 4/2012: Vormundschaft, „Beschluss des Oberlandesgerichts Stuttgart (17 UF 158/12; 13 F 611/09) vom 05.11.2012", PAN Pflege-und Adoptivfamilien NRW e.V. (Hrsg.), S. 31ff

Pestalozzi, Johann Heinrich (2006): Wie Gertrud ihre Kinder lehrt, Verlag WFB Rudolf Wolff Bad Schwartau

Rogers, Carl (1950): The Significance of the Self-Regarding Attitudes and Perceptions, in: Feelings and Emotions. Ed. M. L. Reymert. New York: McGraw-Hill, 1950

Salgo, Ludwig (1996): Die Rechtsprechung des Bundesverfassungsgerichts zu Pflegekindern, in: PFAD Bundesverband der Pflege- und Adoptiveltern e.V. (Hrsg.) Münster

Salgo, Ludwig (2001): Zielorientierung und Hilfeplanung nach dem SGB VIII (KJHG), in: Stiftung zum Wohl des Pflegekindes (Hrsg.): 2. Jahrbuch des Pflegekinderwesens, Schulz-Kirchner Verlag Idstein

Salgo, Ludwig (2004): Umgang mit dem in Familienpflege untergebrachten Kind, in: Familie, Partnerschaft, Recht Heft 8, S. 415-419

Salgo, Ludwig (2004): Rechtliche Regelungen und gerichtliche Entscheidungen zum Umgangsrecht, in: Stiftung zum Wohl des Pflegekindes (Hrsg.): 3. Jahrbuch des Pflegekinderwesens, Schulz-Kirchner Verlag Idstein

Salgo, Ludwig (2005): Umgang mit Kindern in Familienpflege – Voraussetzungen und Grenzen, in: Frühe Kindheit 3/05 Deutsche Liga für das Kind Berlin

Salgo, Ludwig (2006): § 8a SGB VIII: Anmerkungen und Überlegungen zur Vorgeschichte und zu den Konsequenzen der Gesetzesänderung, in: Stiftung zum Wohl des Pflegekindes (Hrsg.) (2009): 5. Jahrbuch des Pflegekinderwesens, Schulz-Kirchner Verlag Idstein, S. 187

Salgo, Ludwig (2008): Die Rechtsprechung des Bundesverfassungsgerichts zu Pflegekindern, in: Stiftung zum Wohl des Pflegekindes (Hrsg.): 5. Jahrbuch des Pflegekinderwesens, Schulz-Kirchner Verlag Idstein

Salgo, Ludwig (2013): Vortrag anlässlich des 15. Kleinen Arnoldshainer Familiengerichtstags v. 25.–27.1.2013 (Folien)

Salgo, Ludwig/Zenz, Gisela (2010): Kontinuitätssichernde Strukturen und Verfahren im Pflegekinderwesen, Rechts- und Sozialpädagogische Forderungen, in: Frühe Kindheit 04/10 S. 26 ff, Deutsche Liga für das Kind Berlin

Scheuerer-Englisch, Hermann (1998): Auswirkungen traumatischer Erfahrungen auf das Bindungs- und Beziehungsverhalten, in: Stiftung zum Wohl des Pflegekindes (Hrsg.): 1. Jahrbuch des Pflegekinderwesens, Schulz Kirchner Verlag Idstein

Schweppe, Katja/Zitelmann, Maud/Zenz, Gisela (2004): Vormundschaft und Kindeswohl, Bundesanzeiger Verlag Berlin

Spangler, Gottfried/Schieche, Michael (2004) in: Grossmann, Karin/Grossmann, Klaus E.: Bindungen – das Gefüge psychischer Sicherheit, Klett-Cotta Stuttgart 2004, S. 148

Spitz, René (1985): Vom Säugling zum Kleinkind, Klett-Cotta Stuttgart

Sroufe, L. Alan (1988): Child Development. Its nature and course, Alfred A. Knopf New York

Statistisches Bundesamt (2005): Vorläufige Schutzmaßnahmen 2004; http://www.destatis.de

Staudinger, Julius von (2002): BGB, Eckpfeiler des Zivilrechts, 13. Bearbeitung, Kommentar zum BGB, Sellier & Gruyter Berlin

Werner, Emmy E./Smith, Ruth S. (2001): Journeys from childhood to midlife. Risk, resilience, and recovery, Cornell University Press New York

Westermann, Armin (1998): Zur psychologischen Diagnostik der Kindesmisshandlung: Über die Todesangst des misshandelten Kindes, in: Stiftung zum Wohl des Pflegekindes (Hrsg.) 1. Jahrbuch des Pflegekinderwesens, Schulz-Kirchner Verlag Idstein

Wiesner, Reinhard (2001) in: Zeitschrift „Pflegekinder – Entwicklungsperspektiven 1/2001", Arbeitskreis zur Förderung von Pflegekindern e.V., Berlin (Hrsg.)

Wiesner, Reinhard (2012): Implementierung von ombudschaftlichen Ansätzen der Jugendhilfe im SGB VIII, Rechtsgutachten für die Netzwerkstelle Ombudschaft in der Jugendhilfe in: Berliner Rechtshilfefonds Jugendhilfe e.V., Februar 2012

Wolf, Christa (2002): Der sozialpädagogische (Amts-)Vormund und seine Funktion bei der Gewährung von Hilfen zur Erziehung, in: Hansbauer, Peter (Hrsg.): Neue Wege der Vormundschaft, Votum Verlag Münster

Zeitschrift „Pflegekinder – Entwicklungsperspektiven 1/2001", Arbeitskreis zur Förderung von Pflegekindern e. V. Berlin (Hrsg.), S. 145

Zenz, Gisela (1972): Familienrecht, in: Görlitz, Axel (Hrsg.): Handlexikon zur Rechtswissenschaft, Ehrenwirth München

Zenz, Gisela (1982): Sitzungsbericht zum 54. Juristentag München (unveröffentlichtes Referat)

Zenz, Gisela (2001): Zur Bedeutung der Erkenntnisse von Entwicklungspsychologie und Bindungsforschung für die Arbeit mit Pflegekindern, in: Stiftung zum Wohl des Pflegekindes (Hrsg.): 2. Jahrbuch des Pflegekinderwesens, Schulz-Kirchner Verlag Idstein

Zenz, Gisela (2002): Zusammenführung von Amtsvormundschaft und Beistandschaft in einer eigenständigen Interessenvertretungsbehörde? in: Hansbauer, Peter (Hrsg.): Neue Wege in der Vormundschaft, Votum Verlag Münster

Zenz, Gisela (2005): unveröffentlichtes Manuskript, zitiert mit Genehmigung der Autorin

Zwernemann, Paula (2001): Sozialisation von Pflege- und Adoptivkindern, in: Stiftung zum Wohl des Pflegekindes (Hrsg.): 2. Jahrbuch des Pflegekinderwesens, Schulz-Kirchner Verlag Idstein

Zwernemann, Paula (2004): Praxisauswertung und Fallanalysen über Besuchskontakte bei Pflegekindern, in: Stiftung zum Wohl des Pflegekindes (Hrsg.): 3. Jahrbuch des Pflegekinderwesens, Schulz-Kirchner Verlag Idstein

Zwernemann, Paula (2004a): Auswirkungen einer ersatzlosen Streichung des § 86 Abs. 6 SGB VIII, in: Zeitschrift „Paten" 03/2004, PAN Pflege- und Adoptivfamilien NRW e.V.

Zwernemann, Paula (2009): Script, S. 3ff, Script von Paula Zwernemann und Claudia Kobus/BIII/Juni 2009/§§ 34, 35, 39 SGB VIII, § 35a SGB VIII Eingliederungshilfe für seelisch behinderte Kinder und Jugendliche. Betrachtungen dieser gesetzlichen Grundlage unter dem Aspekt: Was braucht ein Pflegekind?

Bundesarbeitsgemeinschaft der freien Wohlfahrtspflege (BAG): BGH-Urteil vom 21.10.2004 – IIIZR 254/03

Bundestagsdrucksache – BT-Drucksache 7/2060

Bundestagsdrucksache – BT-Drucksache 8/111

Bundestagsdrucksache – BT-Drucksache 8/2788, 40, 52

Bundestagsdrucksache – BT-Drucksache 11/5984 vom 01.12.1999: Gesetzentwurf der Bundesregierung: Entwurf eines Gesetzes zur Neuordnung des Kinder- und Jugendhilferechts (Kinder- und Jugendhilfegesetz – KJHG)

Bundestagsdrucksache – BT-Drucksache 13/11368, S. 262

BVerfGE 79, S. 51, FamRZ 1989, S.31

BVerwG vom 06.09.1974 – I C 17.7. –E 47, 31, 40

BVerwG vom 24.04.1987 – 7 C 120/86 – NJW 188, 85 (86) 1 BvR 1620/04 v. 1. April 2008

BVerfG vom 29.11.2012, in: FamRZ 5/2013

OLG Bamberg in: ZBIJR 1953, S. 258

Stichwortverzeichnis

A
Ablehnung 59, 61, 80, 88, 153, 183, 240, 335
Adoleszenz 96f.
Adoption 21f., 101, 129f., 136, 173f., 219, 239ff., 274, 286, 296, 307, 314, 339
Adoptionsvermittlung 27, 174, 189
Aggressivität 54, 114, 131
Aktenanalyse 144ff.
Alltagssorge 209, 213ff.
Amtshaftungsanspruch 222
Amtsvormund 208, 215ff., 220ff., 229ff., 234f., 237, 331, 341, 349
Angstträume 85, 88, 94
Anklammern 48, 55, 114, 146
Anpassungsphase 76, 77, 79
Apathie 44, 53, 114
auf Dauer angelegte Lebensperspektive 28, 31, 33, 45, 136, 177, 198, 252
Aufenthaltsbestimmungsrecht 220, 227, 343
Autoaggression 49
Autorität 24, 39, 259

B
befristete Unterbringung 164
Beheimatung 26, 186, 219, 278, 283
Beistand 30, 41, 73, 118, 124, 197, 226, 229, 230, 233, 269, 284, 285, 286, 287, 303, 314, 315, 332
Beistandsausbildung 283

Beistandschaft 331
Bereitschaftspflege 15, 21, 32, 38, 164ff., 170ff., 248
Besuchsrecht 220
Bettnässen 85, 114
Bindungsbedürfnis 32, 54, 55, 118, 120, 168, 181, 194, 201, 248
Bindungsforschung 75, 135, 138, 246, 257, 271, 274, 312
Bindungslehre 40
Bindungslosigkeit 54, 293
Bindungssicherheit 42
Bindungsstruktur 34, 48
Bindungstheorie 41, 259, 267
Bindungsverhalten 41, 47, 50, 246, 347
Bindungsvorgang 40
Biografiearbeit 101, 102, 103, 105, 106, 206
biologische Elternschaft 113
Bundesdrucksache 108, 117, 219, 242, 307
Bundeskinderschutzgesetz

D
Datenschutz 30, 167, 175, 202ff., 251, 285
Deprivation 52
desorganisierte Bindung 117, 154
Doppeleignung 21, 172, 174, 190
doppelte Qualifizierung 312

E
ehrenamtlich 161, 265, 231, 284

Eingliederungshilfe 62, 65, 289, 324ff.
Einzelvormund 213, 220, 223, 229ff., 235ff., 255, 287, 345
elterliche Sorge 120, 132, 209, 211ff. 220, 243, 315
elterngleiche Bindung 75, 294
Elternrecht 120, 147, 240, 261, 272f., 294, 338f.,
Elternschaft 50, 84, 87, 113, 181, 294
Entwicklungsbeeinträchtigung 57, 91, 231
Entwicklungsphasen 90, 91, 94, 95, 97
Entwicklungsrückstand 56, 75, 76, 182
Erziehungskompetenz 126, 208, 231, 308
Erziehungswirklichkeit 23, 196, 270, 272, 351

F
Fallzahlen 158, 192, 275
Fallzuständigkeit 28, 138f., 142f., 204, 249
familienfähig 57, 126, 138, 182f., 186
Familienpflege 119ff., 153, 182, 213f., 219, 224, 271, 297, 304, 307, 315ff., 324, 330, 336
FASD 63, 65f., 68
Fremdunterbringung 53, 138, 140, 143, 147, 153, 154, 176, 181, 193, 210
Fürsorgepflicht 103, 147

G

Garantenpflicht des Jugendamtes 73, 147
Geborgenheit 24, 47, 52, 58, 109, 110, 122, 143, 154, 254, 257, 271, 274, 294, 306
Gegenvormund 222
gemeinsame Vormundschaft 221
Gemeinwesenarbeit 278, 280, 358f.
Gerichtskosten 297
Geschwistersolidarität 35
Geschwistertrennung 34, 36, 128
Gewalterfahrung 29, 50
Gewaltmuster 61
Grundbedürfnis des Kindes 39, 52, 58, 254, 274, 303

H

Handlungsmuster der Jugendämter 144, 148
Herausgabeverlangen 112f., 121, 287
Hilfebedarf 324f.
Hilfeplan 33, 118f., 147, 164, 175, 178, 180ff., 194, 197ff., 205, 248f., 311, 325, 327
Hilfeplangespräch 73, 93, 164, 180, 195f., 201, 277
Hilfeplanung 21, 28, 33, 138f., 143, 155, 164, 166ff., 173, 175, 193ff., 200, 203, 215, 231, 233, 235, 285, 286, 289, 310, 323
Hilfeverlauf 175, 177
Hospitalismus 53

I

Identität 84ff., 90, 96f., 216, 241, 246, 290
Identitätsentwicklung 84, 87, 89f., 98
Inobhutnahme 125, 165, 166, 209, 211ff., 328ff.
Integration 19, 21, 35, 58, 76, 79, 81, 83, 86, 271, 290, 355

J

Jugendhilfeausschuss 136ff., 159ff., 265, 275, 280ff.
Jugendhilfeträger 57, 69, 113, 142, 158, 162, 164ff., 172, 175, 198, 205, 283ff.

K

Kinderschutz 147, 156, 203
Kindeswohl 33, 69, 74, 84, 113, 118, 120, 125, 138, 146, 152ff., 158, 164, 172, 177, 184, 214, 239f., 249, 269, 273, 274, 283, 292, 293, 295, 305ff., 316, 338f., 347, 350, 354
Kindeswohlgefährdung 22, 61, 69, 113, 125, 150ff., 158, 169, 202ff., 210ff., 241, 244, 276, 297, 308, 322f., 348, 355
Konzeption 38, 136ff., 141, 159, 274, 283
Krisensituation 100, 234

L

Landesjugendhilfeausschuss 160, 161
Lebensbuch 106, 206
Lobbyarbeit 33, 266, 276, 281

Loyalitätskonflikt 185, 186, 259, 260

M

Misshandlung 61ff., 88ff., 99, 105, 117, 176, 199, 204, 240, 300, 314
Mitvormundschaft 222
Mitwirkungspflicht 199

N

Namensänderung 228, 289ff., 309, 337, 340, 344ff.

O

Organisationsstruktur des Jugendamtes 26, 136

P

Partizipation 164, 196
Personensorge 194f. 213ff., 220, 221, 226, 229f., 233ff., 238, 295, 315ff., 329, 332, 335, 342f.
Personensorgeberechtigte 181, 235, 289, 295, 325
Persönlichkeitsentwicklung 179
Pflegeelternverbände 163, 236, 275, 277, 312
Pflegekinderdienst 21, 26, 27, 138, 140ff., 158f., 174, 181, 185, 200, 230, 253, 274, 278, 341
Pflegekinderpädagogik 274
Pflegevertrag 181, 269
Pflegschaft 82, 148, 210f., 220f., 229f., 232f., 236, 280, 283, 287, 295f., 296
professionelle Familie 25
psychosoziale Diagnose 31, 37, 164, 175, 180
Pubertät 86ff., 96f., 109, 231f., 253, 281, 301, 346

Q
Qualifizierung 26f., 142, 191ff., 271, 312
Qualität der Bindung 43, 45, 246, 248, 301
Qualitätsentwicklung 137, 266, 272ff.

R
Religion 228
Resignation 92, 113, 123, 135, 169
Retraumatisierung 104f., 234, 259
Risikofaktoren 242f., 247, 249, 258
Rollenumkehr 37, 49, 61
Rückführung 73, 84f., 112f., 117, 126f., 143, 146, 170f. 176, 198f., 201, 214, 219, 249, 256, 274, 287, 293, 302, 307, 350

S
Schutzfaktoren 57, 59, 176, 242f., 247, 248, 251
Selbstbestimmung 43, 75, 203, 261
Selbstständigkeit 44
sichere Bindung 39, 42, 45, 46, 48, 53f., 113, 152, 186, 257, 287
Sorgeberechtigte 121
Sorgerechtsentzug 150, 194, 210
Sozialdaten 203ff., 285f.
soziale Elternschaft 84
Sozialgesetzbuch 213f., 275, 307, 318, 320, 329
Sozialisation 54, 84, 87, 141, 156, 299
Sozialisationsprozess 44
Sozialraum des Pflegekindes 150
Stellungnahme 149, 232, 236, 299, 324ff.

T
Trauma 110, 122, 257
Trennungsangst 85, 109, 112f., 133ff., 185, 193, 250, 258, 284, 287
Trennungstrauma 128

U
Überanpassung 77
Übertragung von Teilen des Sorgerechts 210, 218, 238, 308
Umgangskontakte 45, 48, 94, 107, 112ff., 122, 144, 146, 148, 151, 193, 210, 239f., 242f., 247ff., 251ff., 267, 284, 286f., 291f., 297, 309, 311, 349ff., 353
unsicher-ambivalente Bindung 47
unsicher-vermeidende Bindung 46
Urmisstrauen 39f., 44, 52
Urvertrauen 40, 44, 91ff., 95, 97, 110

V
Verbleib in der Pflegefamilie 112, 143, 166, 181, 214, 286
Verfahrensbeistand 120, 272, 312, 335f.
Verfahrenspfleger 150, 168f.
Vermittlungsphase 28, 140, 271
Vermögenssorge 218, 221ff., 229, 233, 235, 315f.
Vertrauensbildung 75
Verwandtenpflege 153
Vollzeitpflege 32f., 38, 115, 138, 142f., 150, 166, 170, 174, 179, 182, 198, 208f., 266f., 273, 277, 324ff., 330
Vorbereitungskurs 21
Vormund 202, 205f., 208, 212ff., 220ff., 255, 277, 292, 295f., 298, 308, 318f., 330f., 336f., 344f., 349, 352ff.
Vormundschaft 33, 99, 148, 208, 210f., 220ff., 229, 231ff., 258, 277, 280, 283, 287, 294ff., 308f., 319, 331, 340f.
Vormundschaftsgericht 146, 337, 345

W
Wochenpflege 199, 262, 306

Z
Zugehörigkeit 39f., 79, 81, 87, 161, 254, 257, 271, 290, 295
Zugehörigkeitsgefühl 52, 57, 59

Fachpublikationen
Arbeitsmaterialien
Fachzeitschriften

Vera Kissel, geb. 1959 schreibt Theaterstücke, Drehbücher, Lyrik und Prosa. Die Schwester ihres Vaters war adoptiert, ein lange gehütetes Familiengeheimnis.

Charly Kowalczyk, geb. 1957 ist Pflegevater von zwei erwachsenen Töchtern und Autor von Büchern und Hörfunk-Features.

Wenn ich auch nicht besser bin, bin ich doch anders
Autoren erzählen von ihrer Pflege und Adoption

Mit Beiträgen von
Barbara Bongartz,
George Sand, Peter Härtling,
Edgar Allan Poe, Anna Louisa Karsch, Clemens Brentano,
Bessie Head, Inka Bach,
Lew Tolstoi, Peggy Parnass,
Jean-Jacques Rousseau,
Lena Christ, Rudyard Kipling,
Mirjam Pressler, Paula Fox

Vera Kissel,
Charly Kowalczyk (Hrsg.),
1. Auflage 2012, kartoniert:
ISBN 978-3-8248-0893-9,
140 Seiten, EUR 12,99 [D]

Leseprobe und Inhaltsverzeichnis:
http://www.schulz-kirchner.de/
filespp/kissel_kowalczyk_anders.pdf

www.schulz-kirchner.de/shop
bestellung@schulz-kirchner.de
Tel. +49 (0) 6126 9320-0

Das Gesundheitsforum

Fachpublikationen
Arbeitsmaterialien
Fachzeitschriften

Dr. Thomas Köhler-Saretzki, Diplom-Psychologe, arbeitete viele Jahre in einer stationären Einrichtung der Kinder- und Jugendhilfe mit dem Schwerpunkt Diagnostik und Behandlung von Kindern und Jugendlichen mit psychischen Störungen, bevor er 2012 die Leitung einer Familienberatungsstelle übernahm.

Sichere Kinder brauchen starke Wurzeln
Wegweiser für den Umgang mit bindungsbeeinträchtigten Kindern und Jugendlichen

Wie reagieren Kinder und Jugendliche, deren angeborenes Bindungssystem in den ersten Lebensjahren durch das Erleben von Unsicherheit, Angst und Hilflosigkeit verletzt wurde? Dieser Ratgeber informiert über Erscheinungsformen der Bindungsstörung in Kindheit und Jugend und Möglichkeiten bei der Förderung und Behandlung von bindungsbeeinträchtigten Kindern und Jugendlichen. Er zeigt auf, wie Eltern, Freunde, Lehrer und Fachkräfte ein Kind mit Bindungsstörung im täglichen Leben, aber auch bei der Behandlung begleiten können und empfiehlt Verhaltensweisen im Umgang mit bindungsunsicheren Kindern. Der Ratgeber macht Hoffnung, dass es nie zu spät ist, einem Menschen positive Bindungserfahrungen zu vermitteln.

Thomas Köhler-Saretzki,
1. Auflage 2014, kartoniert:
ISBN 978-3-8248-1171-7,
64 Seiten, EUR 8,99 [D]
E-Book: ISBN 978-3-8248-0954-7,
verschiedene Dateiformate, PDF,
E-Pub, App (App Store)
EUR 6,99 [D]

www.schulz-kirchner.de/shop
bestellung@schulz-kirchner.de
Tel. +49 (0) 6126 9320-0

Fachpublikationen
Arbeitsmaterialien
Fachzeitschriften

Praxisbuch Pflegekind
Informationen und Tipps für Pflegeeltern und Fachkräfte

Viele Fragen rund um das Thema „Pflegekind" werden in diesem – für Laien und Fachkräfte gleichermaßen informativen – Buch lebensnah und verständlich beantwortet. Die Autorin, von Beruf Diplom-Psychologin und Psychotherapeutin und seit vielen Jahren selbst Mutter von zwei leiblichen und acht Pflegekindern, lässt den Leser auf unterhaltsame Weise an ihrem Wissens- und Erfahrungsschatz teilhaben.

Alice Ebel, 2. überarbeitete Auflage 2011, kartoniert:
ISBN 978-3-8248-0288-3,
288 Seiten,
E-Book: ISBN 978-3-8248-0723-9,
PDF, 5.089 KB,
EUR 29,99 [D]

Alice Ebel ist Diplom-Psychologin, Psychotherapeutin und Mutter von zwei leiblichen und acht Pflegekindern.

Leseprobe und Inhaltsverzeichnis:
http://www.schulz-kirchner.de/filespp/ebel_praxisbuch.pdf

www.schulz-kirchner.de/shop
bestellung@schulz-kirchner.de
Tel. +49 (0) 6126 9320-0

Das Gesundheitsforum

Fachpublikationen
Arbeitsmaterialien
Fachzeitschriften

FASD – Fetale Alkoholspektrumstörungen
Auf was ist im Umgang mit Menschen mit FASD zu achten?
Ein Ratgeber

Annika Thomsen, Gisela Michalowski, Gerhild Landeck, Katrin Lepke, 1. Auflage 2012, kartoniert:
ISBN 978-3-8248-0888-5,
72 Seiten, EUR 8,99 [D]
E-Book: ISBN 978-3-8248-0915-8, verschiedene Dateiformate, PDF, E-Pub, App (App Store)
EUR 6,99 [D]

FAS-Erste-Hilfe-Koffer
Hilfen und Tipps zur Erleichterung des Alltags mit einem alkoholgeschädigten Kind oder einem Kind mit ähnlichen Verhaltensauffälligkeiten

Hannah Schmidt, Michaela Fietzek, Reinhold Feldmann, Manfred Holodynski, 1. Auflage 2013, konfektioniert in einer Stülpschachtel:
ISBN 978-3-8248-1002-4,
Anleitungsheft (42 Seiten),
Eltern- und Bildkarten,
EUR 49,99 [D]

www.schulz-kirchner.de/shop
bestellung@schulz-kirchner.de
Tel. +49 (0) 6126 9320-0

Das Gesundheitsforum